Frédéric Martel

Smart

O que você não sabe sobre a internet

Tradução de
Clóvis Marques

1ª edição

CIVILIZAÇÃO BRASILEIRA
Rio de Janeiro
2015

Título original: *Smart: Enquête sur les internets*

CIP-BRASIL. CATALOGAÇÃO NA FONTE
SINDICATO NACIONAL DOS EDITORES DE LIVROS, RJ

Martel, Frédéric, 1967-
M331s Smart: o que você não sabe sobre a internet / Frédéric Martel; tradução Clóvis Marques. – 1ª ed. – Rio de Janeiro: Civilização Brasileira, 2015.
462 p.; 23 cm.

Tradução de: *Smart: Enquête sur internets*
Inclui bibliografia
Prólogo e epílogo
ISBN 978-85-200-1259-8

1. Tecnologia da informação – Aspectos sociais. 2. Redes de computadores – Aspectos sociais. 3. Internet – Aspectos sociais. 4. Redes sociais on-line. I. Título.

15-19056 CDD: 303.4833
CDU: 316.422

Texto revisado segundo o novo Acordo Ortográfico da Língua Portuguesa.

Direitos desta tradução adquiridos pela
EDITORA CIVILIZAÇÃO BRASILEIRA
Um selo da
EDITORA JOSÉ OLYMPIO LTDA.
Rua Argentina, 171 – Rio de Janeiro, RJ – 20921-380 – Tel.: (21) 2585-2000

Seja um leitor preferencial Record.
Cadastre-se e receba informações sobre nossos lançamentos e nossas promoções.

Atendimento e venda direta ao leitor:
mdireto@record.com.br ou (21) 2585-2002

Impresso no Brasil
2015

Nota do editor

O leitor encontrará no fim deste livro um glossário com os termos que foram mantidos em inglês por serem já consagrados universalmente, ou por não terem ainda a tradução ideal para o português (ver p. 451).

Este livro baseia-se em fontes precisas: as referências completas e uma longa bibliografia detalhada, além dos numerosos dados estatísticos, os quadros de apresentação dos grupos digitais mundiais e dos elementos adicionais de análise constam do site que é o prolongamento natural desta obra, deliberadamente bimídia: papel e web (ver as "Fontes" na p. 459 e os sites smart2014.com e fredericmartel.com).* As atualizações e o acompanhamento dos acontecimentos estarão disponíveis também na conta do autor no Twitter: @martelf

Optamos por não italizar essas palavras ao longo do texto, devido à sua grande profusão; isso poderia incomodar o leitor.

---

* Sites disponíveis em francês e em inglês. [*N. da E.*]

Nota do editor

Sumário

Prefácio à edição brasileira

UM AUTOR SEMPRE FICA FELIZ vendo seu livro traduzido no exterior. E ainda mais quando se trata de um livro sobre a cultura smart sendo traduzido para o português no Brasil. Visto da França, o Brasil parece um dos raros países, ao lado dos Estados Unidos e do Japão, por exemplo, que têm uma cultura popular nacional forte e que se exporta. Mais interessante ainda, essa cultura brasileira consegue ser difundida no exterior sem se uniformizar ou banalizar muito. Decididamente, o Brasil conseguiu construir um autêntico soft power, uma influência cultural, que tem o mérito de ser singular e específica. Mas por quanto tempo?

O digital transforma profundamente a cultura, os conteúdos, os conhecimentos, as identidades. A transição digital duplica os efeitos já consideráveis da globalização, efeitos que se somam e decuplicam. Estamos no meio de uma revolução, talvez de uma mudança civilizacional. Habitualmente, no início de uma revolução, ainda não nos damos conta das formas do mundo futuro, tomados de medo ante o que vemos desaparecer à nossa frente, sentados em meio aos escombros do mundo passado, incapazes de imaginar o futuro. Somos como o Tocqueville do Antigo Regime e da Revolução. Entramos no "século digital". É terrivelmente angustiante, mas incrivelmente excitante.

E, às vezes, preocupante. O fracasso de um site como Orkut não prenuncia nada de bom para o futuro dos sites nacionais, embora ninguém no Brasil tivesse muita vontade de continuar sendo "orkutizado"! O que pode levar a uma legítima preocupação com o futuro digital brasileiro e a certo pessimismo quanto ao futuro da internet.

Ao mesmo tempo, este livro, que foi completamente atualizado para a edição brasileira, mostra que é possível certo otimismo. Se as redes sociais, as plataformas, as infraestruturas e os softwares muitas vezes são globais, os conteúdos não o são. Persistem fronteiras na internet, em virtude da língua (o português no Brasil, em particular) de um território, da comunidade a que se pertence. Os conteúdos não são bons viajantes na internet, ao contrário do que se acredita. São territorializados e, de qualquer maneira, geolocalizados.

Pude descobrir essas singularidades da internet em minhas viagens a cerca de cinquenta países, mas antes de tudo ao Brasil. Visito o país todo ano, indo ao Rio e a São Paulo, naturalmente, mas também a Recife, Porto Alegre e Amazonas, onde realizarei parte de minha nova investigação. O Brasil esteve no centro de todos os meus livros sobre a globalização, fosse *Mainstream*, sobre a cultura de massa na era global; *Global Gay*, que trata da questão dos valores; ou *Smart*, sobre a virada digital. Meu próximo livro também vai tratar longamente do Brasil.

Essa importância atribuída ao país nos meus livros, como também na minha vida, explica-se por minha paixão pela América Latina em geral e pela cultura brasileira em particular. Mas vai muito além de uma escolha "afetiva"; é também uma escolha intelectual. O Brasil às vezes é apresentado como um país "emergente" — conceito condescendente e paternalista que deve ser discutido. Mas, afinal, o que há em comum entre o Brasil e a quase ditadura chinesa? Entre o país latino e o regime autoritário de Putin na Rússia? O conceito de "país emergente" é cada vez menos operante, especialmente na esfera digital.

Por isso o Brasil me parece, no mínimo, o país "emergente" de referência. É o grande "emergente digital" que realmente importa, aquele que pretendo observar ao longo do tempo.

Não sou brasileiro, mas gostaria de ser. Por isso é que, como outros franceses ilustres que me antecederam — Claude Lévi-Strauss, Roger Bastide, Jean-Christophe Rufin, Blaise Cendrars, para citar alguns —, continuarei a estudar essa cultura, a investigar esse país e a atribuir, em cada livro meu, um lugar privilegiado a esse local diferente e singular. Um país à parte.

Frédéric Martel

Prólogo

Smart É UMA PESQUISA sobre a globalização digital. Em locais como São Francisco, Beijing, Johannesburgo, Gaza ou Tel Aviv — e, no total, em cerca de cinquenta países —, este livro tenta descrever a transição digital atual e o mundo digital que está por vir. Vista a distância e de maneira superficial, essa globalização tecnológica parece uma uniformização. Em qualquer lugar se pode observar a multiplicação de práticas digitais semelhantes. Com 1,35 bilhão de usuários, o Facebook é usado por um em cada seis habitantes do planeta, sendo a metade através do celular — e "é de graça". Apesar de sua imagem global uniforme, a internet é diferente em cada lugar. Essa é a tese de *Smart*.

A ideia subjacente a este livro é simples: ao contrário do que se acredita, a internet e as questões digitais não são fenômenos sobretudo globais. Estão enraizados num território; são territorializados. Trata-se quase sempre de homens e mulheres, informações, comércio eletrônico, aplicativos, mapas, redes sociais, ligados entre si por vínculos físicos, materiais e reais. É ao mesmo tempo um smart world e um small world, mas de qualquer maneira um mundo que não é plano nem flat.

Aos que acham intuitivamente que o mundo se amplia, que está em evolução para uma rede única e que as dissonâncias culturais ou linguísticas estão desaparecendo, este livro contraintuitivo proporciona uma visão diferente. Ele rompe com a ideia geralmente aceita de uma globalização digital fora do espaço e das fronteiras. Por surpreendente que isso possa parecer, a internet não abole os limites geográficos tradicionais, não dissolve as identidades culturais, não aplaina as diferenças linguísticas: vem apenas consagrá-los.

Essa dimensão territorializada da internet deve inclusive ser reforçada nos próximos anos, em decorrência da generalização do acesso à web e aos smartphones. O futuro da internet não é global; ele está ancorado num território. Não é globalizado, mas localizado. E por sinal precisamos parar de falar de "Internet", com maiúscula, e dar preferência às "internets", com minúscula e no plural — e é como vou escrever neste livro. Meu tema é este: a diversidade das internets.

Essa nova maneira de pensar a internet dá origem a um mundo muito mais smart do que imaginamos. A diversidade das internets, as singularidades nacionais, as línguas, as culturas têm o seu devido lugar no mundo digital. A internet não é hostil às identidades, às diferenças locais, às línguas, como tampouco se posiciona contra a "exceção cultural" ou a diversidade. Essa é a boa notícia e a principal descoberta deste livro. A transição digital não é um fenômeno que agrava a uniformização; ela não desemboca — como tampouco a globalização cultural — num mainstream único. No fim das contas, estamos assistindo a um fenômeno de globalização muito mais complexo; desse ponto de vista, o medo que é provocado deve ser discutido e talvez relativizado. Aos que vivem angustiados com a possibilidade de perder sua identidade por causa da globalização e da virada tecnológica — preocupação perfeitamente legítima —, este livro mostra que não devemos ser pessimistas. E que não é essa a hipótese mais provável.

A internet, assim, é mais smart do que supomos, e é essa a razão da escolha do título deste livro. A palavra "smart", "inteligente" ou "astucioso" em inglês, remete a usos diferentes: fala-se de smartphone, de smart city (cidade inteligente), de smart grid (rede de energia inteligente), de smart economy, de smart window (janelas que mudam de cor para se adaptar à luz e ao calor), de smart TV (televisão conectada ou social TV, que se desenvolve graças às redes sociais), de smart power, para falar como Joseph Nye e Barack Obama, e de um mundo smarter.

Que se pretende dizer com isto? Quase sempre, o termo "smart" torna-se simplesmente sinônimo da palavra internet, o que permite estendê-la ao conjunto do setor digital, incluindo telefones celulares conectados, aplicativos, tecnologias e o mundo digital em geral. Quando o NYPD, o célebre departamento de polícia de Nova York, anuncia a chegada dos seus smart squads, está se referindo a novos veículos de patrulha dotados de dispositivos de videovigilância, detectores e sensores para memorizar as placas de automóveis e compará-las em tempo real com os bancos de dados dos registros criminais.

Mas a palavra "smart" tem mais consistência do que poderiam fazer crer esses empregos para finalidades de segurança dissimulados sob um nome cool. Ela indica uma mutação fundamental da web, a mutação que está em curso: a passagem da informação para a comunicação e, atualmente, para a internet do conhecimento. Em vez de se limitar a receber conteúdos, os internautas, com a web chamada 2.0, começaram a produzi-los, e hoje a transformam numa ferramenta de desenvolvimento humano. E não passam necessariamente o tempo todo tirando "selfies" nos guetos e nas favelas. Nisto, "smart" é um termo essencial cujo sentido prenuncia o futuro da internet: o futuro do conhecimento e o de sua territorialização. Essa territorialização da internet, que pude observar em toda parte, não exclui fenômenos de globalização ou de aceleração. Naturalmente, existe uma dimensão global da internet, como existe uma cultura mainstream, mas elas não são dominantes. Quem haveria de contestar que as comunicações se desenvolvem e que aumentam a velocidade de nossas vidas? E, por sinal, as projeções para o futuro são de tirar o fôlego: a lei de Moore prevê que a capacidade e o desempenho dos microprocessadores passarão a duplicar a cada dezoito meses (versão apócrifa, na verdade, da conjectura de Moore); e uma lei fotônica prediz que a quantidade de dados circulantes nas fibras ópticas à velocidade da luz também duplicará de nove em nove meses. Em 2013, essa velocidade alcançou o número astronômico de 31 terabytes por segundo numa distância de 7.200 quilômetros, o equivalente a mais que a totalidade da Biblioteca do Congresso difundida a uma velocidade de 300 mil km/s — um recorde. Nesse ritmo, e embora essas leis inevitavelmente encontrem um limite físico ou econômico, temos a promessa de um crescimento exponencial e infinito do mundo digital. Recentemente o diretor-presidente da Google calculou que "a cada 48 horas criamos on-line tantos conteúdos quantos foram criados desde o surgimento da humanidade até 2003". E, segundo ele, nossos computadores serão 64 vezes mais rápidos em 2025 que hoje. Uma revolução que desafia as leis da história e da geografia. Estamos apenas no início da transição digital.

SMART É A CONTINUAÇÃO DO MEU TRABALHO anterior sobre a globalização cultural: *Mainstream*.* Se *Mainstream* tratava da situação das indústrias criativas numa época de globalização e americanização, deliberadamente deixando de lado as questões digitais, *Smart* se concentra na internet e no mundo digital. Como em *Mainstream*, privilegiei neste livro as informações de primeira mão: a investigação, portanto, teve prosseguimento, e as entrevistas são em sua maioria novas ou inéditas.

No fim das contas, *Smart* é um trabalho de desmistificação que mostra que podemos reassumir o controle do digital — e de nossas vidas —, desde que sejamos capazes de entender a dinâmica do fenômeno da internet, que, em vez de desencarnado e internacional, é profundamente enraizado num território, na "verdadeira vida", revestindo-se de uma forte dimensão de proximidade. Tal conclusão não se escora em nenhum raciocínio ideológico: é resultado de uma investigação.

Ao abordarem a questão digital, os pesquisadores e jornalistas devem, no entanto, guardar certa humildade. A aceleração da web é de tal ordem que todas as nossas certezas são precárias. Se este livro tivesse sido escrito há cinco anos, provavelmente não falaria muito dos tablets nem do iPad (lançado em abril de 2010), que, no entanto, projetaram na era digital setores inteiros da cultura. Há cerca de sete anos, não faria referência aos smartphones nem dos seus aplicativos, tão centrais em nossas vidas hoje (o primeiro iPhone foi lançado em 2007, e a primeira loja de aplicativos, a App Store, da Apple, em 2008). Há nove anos, sequer teria mencionado o Twitter, criado em 2006, e agora tão determinante. Facebook e YouTube estão comemorando apenas seu décimo segundo aniversário. E se este livro tivesse sido escrito há

* MARTEL, Frédéric. *Mainstream — A guerra global das mídias e das culturas*. Trad. Clóvis Marques. Rio de Janeiro: Civilização Brasileira, 2012.

cerca de quinze anos, não traria muito a marca da Wikipédia, lançada em 2001, nem da Google, que não passava de uma startup em 1998. Também é o caso de lembrar empresas-modelo como a finlandesa Nokia e a canadense Blackberry, que perderam o trem da transição para o smartphone e já não passam da sombra de si mesmas. Ou gigantes digitais como Microsoft, Dell, AOL e Yahoo, ainda ontem invencíveis e que hoje precisam se reinventar. A startup símbolo Silicon Graphics faliu, o MySpace não conseguiu fazer sua mutação e Chatroulette fracassou em seu modelo econômico. Até mesmo o Google Reader foi desconectado. Para não falar das cidades-fantasma, verdadeiras Pompeias modernas, abandonadas e pouco habitadas, como o Second Life. A inacreditável velocidade das tecnologias e a revolução que estamos vivendo inibem qualquer veleidade de prospectiva.

E, no entanto, na linhagem de *Mainstream*, pareceu-me indispensável decifrar esse mundo que está a caminho, o mundo "de depois", e imaginar essa espécie de next-stream que se aproxima. Mas como? Ao contrário dos gurus do Vale do Silício, cuja referência é apenas o "quantitativo" quando falam de uma "internet global", ou de certos consultores e especialistas que acreditam ser possível conduzir uma investigação sobre as tecnologias a partir de um simples computador num escritório, já que a internet seria idêntica em toda parte, este livro adota uma visão ampla, partindo da hipótese de que a internet não é a mesma aqui e lá. As conversas digitais são diferentes de um lugar a outro. Estar on-line não basta para conhecê-las, é necessário encontrar os protagonistas da web "IRL", como se diz, in real life, na vida real. É preciso ir aos lugares mundo afora, deixando de lado o navegador web, para verdadeiramente descobrir as internets. Somente através da pesquisa de campo, qualitativa, e mediante centenas de entrevistas em cinco continentes é possível entender aos poucos a realidade e o alcance da transição digital.

1. O Vale

UM PEPINO. Estamos no Halloween e marquei um encontro com um pepino. Aqui, eles são consumidos em conserva, e pickles é praticamente um sinônimo para os pepinos enormes encontrados nas delicatessens e nos pequenos mercados das esquinas, abertos muitas vezes 24 horas por dia. No bairro de Castro, em São Francisco, nesse fim de outubro de 2013, milhares de americanos saíram fantasiados para uma noite de extravagâncias. Barthélémy Menayas — que prefere ser chamado de Bart — escolheu uma fantasia em forma de um grande pepino para fazer propaganda de sua nova startup, que se chama justamente Pickle. É uma rede social geolocalizada que permite organizar um programa noturno de última hora com os amigos que estão próximos. Em vez de a pessoa mandar um SMS a uma dezena de conhecidos para verificar quem está disponível para jantar ou ver um filme naquela mesma noite, o aplicativo para smartphone Pickle seleciona pessoas disponíveis e geograficamente próximas. Dando prioridade à qualidade sobre a quantidade, limitando o número de amigos, essa startup rompe com o modelo de reciprocidade do friend-and-follow, que incita a ter sempre mais contatos, como acontece no Facebook, no Twitter, no Pinterest, no Instagram (que pertence ao Facebook), no Vine ou no Periscope (que pertencem ao Twitter). Este app poderá fazer sucesso ou não, mas, para Bart, é a culminância de todo um percurso.

Na casa dos 30, descolado, Bart é um engenheiro valedictorian, como costumam ser chamados os alunos que se formaram com as maiores notas nas melhores universidades. Titular também do prestigioso MBA da Universidade de Stanford, ele começou sua carreira no Electronic Arts. A multinacional dos video games produz as franquias *Battlefield*, FIFA, *Star Wars*, *Harry Potter* e *Sims*, para a qual Bart concebeu, justamente, um novo jogo. Por que se mudou para São Francisco? "Porque aqui as pessoas são otimistas e estimulantes. Quando a gente apresenta um novo projeto, a reação delas é invariavelmente perguntar: 'Por que não?' Elas estão abertas para a ideia de que a nossa startup venha a mudar o mundo", explica ele. Etapa seguinte: estabelecer-se por conta própria. E foi assim que, numa noite de Halloween, Bart se viu distribuindo panfletos nas ruas de São Francisco, fantasiado de pepino, para divulgar o aplicativo Pickle, que acabara de lançar, na véspera, com um sócio.

"Sabemos que as inovações tecnológicas lançadas aqui em São Francisco ou no Vale serão usadas no mundo inteiro. Mas a gente começa testando, experimentando. A SFBA é uma espécie de laboratório gigante onde a gente precisa, antes de tudo, demonstrar que uma startup tem potencial ou que um app pode funcionar. A gente então testa com os amigos, depois com o pessoal do bairro e, mais adiante, na cidade e em toda a Bay Area. Aqui existe uma massa crítica. E as pessoas são muito voluntaristas, testam espontaneamente todos os novos apps", explica Bart num jantar no Amasia, sushi bar frequentado pela comunidade tech da cidade, na esquina da Noe Street com Henry Street. Os frequentadores falam do "Vale" ou da "SFBA" para se referir à San Francisco Bay Area. No resto do mundo prefere-se dizer Sillicon Valley*.

EM SÃO FRANCISCO, ninguém mais procura um emprego ou contato com algum profissional: vai direto ao LinkedIn, o site do mercado de trabalho, uma superagenda de endereços e já agora também um multiblog de informações especializadas. Os carros são estacionados com a utilização de um parquímetro smart, que adapta a tarifa e a duração aos critérios estabelecidos em tempo real pela e-prefeitura. É possível pegar emprestado um automóvel, uma bicicleta e até um apartamento,

*No Brasil, Vale do Silício. (*N da E.*)

desde que a economia da partilha começou a se desenvolver. Por sinal, ao visitar a cidade, não ficamos mais necessariamente hospedados num hotel, mas na casa de um morador, graças à Airbnb, a startup local de sucesso global. Os táxis também já estão caindo em desuso: o motorista, "um amigo com um carro", é um profissional das horas vagas contactado através do aplicativo Lyft — ou, no caso dos mais abastados, pelo Uber. Não há mais necessidade de papel, nem de pendrive, nem de transportar o computador: O Dropbox pode ser acessado de qualquer smartphone. A ubiquidade, a instantaneidade e a mobilidade dos dados se generalizaram com a cloud. As lojas de discos desapareceram há muito tempo, os vendedores de DVDs e games fecharam as portas, as livrarias estão ameaçadas, as agências de correio perderam a maior parte de seus "usuários", as cabines telefônicas desapareceram das calçadas e as lojas de fotocópias também estão saindo do mapa. A função disruption (ruptura, perturbação) do digital surge por toda parte à luz do dia nas ruas de São Francisco.

A maioria dos cafés e restaurantes dispõe de wi-fi, e "seria inconcebível que uma cafeteria não tivesse wi-fi gratuito", frisa Kyle Gabler. E se LinkedIn, Airbnb, Lyft, Dropbox, assim como Google, Facebook, Apple e Twitter têm sua sede em São Francisco ou na Bay Area, o Vale do Silício é menos um lugar, um ponto geográfico, do que um estado de espírito.

"Quando lancei meu primeiro jogo, o picht foi: 'Dois caras criaram seu game num simples café de São Francisco, sem dinheiro, mas com wi-fi gratuito.' A imprensa adorou. E assim a gente vendeu vários milhões de jogos", explica Kyle. Estamos sentados no The Grind, perto da Market Street. "Foi aqui, neste café, que eu imaginei meu primeiro jogo e também que criei a startup para comercializá-lo." Kyle é músico, programador e empreendedor serial. "Ele é acima de tudo um ícone do design de games em São Francisco", comenta seu amigo Bart. Kyle Gabler tem a inteligência da cidade e da situação. Sabe que o futuro da web não está mais reservado apenas aos engenheiros: será necessário contar também com os designers. E venera sua condição de artista indie e smart creative — expressão em moda atualmente.

Kyle nem sempre foi independente. Também trabalhou para o Electronic Arts, desenvolvendo protótipos de jogos e avaliando as experiências de gaming, algo necessário numa época anterior à da produção em massa. "Até que um dia parti para outra. Não aguentava mais os grandes estúdios, os horários, as obrigações, não estava mais na idade! Larguei tudo para fazer algo que tinha mais a ver comigo", conta Kyle. Com uma pequena reserva na conta bancária, ele optou pela independência para voltar a inovar, e precisou apenas de um simples notebook e de uma conta no Dropbox. "Quem é criativo e smart tem de sair da Electronic Arts. Senão, começa a ficar deprimido. Meu sonho é ser um outsider, um zé-ninguém [underdog] que faz sucesso partindo do zero."

Kyle Gabler encarna o espírito de São Francisco e do Vale, mas também seu estilo. Só anda de bicicleta, faz música — "o tema de Jurassic Park é uma música formidável, não é mesmo?" —, trabalha cedo ou tarde conforme o gosto do momento, "mas nunca em horários fixos como num 9 to 5 job" (um trabalho das 9 às 17 horas). Casado com um rapaz, esse homem barbudo assume plenamente sua filiação à subcultura bear, muito em voga na comunidade gay de Castro. "É toda essa contracultura herdada da década de 1970, o bairro de Castro, as noitadas piradas, os hispânicos de toda a América Latina, os asiáticos dos quatro cantos da Ásia, esse ambiente global e ao mesmo tempo muito local que explica o sucesso do Vale do Silício", comenta Kyle. Ouvindo-o, começo a pensar que essa cultura da dissonância e do dissent está muito distante dos outros modelos de internet, como o da China, baseado na harmonia e no consent, e os da Rússia ou do Irã, marcados pelo nacionalismo e o controle.

Além de The Grind, Kyle também frequenta o Café Flore na Market Street e o H Café, mais a leste, na direção do bairro de Mission. Essa cultura dos cafés, misturada à cultura digital de São Francisco, confirma que "os lugares têm sua importância", diz Kyle, e que o território conta. Nessa manhã, Kyle está com tempo: passamos de uma cafeteria a outra. "Eu tinha reservado a manhã para o encanador, mas ele adiou a visita. Não tenho a menor intenção de me adequar a seus caprichos. Tanto pior. É difícil encontrar um bom encanador em São Francisco."

E ao término do brunch, ele passa à ação e começa a buscar no aplicativo Yelp outro bombeiro com boa avaliação. Yelp também tem sua sede em São Francisco.

De São Francisco, existem três maneiras de chegar ao Vale do Silício. A mais fácil é descer de carro a famosa Route 101, a estrada que margeia a baía, e que, no entanto, com frequência está congestionada. Uma alternativa consiste em pegar um dos ônibus especiais fretados pelos gigantes da net. Na esquina da 18th Street, em Castro, o GBus (Google Bus) espera os empregados toda manhã em horários predeterminados. Não importa se houver engarrafamentos na Highway 101; os funcionários podem começar seu dia de trabalho a bordo: o ônibus de luxo é refrigerado, gratuito e perfeitamente conectado ao wi-fi. Um verdadeiro escritório sobre rodas na estrada.

Depois de visitar o Googleplex, a sede da Google em Mountain View, eu descobri, estarrecido, esse balé ininterrupto de GBus no caminho de volta: longos veículos brancos — maiores que os do Facebook — voltando da sede. De tablet em punho, um funcionário do Googleplex anuncia o destino de cada ônibus: "Market", "Castro", "Mission", "SOMA", "Redwood", "Santa Clara"..., bairros de São Francisco ou cidades da Bay Area. Na dianteira do ônibus, os empregados podem prender suas bicicletas com longos cabos elásticos. Estranhamente, esses ônibus são mantidos à margem do branding: não ostentam o logotipo da Google e passam quase despercebidos na rodovia.

Para a ida e volta entre São Francisco e Vale do Silício, a terceira opção é tomar o Caltrain. Este trem regional, conhecido pelos atrasos e pela velocidade aleatória, liga algumas das cidades mais ricas dos Estados Unidos: Redwood (sede do Evernote e da Electronic Arts), Menlo Park (sede do Facebook), Palo Alto (coração do Vale e endereço da Universidade de Stanford), Mountain View (sede da Google e do LinkedIn) e, mais ao sul, depois de uma baldeação, Cupertino (sede da Apple), Los Gatos (sede da Netflix) e San Jose (sede do eBay). A partir das sete da manhã, o Caltrain fica lotado: os vagões de dois andares avançam ofegantes na noite ainda escura. No interior, do alto de um mezanino de outras épocas, com suas três escadas em caracol, parece que estamos voltando no tempo; por fora, contudo, os vagões do Caltrain refulgem em meio a uma infinidade de luzinhas azuis emitidas por centenas de telas de computadores e tablets em marcha, cintilando em direção ao futuro.

Na estação Palo Alto, uma van gratuita — batizada de Marguerite — leva os estudantes para Stanford. Nesse campus é que a Hewlett-Packard foi concebida, nele é que dois jovens engenheiros, Larry Page e Sergey Brin, se conheceram quando estavam preparando sua tese e inventaram um algoritmo original que deu origem a um buscador: o Google. Inicialmente, em 1996, a experimentação ocorreu no próprio site da universidade, no endereço google.stanford.edu — e Stanford soube muito bem tirar proveito disso, cobrando 336 milhões de dólares pelos direitos sobre o algoritmo.

SECRET SAUCE. Bruce Vincent pronuncia a misteriosa expressão. Os demais professores que encontro em Stanford também. "É como uma receita culinária: ninguém conhece realmente o segredo, mas o resultado aparece!", observa Vincent, CTO da universidade — seu diretor de tecnologias digitais. Se até hoje o "ingrediente secreto" de Stanford não foi revelado, tal como o algoritmo da Google, o fato é que as raízes do Vale do Silício encontram sua fonte de água nesse campus e em seu incrível ecossistema. "Faz parte da mentalidade de Stanford estimular a criação de startups. Os professores dão o exemplo e os alunos também vêm por este motivo. Frequentam os cursos e, paralelamente, abrem seus negócios, on the side." A quantidade de empresas da net representadas no conselho de administração da universidade é impressionante. Suas diferentes faculdades contam com dezenas de professores que dirigem empresas de internet, entre elas várias multinacionais (por exemplo, Eric Schmidt presidente da Google, é professor na Stanford). Estima-se que 5% dos empregados da Google tenham se diplomado lá e que os ex-alunos da universidade tenham fundado em torno de 69 mil empresas (39 mil comerciais e 30 mil sem fins lucrativos), a maioria nas áreas de ciências, informática e novas tecnologias. Nem todas ficaram célebres, e algumas nem estão mais em atividade, mas Stanford pode se vangloriar de ter entre seus ex-alunos os fundadores da Google, do Yahoo, da Electronic Arts, do Instagram, da Cisco, do Netflix, do LinkedIn, do eBay, da PayPal, do Udacity, da Coursera, do Silicon Graphics, da Pandora (e, fora do mundo da tecnologia, da Gap, da Trader Joe's, da Nike entre outras). A lista chega a dar vertigem. "Nós demos forma ao Vale e agora é o Vale que nos dá forma", resume Bruce Vincent.

Stanford representa a quintessência do campus californiano: alamedas ladeadas por palmeiras, sequoias gigantes, estátuas originais de Rodin ao ar livre, a Stanford Police circulando em carrinhos de golfe, alunos de shorts e tênis o ano todo, bicicletas por todo lado, frisbees voando e, de vez em quando, um professor em um skate. Na CoHo coffee-house, o mítico pub do campus, de ambiente tranquilo, deparo-me com os freshmen e sophomores — alunos de primeiro e segundo ano — usando orgulhosamente a camiseta da Stanford ou a do time de futebol local. Ao redor da quad, a imensa praça no centro do campus, os prédios de estilo colonial em arenito ostentam traços da história tecnológica do Vale. Eles geraram 27 Prêmios Nobel (58 se contarmos os que apenas passaram pela universidade), e cada prédio leva o nome de um ex-aluno que contribuiu financeiramente para sua construção: o Willam R. Hewlett Teaching Center fica ao lado do prédio David Packard Electrical Engineering, não muito longe do Gates Computer Science (financiado por Bill Gates com seis milhões de dólares). E podem ter certeza de que, não demora muito, haverá prédios Sergey Brin, Larry Page, Steve Jobs — seu filho Reed é aluno de Stanford —, Jerry Yang e David Filo (que criaram o Yahoo no campus). Até mesmo um prédio Mark Zuckerberg, que se afastou de Harvard e Boston, onde não encontrava financiamentos propícios a sua rede social, e se transferiu para o Vale. "É muito simples: Stanford é a universidade do Vale do Silício", resume o professor de história Aron Rodrigue.

Fiel a suas figuras tutelares, Stanford — uma universidade sem fins lucrativos — dispõe de várias ferramentas para facilitar o diálogo com o setor privado. O Stanford Technology Ventures Program permite aos alunos lançar projetos inovadores e desenvolver suas startups. E às vezes são os próprios professores que investem dinheiro nessas empresas! "Aparecem muitas ideias malucas por aqui, ideias estapafúrdias que nunca desembocam num modelo econômico viável. Mas é aí que reside a grandeza de Stanford", confirma Vincent. O Clark Center é outro espaço "radical" onde os engenheiros dialogam com artistas, economistas, com estudantes de administração: "Consideramos que essa interdisciplinaridade pode dar origem a inovações importantes, além do campo delimitado de cada um", observa por sua vez William Miller, um dos professores eméritos da Graduate School of Business de Stanford. O Office of Technology Licensing, por sua vez, administra o registro de patentes de todas as inovações geradas no campus pelos professores ou alunos, segundo sofisticadíssimas regras de partilha de copyrights e renda (o Office patenteou oito mil invenções que renderam 1,3 bilhão de dólares em royalties à universidade). Finalmente, o célebre Stanford Research Park, estendendo-se por um terreno de cerca de 3 km^2 e ocupando sozinho 160 prédios, é uma espécie de hub tecnológico no qual startups independentes da universidade e das empresas maduras podem alugar escritórios. No próprio perímetro da universidade, essa incubadora de alto nível participa do ecossistema de conjunto e de sua emulação criativa, reunindo atualmente cerca de 150 empresas com vinte mil assalariados.

Acompanhado de Philip Reese, um dos dirigentes da rede internet e tecnológica de Stanford, visito o campus e o data center da universidade: os supercomputadores, os roteadores ultrassofisticados e, partindo daí para irrigar todo o campus, os quilômetros de fibra óptica — tudo, informa-me ele, state of the art (tecnologicamente o mais avançado possível). Enquanto caminhamos por um parque de carvalhos e sequoias centenários, Reese confirma que o campus é ultrasseguro e que "nada é deixado ao acaso" no plano tecnológico. "Até as árvores são numeradas e catalogadas. Estamos cultivando outro grupo de sequoias e palmeiras de diferentes idades num jardim botânico dentro do campus. Assim, quando uma das árvores que você está vendo vier a morrer, poderemos substituí-la imediatamente por outra da mesma idade, sem alterar a harmonia de conjunto no campus", vangloria-se Reese.

Um secret sauce, então? William Miller, um veterano de Stanford, que entrou para o corpo docente em 1965 e foi decano da faculdade de Administração, também emprega a expressão. "Eu acho engraçado, pois todo mundo quer saber o segredo de Stanford. Para mim, a explicação é muito simples: somos uma universidade de pioneiros. Ela foi fundada tanto por aventureiros como por community builders, americanos que queriam criar uma comunidade. Esse duplo espírito persiste, e ainda hoje as pessoas procuram Stanford para construir e correr riscos." Miller me diz que, ao longo de sua extensa carreira, ele próprio investiu em 26 startups tecnológicas, permanecendo como membro do conselho de administração de três importantes empresas do Vale. John Hennessy, presidente da Universidade de Stanford, é por sua vez acionista da Google e da Cisco, situação às vezes criticada no plano deontológico em virtude dos potenciais conflitos de interesse, embora existam regras precisas quanto aos investimentos pessoais dos professores e dirigentes da universidade.

Outro fator a ser levado em conta para decifrar o ecossistema tão especial do Vale do Silício em geral e Stanford em particular é a diversidade cultural e linguística. O próprio Sergey Brin nasceu em Moscou e só emigrou para os Estados Unidos aos seis anos de idade. "Em Stanford, se contarmos com os doutorandos e os estrangeiros, mais de 35% dos alunos são de origem asiática; em Berkeley, a universidade pública da baía de São Francisco, esse percentual é da ordem de 50%", lembra o professor Aron Rodrigue, de Stanford. Segundo as estatísticas da universidade, os "caucasianos", como os "brancos" são estranhamente chamados nos Estados Unidos, constituem hoje uma minoria. O essencial, no Vale, tão diversificado e jovem, já não é tanto saber em que país alguém nasceu, mas em que ano. Não mais onde, mas quando.

Entretanto, embora sejam um símbolo da diversidade, esses alunos que vêm do mundo inteiro raramente são originários das comunidades carentes do norte da Califórnia: um negro ou um latino de Dale City, Fillmore, Tenderloin ou Bayview, bairros pobres de São Francisco, têm poucas chances de entrar em Stanford.

Outro segredo da universidade tem nome de banco: Stanford Management Corporation — e, com efeito, se trata de um banco. Ele tem a missão de administrar o endowment da universidade, ou seja, seu capital bancário, que atualmente atinge a fabulosa soma de 17 bilhões de dólares. Esse tesouro de guerra proveniente da filantropia está aplicado em ações "de maneira muito cautelosa", afirma Bruce Vincent, em dezenas de empresas cotadas na Bolsa. E, naturalmente, Stanford se aventura no setor tech: a universidade investiu na Google, no Facebook e em muitas outras empresas locais. E tampouco hesita em ajudar empresas menos maduras, entrando no capital de sociedades promissoras, especialmente de ex-alunos de Stanford.

NO VALE, é possível caminhar ou correr sem sair do lugar. No escritório de Jeff Clavier, que ocupa um espaço no térreo da sede californiana da AOL, em Palo Alto, deparo-me, estupefato, com um Treadmill. É uma esteira rolante clássica, máquina para fazer caminhada em espaços fechados, mas com a particularidade de também ser um escritório. Jeff calça os tênis, sobe na esteira rolante e começa seu workout simultaneamente com seu dia de trabalho. Consulta planilhas Excel, envia e-mails, toma notas, conversa com seu assistente, tudo isso caminhando. A esteira de corrida tem um computador integrado e uma mesinha para colocar papéis e documentos. "Esta manhã, já dei sete mil passos. Nada mau. Meu objetivo hoje é chegar a dez mil", explica Clavier, um seed venture capitalist (investidor de capital de risco). Naturalmente, ele investiu na Fitbit, uma startup de São Francisco que comercializa podômetros: pulseiras eletrônicas para registrar o número de passos dados num dia, o número de calorias queimadas e a qualidade do sono. Em seu punho, vejo uma pulseira preta: um Fitbit Flex.

"Durante muitos anos, fui um business angel (investidor-anjo). Investia meu dinheiro em startups aqui em Palo Alto. Aos poucos, no entanto, comecei a investir dinheiro dos outros, e me transformei num venture capitalist. Mas sempre preservei meu objetivo inicial: o que me interessa são as startups em suas primeiras fases", frisa Clavier.

Em geral, uma startup como Fitbit ou Pickle começa com dinheiro dos fundadores e alguns amigos — o que se costuma chamar de Friends & Family. Um aplicativo ou site é concebido, e, numa segunda etapa, business angels entram com o dinheiro necessário para que se passe à fase inicial: desenvolver um protótipo e testar o mercado. Se os primeiros resultados forem concludentes, a startup promove um aumento de capital ao fim de um ano mais ou menos, recorrendo a um seed venture capitalist, também chamado de micro venture capitalist ou super angel. É o trabalho de Jeff Clavier.

"Somos os primeiros investidores sérios. Pegamos a startup no início e injetamos algo entre quinhentos mil e dois milhões de dólares contra 7 a 10% do capital da empresa", esclarece Clavier. O termo seed ("semente", "germe") refere-se a esse pequeno investimento inicial, depois de doze a dezoito meses de existência da empresa. "Nós somos o primeiro estágio do foguete", confirma Clavier, que através do seu fundo SoftTech VC administra uma carteira de cerca de cinquenta startups. "Recebemos em média duas mil solicitações por ano e investimos apenas em cerca de vinte." Quais os critérios para apostar num projeto? Segundo Clavier, sempre se acaba de certa forma caindo no que costuma ser chamado, no Vale, de big 3: a personalidade do fundador e o histórico da equipe; a qualidade da ideia ou do produto; o modelo econômico, o potencial e a situação do mercado. A proposta da Pickle, por exemplo, aterrissou na mesa de Clavier recentemente, e está sendo examinada por ele no momento, para que baixe, então, um veredito.

Uma vez que a startup tenha decolado e seu modelo econômico tenha sido desenhado, os investidores tradicionais entram na jogada. "É preciso pôr a startup em órbita, e aí cabe aos venture capitalists clássicos intervir", esclarece Clavier. Eles investem somas maiores, de cinco a dez milhões de dólares, em startups que já tenham entre 18 e 24 meses de maturidade. Em geral, não se trata de assumir o controle da empresa, mas de permanecer como acionista minoritário. Não demora e chega a etapa dos chamados financiamentos de Series A, e logo de Series B, novas rodadas para a fase de expansão da empresa, com valores cada vez maiores — é o estágio em que se encontra a Fitbit.

Roseanne Wincek é uma venture capitalist associada à empresa Canaan Partners, e me encontro com ela no Craftmen & Wolves, um café na Valencia Street bem típico de Mission, o bairro tech de São Francisco, em pleno processo de gentrificação. Ao contrário dos seed, que se interessam pelo início das startups, Wincek interfere de maneira mais tradicional, quando uma empresa já mostrou a que veio, em geral a partir do segundo ano. "Investimos em uma quantidade menor de sociedades que os seed, mas entramos no capital de maneira mais maciça. Em média, cuido apenas de uma ou duas empresas por ano", resume essa nativa de Ohio que migrou para o Grande Oeste para obter um diploma de química na Universidade de Berkeley e depois um MBA em Stanford. "Aqui, temos um ecossistema muito especial, e Stanford é de certa maneira o coração do Vale. Ao concluir o MBA, enviei meu currículo a todos os ex-alunos da universidade que eram venture capitalists. E não conseguia acreditar: quase todos eles responderam que queriam me encontrar. A rede dos ex-alunos é realmente a força de Stanford."

Roseanne Wincek menciona outro fator que, segundo ela, caracteriza o Vale do Silício: a scalability. Difícil de traduzir (entre a economia de escala e a capacidade de mudar de escala, ganhando potência com rapidez), a expressão resume a força de expansão das startups californianas. O ecossistema da região de São Francisco permite que uma empresa com "potencial" de crescimento (que seja escalável) encontre ao mesmo tempo os recursos técnicos para se adaptar ao ritmo da demanda e os meios financeiros para crescer rapidamente. A massa crítica faz o resto: o mercado doméstico americano já oferece 320 milhões de clientes potenciais, unidos por uma mesma língua e uma economia comum. A partir dessa base californiana, uma encruzilhada crucial para o Pacífico num Estado multiétnico e multilinguístico, torna-se então possível ganhar força em escala internacional. Essa capacidade de mudar de escala facilmente seria, portanto, um dado essencial do modelo.

Mas os investidores e empreendedores que encontrei no Vale frisam que a paisagem se modifica. "Nossa profissão está mudando", confirma Roseanne Wincek, acrescentando: "Existe uma tendência básica: custa cada vez menos lançar uma startup, graças aos softwares livres e à cloud, e é cada vez mais fácil encontrar dinheiro. O Vale do Silício passa atualmente por um novo boom, e o papel dos investidores, que representam a engrenagem essencial de financiamento, está evoluindo."

Os smartphones e o inesgotável mercado de aplicativos por eles gerado também transformam o quadro. "A coisa aqui está uma loucura, o número de novas empresas é literalmente absurdo, seja em Palo Alto, Mountain View, na Route 101, em El Camino, Menlo Park ou São Francisco", extasia-se Jeff Clavier. Os empreendedores teriam à disposição maior diversidade de investidores, e os business angels, assim como os venture capitalists, seriam ao mesmo tempo mais numerosos e menos indispensáveis. Proliferam-se os financiamentos em rede, ou crowdsourcing, assim como as incubadoras que permitem acompanhar as novas empresas em seus primeiros passos. Os venture capitalists não vão desaparecer, mas não têm mais, como antes, poder de influenciar na vida ou na morte de uma startup. "Aqui, conseguir dinheiro não é problema. O ecossistema do Vale quer financiar as startups: é esta a força do modelo", analisa Clavier. "Com isso, os empreendedores podem achar que são capazes de nos dispensar. Mas esquecem que não nos limitamos a financiá-los. Também os ajudamos no marketing, fornecemos acesso a uma rede de profissionais, interferimos em questões de recursos humanos, jurídicas, no media training", tenta tranquilizar-se Roseanne Wincek.

A originalidade do Vale do Silício? "Eu diria que está antes de tudo na reinvenção permanente. É preciso estar sempre inovando, pois o conceito de perenidade aqui não existe. Nada pode ser dado como certo, nunca. Por isso é que todo mundo é um pouco paranoico aqui no Vale", resume Jeff Clavier, citando o exemplo do MySpace, que todos acreditavam mais poderoso que o Facebook, e que veio a desmoronar. Ele também menciona a cultura muito específica do amor ao risco no norte da Califórnia: "Aqui nós temos muitos fracassos. Mas não é um problema. Quem passa por um fracasso levanta, dá a volta por cima e abre uma nova startup." E como se as mudanças bruscas estivessem sendo teorizadas como modelo econômico; é possível fracassar, mas é preciso fracassar depressa! A expressão, por sinal, está na moda no Vale: To fail quick.

"A NSA está na escuta"

No centro do complexo, uma Main Street. Existe nos Estados Unidos toda uma mitologia em torno da rua principal, a rua principal das small towns (as cidadezinhas do Meio-Oeste ou do Oeste), lugar por excelência da socialização e do comércio, simbolizado de maneira caricatural pela Main Street da Disneylândia. Aqui, nesse campus de alta segurança, não escapamos ao mito. Única diferença: o nome. A rua central se chama Hacker Way.

Estou na sede do Facebook em Menlo Park. Chega-se aqui pela Bay Front Expressway, autoestrada periférica que margeia a baía de São Francisco e em seguida a ultrapassa numa dessas imensas pontes de quase três quilômetros das quais os americanos parecem ter o segredo. Ao contrário da Google, que fica num campus semiaberto, a sede do Facebook é formada por sete prédios gigantes interligados. Com dezenove entradas oficiais, eles formam uma espécie de aldeia medieval, formada por recintos fortificados e muralhas externas, e só é possível entrar com a devida autorização.

Uma vez lá dentro, o clima do Facebook parece com o de qualquer campus californiano. De jeans ou moletom, camiseta e gorro de beisebol, um crachá laranja de identificação pendurado no pescoço, os milhares de assalariados — com idade média de 27 anos — circulam despreocupadamente pela Hacker Way como se estivessem numa jaula dourada. Em sua maioria, têm na mão um smartphone, um tablet ou um laptop, e verifico que os Mac têm preferência em relação aos PC (e por sinal existe uma máquina de vendas automática para a aquisição de todos os acessórios Apple). O wi-fi é acessível em qualquer lugar, gratuitamente, embora num dos cafés do campus eu precisasse me identificar, usando minha página do Facebook, para ter acesso à internet, o que automaticamente gerou uma pequena publicidade do Philz Coffee na minha página pessoal — o preço da gratuidade. A poucos metros de distância, entre dois prédios, para passar de um a outro, há uma ponte chamada de Troll Bridge. E, ligeiramente afastado do campus, aberto 24 horas por dia, com acesso pela entrada nº 19, um prédio inteiro é dedicado aos esportes.

Nos diferentes andares, domina o espírito da "cultura startup", sutil mistura de criatividade e descontração: há balanços, tubarões gigantes voadores, um jogo de totó abandonado, uma infinidade de grafites, uma Rainbow flag tremulando. Tudo é em open space, as salas de reunião são reservadas em iPads fixados à parede e muitos empregados trocaram a mesa de trabalho tradicional por uma standing desk, uma mesa alta, atrás da qual é possível ficar de pé, e não sentado (para ter liberdade de movimentos, atuar de maneira mais "coletiva" e evitar problemas de coluna). Um cartaz adverte contra qualquer eventualidade de assédio sexual: Eye contact = Contact.

Aqui e ali, escritas com caneta pilot em quadros brancos ou na própria parede, estão frases de impacto que tentam capturar a imaginação: Change the world, Is connectivity a human right?, Never stop hacking, Think bigger, Always challenge the old ways, Be amazing, Innovate or die. Mais audacioso, encontramos até um nsa wiretap (a NSA está na escuta). Os mantras são uma verdadeira assinatura do Vale do Silício.

O FACEBOOK TAMBÉM É FREE FOOD. Nos muitos restaurantes do campus, a comida é sempre gratuita. No self-service, podem ser escolhidos sushis ou burritos sem pagar, toma-se um café ou se consomem refrigerantes, energizantes, doces e outros snacks das máquinas automáticas refrigeradas sem precisar de dinheiro. "No campus, tudo é gratuito, em todo lugar, o tempo todo. Para o Facebook, o objetivo é fazer com que fiquemos aqui o máximo de tempo possível. Que nos sintamos bem. Mas o problema, justamente, é que a gente come demais! Um pouco mais de frugalidade não faria mal nenhum! A lavanderia também é gratuita, assim como o cabeleireiro, as bicicletas, as diversões e até os ônibus para vir e voltar. É como se vivêssemos eternamente num campus estudantil!", relata Charity Majors, com quem almoço — de graça — no Facebook.

Com piercing nas sobrancelhas e cinco argolas nas orelhas, ex-vegetariana que nunca recusa um uísque, Charity é a própria encarnação do espírito startup numa multinacional. Usa um moletom com capuz cinza, como Mark Zuckerberg: "Ganhei isto aqui. Esses casacos são um absurdo de caros. Tipo duzentos dólares. Não têm logotipo do Facebook por fora, só por dentro. Exclusivos para iniciados!"

Mas o fato é que ela não gosta nem um pouco de iniciados. Especialmente os do departamento comercial, que só pensam com seus q1 e q4, os resultados trimestrais, e só raciocinam por análises swot — método de avaliação das business schools em função dos Pontos Fortes, dos Fracos das Oportunidades e das Ameaças de uma empresa. E quando passa por nós um funcionário de paletó, ela comenta: "É raro aqui ver alguém de paletó. Pode estar certo de que este aí não é um desenvolvedor; deve ser um sujeito do marketing." O referido colega pode estar de paletó, mas nem por isso deixa de ter nas orelhas um fone de ouvido Dr. Dre!

Charity nasceu em Idaho, vasto estado pouco povoado do noroeste dos Estados Unidos. Aos 16 anos, ela descobre a informática, deixa a escola e parte para São Francisco. "Me senti atraída pelo clima, a liberdade, a cultura", conta-me. Como muita gente no Vale, ela se orgulha, retrospectivamente, de ser autodidata, dizendo que já se perdeu a conta dos desenvolvedores de sucesso que são college drop outs (gente que largou a faculdade). Entre Castro e Mission, ela descobre a contracultura californiana: tatuagens customizadas e bandas de cover grunge; festas rave até o amanhecer; os vegetarianos, os veggies, os vegans e até o gluten free food movement. Observa o folclore local e seus ritos de passagem: cogumelos e ecstasy; os artistas sem-teto que tocam guitarra no metrô e usam seus smartphones para marcar hora num dentista credenciado pela prefeitura; os alunos dos cursos de creative writing que rondam a livraria City Lights e se acreditam herdeiros da Beat Generation; os gurus e os carros elétricos; o movimento queer e a luta pelo same-sex marriage; os free kisses nas noites de lua cheia. "Eu era uma espécie de hippie, usava cabelos longos, muito longos, e andava quase o tempo todo descalça", recorda-se Charity. "E as pessoas que eu conhecia me chocavam [blow me away]: eram tão brilhantes e talentosas e criativas e artísticas e sofisticadas que eu nem acreditava estar desfrutando de sua companhia."

Em São Francisco, Charity logo viria a mergulhar na comunidade tech. Passa a conviver então com pessoas que "fazem coisas", mesmo quando o que fazem parece tedioso e uncool aos outros. Databases? Debates sem fim sobre as linguagens de programação? É disso que ela gosta. "Eu entrava nas filas de cinema e ouvia as pessoas conversando sobre códigos de informática e protocolos TCP/IP! Ficava maluquinha! Tinha encontrado uma turma que parecia comigo."

Naturalmente, ela também lê, na web, TechCrunch, VentureBeat e Wired, apaixonando-se pelos códigos hackers e as práticas dos geeks: conferências TED, mashups, pitchcamps e hackathons. Sabe apreciar a gestão coletiva das startups, nas quais todo mundo pode dar sua opinião em all-hands meetings. E também descobre que há bem poucas mulheres nesse mundo de homens. "É uma cultura digital muito masculina. Parece que a gente está em *Mad Men*", queixa-se.

Assim, para zombar das singletons de sua idade que se acham Bridget Jones, trintonas solteironas obcecadas com calorias e devoradoras de livros de autoajuda do tipo How to, ela sai pela tangente e é contratada por uma empresa tech. Entra para o hard, passando a trabalhar com códigos. E descobre que a internet, aparentemente tão simples, é extremamente complexa do ponto de vista técnico. "Um dos motivos para o fato de haver poucas mulheres nas startups do Vale do Silício é que são poucas as engenheiras", suspira, mostrando ao nosso redor os empregados do Facebook — majoritariamente homens.

Não demora e, por ter "contraído o vírus", ela participa com amigos da criação de uma startup, tornando-se uma de suas primeiras assalariadas. Seu nome: Parse. Trata-se de uma plataforma tecnológica para ajudar os desenvolvedores a aperfeiçoar seus aplicativos e protegê-los a distância na cloud. Mais de duzentas mil startups acessam atualmente a Parse em todo o mundo. No cerne do modelo econômico dessa empresa, o conhecimento do tráfego, a avaliação da audiência e a integração dos aplicativos no Facebook. E é assim que, em abril de 2013, confirmado o sucesso, a firma de Menlo Park rapidamente trata de comprar a Parse por um valor não divulgado (Charity não quer me revelar o montante, mas a imprensa falou em 85 milhões de dólares).

A equipe da Parse muda-se então para o campus do Facebook, obedecendo ao bem-azeitado modelo do acqui-hiring (uma mistura das palavras acquisition e hiring, dizendo-se também talent-acquisition ou to acqhire): em vez de recrutar empregados, uma empresa compra a companhia em que trabalham. "O Facebook insistiu muito para que viéssemos para cá. Eles querem que as startups que compram se estabeleçam no campus, para podermos trocar com os outros, fazer parte do ecossistema Facebook. Como está vendo, temos aqui nosso pedaço de um andar, nossas camisetas e até nossas coffee mugs", comemora Charity, acompanhando-me em uma visita pelas instalações open space de sua startup no interior do juggernaut.

Um dos segredos do Vale é este: a imbricação entre startups e gigantes da net. São inúmeras as passarelas entre os dois mundos: Google, Facebook e Twitter se desenvolvem tanto de dentro quanto adquirindo pequenas empresas externas. E o cinismo dos dirigentes dessas multinacionais ajuda: "Eles acreditam, por princípio, que tudo pode ser comprado", diz Charity, sem ter em mente ninguém em particular. No fim das contas, as grandes empresas às vezes encontram dificuldades para levar adiante suas necessidades de pesquisa e desenvolvimento, e é mais fácil para elas investir numa startup que já se mostrou capaz de inovar. "O Facebook nos comprou ao mesmo tempo para botar a mão em nossas inovações e eliminar um concorrente", resume Amy Cole, vice-presidente do Instagram.

No campus do Facebook em Menlo Park, constato que dezenas de startups foram assim transferidas e cumprem, em nome da multinacional, uma missão de experimentação e tomada de riscos. E em Landings Drive, bem perto da sede da Google em Mountain View, vejo dezenas de construções abrigando, mais uma vez, centenas de startups com vínculos complexos e variáveis com sua parent company (parceria, entrada no capital, compra). Ao lado da sede, batizada de Googleplex, uma rua inteira ganhou o nome de Partnerplex, o que não deixa margem a dúvidas. Podem ser pequenas empresas independentes que alugam um escritório: empresas nas quais a Google investiu; ou associações sem fins lucrativos financiadas pela Google, como a Khan Academy, a qual pude visitar; podem ser também startups compradas pelo site de busca e que constituem pequenos satélites no ecossistema geral da Google. Todos andam em bicicletas coloridas idênticas, se encontram no Bayside Café ou na quadra de vôlei (com areia de praia verdadeira). Circulando em carrões 4 x 4, a patrulha da Google Security vigia toda a zona, as filiais, os parceiros e todos os "amigos" sem distinção.

"As grandes empresas são encaradas como o mal absoluto. Para muita gente, são o evil. Mas temos de reconhecer que precisamos delas", pondera o desenvolvedor de video games independente Kyle Gabler. É também o que pensa Joshua Torres, jovem diretor de marketing que trabalhou no Facebook, na Square e agora está na Asana (estas duas startups estão em alta atualmente no Vale, talvez por Square ter sido lançada por Jack Dorsey, o cofundador do Twitter, e Asana, por Dustin Moskovitz, cofundador do Facebook). "A fronteira entre as pequenas e as grandes empresas não é mais tão clara", explica Torres, "pois as startups precisam do dinheiro dos gigantes da net, que por sua vez precisam da inovação das empresas menores." A Google e o Facebook têm necessidade constante de explorar novas ideias, e são as startups que cuidam disso. "Essas startups não são motivadas exclusivamente pelo dinheiro, como se costuma pensar", prossegue. "Aqui em São Francisco, o que não falta são empreendedores um tanto malucos com um único objetivo: criar um mundo melhor. Pode parecer bobagem, mas é verdade, realmente é assim. Eles querem resolver problemas, encontrar soluções." Torres acrescenta: "Há também os que lançam uma empresa sem nenhuma ideia, só pelo prazer de fundar uma empresa. É um vírus. Acho que todas essas empresas, não importando o tamanho, são larger than life: sua ambição é maior que a dos fundadores."

Jordan Mendelson é outro "empreendedor serial": desde que fez parte da equipe que fundou o conhecido site peer-to-peer Napster, ele lança startups em série, e me fala de sua mais recente criação ao se encontrar comigo num café perto da Market Street, em São Francisco (não entendi muito bem para que serve sua startup, algo entre a cloud e o big data, mas a ideia aparentemente o deixa empolgado). "Existe startup e startup", explica Mendelson. "Nem todas estão na mesma categoria. Existem as grandes que não têm mais o mesmo espírito de inovação que as pequenas e as pequenas que não dão em nada. Costumo pensar que quando há entre um e setenta empregados é possível falar de startup, mas quando não dá mais para lembrar os nomes de todos e já não existe uma comunidade, não é mais uma startup." E ele acrescenta, razoavelmente cafeinado: "Qualquer empreendedor vai dizer a mesma coisa: o mais emocionante é o início. Quando se tem uma ótima ideia, mas ainda nenhum produto, quando se decidiu lançar um app ou uma feature mas ainda sem um modelo econômico, esse é o momento mais genial. Tinha-se um empregado e de repente são dez. Não se tinha dinheiro, e de repente são centenas de milhares de dólares. É realmente quando dá tesão. Como aos 18 anos, quando a gente quer dormir com todas as garotas. Uma startup é um vício. Como o primeiro porre, o primeiro shoot."

O contrato assinado com o Facebook determina que Charity Majors deve permanecer em Menlo Park por mais dois anos; uma obrigação jurídica ironicamente conhecida no Vale do Silício como golden handcuffs (algemas de ouro). Mas o peso da multinacional já a incomoda. Ela também me diz que está com "o vírus das startups", e não vê a hora de ir embora. Para ela, o sucesso é medido pelo grau de autonomia, a capacidade de ser dono da própria história. Ela quer reinvestir seu dinheiro numa nova aventura, e isto também é o Vale do Silício. Charity explica: "Não fui feita para as big companies. Não quero ser mais uma empregada entre cinco mil, gosto do caos e da incerteza. Gosto de velocidade. Gosto de liberdade, de experimentação. Gosto quando não há objetivos nem 'planos quinquenais'. Gosto de trabalhar no meu ritmo, de fazer meus horários: não sou uma pessoa matinal, por exemplo. Ao mesmo tempo, sou obcecada com controle: numa startup, cada indivíduo é absolutamente necessário ao sucesso. Gosto de estabelecer eu mesma as minhas regras. Gosto quando só se tem escolha entre fazer e morrer. Gosto quando a gente cruza pela primeira vez na rua com alguém que está usando a camiseta da nossa startup. Gosto de me sentir galvanizada pela possibilidade de sucesso e aterrorizada com o risco do fracasso." No imenso restaurante no coração do império Facebook, Charity faz uma pausa e então solta, categórica: "Eu sou uma startup person."

É TUDO UMA QUESTÃO DE GEOGRAFIA. O Vale continua sendo a capital mundial do digital, mas hoje a inovação se faz cada vez mais em São Francisco, onde se fixaram empresas importantes: Dropbox, Nextdoor, Uber, Yelp e Path têm sua sede downtown; Twitter instalou-se em Market Street, enquanto Wikipédia, Instagram, Zynga e Airbnb estão em SOMA (South of Market Street). Yahoo, por sua vez, domiciliada em Sunnyvale, está em processo de transferência de uma parte de seu contingente para São Francisco.

"A cultura geek, a cultura hacker, a contracultura, tudo isso é São Francisco. Quem quer ser smart e criativo vem para cá, a capital dos hippies e dos gays. Além disso, todo mundo aqui tem vários empregos: um para comer, uma startup na qual investimos dinheiro e por fim, paralelamente, um side job mais artístico, em que investimos tempo para realmente fazer o que gostamos de fazer. Nem pensar em ter apenas um escritório a uma hora de São Francisco: nós queremos viver aqui", conta-me Lisa Green, uma multiempreendedora com quem converso num restaurante fusion food perto de Castro. Ela própria é uma three business-card person, como se diz no norte da Califórnia para falar dos hiperativos que acumulam vários empregos e têm pelo menos três cartões de visita diferentes.

Os que gostam da cidade não gostam do Vale do Silício — não o consideram urbano. Uma exurb,* como é chamada a segunda ou terceira coroa do subúrbio, na periferia da cidade, depois do suburb, depois da cidade, longe de tudo. Os jovens fogem do Vale, porque o centro da cidade é mais cool; os mais pobres também, para se instalar nos bairros sensibles e menos caros de East Palo Alto ou nos guetos de Oakland. Pois o Vale do Silício é uma das regiões onde as desigualdades mais se agravaram nos últimos trinta anos. Se os gigantes da net são vistos mundo afora como idealistas — ou predadores —, o fato é que não conseguiram erradicar a pobreza na baía de São Francisco. Propõem soluções escaláveis para todos os problemas, mas não apresentam nenhuma para quem não tem smartphone nem dinheiro no bolso, a poucos metros de distância de suas instalações.

* Neologismo para *extra urban*, que são as cidades-dormitório.

Os empreendedores também resistem a morar longe de São Francisco ou a "comutar", ou seja, fazer diariamente a viagem de ida e volta. Autoestrada, GPS, engarrafamentos: eles rejeitam essa car culture na qual o automóvel domina tudo. "Palo Alto e Menlo Park hoje em dia estão com preços exorbitantes, e não existem escritórios disponíveis aqui. O Vale do Silício fica longe; é de difícil acesso sem carro. Os jovens que lançam startups preferem se instalar nos bairros tech de São Francisco, como Mission, soma ou downtown", afirma o investidor de risco Jeff Clavier, cujo escritório ainda é em Palo Alto (mas ele tem planos de mudar-se em breve para a "cidade").

Como ele, muitos desenvolvedores, investidores e empreendedores entrevistados confirmam que as ideias de place, território e comunidade têm um sentido essencial para uma startup. "As empresas digitais que fazem sucesso no momento, como Airbnb, Lyft, SnapChat, Path, Yelp e Nextdoor, são as que permitem às pessoas se conectar entre si, in real life (IRL), comenta Joshua Torres.

No próprio coração de São Francisco e do Vale do Silício, o lugar onde se está, o território onde se vive e o local onde as pessoas se encontram continuam a ser importantes. "Ninguém toma um café no Facebook", acrescenta Torres. E o fato de os empreendedores debaterem se devem instalar sua startup na cidade, na zona urbana ou no Vale, na região suburbana, confirma a importância da ideia de place. A promessa dos gigantes do digital que anunciam um mundo inteiramente globalizado e desmaterializado, no qual os lugares seriam intercambiáveis, as línguas e as relações humanas se transformariam em decorrência das conexões generalizadas, não se confirma em casa — em São Francisco — exatamente como não se confirma no resto do mundo. Todas as internets são diferentes, e a internet californiana mais ainda que as outras. Ela pode ser "o" modelo, mas nem por isso deixa de ser única e dificilmente imitável. Os ingredientes que fazem o Vale do Silício lhe são próprios: as interseções entre os mundos da pesquisa, das finanças e do empreendedorismo, sua porosidade e sua permeabilidade; a diversidade cultural e linguística específica da Califórnia; a fé na iniciativa pessoal, o evangelho da empresa e a tolerância com o fracasso; determinada ética protestante do trabalho e do capitalismo; uma relação com a riqueza que oscila entre a filantropia e a cupidez; o sonho de uma utopia digital; o otimismo; a massa crítica e a scalability; um jeito muito particular de ao mesmo tempo viver na comunidade e cultivar sua diferença; o secret sauce de Stanford; a contracultura de São Francisco — todos esses elementos não são facilmente suscetíveis de reprodução em outros lugares.

O Vale, que é ao mesmo tempo o passado e o futuro do digital — Hewlett-Packard e Square —, prova paradoxalmente, pela própria singularidade, que o digital não pode ser um fenômeno inteiramente global. "O futuro da internet e das tecnologias está sendo escrito In Real Life. Ele se escora numa rede de pessoas conhecidas e num território que realmente existe", confirma o desenvolvedor Kyle Gabler. E às vezes, para existir on-line, só mesmo se fantasiando de pepino na vida real, numa noite de Halloween.

2. Alibaba e os quarenta ladrões

Num gigantesco mapa digital, milhares de luzinhas azuis acendem e apagam. Cada uma das vezes, em tempo real, uma transação. Visivelmente, o comércio se concentra a leste, na zona costeira, perto do mar da China, numa larga faixa que vai de Beijing a Guangzhou (novo nome de Cantão). A oeste, em compensação, há poucas transações. A sudeste, uma ilha, Taiwan, aparece em amarelo, à imagem do resto do país, parecendo ser considerada uma simples "província".

O grande painel da empresa, com doze metros de comprimento por dez de altura, está dividido em dezoito telas planas. Numa delas, o nome das marcas compradas no momento aparece brevemente: Adidas, L'Oréal, Unilever, Gap, Ray-Ban, Levi's, Shiseido, Zara, Total, Samsung e muitas outras locais, escritas em mandarim. Através dessa extravagante torre de controle se desenha em tamanho natural a China digital.

"Nossa ambição a longo prazo é nos tornarmos uma empresa global, mas por enquanto estamos satisfeitos por sermos a líder nacional do e-commerce", afirma Jianbing Gujb, o "Alex", diretor de marketing do Alibaba. Ele usa um short branco, camiseta e tênis Puma. "O terno é um traje ocidental. Aqui nos vestimos de maneira mais cool", explica Alex. Entre os oito mil empregados que trabalham no site (24 mil no total), com idade média de 27 anos, "ninguém usa gravata", acrescenta ele. Está sentado num Starbucks, instalado no coração do grupo, em sua sede em Hangzhou. A uma hora de trem-bala, a sudoeste de Xangai, a capital da província de Zhejiang é uma cidade de mais de cinco milhões de habitantes.

Criado em 1999 por Ma Yun (ocidentalizado como Jack Ma), um especialista em artes marciais e professor de inglês que ficou bilionário, o Alibaba é o símbolo da web chinesa — e Ma Yun, o seu Steve Jobs. Mistura de Amazon, eBay e PayPal, com um volume de negócios que ultrapassa o dessas três empresas americanas juntas, o site chinês ficou conhecido como "o maior bazar do mundo". Nele, vende-se, compra-se, comercia-se entre particulares, entre empresas, entre particulares e empresas, nesse que é, politicamente, o maior país comunista e, economicamente, o maior Estado capitalista do planeta. A imagem seria quase perfeita, e a história, uma notável success story, se o Alibaba não fosse um clone.

COM SEU SITE TAOBAO, o Alibaba copiou o eBay. Com Tmall, reinventou a Amazon. Com Alipay, reimaginou o pagamento on-line, à maneira PayPal. E com o China Yahoo, assumiu o controle do Yahoo na China. Se acrescentarmos a esses ativos uma plataforma especializada em transações entre profissionais — o modelo econômico inicial do Alibaba —, um site bancário de empréstimos para pequenas e médias empresas, venda de seguros on-line e um serviço inovador de cloud computing (Aliyun), podemos ter uma ideia do império Alibaba. Um império que estendeu muito suas ambições desde que passou a ser cotado na Bolsa de Nova York, em 2014, numa operação financeira que foi ao mesmo tempo a maior estreia de uma empresa tecnológica na história e o valor mais alto alcançado por uma empresa chinesa (da ordem de 223 bilhões de dólares, mais que eBay, Twitter e LinkedIn juntos). Se no Ocidente são temidos hoje em dia os abusos de posição dominante dos "GAFA" (Google, Apple, Facebook e Amazon), na China passou-se a temer o monopólio dos "BAT" (Baidu, Alibaba e Tencent).

"Nossa força está no alcance do mercado nacional", prossegue Alex. "A internet na China não é mais um setor geograficamente deslocado nem de terceirização; temos nossas próprias empresas. Nossa fragilidade é a criatividade e a inovação. Temos os melhores engenheiros, mas nos faltam ideias e patentes. E então nos voltamos para o que é feito lá fora. Mas todas as empresas americanas fracassaram aqui: YouTube, eBay, Yahoo, Google e Twitter não conseguiram se implantar. Nós as vencemos."

Venceram? Ou plagiaram? As cópias são a solução inventada pela China para resolver um problema de criatividade acompanhado de um problema existencial: como construir uma internet forte sem ser dominado pelos americanos? Como inovar quando faltam ideias? A solução chama-se Renren (pronuncia-se Jenjen, o Facebook chinês), Youku (YouTube), QQ (MSN), Weibo (Twitter), Beidou (GPS), Meituan (Groupon), Weixin (WhatsApp) e sobretudo Baidu (pronuncia-se BY-doo, um buscador que se parece com o Google). Seus "modelos" americanos foram proibidos, bloqueados, censurados, ou então comprados — sem motivo oficial real, pois a priori nada impede que um site americano esteja presente no território chinês. Visitando a maioria dessas cópias numa dezena de grandes cidades chinesas, assim como suas filiais em Hong Kong, Cingapura e Taiwan, entendi que os chineses queriam ter acesso aos mesmos sites e serviços que os americanos, sem por isso depender deles. E que, portanto, bastava duplicar.

E conseguiram! No trem-bala que liga Xangai a Beijing, dou-me plenamente conta do que é a China em marcha. Num percurso de 1.300 quilômetros, pontes e estações faraônicas foram construídas, além de autoestradas de contorno. No interior dos vagões luminosos, jornais e livros praticamente desapareceram. As telas invadiram o espaço de lazer, mas também os espaços de informação e relações interpessoais. No bar, bebendo chá de crisântemo e compartilhando uma fatia de bolo Strawberry Dragon Dumpling, um grupo de jovens chineses se comunica pelo Renren e pelos weibos, conversando pouco entre eles. Mal levantam os olhos quando o trem atravessa a grande velocidade o rio Azul e o rio Amarelo.

"NÃO SOMOS UM CLONE DO GOOGLE", insiste Kaiser Kuo Yiguang, porta-voz do Baidu, na sede do grupo, entre o terceiro anel viário e o quarto, a noroeste de Beijing. De óculos escuros, jeans furados, uma fita prendendo os cabelos longos, Kaiser Kuo cultiva uma imagem rock dentro de uma multinacional capitalista. Nas horas vagas, ele é guitarrista da Tang Dynasty, uma banda heavy metal. Debaixo do braço, carrega um MacBook Air, do qual nunca se separa.

Situado no bairro high-tech de Zhong Guan Cun, em Beijing, o complexo do Baidu é ultramoderno e americanizado. Ao entrar, recebo um crachá com a inscrição Friend, ao invés de "Visitante". "Aqui não temos nada a esconder, tudo é muito aberto", comenta Kaiser Kuo, com sua voz estentórica. Mas ele não me leva para visitar as salas dos servidores, provavelmente subterrâneas, nas quais o número de computadores interconectados, mantido em segredo, seria o maior da China.

Mas a parte "visível" do campus não deixa de ser impressionante. Por toda parte, bebedouros de livre utilização e open spaces harmoniosos, prolongados por pequenas bolhas onde os empregados podem repousar em poltronas de couro (no momento em que atravesso uma delas, três pessoas lá se encontram fazendo a sesta). No saguão, os empregados do Baidu — cinco mil no local, dezesseis mil no total — podem se expressar num grande painel. Do it! Be cool! Have fun!, escreveu um deles. Cool attitude também está lá. We are hackers! (Nós somos hackers), escreveu outro deles. Nos coffee-shops da multinacional, confidencia-me Kaiser Kuo à parte, baixando a voz: "Acontece até de fazerem reunião de grupo gay com toda visibilidade"; sorrio diante da maneira que ele encontrou para me apresentar a coisa, como se se tratasse de uma transgressão inimaginável. No campus do Baidu, então, de fato estamos no "Vale do Silício chinês", como costuma ser chamada essa nova smart city na periferia de Beijing.

O sistema de cópias é uma invenção genial, pois permite à China escorar-se numa inovação sem qualquer custo para construir um modelo sem preço. O que, não obstante o modelo econômico cleptocrático, chama-se levar vantagem. Mas o músico hard rock não vê as coisas assim: Kaiser Kuo se prodigaliza em argumentos e exemplos para me provar que o Baidu de modo algum é uma pálida cópia do Google. Para começar, menciona seu logotipo, as marcas azuis das patas de um panda, símbolo nacional chinês. A palavra "baidu" vem "de um poema da China antiga", diz Kaiser Kuo, e ele então começa a recitar poesia: "Depois de procurar na multidão, centenas e milhares de vezes, de repente, ao me voltar, ela está lá, à luz débil de uma vela." Caramba! O porta-voz do Baidu insiste: o nome de sua empresa realmente tem origem nessa busca de uma mulher "centenas e milhares de vezes". Outra singularidade: a língua. O site é inteiramente desenvolvido para se adaptar aos caracteres chineses, o que "melhora as funções de remissão e resultados".

Finalmente, o Baidu concebeu um sistema original, conhecido como Box computing, que permite ao buscador apresentar os conteúdos diretamente na tela, e não apenas os resultados em forma de links, como no Google. Assim, buscarmos um livro ou um filme, por exemplo, o Baidu não oferece um link para esse conteúdo, mas o próprio livro ou filme. Tratando-se de obras chinesas, a difusão automática pelo Baidu foi negociada com as indústrias culturais e os grupos nacionais de mídia (embora os concorrentes chineses critiquem o Baidu a respeito disso); em compensação, temos bons motivos para crer que certos conteúdos não chineses do site não são legais do ponto de vista da propriedade intelectual (a MPAA, o lobby de Hollywood, moveu uma ação na justiça contra isso). Assim, com a ferramenta de busca Baidu é possível baixar qualquer música de maneira totalmente ilegal no Baidu MP3 Search; acompanhar as notícias no Baidu News ou consultar um mapa em 3D, com a situação do trânsito geolocalizada em tempo real, no Baidu Map, "muito mais eficiente que o Google Maps"; ver um vídeo em streaming no Baidu Video Search; ou ter acesso ao Baidu Baike, uma espécie de Wikipédia chinesa. Definitivamente, o Baidu seria inteiramente original, e Kaiser Kuo insiste na palavra homegrown — produto da casa.

Se dermos crédito ao porta-voz do Baidu, ficamos com a impressão de que o igualitarismo agrário chinês — quimera que custou na melhor das hipóteses trinta milhões de vidas — e o Exército do Povo foram sucedidos por esse buscador na história das grandes invenções do país. Repositório de todas as virtudes e todos os superlativos, o Baidu seria a própria encarnação da democracia popular em marcha. E por sinal, acrescenta Kaiser Kuo, o desenvolvimento do site é "um modelo aberto delegado a quarenta mil desenvolvedores externos" (o que, por ser impossível verificar, não pode ser comprovado). Os próprios aplicativos — mais de setenta mil disponíveis — seriam produto de startups independentes chinesas, e não do sistema. Para completar esse modelo maravilhosamente perfeito, o Baidu é cotado na nasdaq e registrado juridicamente nas ilhas Caimã (como comprova o formulário da agência americana de regulação dos mercados financeiros que encontro no início do relatório anual da empresa).

Censura? Kaiser Kuo, que costuma falar com visitantes estrangeiros, não se esquiva à pergunta. E se mostra sagaz: ele admite que acontece de o Baidu ser "filtrado", o que, paradoxalmente, confirma que não se trata de um simples clone do Google. Qual a margem de liberdade do Baidu Baike, o equivalente chinês da Wikipédia? "É um site colaborativo, e milhões de pessoas participam. Cada autor e editor têm uma conta e recebem ratings em função de seu trabalho. No início, todo mundo começa lá embaixo, com poucas autorizações de edição; depois, em função de suas publicações, adquire-se o direito de editar mais, de fiscalizar os outros etc." Fico então pensando que, no Baidu Baike, as pessoas avançam em função dos serviços apresentados, como no Exército do Povo. Insisto: o Baidu Map também é "editado" e trancado a sete chaves? Kaiser Kuo reforça sua polidez: "É preciso entender a China. Baidu não se dirige apenas aos chineses conectados, aos jovens, estudantes, empresários, aos que utilizam a internet todo dia e fazem compras em sites de e-commerce, mas também à China profunda, que está descobrindo a internet. A China que não domina os caracteres latinos, uma China mais velha, menos conectada. É preciso respeitar as linguagens, os costumes das aldeias. Temos de entender essa China rural." Kaiser Kuo se expressa num inglês perfeito: ele é um abc, como são chamados os sino-americanos, ou American-born Chinese. Cresceu no estado de Nova York e observa, com tristeza, que "seu chinês não é tão bom quanto seu inglês". No fim, acrescenta uma frase enigmática e reveladora, simples momento de desatenção ou mensagem oculta deliberadamente destilada: "A estratégia do Baidu e a do governo chinês não são necessariamente idênticas."

E há também o Google, o irmão gêmeo inimigo. O buscador norte-americano foi marginalizado desde que deixou o território chinês e se transferiu para Hong Kong. Motivo? O Google recusou-se a ceder à censura oficial depois que as contas Gmail de dissidentes foram pirateadas. Na sede do Baidu, ninguém quer comentar o assunto. Sob anonimato, vários especialistas chineses entrevistados em Beijing dão a entender que o regime comunista teve como principal objetivo favorecer o Baidu, e a censura teria servido apenas para alcançar esta finalidade. Além de problema político real, essa seria uma forma de patriotismo econômico: um pretexto para dissimular uma medida protecionista proibida pelas regras internacionais de livre concorrência, das quais a China é signatária. Hoje, o Baidu tem mais de 60% de penetração na China, muito à frente do Google. Seu número de buscas é contabilizado em bilhões por mês, e o buscador é capaz de indexar mais de oitocentas milhões de páginas web com seus robôs. Seus rendimentos aumentam exponencialmente graças à publicidade, que representa 95% de seu volume de negócios.

O Baidu é, assim, o principal concorrente mundial do Google. Com um detalhe, contudo: sua zona de influência. Enquanto o gigante americano está presente em quase todo o mundo, o Baidu é ativo apenas na China e em alguns territórios de língua chinesa. De tal maneira que o buscador muitas vezes é criticado por representar uma internet fechada, espécie de intranet reservada aos cidadãos chineses.

"O Baidu é uma empresa global. Não desejamos em absoluto ficar segregados. Não buscamos o isolamento. Não é uma intranet que queremos fazer, mas uma internet global chinesa", trata logo de corrigir Kaiser Kuo. Por enquanto, a internacionalização do Baidu parece limitar-se a uma parceria com o japonês Rakuten e o americano Hulu. "De fato ainda somos muito 'chineses'. Mas isso vai mudar. Queremos ser multilíngues e já estamos presentes no Vietnã, no Egito, na Tailândia, no Brasil. Vamos para a Turquia, a Malásia..." Eu dou prosseguimento à enumeração: o Irã? Cuba? A Coreia do Norte? Kaiser Kuo não cai na armadilha e me interrompe, sorridente: "Não é esse nosso modelo de desenvolvimento. Se formos para o Irã, vamos enfrentar os preconceitos. Vamos nos desenvolver em novos países, embora as escolhas ainda não tenham sido feitas. Nossa prioridade são os emergentes: a Índia, a Indonésia, o Brasil, o México... E também a Europa e o Oriente Médio. Queremos ser o segundo maior buscador do mundo. Temos paciência, vamos nos abrir aos poucos, sem nos precipitar. E quando o fizermos, teremos sempre em mente que a internet deve levar em conta as especificidades das diferentes regiões, respeitando as línguas, as tradições. Como na China, o Baidu será global tornando-se local." Ouvindo-o voltei a pensar nessa bela frase das memórias do pai espiritual da Europa, Jean Monnet: "Na China, é preciso saber esperar. Nos Estados Unidos, é preciso saber voltar. Duas formas de paciência."

154.436.443 PESSOAS ESTÃO ON-LINE. No momento em que entro nas instalações do QQ, esse número exibido em tempo real numa tela gigante dá uma ideia da influência da Tencent. Fundado em 1998, trata-se de um importante serviço de correio eletrônico, do tipo Hotmail ou Gmail, ao qual se acrescentam muitas outras funções por meio do portal QQ.com, uma espécie de Yahoo ou AOL. Site de informação, site de comércio on-line, o QQ também é líder no entretenimento mainstream: música on-line, cinema e video games para PC. Com um modelo semelhante ao MSN da Microsoft, o serviço de mensagens instantâneas QQ é o produto de maior apelo do grupo, e suas oitocentas milhões de contas ativas causam inveja (é o número que me informam na Tencent, mas outros analistas preferem falar em quatrocentas milhões).

A sede da Tencent fica em Shenzhen. Há cerca de trinta anos, o local era uma aldeia. Hoje, é a quarta cidade da China. Entre Guangzhu e Hong Kong, ela se estende por cerca de cinquenta quilômetros, somando mais de dez milhões de habitantes (dezessete milhões se incluirmos a Grande Shenzhen). Essa capital do extremo sul da China continental deve seu desenvolvimento fulgurante a uma opção política: em 1979, Deng Xiaoping, o sucessor de Mao, decidiu transformar a região do delta do rio das Pérolas na maior zona econômica especial do país. E também foi em Shenzhen que o dirigente comunista disse, em 18 de janeiro de 1992, uma frase que ficou célebre, exortando os chineses a "enriquecer".

Mas o fato é que a China desenvolveu aos poucos uma espécie de "capitalismo de Estado", certamente autoritário, mas de qualquer forma capitalismo, também batizado com uma expressão que ficou igualmente conhecida, herdada dos anos Deng Xiaoping: "economia socialista de mercado". Combinação extravagante, pensando bem, entre uma autêntica economia de mercado, dinâmica ou até mesmo selvagem, de pequenas empresas perfeitamente autônomas e voltadas para o consumo interno, e um sistema de comando ainda leninista na cúpula o qual assegura total controle político — contribuindo esse conjunto para a formação do que só podemos chamar de milagre econômico chinês. (Naturalmente esse "milagre" pode ser relativizado, considerando-se a corrupção generalizada e a ausência de estado de direito que caracterizam o regime. Um levantamento do *New York Times* em abril de 2015, por exemplo, mostrou as ligações financeiras diretas entre o poder chinês e vários bilionários — entre eles, o apaixonado pela internet, Wang Jianlin, dono das redes de shopping malls e cinemas do grupo Wanda. Esse magnata, como tantos outros, tem entre seus acionistas ou antigos investidores membros da família do presidente da China, Xi Jinping, dirigentes do gabinete político do partido comunista e colaboradores de três ex-primeiros-ministros do país.)

Ao entrar na zona especial de Shenzhen, no bairro de Nanshan, aonde chegamos por um check-point flexível, entendo por que a cidade se transformou no laboratório desse modelo capitalista à chinesa. Ao olhar maravilhado dos visitantes se apresentam esplêndidas e vertiginosas torres que lembram as de Dubai, Hong Kong ou mesmo Taipé; na periferia, sob o olhar apenas dos moradores, descubro em compensação centenas de "caixotes" cinzentos destinados às massas, prédios habitacionais perfeitamente banais, todos idênticos, oferecendo ao longo de dezenas de quilômetros incontáveis moradias a uma população de recém-chegados. A roupa lavada é pendurada nas janelas ao lado das parabólicas que captam o sinal da televisão por satélite, logo acima das autoestradas. Há arranha-céus sensacionais aqui, e, mais adiante, habitações modestas de migrantes. Espero que um dia surja um Balzac chinês para descrever essa passagem da revolução cultural à economia de mercado, com essas criaturas de ilusão e divertimento.

Ao sul do Shenzhen High-Tech Park, que vou visitar, encontra-se a sede da ZTE, uma das principais fornecedoras de equipamentos de telecomunicações e fabricantes de smartphones. E, a dois passos, está a da Tencent. "Temos doze mil empregados aqui em nossa sede, de um total de vinte mil espalhados por todo o país. A média de idade é de 26 anos. E todos os gerentes têm entre 30 e 40 anos no máximo", informa Veronica Huang, administradora da Tencent.

Além do serviço de mensagens instantâneas QQ, a gigante da net chinesa fornece cerca de cinquenta serviços diferentes. Mas a inovação prossegue, e duas novas ofertas parecem prioritárias, segundo Huang. A Tencent desenvolveu um serviço gratuito de envio de SMS, o Weixin, que já tem trezentos mil usuários, e um site de microblogging, aqui chamado de Weibo.

As semelhanças chamam a atenção, mais uma vez: o Weixin (pronuncia-se way-shin) não poderia ser mais parecido com o WhatsApp, aplicativo para celular. Permite trocar mensagens, mas também fotos e vídeos, numa mistura de Facebook, Instagram e Twitter (uma versão do Weixin destina-se aos ocidentais, com o nome de WeChat). Quanto aos Weibos, fornecem espaço para mensagens curtas de 140 caracteres, como Twitter, muito embora, tratando-se de ideogramas chineses, permitam dizer muito mais que em alfabeto latino, quase correspondendo a 140 palavras. (Cinco empresas chinesas fazem concorrência no campo do microblogging, com o nome genérico de Weibo: Tencent Weibo, Sohu Weibo, Renren Weibo, Baidu Weibo e Sina Weibo, a mais popular.)

Veronica Huang me faz companhia no café da Tencent, que parece um clone de um Starbucks, sem a marca. Nele, é possível saborear cheesecakes, ver as fotos dos empregados do mês e comprar um pinguim de pelúcia — a mascote da empresa. Seu logo é familiar para centenas de milhões de chineses.

"As empresas que se estabelecem na zona franca de Shenzhen desfrutam de isenções fiscais importantes, facilidades nos direitos aduaneiros e vantagens bancárias para flexibilizar a importação e a exportação de capitais", comenta Veronica Huang. Shenzhen é um ecossistema especial: a proximidade de Hong Kong, hub financeiro mundial, oferece soluções econômicas à margem da legalidade, vale dizer, em "zona cinzenta", quando um arranjo econômico não é realmente proibido nem de fato autorizado pelas leis. Duas Bolsas locais, entre elas uma espécie de nasdaq chinesa, na qual são cotadas as empresas high-tech, também aceleram as transações.

Esse "ecossistema Shenzhen" atrai uma nova classe intelectual, além de mão de obra pouco qualificada. O primeiro grupo é formado nas universidades da região, especialmente a Universidade de Hong Kong. Elas se desenvolveram ao ritmo da demografia: em uma geração, os chineses, dos quais apenas 6% frequentavam universidades, passaram a ter 30% de seu contingente no ensino superior na faixa etária em questão. Já os operários e empregados gozam de certa flexibilidade administrativa: o famigerado hukou, ou passaporte urbano, foi criado para conter o êxodo rural e limitar drasticamente a migração interna na China; sua obtenção, contudo, é facilitada para os que querem trabalhar em Shenzhen. Essa maior mobilidade social tem uma consequência inesperada: nessa região onde se fala tradicionalmente o cantonês, o sul da China, o mandarim vem ganhando terreno. "É uma cidade de pioneiros", resume Veronica Huang.

Um pouco adiante, ainda no Shenzhen High-Tech Park, a torre da ZTE é facilmente reconhecível pela altura e, no topo, as iniciais da marca em grandes letras luminosas. "Nosso negócio é o hardware, ao passo que a maioria das empresas aqui está no software", argumenta Guo Yidong, diretor de estratégia. A ZTE fabrica, inicialmente, aparelhos: telefones, smartphones e também chips. O smartphone ZTE Blade 880, cujo sistema operacional é Android, e que me é mostrado em todas as possíveis variantes, já vendeu mais de dez milhões de unidades em todo o mundo. Kevin Kim, outro dos diretores da ZTE, me acompanha em visita a uma fábrica onde são produzidos os telefones: circulamos pelas alamedas em um carrinho de golfe para observar dezenas de operários vestidos de branco, ocupados em enormes máquinas com incontestável determinação... até que me dou conta de que as máquinas estão paradas. Que espetáculo! Uma demonstração de fábrica! Uma fábrica de ilusão que serve apenas para as visitas oficiais, e na qual os empregados são figurantes! Fico maravilhado e consternado ao mesmo tempo com essa espécie de aldeia Potemkin à chinesa.

Mas a ZTE tem fábricas de verdade. Como a Huawei, a Coolpad ou a Lenovo, igualmente chinesas, a empresa gigante é um dos principais fabricantes de smartphones do mundo, ameaçando até a líder do mercado, a sul-coreana Samsung. Pouco conhecida pelo grande público, a ZTE foi durante muito tempo uma marca branca: fabricava os modelos básicos de telefone para Vodafone, Telefonica, Orange, AT&T e 150 outras operadoras mundo afora, sem que seu nome fosse divulgado. Hoje, quando a China vende mais de duzentos milhões de smartphones anualmente, ela quer sair do anonimato e conseguir com seu verdadeiro nome uma fatia desse mercado florescente.

Em casa, a concorrência é forte. Por mais comunista e centralizada que seja, a China tolera bem a competição interna entre seus campeões nacionais. As empresas gozam de relativa autonomia em relação às demais, e todos os golpes são permitidos. Nesse campo de jogo chinês, a zte enfrenta a fabricante de equipamentos Huawei, também sediada em Shenzhen. Cada um protege seus segredos, e, se necessário, acumula aquisições para incomodar a concorrência. "Ao contrário da Huawei, nós privilegiamos o crescimento de dentro para fora, sem excesso de aquisições, o que, no entanto, nos obriga a investir na pesquisa e no desenvolvimento, para estar sempre um passo à frente", explica Duane Corbett, da ZTE University. Essa competição frenética entre as empresas chinesas surpreende o observador estrangeiro. Assim, existem dois equivalentes da Wikipédia (Hudong e Baidu Baike), três sites que copiam o YouTube (Youku, Tudou e

Baidu Video) e cinco cópias do Twitter. Um capitalismo a toda prova que é também, à sua maneira, uma forma de nacionalismo, já que a concorrência é interna.

"A censura dorme com um olho aberto"

"TRADUZIR O TWITTER PARA O WEIBO é um dos meus passatempos favoritos." O jovem blogueiro Yu se orgulha dessa atividade (seu nome de família foi alterado). Como o Twitter é quase completamente censurado na China, os que têm acesso a ele não hesitam em traduzir os melhores tuítes num dos serviços chineses de microblogging. Aos 23 anos, esse estudante de Comunicação não tem medo de nada. Eu o encontro no café de um hotel de Beijing, e ele concorda em me explicar o funcionamento da censura chinesa, da qual fala sem hesitação — e a qual consegue contornar alegremente.

Como muitos ativistas chineses, Yu usa uma VPN (rede virtual privada, na sigla em inglês). Essa manipulação técnica permite ligar o computador a um proxy: ao consultar a internet, o usuário é relocalizado — por exemplo, no Canadá — e deixa de aparecer como chinês para a censura local. Pode então navegar livremente na web. Quando as VPNS também são bloqueadas, Yu recorre a sistemas conhecidos como antifiltros (são Filter Breakers como o U999, da Ultrasurf, o freegate ou o 4shared.com). Esses recursos técnicos de fácil acesso permitem contornar a censura, tornar as demandas anônimas, obter um endereço IP artificialmente recriado fora da China ou fazer invisíveis os conteúdos consultados. As chamadas soluções de onion routing também multiplicam as camadas de codificação, de forma semelhante a "cascas de cebola": os roteadores que transmitem uma mensagem não conhecem mais sua origem ou o destinatário; o percurso, que se torna aleatório, assim como o conteúdo, o qual é impossível de decifrar além de determinada camada, tornam-se anônimos (sistemas tor ou Invisible Internet Project, dito I2P).

É graças a uma vpn que Yu consulta o Twitter e traduz para o público chinês os tuítes que considera úteis — no caso, informações inofensivas sobre celebridades americanas, filmes de Hollywood ou o rap mainstream.

Seria essa a razão do seu sucesso? Seja como for, sua conta Weibo é seguida por duzentos mil chineses. "Se falo de um tibetano gay que protesta na praça Tiananmen com uma bandeira de Taiwan e uma caricatura de Mao, certamente serei censurado! É preciso ser mais esperto que eles. Além disso, se eles fecharem minha conta, eu parto para outra. Na web, sou mais rápido que eles." Mas Yu lamenta que a censura tenha melhorado: ela é hoje mais sutil que no passado.

É um fato: o sistema de controle se aperfeiçoou. Em 2009, o artista Ai Weiwei teve seu blog, hospedado pela Sina, brutalmente fechado, apesar de somar treze milhões de assinantes. Hoje, o controle está mais smart. Em vez de simplesmente proibir um blog, é preferível censurar algumas páginas. Em vez de encerrar um site, opta-se por tornar lenta a apresentação de suas páginas, até que o usuário, desanimado, desista. Yu me explica que a censura vai ainda mais longe: com frequência, permite que um dissidente se expresse livremente no Weibo e publique seus textos de 140 caracteres, mas ao mesmo tempo fazendo com que, por uma manobra técnica sofisticada, ninguém mais possa ler! "Eles têm muita imaginação", zomba o jovem Yu, lembrando inclusive que frases do seu blog chegaram a ser modificadas, com acréscimo ou supressão de palavras, para tornar o conteúdo da postagem incompreensível. Às vezes, os dissidentes constatam que seu número de seguidores no Weibo diminuiu brutalmente!

A vigilância geralmente é automatizada. Funciona através de palavras-chave, e, no caso de pessoas visadas, o aparecimento de textos on-line frequentemente é postergado por algumas horas, com o objetivo de haver tempo para que se efetue uma validação oficiosa. "Às vezes, minha cota é bloqueada. Pode durar três ou quatro dias. É uma maneira de me mandar uma advertência. Eu escrevi alguma coisa que não agradou. Às vezes, um tuíte completo ou um post de blog é retirado, para 'harmonizar', segundo eles. Às vezes, eles fazem meu nome desaparecer das redes sociais e ninguém mais consegue me encontrar!", explica Yu, caindo na gargalhada. O rapaz tentou de tudo, como, por exemplo, diz, entrar em modo jet lag: ele dorme durante o dia e publica seus artigos e tuítes à noite, esperando assim driblar a censura. "Às vezes funciona, mas quase sempre eles também estão acordados. A censura dorme com um olho aberto!" Dessa vez, é minha intérprete que cai na risada, explicando-me que o que o rapaz está dizendo é realmente muito divertido em mandarim, mas que é difícil reproduzir esse humor em francês. "A censura funciona como uma carteira de motorista com contagem dos pontos. Eles deixam bem claro que têm meios para reprimi-lo de uma maneira muito sofisticada", explica-me por sua vez Jiang Hui, o responsável por um site de defesa dos direitos humanos, aibai.com, entrevistado em Beijing.

Por que o governo, que vigia mais do que pune, se dá todo esse trabalho com os blogueiros? Poderíamos supor que tenta usar os blogs e microblogs em proveito próprio ao observar o que se diz na internet, e ao mesmo tempo tomar o pulso do país, controlar veleidades de dissidência e antecipar as crises políticas. Mais vale uma censura artesanal, que permite certa liberdade, do que proibições sistemáticas e brutais. Estas de fato existem, mas são reservadas aos casos mais irrecuperáveis.

"Certa vez, na primavera de 2012", conta Yu, "a censura entrou em contato comigo, lembro-me muito bem. Alguém da Sina, a empresa que hospedava meu blog, comunicou-me que seria melhor não publicar nada durante alguns dias. Estávamos no fim de maio, uma semana antes do aniversário do Tiananmen, no dia 4 de junho: essa data sempre os deixa histéricos." No caso dos blogueiros mais rebeldes ou recalcitrantes, quando foram ultrapassados todos os limites e as intimidações já não funcionam mais, antes de se adotar uma medida de prisão domiciliar, a polícia dá uma última chance: convida os dissidentes "a tomar chá" — expressão consagrada para se referir a um interrogatório. "Não existe violência na China. Não se mata mais! Você é convidado a 'tomar chá'!", ironiza Yu.

Quantos censores oficiais existem no país, recrutados ou remunerados pelo regime? Impossível saber. As estimativas mais modestas dão conta de quarenta mil pessoas. Outras arriscam o número de cem mil "policiais da net". Na realidade, a questão provavelmente não se coloca nesses termos. A China gera quase por natureza os próprios ciberdissidentes, mas também seus ciberpatriotas. "Harmonia é a palavra-chave do regime. É a ideia central de Confúcio, mas também do ex-presidente Hu Jintao. Na China, não são bem tolerados contraditores, dissensões ou oposição. Por isso é que sempre se fala de 'harmonização', e não de 'censura'", frisa Chang Ping, um dissidente e blogueiro chinês, entrevistado em Paris. Ele insiste na necessidade de se estabelecer uma distinção entre os chineses de boa-fé, mesmo os que não se sentem à vontade com a liberdade de expressão e o pluralismo, e os que colaboram explicitamente com a polícia política e querem impedir a realização de qualquer debate público. "O regime remunera os trolls políticos que se passam por internautas comuns, mas na verdade veiculam boatos ou interferem nas conversas. Eles são conhecidos como 50-Cent party, pois são pagos pelo partido na base de cinquenta centavos por post", informa Chang Ping. (Um troll é um internauta que se imiscui numa conversa para perturbá-la ou provocar polêmica artificialmente.)

O ciberdissidente Zhang Wen marcou encontro comigo num Burger King do bairro de Xidan, em Beijing. "Venho aqui porque tem wi-fi gratuito e porque é mais anônimo", diz ele. Bem à vontade, mas razoavelmente preocupado com a possibilidade de estar sendo vigiado, o sr. Zhang fala com muita liberdade. "A máquina comunista não é rígida. É muito complexa, muito adaptável. Não se trata de um regime totalitário. É possível jogar com ela e preservar certo grau de liberdade, se ficarmos dentro dos limites." Que significa "ficar dentro dos limites"? "É possível até certo ponto tornar públicos atos de corrupção; e também denunciar um líder regional que recebeu propina. Mas é mais difícil criticar um funcionário corrupto, e, principalmente, é impossível questionar o regime como tal. É preciso mostrar sempre que os erros foram cometidos contra o ideal da China comunista", insiste Zhang Wen. Assim, os escândalos de alimentos contaminados, o tráfico de órgãos, as condições de trabalho indignas dos empregados da Foxconn (que fabricam em particular os produtos da marca detestada pelo partido, Apple) podem ser revelados na web e nas redes sociais. Em compensação, muitos temas são tabu, a começar pelos três "T": Tibet,

Taiwan, Tiananmen. "Também temos de tomar cuidado com tudo que diga respeito à religião, à democracia, aos direitos humanos, ao estado de direito, à liberdade", acrescenta Zhang. Do mesmo modo, é muito arriscado atacar nominalmente dirigentes do partido ou suas famílias: a circulação do *New York Times* está proibida na China desde 2012 por ter revelado o tamanho da riqueza da nomenklatura. "O que é preciso entender é que as regras não são claras. Certos temas são tabus, mas também há uma ampla zona cinzenta em que a margem de manobra depende do contexto, do histórico de cada um ou do que está acontecendo no país. Às vezes, a polícia nos chama gentilmente para pedir que nós mesmos modifiquemos nosso texto. Às vezes, obriga o hospedeiro a modificá-lo. E em outras, ainda, fecha definitivamente o nosso blog", esclarece Zhang Wen.

Como a censura funciona basicamente através de palavras-chave automatizadas, a arte do blogueiro, segundo Zhang, está em escrever "freedawn", com erro de ortografia, em vez de "freedom". Outros especialistas entrevistados frisam, contudo, que a automatização da censura funciona mal, sendo, então, efetuado um minucioso trabalho manual complementar, blog por blog, tuíte por tuíte. Segundo uma das fontes, haveria quatro mil censores dedicados exclusivamente à monitoração do portal web Sina, que administra os microblogs Sina Weibo.

"Está completamente fora de questão mencionar num blog ou numa rede social um acontecimento ou mesmo um aniversário que tenha ocorrido no dia 4 de junho", acrescenta Chang Ping. A data do Tiananmen é sistematicamente censurada. "Todo mundo, então, escreve '35 de maio', acrescentando 31 dias de maio aos quatro primeiros dias de junho, o que não deixa de ser divertido. Mas, como a censura já entendeu nossa técnica, tivemos de começar a escrever '65 de abril' e depois '96 de março', e assim sucessivamente, correndo até o risco de não nos entendermos mais entre nós!"

NA UNIVERSIDADE DE TAIWAN, em Taipé, assisto a um encontro da New School for Democracy, um grupo de apoio e formação para os dissidentes. "É a base de apoio na retaguarda da democracia chinesa.

Taiwan é o melhor lugar para isso. É mais seguro que Cingapura, onde a censura política é forte; e mais fácil que Hong Kong, onde se fala cantonês. Aqui, existe uma democracia e se fala mandarim", diz-me Wang Dan, presidente da New School for Democracy e célebre ciberdissidente chinês exilado em Taipé. (A Google também acaba de abrir seu hub para a Ásia e o Pacífico, ao mesmo tempo sua sede e um data center gigante de quinze hectares em Taiwan.)

O objetivo do sr. Wang é contribuir para o surgimento de uma sociedade civil na China, e ele acredita na internet como ferramenta para isso. "Precisamos pensar a internet no sentido amplo", prossegue o sr. Wang, "ou seja, pensar também em termos de smartphones, redes sociais e site de microblogging. Por exemplo, quando alguém participa das versões asiáticas do *The Voice* e vota por SMS num ídolo da televisão, está aprendendo a dar sua opinião. Ainda é modesto, claro, mas assim a pessoa já se habitua à democracia. Tudo que estimule o debate e a discussão pública, num país onde os pontos de vista diferentes não são tolerados, caminha no bom sentido."

A internet favorece o controle político ou a liberdade de expressão? O debate é animado entre os blogueiros que encontrei na China, em Cingapura, em Hong Kong e em Taiwan. A maioria deles está convencida de que Beijing generalizou a vigilância, e de que a população inteira está sob controle. "A conhecida previsão de *1984*, de Orwell, tornou-se realidade na China", comenta Wang Dan, embora eu tenha ficado surpreso ao me deparar com esse livro-culto em certas livrarias chinesas. Zhang Wen, em compensação, mostra-se menos pessimista: "Não acredito que estejamos caminhando para um regime de total vigilância. Costuma-se subestimar muito o papel positivo da internet, que realmente mudou as coisas aqui. Acredito profundamente no papel 'informacional' da democracia. Não é possível voltar atrás. Ninguém pode deter esse movimento. Logo, não estou realmente de acordo com os céticos e todas essas cassandras americanizadas que só falam dos efeitos perversos. Como se a internet fosse algo bom no país deles e ruim no dos outros! Não sejamos derrotistas." (Zhang Wen refere-se aqui às posições tecnocéticas do pesquisador Evgeny Morozov, um bielorrusso que vive nos Estados Unidos e critica os riscos de controle político agravados pela existência da internet.)

Mais recentemente, o governo chinês deu um passo a mais no sentido da vigilância da web ao impor a declaração de entidade a todos os titulares de celulares, blogueiros e usuários de redes sociais. Teoricamente, pseudônimos e contas anônimas acabarão desaparecendo. Por enquanto, contudo, esse processo de busca por segurança é lento, enfrentando oposição e dificuldades técnicas. Não será fácil enquadrar centenas de milhões de chineses, que muitas vezes são titulares de dezenas de contas Weibo, Youku ou QQ. Mas o regime já provou no passado que o controle não é um problema quando a sobrevivência da linha do partido está em jogo.

WAN YANHAI NUNCA SE SEPARA da mochila Eastpak na qual transporta seu computador. "Tenho contatos demais, senhas demais e segredos demais para largar esse laptop por aí. Se ele fosse pirateado, seria uma catástrofe!" Explica atropeladamente esse homenzinho de rosto grave, com óculos retangulares, quando o encontro em Taiwan em 2011 e novamente em Paris em 2013. Ao longo de dezenas de horas de conversa, ele me contou seu percurso e seu combate em favor dos direitos humanos na internet.

"O problema da China são as contradições do regime. Eles querem controlar tudo, mas sabem que não é mais possível. Então deixam estar, já que não podem censurar tudo, e nos vemos sempre numa zona cinzenta desconfortável. Até que, de repente, despertam e lançam uma intensa campanha de repressão. É absolutamente impossível prever." Com essa mistura instável de revolta e sentimento de culpa, mas também de determinação, Wan Yanhai parecia predestinado às grandes causas — e à prisão.

Estudante de medicina, ele participou, já a partir de 1986, das manifestações democráticas de Xangai, para em seguida se ver muito "naturalmente", em 1989, na praça Tiananmen. Já vigiado pela polícia, esse freedom fighter passa então a denunciar certos escândalos médicos regionais. Como a internet ainda não existia na época, ele se vale dos meios clássicos: petições e panfletos. Sua carreira é bloqueada, seu salário, reduzido em 40%, e ele se vê afastado do Instituto Nacional de Educação para a Saúde de Beijing, do qual acaba tendo de se demitir. Esse pequeno homem pagou caro por sua audácia, mas é esperto. Aproveita seu tempo livre para lançar uma ong especializada na prevenção médica e em denunciar a psiquiatria chinesa. Com o desenvolvimento da internet, ele lança seu blog e se torna inevitavelmente um ciberdissidente. "A web mudou minha vida. A internet é de certa maneira um espaço de liberdade. Mas temos diante de nós um regime paranoico e esquizofrênico. Eles são ambíguos, e sua lógica escapa a qualquer racionalidade. No fundo, a lógica do poder não é tanto a censura, mas a busca obsessiva por um ideal de harmonia: respeito às regras, neutralidade do indivíduo, discrição, estabilidade social. Eles têm medo de tudo que divida. Rejeitam as paixões. Gostariam de não precisar mais proibir sites, em sua visão de um mundo idealizado, no qual só existiriam sites autorizados. Por isso é que construíram uma internet intrinsecamente chinesa, pretendendo estabelecer uma lista branca de sites, e não uma lista negra", resume Wan Yanhai, frágil, quase franzino, com sua voz suave. Depois de ficar preso durante quase um mês em 2002 por ter revelado na internet um escândalo local de sangue contaminado, ele é libertado, mas mantido sob estrita vigilância, com movimentos limitados. Agora, então, se acalmaria? Existe nele uma espécie de obstinada loucura, uma coragem, rara na China, que o leva a apostar o dobro da perda anterior — só que essa aposta não põe em risco algum jogo, mas sua própria vida. Ele confirma, assim, que a China é um país onde não existem opositores, apenas dissidentes.

Apesar das restrições, Wan Yanhai retoma sua militância na internet com mais convicção, perspicaz como sempre. O assédio policial se intensifica, ele passa a ser seguido ainda de mais perto. "Durante muito tempo, participei de um jogo complicado com o governo. Ninguém sabe quais são realmente os limites. Eu então continuei a tentar ampliá-los, aproveitando as contradições do regime", comenta hoje o sr. Wan. Em 2008, ele assinou, com 303 outros defensores da democracia e dos direitos humanos, a Carta 08, publicada e lançada na internet por seu amigo, o escritor pacifista Liu Xiaobo, posteriormente encarcerado e recompensado com o Prêmio Nobel da Paz em 2010. Não demorou até que a associação de Wan Yanhai passasse a ser ameaçada pela burocracia: queriam fazê-lo pagar o preço de sua liberdade. Ele continuou se rebelando junto às autoridades. Mas tinha ido longe demais. Então, em um belo dia de maio de 2010, comprou, com a família, passagens aéreas para Hong Kong e, sem aviso prévio nem salvo-conduto, desviou sua viagem para os Estados Unidos, onde passou a viver exilado. "Hoje, migrei dos sites e dos blogs para as redes sociais", conta-me Wan Yanhai, durante uma conversa em Taiwan. E, como não é autorizado a ter uma conta permanente no Weibo (suas sete contas foram fechadas), ele agora se vale do Twitter.

Na China, a questão dos blogs já ficou completamente para trás. As redes sociais e os sites de microblogging mudaram radicalmente a situação. Para a censura, é um desafio. Se é relativamente fácil vigiar blogs identificados na internet, é muito mais difícil controlar bilhões de mensagens trocadas em tempo real nas redes sociais por centenas de milhões de indivíduos. Ora, estima-se que os weibos teriam atualmente entre trezentas e quinhentas milhões de contas. Uma nova página da internet chinesa está sendo escrita.

"Fomos nós que inventamos a palavra 'weibo', textualmente, 'microblog'. Fomos nós que lançamos o fenômeno na China em 2009. No início, éramos suspeitos para todo mundo, ao mesmo tempo para o governo e para os internautas. Até que, em 2011, num grave acidente de trem-bala, nossa influência ficou evidente. Os weibos se transformaram numa espécie de nova mídia. Desde então, somos proibidos ou temidos." Quem fala assim é Mao Tao Tao, o porta-voz da Sina Weibo que me recebe, com três de seus colaboradores, na sede do grupo, no bairro tecnológico de Zhong Guan Cun, em Beijing. A conversa é milimetricamente programada: meu nome aparece num painel na entrada da sede da Sina; sou atentamente escoltado; cartões de visita são trocados no início da entrevista; tenho de me sentar diante dos meus interlocutores, que cuidam, eles mesmos, da tradução consecutiva, sem dar lugar à menor reação improvisada; servem-me um delicioso chá de jasmim; disponho de trinta minutos; uma foto oficial é tirada no fim; e nos despedimos depois de uma troca de presentinhos.

"Em nossa plataforma, a Sina Weibo, temos atualmente mais de trinta mil contas oficiais do governo e 160 mil empresas inscritas. Para não falar das celebridades que aderem a nós, com contas certificadas", prossegue Mao Tao Tao. O Twitter serviu de modelo? Minha interlocutora mostra-se ainda mais cortês para explicar que os weibos são diferentes das contas Twitter. Teriam muitas funções originais: por exemplo, a possibilidade de tuitar uma foto ou um vídeo teria sido criada originalmente pelo Weibo, para só depois ser "copiada" pelo Twitter. Ela insiste também no fato de que os weibos seriam menos monopolísticos, já que existe concorrência entre cinco grandes tipos de weibos. Mas esquece de me dizer que uma parte do modelo econômico desse Twitter chinês consiste em vender "seguidores", comercializar "retuítes" ou mesmo comentários; omite também o fato de que 18% da Sina Weibo pertence ao gigante Alibaba, com a possibilidade de chegar ao controle de 30% de seu capital. "Os weibos não são cópias do Twitter, são autenticamente chineses", repete Mao Tao Tao. Ouvindo-a, observo pelas janelas da imensa sala de reunião florida os templos elegantes do norte de Beijing, e, entre os bordos, caquizeiros e as chamadas árvores de peruca [cotinus], a beleza das Montanhas Perfumadas.

A CHINA ESTÁ TRANSFORMANDO A INTERNET num autêntico soft power. Se o regime tem uma estratégia defensiva para as indústrias criativas e na mídia, e se cultiva um estranho sentimento de culpa em relação ao entretenimento mainstream norte-americano, não demonstra esse tipo de embaraço em matéria digital. A China encontra dificuldades em sua oposição ao cinema de massa, e seus muitos centros culturais no exterior, os Institutos Confúcio, muitas vezes parecem cascas vazias, trata-se do único país do mundo que foi capaz de construir uma internet nacional ofensiva. Com 560 milhões de internautas — tanto quanto na Europa e na América do Norte reunidas —, trata-se de uma rede poderosa e distinta.

Em grande medida, esse sucesso foi alcançado através da sistemática eliminação dos concorrentes americanos — Facebook, Twitter, YouTube e Google, entre outros, foram proibidos na China — e mediante maciça ajuda indireta prestada às indústrias digitais locais. Muita gente não sabe, mas o regime comunista subvenciona por vias complexas e tortuosas o seu ecossistema digital, suas telecomunicações e seus fornecedores privados de equipamentos. O objetivo é triplo: econômico, político, mas também nacionalista. No fim das contas, quando um site estrangeiro é fechado, não o é tanto em razão de seus conteúdos significativos, mas porque sua participação no mercado tornou-se forte demais em relação ao site chinês equivalente. O Facebook e o Twitter foram fechados na China em 2009, pouco antes do lançamento dos primeiros Weibos pela Sina... E em 2013, quando a televisão nacional CCTV e o *Diário do Povo* orquestraram uma campanha de pura manipulação contra a marca Apple, tratava-se menos de denunciar — era esse o pretexto oficial — as falhas do atendimento pós-venda que de frear o seu sucesso junto ao grande público chinês. (Os líderes nacionais Lenovo, Huawei e zte se sentiam ameaçados, por falta de capacidade de inovação.) A mesma lógica levou, no início de 2010, à censura do filme *Avatar*, em oposição à autorização inicial, a partir do momento em que seu fenomenal sucesso de bilheteria podia prejudicar os blockbusters nacionais. Na China, censura e patriotismo econômico se retroalimentam.

Essa internet em regime de semiautarquia funciona com seu inevitável contrapeso: the Great Firewall ou a Grande Muralha virtual chinesa (ou ainda o "grande corta-fogo"), sistema destinado a filtrar o acesso a todos os conteúdos e sites de procedência estrangeira. Ele conta com o complemento, nas residências, de uma vigilância generalizada do conjunto das atividades na web (The Golden Shield Project). Todavia, essa imagem de "muralha", para designar o alcance do sistema de censura montado na China, reflete muito mal a realidade. Trata-se menos de uma "muralha", o que pressuporia uma fronteira exata mais ou menos hermética, que de um sistema extremamente sofisticado, ao mesmo tempo automatizado, opaco e muito descentralizado. A censura chinesa parece inclusive uma inacreditável rede labiríntica de dezenas de milhares de adeptos, censores, engenheiros, hackers, propagandistas on-line remunerados, agentes de vigilância da web e policiais, agindo em nome de catorze diferentes ministérios e ligados entre eles por um novo regulador específico. Criado em 2011, esse State Internet Information não está subordinado a um ministério, como geralmente acontece, mas diretamente ao Partido Comunista Chinês. Seu diretor, Lu Wei, um comunista autoritário de 55 anos, conhecido pela proximidade com o presidente Xi Jinping e o gosto pela censura, foi inclusive promovido, no fim de 2014, à condição de "Internet Tsar", como costuma ser chamado o coordenador dessa polícia digital. Já agora considerada um setor "estratégico", a internet passou a ser regulada no mais alto nível.

À parte a censura, o governo chinês não se limita a fazer intervenções negativas. Também quer promover informações positivas e não hesita, obedecendo a técnicas de persuasão igualmente tortuosas, em convidar personalidades de repercussão na mídia, ícones do esporte e da canção, para transmitir suas mensagens de propaganda através das respectivas contas pessoais nas redes sociais.

A perversidade do sistema vai mais longe. O regime permite que grande quantidade de conteúdo atravesse a "muralha", especialmente filmes, músicas ou livros americanos, quando não são politicamente suspeitos. Essa difusão passa por cima das leis internacionais de copyright: o Baidu, o Youku e o Tudou foram criticados por estimular a pirataria, o QQ foi acusado de literalmente copiar o código de mensagem instantânea da AOL, enquanto o Alibaba muitas vezes foi denunciado por vender produtos falsificados. No fim das contas, a preocupação com a independência nacional desempenha um papel pelo menos equivalente à vontade de controle político.

A médio prazo, a China não deverá reforçar seu isolamento: pode, pelo contrário, querer desenvolver-se mais no plano internacional. O país não está construindo uma "intranet": quer dar origem a uma outra internet, construída segundo as próprias regras. E não causa espanto que as agências oficiais chinesas, a televisão estatal CCTV, o

Diário do Povo e os Institutos Confúcio utilizem o Twitter para tentar difundir a propaganda oficial no exterior, embora o Twitter seja proibido na China?

Outros interlocutores mostram-se mais céticos, temendo um endurecimento da presidência de Xi Jinping em direção a um modelo ainda mais autoritário. O que, infelizmente, parece confirmar-se. Por um lado, a censura da internet aumentou consideravelmente em 2013-2015, sucedendo-se várias ondas de detenção de blogueiros, em particular quando do movimento "Umbrella" [Guarda-Chuva] de Hong Kong. Por outro, o renovado interesse de Xi Jinping pelo "soft power" é acompanhado de um novo discurso nacionalista: expurgo dos manuais escolares; obrigação das universidades em transmitir um ensino marxista rigoroso; artistas convidados a manter "os pés no chão", colocando-se a serviço dos "cidadãos comuns" e "limpando as estéticas indesejáveis", em vez de dar vazão a sua criatividade exacerbada; sem falar no banimento dos valores ocidentais (como os "direitos humanos", o "Estado de direito", a "sociedade civil" ou o "constitucionalismo").

MAIS GRAVE AINDA, começa a se estabelecer ao redor da personalidade de "Papa Xi" um culto à personalidade ao estilo Mao, com elogios anacrônicos e um livro de "pensamentos" do presidente chinês, com edição de 17 milhões de exemplares. Um novo *Livro Vermelho*? À sua maneira, Xi Jinping estabelece um "patriotismo personalizado" e uma forma de maoismo cultural que pretendem impor a toda a produção cultural, midiática e doravante digital o controle estrito do Partido Comunista.

Wan Yanhai, por sua vez, me explica: "Quando vemos, com o caso Snowden, o que os dados de massa permitem aos Estados Unidos, dá para prever o que o regime chinês pode estar preparando."

Resta uma questão central: como explicar que uma internet tão específica possa perdurar, com uma população tão numerosa, numa superfície tão extensa? Não creio que a "Grande Muralha Virtual", a censura ou a vigilância policial da net expliquem sozinhas esse êxito.

A explicação é outra, e tem a ver com um elemento básico das práticas digitais: a territorialização. Em sua grande maioria, os chineses têm pouca necessidade de "sair" da China. Considerando-se a especificidade de sua língua, o pequeno número de anglófonos e de conteúdos internacionais à sua disposição, a internet chinesa parece "bastar" em matéria de informação — censurada, é verdade —, de divertimento e dos serviços práticos de que a maioria da população precisa.

Essas limitações, naturalmente, deixam indignados os dissidentes, que sabem perfeitamente que a falta de transparência do regime e seu culto ao segredo estimulam a corrupção e os constantes abusos de poder. Da mesma forma, esses fatores exacerbam a crítica dos huaqiao, os chineses expatriados, ao dificultar as trocas entre a diáspora e a China continental, para não falar das empresas estrangeiras que hesitam em se instalar na China em virtude dos problemas de segurança digital e das dificuldades de comunicação com as filiais. Até as empresas chinesas, quando querem exportar e desempenhar um papel na competição global, sofrem com essa censura. Todos esses fatos são reais, e os ocidentais os criticam com razão, mas às vezes esquecendo o essencial: a China está desenvolvendo uma poderosa internet de um novo tipo. Ela desconfia da web, talvez, faz de tudo para evitar um Tiananmen virtual, com certeza, mas pretende acima de tudo vencer a batalha mundial do digital.

Sob muitos aspectos, a internet parece o exato oposto do sistema chinês, de tal maneira que a expressão "internet chinesa" parece um oximoro. Mas também não se duvidava do estabelecimento de uma "economia de mercado socialista"? Já estamos nela — e o mesmo se aplica à web chinesa.

Não seria possível explicar o surgimento e a perenidade desse único modelo alternativo à internet americana sem compreender que ele se apoia em fatores mais poderosos que apenas a censura. É a territorialização da internet, com o nacionalismo a ela vinculado, que permite entender a solidez do sistema, que é, em todos os sentidos do termo, um sistema "proprietário". A internet made in China funciona porque, como todas as outras internets, está enraizada num território. Pode-se ou não sair dele, mas o essencial das conversas, do comércio, dos diálogos digitais ocorre dentro desse território. Por paradoxal que pareça, o sistema digital chinês, perfeita antítese do sistema americano — o controle autoritário frente à ausência de regulação dos Estados Unidos —, permite entender o funcionamento da internet em seu conjunto.

3. Mobilidade

NA ESCRIVANINHA DE CONCEPCIÓN, a secretária pessoal de Carlos Slim Jr., há uma máquina de escrever. Nessa antecâmara da riqueza, da modernidade e da velocidade digital, tal vestígio da datilografia mecânica parece um anacronismo. Uma lembrança do que o México era antes de se tornar um país emergente, antes do desenvolvimento de sua classe média, antes de o país resvalar para o mundo digital. Um testemunho do caminho percorrido.

"O smartphone não tem esse nome à toa. É um telefone inteligente. E em breve todo mundo terá um", deixa escapar distraidamente Slim em uma conversa comigo. De gravata azul-turquesa e camisa azul-clara, ar descontraído, Carlos Slim Jr. é um nababo tímido, magnata que fala inglês com forte sotaque hispânico. E também um herdeiro.

Estou na sede do grupo no bairro de Polanco, no norte da Cidade do México. O império Slim foi fundado por seu pai, Carlos Slim Helú, nascido em 1940, cristão maronita de origem libanesa. Em três décadas, ele tornou-se bilionário — o que é ótimo — à frente de empresas monopolísticas que abusavam de suas posições dominantes — o que não é tão bom assim. Magnata das comunicações da América Latina, ele é, segundo a revista *Forbes*, o homem mais rico do mundo. Foi o telefone celular o que fez a fortuna da família Slim. "Quando entramos no setor das telecomunicações, o México estava em 70º lugar em escala internacional. Eram necessários muitos meses para conseguir uma linha fixa. As cabines telefônicas estavam sempre com defeito. Meu pai foi capaz de prever o papel que a telefonia móvel desempenharia. Hoje, todo mundo tem celular no México."

Ao privatizar a Telmex, operadora histórica e arcaica, no início da década de 1990, o governo mexicano, sem realmente chegar a prevê-lo, permitiu que Carlos Slim construísse seu império. "A privatização da Telmex foi por si só o clique que deu origem à própria ideia de país emergente", resumiu o ministro das Finanças do México, numa frase que ficou célebre. Acaso ou previsão? Favoritismo? O fato é que, a partir dessa concessão frágil, acompanhada de uma licença-bônus de telefonia móvel, cujo potencial e valor ninguém tinha adivinhado, Slim viria a construir uma rede monopolística de acesso ao celular (Telcel) e à internet (Telmex). O empresário apostou todas as fichas na infraestrutura: instalou milhares de quilômetros de cabos, torres de transmissão, e logo viria também a espalhar fibra óptica por todo lado. Também apostou nos hábitos. Sua ideia genial: o modelo Gillette aplicado ao telefone. Vender os barbeadores com prejuízo para então viver da venda das lâminas; oferecer telefones por um preço vil para então vender minutos de comunicação. "Meu pai entendeu que, para que o celular se tornasse acessível a todos, era preciso subvencionar os aparelhos. Também inventou o pré-pago." No México emergente, onde as classes médias não têm recursos para comprar um celular, esse modelo sem franquia nem assinatura foi um sucesso. Pouco importa que os celulares assim subvencionados — e muito limitados — só possam ser usados com cartões Telcel: Carlos Slim foi um precursor. E se esse indivíduo que tem três ideias por dia e poucos princípios não foi necessariamente o inventor do pré-pago, como alega (a ideia surgiu na África do Sul), o telefone pré-pago de fato fez sua fortuna. Hoje, 80% do mercado dos celulares no México é operado sem assinaturas.

Aos 47 anos, o filho mais velho de Carlos — que tem o mesmo nome que o pai — é o herdeiro privilegiado, já no comando. O genitor alimenta em relação a ele um sonho paterno, mas também de pigmalião. O filho de sangue azul, já um homem rico à espera da unção, conta os dias. Verdadeiramente tímido e falso sibarita, não é um fanfarrão, como tantos "filhos de". Ao lado do pai, que lhe ensinou a prudência, ele forma uma sociedade, e não apenas uma família.

Carlos Slim Jr. preside ao mesmo tempo o conselho de administração da Telmex, que gere 80% das linhas fixas no México e 75% do acesso à internet fixa, e o da Telcel, que controla 70% do mercado de celulares. "Júnior" também está à frente do grupo América Móvil, a operadora dominante, com a marca Claro, na telefonia móvel da maioria dos países da América Latina (exceto da Venezuela e de Cuba). "Globalmente, temos 263 milhões de assinantes de celulares em dezoito países!", congratula-se o jovem Carlos Slim. Ele também preside o grupo Carso, outra holding diversificada em supermercados, bancos, indústria da construção civil e do petróleo, infraestruturas industriais pesadas, rodovias e pipelines, fibra óptica e cabos submarinos. No total, o império Slim representaria sozinho um terço dos valores em circulação na Bolsa do México.

Se Slim pai entregou ao filho as rédeas do conglomerado, transformando-o em rei no lugar do rei — e presidente de vários de seus conselhos de administração —, o fato é que continua a puxar as cordinhas e a controlar suas duzentas empresas. "Carlos Slim Jr. não toma decisão nenhuma sem o aval do pai", confirmaria meses depois, ainda na Cidade do México, Rafael Tovar y de Teresa, o novo ministro da Cultura do México.

"Somos antes de tudo um grupo de telecomunicações, e é esse o setor em que somos mais poderosos em escala mundial", justifica-se Carlos Slim Jr. "Não demora, e todo mundo, no mundo inteiro, poderá ter acesso à internet através de um smartphone. É a revolução que está em andamento. A conexão universal pela internet vai se tornar a regra." Sem dar a mínima atenção às críticas ao seu grupo, que já foi muito poderoso no setor do tabaco, Slim acende um Marlboro. Pendurados na parede estão uma guitarra vintage de uma banda de rock mexicana (El Tri) e um macacão de Fórmula 1, a outra paixão do patrão. Uma bandeira mexicana tremula. Nos mais diferentes pontos do escritório, dezenas de corujas, a mascote da Sanbors, uma das maiores redes mexicanas de supermercados, também de propriedade de Carlos Slim Jr.

Da janela do escritório, no décimo andar, pode-se contemplar a praça que leva o nome de seus pais e o Museu de Arte Soumaya, nome de sua mãe, também libanesa, pertencente à família Gemayel e já falecida. Obra arquitetônica espetacular, a meio caminho entre o Guggenheim de Nova York, pela forma interna de caracol, e o Walt Disney Concert Hall de Los Angeles, pelos materiais e a acústica especial, o museu da Fundação Carlos Slim, ao qual o público tem acesso gratuito, reúne cerca de trezentas esculturas de Rodin. Trata-se de uma das maiores coleções do artista francês. (A autenticidade de certas pinturas do museu já foi objeto de debate.)

Contemplando de tão alto essa pequena joia arquitetônica, sem arrogância e até com alguma humildade, Slim me fala durante uma boa hora do seu amor pelo Líbano, das atividades filantrópicas da família, para "fazer o bem", da cooperação econômica com os Estados Unidos — uma "prioridade para o livre-comércio" —, do *New York Times* (do qual os Slim têm 8%) e da cena rock local (o grupo Slim é hoje um importante acionista do Shazam, um aplicativo para smartphone especializado em reconhecimento musical). O filho, que se veste na Sears — uma loja que é sua — e se alimenta com a marca Sanborns — supermercados e uma rede de restaurantes cujo conselho de administração é presidido por ele —, também me fala do pai, que lhe ensinou a relativizar a riqueza. Ele agora está murmurando, com uma voz quase inaudível, e é como se eu o ouvisse repetir as primeiras e memoráveis linhas de *O grande Gatsby*, de F. Scott Fitzgerald: "Quando eu era mais jovem, meu pai, certo dia, me deu um conselho. 'Toda vez que se sentir tentado a criticar alguém', disse-me, 'lembre-se primeiro de que nem todos neste mundo tiveram as mesmas vantagens que você.'" Voltando de seus devaneios, Slim declara: "Meu pai me ensinou uma coisa muito simples: aqui embaixo não passamos de simples administradores temporários de riqueza. É a filosofia da família."

Ao deixar o escritório de Slim, sou observado com um olhar inquisidor pelo seu guarda-costas. O herdeiro do império tem protetores discretos, mas bem armados: o país é conhecido por sequestros de políticos e assassinatos de personalidades pelos narcotraficantes. Sua guarda pretoriana está de olho, ainda mais porque, em 1994, um membro da família Slim foi sequestrado e libertado apenas mediante o pagamento de um resgate de trinta milhões de dólares. Na porta, Slim me detém, parecendo ter se tornado novamente o imponente presidente de um grupo multinacional: "A questão não é mais saber como vamos conectar todo o mundo. Isso a gente sabe muito bem fazer. A questão é saber o que vamos fazer, em termos de conteúdos e liberdades, quando estivermos todos conectados."

De camisa branca, relógio laranja e fluorescente no punho, óculos cool, Antonio Martínez Velázquez tem 28 anos. "No México, o preço das comunicações móveis é exorbitante, e o acesso à internet, ao mesmo tempo um dos mais lentos e mais caros do mundo! De quem é a culpa? De Carlos Slim. O que se quer dele é que dê um jeito para que tenhamos acesso à internet de banda larga. Não é o que acontece, além de custar os olhos da cara. É este o trabalho dele. Quanto ao resto, os mexicanos se viram." Estamos sentados no café da livraria El Péndulo, no bairro de Zona Rosa, Cidade do México, e Antonio está indignado. Meio geek, meio jurista, ele se define como um "IP lawyer", um advogado pró-internet. E avisa, caso ainda reste alguma dúvida: "Não sou um pirata, embora defenda piratas!" Trata-se de um geniozinho da web mexicana: já dirigiu o site da importante rede de TV Azteca e trabalha para uma ONG britânica que defende a liberdade de expressão na internet. Num país de 120 milhões de habitantes, apenas 10% da população tem acesso à internet residencial (fixa, ADSL ou fibra), embora 88% tenha um telefone celular. Ele então denuncia os que impedem a democratização tecnológica, os que não asseguram uma boa cobertura da telefonia móvel ou um acesso rápido à internet. Seu alvo principal é Carlos Slim. Antonio critica o fato de permitir que seus interesses se sobreponham a seus princípios. E aponta a fraqueza do governo mexicano, há anos incapaz de pôr fim ao monopólio da Telmex e da Telcel. "Esse monopólio impede qualquer concorrência no setor das telecomunicações. É preciso haver mais regulamentação", frisa Antonio Martínez Velázquez.

Na sede da Cofetel, a agência federal de regulamentação das telecomunicações no México, no número 1.143 da avenida Insurgentes, o discurso é mais brando, mas os argumentos são semelhantes. "O acesso à internet não beneficia mais de 30% da população do país, mesmo quando são levadas em conta as conexões residenciais, nos cafés, nas empresas ou pelos celulares: é uma das piores penetrações no mundo. Somos completamente subdesenvolvidos, embora o homem mais rico do mundo, que administra esse setor, seja mexicano", observa Mony de Swaan, presidente da Cofetel, acrescentando: "Não podemos sancionar as distorções da concorrência nem os abusos de posição dominante no mercado. Somos provavelmente a única agência de regulação do mundo que não tem qualquer poder de sanção. E, no entanto, todo mundo sabe qual é a solução: mais competição nas telecomunicações e melhor cobertura do território." O México está sujeito a um duplo monopólio: o grupo Carlos Slim na telefonia e o da Televisa na televisão. "É preciso quebrar esse duopólio, não há outra solução. Mas, por enquanto, somos nós que estamos sendo quebrados! Você já deve ter lido que eles querem dissolver nossa agência..." (Na verdade, a Cofetel foi dissolvida em 2012 e substituída por uma nova agência de regulação, o Instituto Federal de Telecomunicaciones. O presidente do México, Enrique Peña Nieto, deu início em seguida, em 2014, a uma ampla reforma contra o duplo monopólio de Carlos Slim e da Televisa. Aplicada desde janeiro de 2015, essa lei acabou com a cobrança de direitos de roaming e favoreceu a concorrência no terreno dos dispositivos móveis.)

Os internautas mexicanos a chamam de Bimbo. Seus adversários, de "boneca Barbie". Sentada numa poltrona vermelho-vivo, com sapatos vermelho-vivo e unhas pintadas de vermelho-vivo, jeans colados, uma fina faixa cor-de-rosa na cintura, exageradamente loura, Alejandra Lagunes Soto Ruiz certamente poderia apresentar um talk-show da Televisa ou ser a heroína em transe de uma telenovela. Mas é a assessora especial do presidente da República, Enrique Peña Nieto, para o mundo digital. E até me causa boa impressão.

"Estamos precisando mudar a marcha. Vou lançar uma nova agenda digital, e realmente teremos de romper com o que os governos anteriores fizeram", diz-me a antiga funcionária do Yahoo no México, que também trabalhou para o MSN, a Google e a Televisa. "Estou concentrada atualmente em open data, inovação, cloud, mas na realidade temos uma única prioridade: conectar o país."

Enquanto ela fala, eu observo um cacto pousado em sua mesa de trabalho, e que está sem água. No vaso, a inscrição: "o México conectado". Alejandra Lagunes adivinha meus pensamentos: "Como vê, esse cacto consegue sobreviver", comenta. "Mesmo sem água. O México é assim. Aqui, vivemos no deserto. Não temos água, mas podemos estar conectados. E a internet vai nos ajudar a avançar."

Está aí o paradoxo mexicano. Por um lado, um país jovem, urbanizado, dinâmico, em forte processo de crescimento — uma economia emergente; por outro, um país ressecado pela corrupção, os monopólios, os narcotraficantes. "A tecnologia digital pode ressecar a corrupção", arrisca Alejandra Lagunes. Eu deixo transparecer meu ceticismo. Ela não capitula, desviando o assunto para as zonas de miséria, como são chamadas as favelas no México: está convencida de que a internet permitirá que os mexicanos mais pobres saiam da miséria. "Nesses bairros, todo mundo tem celular. É assim que têm acesso à internet, e não através de uma conexão residencial", explica a assessora do presidente mexicano, sem parar de manipular seus três celulares. Segundo ela, a estratégia do governo consiste em apostar na classe média, e, escorando-se nela, tirar então as classes populares e todo o país da pobreza.

A classe média? Nada é mais difícil de definir. Para os economistas do Banco Mundial, ela é formada pela população com renda per capita entre dez e cinquenta dólares por dia. Acima desse limiar, estão os "ricos". Abaixo, entre quatro e dez dólares, os "vulneráveis" (ou lower-middle class). E quem ganha menos de quatro dólares por dia é considerado "pobre". (A OCDE utiliza um tipo de cálculo diferente, incluindo na "classe média" aqueles que alcançam entre 50% e 150% da renda média do país.)

Se os economistas compararam rendas, os sociólogos privilegiam outros critérios, como o nível educacional, a profissão ou o consumo das famílias — por exemplo, o fato de poder comprar um carro. De qualquer maneira, a expansão da classe média na América Latina foi espetacular nos dez últimos anos. Entre 2003 e 2009, ela teria passado, segundo o Banco Mundial, de 103 para 152 milhões de pessoas, o que representa um aumento de 50% (chegando a 275 milhões, cerca do dobro, para a OCDE, prova de que os dados e as definições variam muito). E o número de pobres teria diminuído maciçamente no mesmo período, passando de 41% para 28% da população na América Latina.

Experimentando uma rápida ascensão social, os latinos mudam de estilo de vida. A escolarização das crianças aumenta, o acesso à universidade se amplia, o consumo se intensifica, além dos produtos de primeira necessidade. Vai-se mais ao cinema, especialmente os multiplex, que crescem vezes dez no México, como também no Brasil; o desenvolvimento das redes de televisão a cabo também está ligado à expansão dessa classe social. Agora, a integração à classe média também está ligada a dois novos símbolos: o acesso à web e a posse de um telefone celular. Dessa maneira, o smartphone, que associa as duas coisas, está se transformando na melhor representação da emergência da América Latina.

A mobilidade da classe média brasileira

"O PESADELO DA CLASSE MÉDIA é ser 'orkutizada'." Na sede do grupo editorial e de comunicações brasileiro Abril, na avenida das Nações Unidas, em São Paulo, Carlos Graieb dirige o site da *Veja*. A revista brasileira de maior circulação decifra semanalmente os modos de vida da população. E embora seja lida pelas classes abastadas ou cultas, está de olho especialmente na classe média. "O Orkut foi um site pioneiro no Brasil. É uma rede social mais ou menos parecida com o Facebook", explica Graieb. O Orkut foi criado por um empregado da Google em janeiro de 2004, pouco antes do Facebook. "Foi um site muito inovador, um grande precursor", prossegue ele. "No Brasil, fez um sucesso inesperado. Disponível inicialmente apenas em inglês, foi adotado pelas classes abastadas, até que aos poucos se tornou acessível em português. As classes médias entraram maciçamente no Orkut, que se tornou uma rede social importante." Em 2012, 33 milhões de usuários ativos ainda estavam inscritos no site, majoritariamente no Brasil, com boa penetração igualmente na Índia e no Japão (em compensação, a maioria dos assinantes nos Estados Unidos é de brasileiros que emigraram). O site passou a ser administrado da cidade brasileira de Belo Horizonte pelo Google Brasil.

Abro uma conta no Orkut para entender as singularidades dessa rede social. A interface foi melhorada, e a rede atualmente está conectada ao Google+ (o Orkut poderia ter sido a matriz do desenvolvimento do Google+, mas a empresa de Mountain View não fez essa opção — o que pode ter sido um erro). Bem-adaptada à utilização num computador de mesa, a rede social é pouco intuitiva no smartphone. Sobretudo, parece mais hierarquizada que o Facebook, obedecendo mais ao espírito do clã. "No Facebook, misturam-se todas as classes sociais. No Orkut, há uma separação", esclarece Graieb. Outra diferença: o usuário é informado do nome dos internautas que acessaram seu perfil, como no LinkedIn.

"O problema do Orkut foi a vulgarização. Embora estivesse à frente, foi aos poucos ficando para trás. Como veio a ser adotada pelos jovens das classes populares, a rede social passou a ser vista como inferior, medíocre, cada vez menos sofisticada. As classes abastadas fugiram dela porque se tinha tornado cheesy [cafona]. Com isso, a própria palavra 'orkut' entrou para a linguagem corrente, como uma espécie de gíria, sinônimo de 'ultrapassado'. Atualmente, o verbo 'orkutizar' costuma ser usado de maneira extremamente pejorativa. E a classe C também começa, por sua vez, a abandonar o Orkut, migrando para o Facebook", explica Graieb.

No Brasil, os pesquisadores costumam identificar cinco classes sociais, da mais abastada (A) à mais pobre (E). No meio está a "classe C", definida pelos que ganham entre 6,10 e 26,20 dólares por dia. A expressão fez sucesso, e todo mundo passou a se referir a essa "classe C" como a classe "Lula", em associação ao nome do ex-presidente Lula da Silva.

Dilma Rousseff, que o sucedeu, não poupou referências durante sua campanha a essa "classe C", prometendo transformar o Brasil numa "sociedade de classe média".

"O Orkut era o site da classe C", confirma Régis Andaku, um dos diretores do portal brasileiro Universo Online (UOL). A sede do UOL fica na avenida Faria Lima, em São Paulo, onde sou recebido por ele. Andaku é de origem japonesa, e cresceu numa família pobre do Brasil rural. "Paralelamente ao uol, criamos um portal especialmente para a classe C (bol.com.br), oferecendo conteúdos específicos, informações sobre gente famosa, mais esportes. Nele, usamos uma linguagem mais simples, explicitando mais as abreviaturas que no portal uol principal, mais voltado para a classe B", explica Andaku, acrescentando: "Com o desenvolvimento econômico do Brasil, uma parte da classe E, que vive nas favelas e depende dos programas sociais do governo, ascendeu para a classe D. São os brasileiros que têm um salário e um domicílio fixo. Com o progressivo aumento da renda, os próprios integrantes da classe D ascenderam para a classe C, que aumentou consideravelmente. Com isto, acredita-se atualmente que metade dos brasileiros faz parte da classe C." Andaku confirma que houve uma ascensão social "incrível", mas ressalva que, ao mesmo tempo, "todos passaram a querer se distinguir da classe inferior". "O Orkut tornou-se o símbolo da mediocridade. Resultado: a nova classe C e a classe C+, sua franja superior, migraram para o Facebook." (Segundo levantamento da TV Globo, estima-se que faz parte da classe A cerca de 2% da população brasileira; 23% é considerada classe B; 49%, C; e 26%, D e E, já agora misturadas.)

Outros fatores explicam o fracasso do Orkut. Para começar, a lei do mainstream global: com a internacionalização dos conteúdos digitais, os fãs de Madonna, Justin Bieber ou Lady Gaga se encontram no Facebook, e só mais raramente no Orkut. Para acompanhar essas celebridades, os brasileiros precisavam ter duas contas. Uma rede social predominantemente brasileira, num contexto em que as trocas são globais, parece necessariamente acanhada e limitada. Depois, há também a lei do cool: os estudantes e os jovens acham que o Facebook é mais internacional, mais intuitivo e especialmente mais hip, mesmo quando se comunicam apenas entre brasileiros, em português. Finalmente, há a lei do mercado: por falta de recursos, e apesar do constante apoio da Google, o Orkut não foi capaz de se adaptar, desenvolvendo sua interface com a mesma rapidez que o Facebook, especialmente no que diz respeito aos conteúdos de mídia e ao número de aplicativos. A rede social brasileira também fracassou na migração para o celular. Dois terços dos usuários do Facebook, num total de mais de um bilhão em todo o mundo, têm acesso à sua conta a partir de um celular ou de um tablet. Com a generalização dos smartphones, o Facebook se orienta para a mobilidade, tornando-se, em suas palavras, uma mobile-first company. No médio prazo, a empresa americana tem a ambição de substituir os e-mails por suas mensagens coletivas, os SMS por suas mensagens diretas e as listas de contatos dos celulares por suas listas de amigos. Já é nessa direção que se orientam os hábitos dos jovens, e o Facebook deve intensificar essa estratégia. Dentro em breve, pelos planos da empresa de Menlo Park, não será mais necessário ter o número de celular de uma pessoa, nem seu endereço de e-mail, se se for amigo dela no Facebook. É a generalização das redes sociais nos celulares, de tal maneira que os telefones portáteis passam a ser chamados de social phones. Por não ter sido capaz de prever essa mutação, o Orkut foi marginalizado em questão de poucos meses. (No verão setentrional de 2014, a Google finalmente anunciou o fechamento definitivo do Orkut.)

O mesmo fim teve o buscador brasileiro batizado de "Cadê?" Eficiente no início dos anos 2000, ele foi comprado em 2002 pelo Yahoo, acabando por entrar em decadência e ser integrado ao portal americano. Hoje, Google, Facebook e em menor medida Twitter tornaram-se dominantes no Brasil, país que, com duzentos milhões de habitantes e um crescimento forte, representa um mercado decisivo para os gigantes digitais americanos. Depois dos Estados Unidos e já agora à frente da Índia, é no Brasil que o Facebook tem uma de suas melhores penetrações, com mais de 65 milhões de usuários. O Brasil também é o segundo país do mundo em número de contas de Twitter. E embora menos de 40% dos brasileiros tenham acesso domiciliar à internet, a penetração do celular não deixa de ser maciça também, chegando oficialmente a 125% da população.

(O número de cartões SIM às vezes é superior ao número de habitantes, em virtude da multiplicação de chips, especialmente nos países onde o telefone pré-pago é dominante. Muitos telefones também são multichips, como os do tipo Venko, um fabricante brasileiro, permitindo a utilização de quatro cartões SIM simultaneamente, com a opção automática pelo que cobra o menor preço. Segundo estudo da TV Globo, a verdadeira penetração do celular no Brasil estaria em torno de 87%.)

Caberia supor que o fracasso do Orkut e do Cadê? confirma a vitória das redes sociais, das plataformas e dos gigantes americanos da net. E de fato é o caso. Mas será que os conteúdos seriam por isso mais globais que territorializados? Não necessariamente. Foi porque o Facebook soube se adaptar aos idiomas e tornar possíveis as conversas em português, e porque o Google oferece resultados de busca muito satisfatórios a muitas pesquisas locais que os dois conseguiram se disseminar no Brasil. Seu sucesso resulta dessa territorialização, processo ainda mais acentuado pelo celular.

Régis Andaku, do UOL, acha que o Brasil está às vésperas de uma mutação fundamental: "Por enquanto, os telefones celulares são essencialmente feature phones (telefones básicos): ainda não são smart." Em sua grande maioria, esses aparelhos funcionam com cartões pré-pagos. Dentro de cinco anos, contudo, prevê Andaku, tudo será diferente: "Os smartphones dominarão o mercado." Segundo ele, a classe C vai adotar o smartphone e "as classes D e E naturalmente a acompanharão". Mas ele também se questiona: "Como conquistar essa classe C? Como atraí-la sem infantilizá-la? Como fazer que avance sem bloqueá-la? É o que estamos tentando fazer no Brasil. E não é fácil. Essa classe não fala inglês e se interessa sobretudo pelos conteúdos locais. A classe C fez o sucesso da TV Globo e o nosso, no UOL, mas atualmente chegou ao limite. Não consegue juntar-se à classe B, mais abastada. Com isso, acumula certas frustrações, que se traduzem num sentimento de revolta e na preocupação de se diferençar, e é precisamente o que a leva a rejeitar os marcadores sociais das classes D e E." Semanas depois dessa conversa, a classe média educada brasileira revoltou-se. Em consequência de um aumento de vinte centavos na passagem de ônibus em São Paulo (cerca de seis centavos de euro), ela saiu às ruas em grandes manifestações de protesto: mais de um milhão de pessoas se manifestaram em uma centena de cidades, em junho de 2013, contra a má qualidade dos serviços públicos, a corrupção e o custo de vida.

HOJE, CERCA DE SETE BILHÕES DE TELEFONES CELULARES estão em uso em todo o mundo, nas mãos de uma população pouco superior a isso (7,1 bilhões). Embora, como vimos, qualquer indivíduo possa ter várias assinaturas ou cartões SIM pré-pagos, o que contribui para falsear os dados, a União Internacional de Telecomunicações (UIT), organismo das Nações Unidas, estima que a penetração do telefone celular já chega a 96% em escala mundial. "Os dados inclusive são mais altos nos países em desenvolvimento do que nos desenvolvidos", observa Hamadoun Touré, secretário-geral da UIT, um maliano que entrevistei em Genebra. O próprio acesso à internet está em forte progressão, já beneficiando 2,7 bilhões de pessoas, o equivalente a cerca de 40% da população mundial, segundo Touré. Como se poderia esperar, os países desenvolvidos estão à frente do resto do globo quando se trata da internet, mas os índices aumentam em toda parte. Quanto à internet móvel, também avança ao ritmo de 40% por ano: mais de dois bilhões de pessoas já têm acesso ao serviço. Mais uma vez, aqui, as desigualdades permanecem fortes, entre uma penetração que chega a quase 70% na Europa e mal alcança 11% na África. Segundo as previsões da UIT, uma parte considerável da população mundial terá acesso à internet por smartphone em 2025. O wireless (sem fio) vai se tornar a norma, o wired (com fio), a exceção. E assim passaríamos de 2,7 a mais de 6 bilhões de pessoas conectadas à internet — uma revolução espetacular.

Estima-se que trezentos milhões de pessoas já façam parte da classe média na Índia, e que outros trezentos milhões estejam para se juntar a elas. Na China, a classe média é estimada em quatrocentos milhões de pessoas. No Brasil, em cerca de cem milhões. Na Indonésia, na Colômbia, no México, na Turquia e mesmo no Egito, números não menos impressionantes são mencionadas. O futuro das tecnologias pode ser vislumbrado nesses dados. E ele é móvel.

Três fabricantes chineses, tcl, zte e Lenovo, já trabalham na fabricação de um smartphone básico a ser vendido por cinquenta dólares. O britânico Datawind, por sua vez, testa na Índia um tablet com sistema operacional Android por um valor em torno de trinta dólares. Em 2011, o custo médio de um smartphone era de 443 dólares. E embora os preços dos aparelhos da americana Apple, da coreana Samsung e mesmo da chinesa Huawei devam continuar acima de cem dólares por vários anos, a queda espetacular dos preços dos smartphones básicos vai dinamizar o mercado. Em 2013, um bilhão de novos smartphones foram vendidos em todo o mundo.

Sob muitos aspectos, portanto, atualmente certo otimismo digital é dominante nos países emergentes. De Cidade do México a Beijing, de Mumbai a Dubai, de Moscou ao Rio, as pessoas com as quais conversei ao longo dessa investigação nas capitais digitais "emergentes" acreditam no desenvolvimento digital. Alejandro Ramos Saavedra, diretor de estratégia digital no grupo Telmex, afirmou em conversa comigo na Cidade do México: "Aqui no México ninguém vê a internet como uma ameaça, mas como uma oportunidade." Hamadoun Touré, por sua vez, comemora na sede das Nações Unidas as mudanças em andamento: "Em 2000, havia quinhentos milhões de assinantes de telefone celular no mundo; hoje são sete bilhões. Em 2000, havia 280 milhões de pessoas conectadas à internet; hoje são 2,7 bilhões." Outros se mostram mais dubitativos: o milionário Xavier Niel, poderoso dono da Free, a operadora móvel e de internet francesa, entrevistado em seu palacete, na sede da empresa em Paris, declara: "Se eu soubesse o que será o telefone celular daqui a dez anos, estaria rico." Outros se consideram subestimados: "País emergente? Isso não é um tanto condescendente com o Brasil?", pergunta Roberto Irineu Marinho, presidente do grupo TV Globo. Carlos Slim Jr., igualmente otimista, enxerga o futuro de seu império pelo prisma demográfico, "um problema que se transformou numa oportunidade". E repete: "A demografia não é mais um obstáculo para um país como o México, mas um trunfo."

4. "IT significa Indian Technologies"

"SE VOCÊ SUBSTITUIR O S PELO Y no meu nome, terá Yahoo. Acho engraçado." Sasikanta Sahoo sorri. Parece satisfeito. Primeiro, porque essa é mesmo sua identidade. Depois, porque Sahoo realmente trabalha no Yahoo.

Viajando de jinriquixá, o pequeno triciclo motorizado amarelo e sem portas tão característico da Índia, vamos juntos a um restaurante da UB City, bairro abastado de Bengalooru. No caminho, Sasikanta Sahoo sugere a utilização do Suruk, um aplicativo móvel para Android que permite calcular o preço da corrida e não ser passado para trás. Também fornece a opção de avaliar o condutor. Em caso de agressão, é possível tocar um alarme, pressionando uma tecla "SOS". Tendo chegado são e salvo ao destino, dou uma nota ao condutor e também uma boa gorjeta. Ele diz que nos esperará na saída de UB City, "mesmo que seja daqui a três horas".

Sahoo nasceu no estado de Odisha, onde, segundo ele, se fala o "odia" — um dos 22 idiomas oficiais da Índia. Foi lá que estudou informática, e, depois, se mudando para Bengalooru, no sul da Índia, a terceira maior cidade do país e autêntica capital tecnológica do subcontinente. Hoje, muitas vezes os nomes coloniais das cidades são relegados, na Índia, e substituídos pelos nomes vernaculares anteriores: Bombaim passou a se chamar Mumbai; Calcultá, Kolkata; Madras, Chennai; e o "novo" nome de Bangalore é Bengalooru.

"Aqui, os jovens, especialmente quando são da área científica, querem tornar-se programadores", justifica-se Sahoo, desenvolvedor especializado em ferramentas lamp, como são chamados os programas livres que permitem construir sites na web (L de Linux, A de Apache, M de MySQL e P de PHP). "Na Índia, falamos tantas línguas que não é difícil para um especialista em informática aprender novas linguagens. Eu domino pelo menos uma dezena. Passar de uma linguagem web a outra é mais ou menos como passar do odia ao hindi, ou do inglês ao kannada" (kannada é a língua regional falada em Bengalooru).

No Yahoo India, Sasikanta Sahoo é um simples programador. Não chega a ser subalterno, mas tampouco é um manager. Ao lado de toda a equipe, está encarregado do desenvolvimento de um aplicativo específico para smartphone: Yahoo Cricket. Sabemos quanto esse esporte é importante na vida dos indianos; ele não poderia deixar de estar orgulhoso por contribuir para essa interface. Tem a impressão de estar participando do sonho indiano. Ao lado de outros sete mil empregados, ele trabalha no campus de Bengalooru e, como todo mundo, teve de assinar um contrato com várias cláusulas de confidencialidade relativas ao seu trabalho e ao salário. O que me conta não tem em absoluto caráter público, mas ele concorda em ser nominalmente citado porque, conforme observa, poderia facilmente encontrar trabalho se houvesse algum problema. No Yahoo India, o essencial seria o cost accounting e o cost cutting, o controle dos custos e sua redução. "Eles terceirizam ao máximo a mão de obra junto a empresas intermediárias", informa Sahoo. O que permite ao Yahoo diminuir seus custos, mas também evitar escândalos como os que envolvem empregados da Apple maltratados pela Foxconn na China. "Conosco, muitos são os contractors encarregados de um projeto que depois desaparecem, um belo dia, quando ele é concluído. Eles estabelecem uma dura concorrência entre essas empresas intermediárias, para pagar o mínimo aos empregados e concluir os projetos o mais rapidamente possível." Estamos no coração do sistema indiano: offshoring acoplado a outsourcing. A empresa americana Yahoo transfere para a Índia suas atividades de programação informática e então terceiriza grande parte desse trabalho junto a empresas indianas como Infosys, Wipro, Tata Consultancy Services e Tavant Technologies. "Dos sete mil empregados daqui, só três mil pertencem realmente ao Yahoo. Os outros são apenas 'emprestados'."

Sasikanta Sahoo não é um contestador. Não tem alma de sindicalista. Não tem reivindicações. Como muitas vezes o ressentimento decorre da impotência, ele evidencia apenas uma discreta e recalcada amargura, oculta por trás de um sorriso permanente. Fala comigo livremente, com simplicidade. Quer contar-me a verdade.

Com seis anos de experiência, ele está satisfeito com seu salário, situado entre cinquenta e sessenta mil rupias por mês (em torno de 650-750 euros). "A gente até ganha bem no Yahoo em Bengalooru, embora seja melhor na Google e no Facebook. Mas estou feliz aqui. Orgulho-me de trabalhar para o Yahoo, que é uma marca conhecida no mundo inteiro." Suas economias, uma vez paga a sua bicicleta, são divididas entre os pais, aos quais ele transfere dinheiro "para que sejam mais felizes", sua mulher, para quem ele comprou alguns agrados, e sobretudo seu website.

Tímido, modesto, com seu inglês hesitante, uma camisa xadrez azul um pouco fora de moda, Sasikanta Sahoo é homem de um sonho só. Sua energia, sua paixão e, portanto, seu dinheiro destinam-se a um projeto sem fins lucrativos lançado por conta própria, sem recursos, "paralelamente a meu emprego de verdade". O site chama-se iexamcenter.com: uma simples plataforma que oferece a possibilidade de baixar gratuitamente a maioria dos livros de programação informática. Nem site de peer-to-peer nem de livros piratas: Sahoo limita-se a identificar as obras que já podem ser consultadas gratuitamente na web e as oferece em forma de links. Sua oferta já ultrapassa mil obras, e o site, segundo dados apresentados por ele, teria cerca de oito mil visitantes por dia. "Meu objetivo é ajudar os estudantes a se preparar para as provas que fazem para se tornarem desenvolvedores. As empresas recrutam em três fases. Primeiro, há as provas escritas, eliminatórias, especialmente inglês e matemática. Depois, o preparo técnico e as linguagens de programação. E finalmente as provas orais, para avaliar se o candidato tem conhecimentos mais amplos e, basicamente, se é smart. No meu site, eles encontram os manuais, mas também as provas, as questões habituais nas entrevistas de contratação e os placement papers." Sahoo adotou o lema de que não é necessário esperar para empreender, nem ter êxito para perseverar. Consulto seu site e fico fascinado com o trabalho de compilação realizado, em caráter voluntário, e pelo serviço que ele presta à comunidade de desenvolvedores indianos. Os placement papers, em particular, permitem aos candidatos se familiarizar com as provas anteriores, em função das empresas, das cidades e das datas de exame.

Realizar seu sonho? Quem é capaz disso? Cheio de planos, projetos, ideias, Sasikanta Sahoo cuida de seu site com inquieta solicitude. Meio titã, meio paladino, ele se apaixonou por sua criatura digital, como alguém que se apaixonasse por uma jovem. E, para cumprir seu destino, está disposto a tudo.

"Quero mudar de vida. Passei três anos desenvolvendo esse site. Trabalho nele durante todas as noites e todos os fins de semana. Invisto nele todas as minhas forças e minhas economias. Tenho apenas um sonho: que meu site se torne popular. Quero criar algo bigger than myself' (maior que eu). Um dia, ele vai dar sentido à minha vida. Tenho tanto amor por meu site tanto quanto por minha mulher." Sasikanta Sahoo acaba de se casar. Compra anúncios no Google para divulgar o seu Iexamcenter, e sua jovem esposa o ajuda, postando links no Facebook, no LinkedIn e nos blogs. "Gostaria tanto de conseguir um ranking melhor no Google", diz para mim.

E quando esse puro produto do outsourcing americano enfrenta algum problema ou dificuldade, ele começa a rezar a seus deuses: Shiva e Ganesh (na religião hindu, este último pode ser identificado pela cabeça de elefante, e ajuda a superar os obstáculos). Sahoo pega seu celular. As operadoras indianas oferecem, por trinta rupias por mês (quarenta centavos de euro), um serviço de fornecimento diário do horóscopo, além de um aplicativo de astrologia que já vem instalado nos telefones. Ele também me mostra aplicativos dedicados a Shiva e Ganesh, os quais consulta regularmente. "São os meus deuses, eu os amo." Mostra-me ainda sua carteira de identidade "única", da qual muito se orgulha. É a principal prova oficial de que ele existe realmente como indivíduo. E de que, de fato, se chama Sahoo.

Através desse rapaz que ainda não completou trinta anos, engenheiro como outro qualquer, quase anônimo entre tantos outros, temos um retrato da Índia emergente. Aquela mesma que quer mudar de vida e, com isto, muda seu país e talvez o mundo.

2,6 bilhões de olhos escaneados

"Nome, sobrenome, endereço, sexo, data de nascimento e foto, além das impressões digitais dos dez dedos e de uma imagem escaneada da íris de seus dois olhos. Só isto. Nada mais. Nem religião, nem casta, nem raça." Srikanth Nadhamuni agradece a seu cozinheiro, que preparou para nós um curry em sua casa em Adarsh Palm Retreat, subúrbio privilegiado de segurança máxima em meio às palmeiras a sudeste de Bengalooru. Ali perto, de ambos os lados da Outer Ring Road, há nada menos que sete parques tecnológicos, onde se encontram em especial os quartéis-generais indianos da Cisco, da Nokia, da CapGemini, da Accenture e da Intel. Sua mulher e seus filhos estão na universidade do MIT (Instituto de Tecnologia de Massachusetts), nos Estados Unidos, durante a semana, e assim ele tem tempo de sobra para conversar comigo sobre seu bebê: a Unique ID.

"Na Índia, todo mundo se acha único, mas isso não é tão certo assim. Muitas pessoas têm o mesmo nome e a mesma data de nascimento. E em meio a 1,3 bilhão de indivíduos, nunca podemos ter tanta certeza de ser assim tão diferentes. Agora, com a carteira de identidade única, teremos pela primeira vez a prova de que uma pessoa realmente existe." Srikanth Nadhamuni mostra-se ainda mais preciso: "Ao cruzar as informações do documento clássico de identidade, temos uma probabilidade de cerca de 97% de ter realmente um indivíduo único. Mas persiste o risco de uma duplicata ou de uma identidade falsa. Se acrescentarmos as impressões dos dez dedos, passamos de 99%. E com o escaneamento das íris, chegamos a 99,96%. Impossível melhor que isto."

Nadhamuni, um dos criadores do projeto da carteira de identidade única indiana, foi o seu CTO (diretor técnico). Ele vive a duzentos metros do data center onde estão estocadas todas as informações. "Arquivamos aqui um milhão de novos perfis a cada dia, e os cruzamos com todos os dados de que dispomos. Em média, comparamos 350 trilhões de informações diariamente. Montamos o maior sistema informático do mundo."

Projeto dos mais extravagantes, pensando bem, o sistema biométrico indiano é um dos mais insanos já realizados em termos de dados públicos coletados. Trata-se simplesmente de proporcionar aos 1,3 bilhão de habitantes do país uma carteira de identidade única até 2017. O projeto foi concebido pelo bilionário Nandan Nilekani, ex-presidente da Infosys, megaempresa indiana de outsourcing informático (terceirização), com sede em Bengalooru. O governo deu sinal verde ao projeto e ele foi lançado com grande pompa, na presença de Sonia Gandhi e do primeiro-ministro Manmohan Singh. Os números são vertiginosos: 2,6 bilhões de olhos escaneados; 13 bilhões de impressões digitais coletadas! "Começamos muito bem. Alguns estados estão muito avançados. Em julho de 2015, 879 milhões de pessoas já estavam registradas", comemora Srikanth Nadhamuni. Audacioso, o projeto também se choca com a realidade: a realidade das favelas, das tribos, dos trabalhadores migrados e do campo, onde as pessoas trabalham informalmente e vivem ao estilo rural. Como fazer que se registrem? "Pense bem, existem pelo menos seiscentas mil aldeias na Índia. Ninguém sabe exatamente quantas são!", frisa Nadhamuni. O custo da operação é estimado em aproximadamente três dólares por identificação. Os indianos podem comparecer a um dos quarenta mil centros de recrutamento montados em todo o país; e no caso das comunidades mais afastadas, equipes itinerantes vão ao encontro das populações. A operação é gratuita e funciona na base do voluntariado, mas o estímulo é forte, com a perspectiva de ter acesso a ajudas sociais e de poder abrir uma conta bancária na qual os subsídios serão depositados. Na verdade, todo mundo deve se submeter: pessoas com deficiências físicas (mesmo quando perderam as duas mãos), cegos (dispensados do escaneamento da íris), bebês (dispensados apenas das impressões digitais e da íris, que só se estabilizam a partir dos 5 anos) e até transexuais (a Unique ID reconhece três sexos). É preciso ser residente no país há pelo menos 180 dias, e mesmo estrangeiros podem ter o documento (em caso de residência no território nacional) e até os imigrantes ilegais (o que provocou debates no Parlamento), mas, por outro lado, os NRI não podem ser incluídos.

Nadhamuni foi durante muito tempo um NRI. As iniciais identificam os Non-Resident Indians, aqueles que emigraram e fizeram a vida fora do subcontinente. Srikanth viveu durante quinze anos nos Estados Unidos, no coração do Vale do Silício. Por que voltou ao país? "Este é um país jovem. Milhões de indianos estão saindo da pobreza. Tudo está por fazer. Quando Nandan [Nilekani] me convidou a fundar uma startup com ele e outras pessoas, para lançar o projeto da Unique ID, não hesitei um momento. Entendi imediatamente que precisava voltar e fazer isso pelo meu país."

À nossa frente, em sua residência, vejo uma porta muito antiga. "Tem mais de cem anos. É de uma madeira muito rara, e eu mesmo a restaurei", conta-me Srikanth. Ele abre a porta, para me mostrar, e me deparo, maravilhado, com um minúsculo compartimento cheio de dourados e incenso, com efígies de deuses hindus: Vishnu, Krishna, Ganesh. Para entrar, é preciso tirar os sapatos e acender uma vela. Os gurus da família também podem ser vistos em magníficas fotos. "Os deuses mudam de nome em tâmil, minha língua materna, ou em telugu, a língua da minha mulher. Em hindi, também é diferente. Na Índia, nós somos mais espiritualizados que religiosos. É um estilo de vida, mais que uma religião. Não existe uma Unique ID para os deuses!"

AADHAAR, NOME OFICIAL DO PROJETO de carteira de identidade única na Índia — palavra que pode ser traduzida como "fundação" ou "meus direitos" em hindi —, não é tanto uma carteira de identidade, mas antes um número de doze algarismos. "A carteira não é muito importante, nem sequer contém dados", confirma Srikanth Nadhamuni. "Não se trata de um 'smart card'; é apenas um pedaço de papel! O importante é que o indivíduo seja único. Quando ele fornece seu número e apresenta as impressões digitais, o computador procede apenas à realização de uma autenticação. Ele não fornece nenhuma informação. Diz apenas 'sim' ou 'não' em oito segundos. Você é a pessoa que afirma ser ou não é. Um número é muito mais seguro que um cartão." A maioria dos serviços públicos e sociais (título de eleitor, passaporte, cartões de racionamento, carteiras de motorista, autorizações de pesca etc.) será baseada na identidade única. Os bancos também passarão a usá-la, mais ainda porque a abertura de uma conta bancária, sem ser obrigatória, será sugerida no momento da confecção da carteira. Empresas de energia elétrica, gás e telefonia celular, companhias aéreas, de seguros e a polícia também terão acesso aos dados, podendo constituir seus próprios arquivos a partir dessa base. Muitos sonham que o projeto possibilite uma simplificação administrativa. E é verdade que na Índia qualquer solicitação de documento oficial, de um simples atestado à obtenção de vistos, passando por uma banal ativação do cartão SIM de um celular, facilmente se transforma num quebra-cabeça. A burocracia indiana torna insuportáveis as situações mais simples da vida cotidiana, com perda de tempo e uma ineficácia dignas de uma ditadura africana.

Mais ainda que a escala do projeto, é o alcance de sua ambição que é espetacular. Trata-se de um sistema de identificação construído a partir de uma interface livre que pode ser utilizada pela administração e pelas grandes empresas, com os próprios aplicativos, caso sejam credenciadas. O projeto faz parte da política de inclusão social do governo e de luta contra a corrupção. "Se dermos 100 rupias a alguém que precise, seja por motivos familiares, fiscais ou médicos, como ter certeza de que é a pessoa certa?", acrescenta Nadhamuni. Ele toma mais um gole do seu copo de Vino de Mocca, um vinho com café da Califórnia, sua bebida favorita.

O projeto gerou críticas e questionamentos. Houve quem ironizasse o fato de que todos os indianos terão a possibilidade de estar conectados através de uma carteira de identidade biométrica embora nem possam dispor adequadamente de redes de esgoto. Nishant Sham, diretor do Center for Internet & Society, também manifesta sua preocupação: "O principal problema da Unique ID é o convívio forçado entre o setor público e o privado. Os dados poderão ser livremente usados em aplicativos gerados por empresas privadas, e é aí que tudo vai estar em jogo.

Paradoxalmente, não tínhamos uma lei de proteção de dados, e graças ao debate sobre essa carteira de identidade, teremos uma, finalmente. Já é um progresso."

Já Sudheesh Venkatesh, ex-diretor da Tesco na Índia e atualmente à frente de uma importante fundação educativa lançada pelo dono da Wipro, questiona: "O país é tão gigantesco que precisamos todos trabalhar juntos. Temos de ajudar o governo a ser mais eficiente. É a ideia básica dessa carteira de identidade. Por exemplo, o Estado distribui dinheiro às escolas, subvenciona a merenda dos alunos, os uniformes que usam. Mas estamos falando de 1,2 milhão de escolas, 220 milhões de alunos, sete milhões de professores. Será que o sistema de identidade única funcionará em tão grande escala? Ou será que temos aqui uma engenhoca que não levará a lugar nenhum?" Outros, ainda mais céticos, dão a entender que, com o projeto, o governo estaria tentando fiscalizar a renda das pessoas que trabalham informalmente (existem na Índia, por exemplo, quinze vezes mais assinantes de telefonia celular do que pessoas que declaram seus rendimentos à receita).

Sharad Sharma, um importante investidor, mostra-se mais entusiasmado: "É justificada a preocupação com a proteção dos dados da Unique ID, mas temos de relativizar o problema. Os dados são básicos, e não sensíveis. E a Google dispõe de mais informações sobre os indianos do que jamais terá a carteira de identidade única!"

O estímulo à abertura de uma conta bancária, que faz parte do projeto — uma maldisfarçada bancarização forçada —, também tem sido muito criticado. "Os subsídios sociais irão diretamente para a conta bancária dos indianos, graças a esse número único de identificação. O que é muito bom. O sistema permitirá atender melhor às pessoas, mas também controlá-las melhor. Indiretamente, estão tentando bancarizar a população", frisa John Sujit, editor de economia do *Times of India* de Bengalooru. O acesso a serviços financeiros é comemorado, em compensação, por certos economistas que o consideram decisivo para combater a pobreza (sem conta num banco é difícil fazer projetos e poupar). Muitas vezes o argumento da integração social se destaca entre os defensores da carteira de identidade única, de tal maneira que o presidente do Banco Mundial, Jim Yong Kim, saudou um projeto que "pode ser a mais importante ferramenta de erradicação da pobreza que jamais vimos".

Na sala de espera do dr. Devi Shetty, cardiologista de fama mundial, encontramos famílias inteiras. Lá estão os tios, as tias, as irmãs e os irmãos. Na Índia, os pacientes, não raro, comparecem à consulta acompanhados dos pais, dos filhos, às vezes de uma ampla parentela. Sou autorizado a entrar no enorme gabinete do professor e observo grupos entrando e saindo para uma consulta, nunca menos de cinco pessoas de cada vez, e nunca por mais de sete minutos.

Além dessa clínica de cardiologia, Devi Shetty dirige vários hospitais do complexo médico Narayana de Bengalooru. Também é um dos maiores defensores da carteira de identidade única indiana. Pedi uma entrevista para conhecer seus argumentos em relação à dimensão médica do projeto. No meio da sala, de jaleco branco, uma máscara antibacteriológica ainda presa às orelhas, apressado mas atento, ele dá seus vereditos na minha presença, sem possibilidade de apelação: trata-se de operar o coração — ou não. Diariamente, Devi Shetty realiza três intervenções cardíacas, e sua clínica, cerca de trinta (um recorde na Índia e uma das frequências mais elevadas do mundo). Ele faz sinal para que eu me aproxime e começa a falar comigo, entusiasmado. "A Unique ID permitirá construir um sistema de microsseguros de saúde, ao qual os pobres não têm acesso na Índia." O grande professor me explica que centenas de pacientes viajam diariamente, às vezes percorrendo cerca de trinta horas de estrada, por uma simples consulta de menos de dez minutos em uma de suas clínicas na Health City (como é conhecido aqui o bairro dos hospitais de Bengalooru).

"Hoje, a carteira de identidade única não passa de um número administrativo", acrescenta Devi Shetty. "Mais tarde, talvez possamos vincular essas informações ao prontuário médico dos pacientes, se os dados forem bem protegidos. Isso pode realmente contribuir para a medicina neste país. E também evidencia a força das tecnologias: elas dão aos pobres a possibilidade de se unir. Os pobres são fracos quando estão isolados; e fortes quando se juntam."

No saguão de seu hospital, o que seria a fila de espera mais parece a multidão impressionante de um terminal de aeroporto. Visitei hospitais em Nova Délhi e Mumbai, e todos me pareceram superpovoados; mas em Bengalooru a experiência é ainda mais radical. Shetty reconhece que o hospital está saturado: "A qualidade da saúde é baixa na Índia, especialmente por causa das distâncias. Ir ao hospital é difícil, em particular para os pobres, que vivem em aldeias isoladas. Eles então vão para as cidades para se tratar. E aqui, em Bengalooru, é overcrowded, superpovoado. Por isso a medicina pela internet é a única solução."

Vejo fotos enormes de madre Teresa ao lado do cirurgião e manifesto minha estranheza. "Há muito tempo, eu trabalhei em Kolkata (Calcutá) e tive o privilégio de operar e tratar de madre Teresa. Depois, tornei-me um dos seus discípulos.

"Temos na Índia milhares de hospitais e clínicas, mas o nível nem sempre é satisfatório. Quando surge uma situação cardíaca complexa, o diagnóstico pode ser feito aqui, por câmera de vídeo, graças à internet. O paciente é acompanhado por um médico local, que procede aos testes e análises, e é com ele que eu me entendo. Recebemos em média entre cem e quatrocentos prontuários diariamente, e minha equipe de cardiologistas faz os diagnósticos aqui mesmo. São menos de dez minutos para cada caso. Já tratamos cerca de 53 mil pacientes. Vamos em direção a um mundo cada vez mais conectado, no qual todos os hospitais dialogarão entre eles."

Visito o centro de telemedicina, no andar inferior, e me deparo com 150 mesas de trabalho, lado a lado, ligadas a muitas cidades da Índia. Na minha presença, ocorre via Skype um diálogo com um centro médico de Kolkata, e vejo os médicos fazendo seus diagnósticos a distância. No compartimento ao lado, eletrocardiogramas desfilam pela internet. A discussão do momento refere-se à operação cardíaca de um recém-nascido, e eu entendo a urgência da situação. O atendimento é feito 24 horas por dia, em comunicação com todas as cidades da Índia. Também está ligado a aldeias da África (o professor Shetty faz parte da rede de telemedicina Pan-African e-Network).

A poucos passos dali, sou levado à ala infantil, onde se encontram cerca de vinte recém-nascidos, cuidados por várias enfermeiras: todos passaram por uma cirurgia do coração, e alguns acabaram de sair da ala cirúrgica. “Aqui, nos especializamos em operações cardíacas neonatais. O professor Shetty foi o primeiro a praticar esse tipo de operação num bebê de nove dias. A criança ficou conhecida pelo nome de Ronnie”, diz o residente que me acompanha. Caminhamos entre os pequenos leitos. Eu observo os corpos minúsculos, imobilizados por simples esparadrapos, em sua absoluta vulnerabilidade. É muito comovente.

“Achamos que a Índia será o primeiro país a dissociar saúde de riqueza. A carteira de identidade única e a internet vão nos ajudar nesse sentido. A Índia vai provar ao mundo que não é preciso ser um país rico para oferecer boa cobertura de saúde aos cidadãos. Não é mais uma questão de caridade, mas um direito”, prevê Devi Shetty. Como tantos outros, ele sabe que a saúde vai se transformar nos próximos anos, ao lado da educação, num dos setores-chave do mundo digital.

Para a China, o hardware; para a Índia, o software

PARA VISITAR A ELECTRONICS CITY, no sul de Bengalooru, é preciso passar por uma autoestrada elevada com pedágio, especialmente construída para oferecer acesso rápido às sedes das grandes empresas de outsourcing em informática: Wipro, Samsung, Tata, Motorola, HP e Siemens estão instaladas na região. E a Infosys também.

O campus da Infosys é por si só a vitrine da Índia tecnológica. Bengalooru costuma ser chamada de “Vale do Silício da Índia”, embora a cidade não esteja num vale, mas num planalto a novecentos metros de altitude. A Electronics City também é chamada de IT City. E, como me disse ironicamente o jovem diretor-geral de uma startup de Mumbai: “A gente se orgulha tanto de nossos avanços tecnológicos que aqui na Índia todo mundo acha que ‘IT’ significa ‘Indian Technologies’.”

A startup Infosys foi criada em 1981 com um capital menor do que 250 euros. Hoje, é uma multinacional que tem um valor de cotação na bolsa em torno de trinta bilhões de dólares, empregando 130 mil pessoas em vários continentes. Na sede da Infosys em Bengalooru, onde me encontro, trabalham 22 mil pessoas. Idade média: 28 anos. Eu me desloco pelo campus faraônico em um carrinho de golfe, pois automóveis não são autorizados a circular. Centenas de bicicletas são oferecidas para uso gratuito, e os empregados podem usar e deixar onde quiserem. Vejo quadras de tênis e basquete, salas de ginástica e sete praças de alimentação, onde se pode comer todo tipo de world food. Sob uma cópia da pirâmide do Louvre, um estúdio de televisão. Por toda parte, gramados impecavelmente aparados e regados. Aqui e ali, lagos artificiais com esplêndidos chafarizes, num país onde há cruel escassez de água potável.

Todo novo empregado da Infosys deve inicialmente passar por uma formação de 23 semanas, inteiramente em inglês, em turmas de catorze mil pessoas de cada vez, reunidas em outro campus situado a três horas de estrada de Bengalooru. Em seguida, os empregados podem dar prosseguimento ao treinamento aqui, na sede da empresa, na imensa biblioteca de livre acesso, onde estão disponíveis todos os tipos de livros de programação. "Contando com a sede, aqui, e o centro de formação, temos, no total, nove campus espalhados pelo país", esclarece Priyanka Waghre, porta-voz da Infosys, que me guia na visita pela sede da multinacional.

Entre as magnólias gigantes e os prédios ultramodernos, vejo uma minicentral elétrica e um centro de tratamento de águas que permitem ao campus escapar das panes e dos apagões, tão frequentes na Índia. "Temos autonomia para três ou quatro dias, ainda que falte eletricidade", frisa Waghre. Os cortes de eletricidade acontecem várias vezes por dia, inclusive nas grandes cidades, e todas as empresas de informática que visitei dispõem de esquemas alternativos com geradores, chamados de UPS, ou Uninterrupted Power Supply. Até a internet chega por um cabo específico de fibra óptica que se estende ao redor da Electronics City. Finalmente, uma polícia especial, batizada de Central Industrial Security Forces, monta guarda dentro e fora da sede.

A poucas centenas de metros da IT City, deparo-me com uma favela particularmente insalubre, com dezenas de crianças descalças, montes de lixo e, como em qualquer outro lugar da Índia, vacas pastando no lixo — sagradas, é verdade, mas pastando sem rumo. "Ainda temos de progredir muito, mas é preciso ter em mente de onde viemos. Os cortes de eletricidade e água, a velocidade da internet e, principalmente, a burocracia, disso tudo a gente já está cuidando. Juro que Bengalooru vai se transformar num modelo para todo o país. Muitas pessoas aqui passaram da miséria às tecnologias. Os indianos criam os sistemas de informática de muitas empresas em todo o mundo. Agora, precisamos passar dos serviços que vendemos aos outros para os serviços que oferecemos aos nossos concidadãos. Precisamos cuidar mais dos indianos. Temos de criar valor e conhecimento para nós mesmos. Temos de nos tornar mais smart", diz-me, entusiasmado, M. N. Vidyashankar, diretor-geral do Ministério do Comércio e Indústria, em Bengalooru.

"Ter sido bangalorizado": na Intel, na Microsoft, na Cisco Systems, na Google, na IBM, na General Electric, na Texas Instruments e em muitos outros gigantes americanos, a expressão se popularizou com um sentido pejorativo. Ela quer dizer que empregos foram extintos nos Estados Unidos, e os respectivos salários, pulverizados em cinco e dez vezes, para serem transferidos, em uma versão terceirizada, para Bengalooru.

A Índia de fato se transformou no back office da economia americana, na retaguarda do Vale do Silício, da indústria de telecomunicações norte-americana, da indústria automobilística, dos seguros, dos bancos, da saúde e de todas as empresas que têm centros de telemarketing ou utilizam bases de dados. O país aprendeu a administrar, a distância, os serviços de que os americanos precisam, com custo mais baixo. O país consegue produzir códigos, 24 horas por dia, por um salário-hora baixo. O call center tornou-se símbolo de dezenas de milhares de indianos mal-remunerados, que falam inglês com forte sotaque e tentam resolver problemas de informática de consumidores americanos, facilitar suas operações bancárias, suas consultas médicas, as declarações de sinistro aos seguros ou gerir suas reclamações em matéria de telefones, acesso à internet ou reserva de passagens aéreas. Esses centros telefônicos ainda existem: visitei alguns deles em Bengalooru, especialmente no campus da ITPL em Whitefield Road. Mas nesse setor econômico a Índia está sendo ultrapassada pelas Filipinas, onde o sotaque inglês é menos carregado, e a Indonésia, onde a mão de obra passou a ser mais barata.

"Um call center era cool há quinze anos. Os jovens indianos pobres que deixavam sua aldeia aceitavam trabalhar neles à noite por salários miseráveis. Hoje, querem outra coisa. E salários melhores. Como o setor imobiliário também cresceu muito e as margens de rentabilidade continuam baixas, os call centers não representam mais um modelo econômico rentável hoje em dia na Índia", resume John Sujit, do diário *Times of India*. Enquanto conversamos, aviões do Exército sobrevoam a cidade, como para lembrar que Bengalooru foi inicialmente uma capital tecnológica por razões militares, e que a informática se desenvolveu no local mais tarde, beneficiando-se de um ecossistema militar-tecnológico adequado.

As grandes empresas indianas de outsourcing, como Infosys, Wipro ou Tata Consultancy Services, dão atualmente sinais de fraqueza. Atingiram os limites de seu crescimento e estão em busca de um novo modelo econômico. A Índia é o país que produz mais engenheiros falando inglês à exceção dos Estados Unidos, o que ainda hoje é seu mais precioso capital: 4,3 milhões de estudantes indianos saem anualmente da universidade com um diploma de terceiro ciclo, estando entre eles 1,5 milhão de engenheiros, especialistas em informática e técnicos. Mas apesar disso o país não pretende fazer concorrência à China, que continua à frente na produção de aparelhos, computadores, telefones e tablets: "Para a China, o hardware; para a Índia, o software", resume John Sujit. A Índia também tem a vantagem de dispor de uma diáspora muito bem implantada no Vale do Silício, o que favorece as trocas e deu origem a uma ampla comunidade de engenheiros binacionais com experiência global.

O que fazer? Os indianos encontraram a solução: se adaptar. Poderíamos até dizer que se tornaram darwinianos, se a expressão não fosse uma blasfêmia no país dos animais sagrados. Mas eles sabem que para sobreviver não basta ser o mais forte: é preciso adaptar-se. O que, na Índia, passa por duas mutações consideráveis. A primeira é geopolítica: para não mais depender apenas dos Estados Unidos, os indianos voltaram-se há alguns anos para empresas europeias ou asiáticas. Os analistas apostam numa progressão do mercado indiano do setor de ICT

(Information Communication Technologies) de cem bilhões de dólares, em 2013, para mais de trezentos bilhões, em 2020. Se o mercado interno deve aumentar significativamente, as exportações podem progredir ainda mais. O mercado americano continuaria determinante e mesmo em forte alta, mas sua participação no mercado global diminuiria, caindo dos atuais 67% para 54%. A Ásia e a Europa ocupariam parte do espaço: enquanto a primeira responde atualmente por 7% das exportações da Índia, e cresceria fortemente, a Europa, poderia passar de 26% para 32% de participação no mercado.

Essa diversificação geográfica deve ser complementada por um reposicionamento estratégico. Hoje, o modelo indiano ainda depende muito do outsourcing e do offshoring: gerir a informática, desenvolver os sites e os softwares e produzir conteúdos para outras empresas estrangeiras. Amanhã, a Índia participará mais do processo de criação. Os setores visados são: mídias sociais, telefonia móvel, análises de dados e, sobretudo, cloud computing. "O futuro tecnológico da Índia é o SMAC" (Social Media, Mobile, Analytics & Cloud), confirma K. S. Viswanathan, vice-presidente da Nasscom, a câmara de comércio das empresas indianas de informática. "Vamos focar nos talentos e especialmente nos smart talents. Claro que o próximo computador PC não será fabricado na Índia, não estamos aqui para sonhar; mas o próximo software para fazer esse computador funcionar será indiano."

A Microsoft já cria seus programas na Índia, observa Viswanathan. Com isso, os analistas da Nasscom preveem um forte crescimento do setor de serviços de informática no país, desde que ele "se afaste do modelo passivo da simples programação para se tornar criativo". Como as funções mais técnicas e exigentes em termos de engenharia e inovação podem ser realizadas na Índia, todos esses serviços — aplicativos, infraestruturas, internet — e as funções de armazenamento de dados é que acabarão se transferindo para o subcontinente.

"O novo fator decisivo é a criatividade. A revolução do conhecimento. Na Índia, estamos realmente engajados na smart revolution. Isso já se traduz em muitas patentes e copyrights. Hoje em dia, cocriamos a propriedade intelectual dos nossos produtos, em vez de transferi-la, o que muda tudo", entusiasma-se Viswanathan. "Falamos aqui de knowledge process outsourcing, o que significa que estamos num processo que gera valor e conhecimento, uma espécie de smart outsourcing", confirma John Sujit. Muitos esperam especialmente um desenvolvimento dos serviços de valor acrescido para smartphones.

Um otimismo relativizado pelo professor Padmanabhan Balaram, diretor do Indian Institute of Science, uma das mais aclamadas universidades científicas do país: "Se compararmos com os Estados Unidos, vejo uma diferença fundamental entre os setores tecnológicos americano e indiano, que é justamente o conhecimento. No Vale do Silício, tudo começa com a pesquisa. É justamente o que se chama de P&D, pesquisa e desenvolvimento. O setor de TI se desenvolve em Stanford e no MIT, ou seja, em interação com as universidades. Na Índia, o setor tecnológico desenvolveu-se a partir do business, e não da pesquisa." Segundo ele, as grandes empresas, como Infosys e Wipro, recrutam estudantes no fim do primeiro ciclo e os formam em seus próprios campi, numa lógica operacional. "Em compensação, eles não se interessam por nossos doutores com teses científicas. De um lado, tudo é idea-driven (movido pelas ideias), do outro, aqui, tudo é business-driven. O que tem muitas consequências em matéria de inovação e desenvolvimento."

Sriganesh Rao, diretor da unidade Telecom Business Development na Tata TCS, também se mostra cético: "É verdade que estamos resvalando para a P&D e a criatividade. Mas os norte-americanos continuam dominando o marketing global de todos os seus produtos, do design e do branding. A Infosys, a Wipro e nós, na Tata TCS, não temos nossas marcas: continuamos a desenvolver marcas dos outros." E em várias oportunidades pude ler no rosto dos meus interlocutores em Bengalooru certa inquietação, quando me referia à campanha publicitária da Apple: Designed by Apple in California. Primeiro porque a Apple não fabrica seus produtos na Índia, mas na China; depois, porque a própria ideia de que a criatividade continua sendo apanágio dos americanos é hoje o principal temor dos indianos.

Se o futuro pertence ao "smart", a Índia já dispõe de um ecossistema promissor. Existem milhares de startups inovadoras e cheias de inventividade. O Cloudbyte, por exemplo, é líder do mercado local no setor de bancos de dados e de cloud, e fiquei impressionado ao visitar suas instalações, por sua capacidade de inovação tecnológica. O Traffic Violations é um aplicativo para saber por quais contravenções se foi multado. O Bookmyshow oferece os horários de filmes de Bollywood. Saavn é um equivalente do Spotify para a música indiana, com treze milhões de assinantes. O Traffline é um aplicativo muito popular indicando as condições de tráfego nas grandes cidades. O Olacabs permite encontrar um táxi geolocalizado por satélite. Todas essas startups têm como objetivo melhorar a vida cotidiana dos indianos recorrendo à força das tecnologias.

"Muitos dos empreendedores que tomaram a iniciativa dessas startups trabalharam quando jovens num call center, e posteriormente na Microsoft, no Yahoo, na HP ou na Infosys. Hoje, contudo, querem inovar e ter o próprio negócio", analisa Srivibhavan Balaram, fundador de uma importante empresa de hospedagem informática e cloud computing, que tem sua sede na Electronics City. Esse dinamismo das pequenas empresas é possibilitado por uma rede de business angels que se dispõe a assumir riscos, ajudando as startups.

Sharad Sharma, importante investidor que contribui para o financiamento de novos projetos, mostra-se otimista: "A liberalização da economia ainda é um fenômeno recente na Índia, tendo apenas cerca de vinte anos. Estamos na primeira geração de empreendedores. Por enquanto, ainda são feitos mais investimentos diários em startups nos Estados Unidos do que num ano inteiro na Índia. Mas as coisas vão mudar." (Considera-se em geral que a grande virada histórica da economia indiana ocorreu em julho de 1991, quando o ministro das Finanças, e futuro primeiro-ministro, Manmohan Singh, optou pela liberalização da economia, pondo fim ao modelo socialista administrado e abrindo o país para a economia global de mercado.)

A Índia está numa encruzilhada. Contempla, fascinada e preocupada, o modelo chinês, voltado antes de tudo para a construção de um mercado interno forte. Observa, enciumada, os sucessos planetários do modelo americano. Analisa o minúsculo, mas promissor, modelo israelense, totalmente voltado para as startups inovadoras e privilegiando a exportação — a startup nation, segundo a expressão na moda.

O novo primeiro-ministro, o conservador Narendra Modi, no cargo desde maio de 2014, tem grandes ambições para o seu país em matéria digital. Ele lançou o plano "Digital India", visando a criação de nada menos que "100 smart cities" que farão a ligação de dezenas de milhares de aldeias indianas através da internet de banda larga. Sua conta no Twitter já tem treze milhões de seguidores. Mas Modi sabe que, nesse país rico de habitantes pobres, será longo o caminho a percorrer.

Dilacerada entre considerações de ordem objetiva e uma geopolítica subjetiva de aliados econômicos e concorrentes políticos, a Índia terá de inventar seu novo modelo, para dominar o desconhecido através do conhecido, numa mistura de elementos antigos e inovações ainda por vir. Para aguentar o tranco, ela terá de continuar vendendo serviços aos ocidentais, e, para progredir, construir simultaneamente seu mercado interno. Uma espécie de quadratura do círculo. Enquanto isso, Sasikanta Sahoo, o jovem desenvolvedor do Yahoo que lançou seu site pessoal de preparação dos jovens indianos especializados em informática para as provas, mal contém a impaciência. Entre a prestação de serviços a um gigante americano anônimo — que lhe permite pagar as contas — e a criatividade de seu próprio projeto de voluntariado — que lhe permite sonhar —, ele não tem como escolher. Ele não pode dar um passo em falso. Gostaria de ser smart, mas ainda precisa comer.

5. Smart city

O ÔNIBUS NÃO CHEGA. Será que apresentou algum defeito? Ou foi o motorista que não acordou? O fato é que o principal meio de transporte público de acesso ao maior projeto tecnológico do século XXI na Rússia falhou esta manhã. Codinome: Skolkovo. Em russo: Сколково.

Skolkovo pretende ser uma smart city, uma cidade inteligente e digital. Como Konza City no Quênia, Porto Digital no Brasil, ou Israel, que construiu uma autêntica Startup Nation em escala nacional. Quatro exemplos que ilustram a influência do Vale do Silício, assim como a dificuldade de reproduzir seu modelo.

"Não sabemos o que aconteceu com o ônibus", desculpa-se Sergey Kurilov, diretor-geral do tecnoparque de Skolkovo, ao me receber. Estou hospedado a cerca de trinta quilômetros apenas do centro de Moscou, mas tive de me virar sozinho durante duas horas para chegar. "Dentro de dois ou três anos, haverá duas estações de metrô aqui", acrescenta ele, para me tranquilizar. Em seu escritório, Kurilov, 34 anos, tem um cartaz soviético, Don't Talk (uma advertência literal), e uma fotografia de Andropov, que foi chefe do serviço secreto soviético (Komitet Gosudarstvennoi Bezopasnosti — KGB) e efêmero presidente da antiga URSS (aqui o sentido é irônico). Sobre sua mesa: um iPad e um MacBook Air.

Sergey Kurilov é a encarnação do novo-rico — ou pelo menos do novo russo. O business-oligarca é um filisteu que se considera dono de grande cultura histórica. "Acho que vamos conseguir construir os prédios, as ruas, o metrô. E que as empresas virão se instalar aqui. Mas será que encontraremos o ponto certo da maionese? Não estou 100% certo, o urbanismo não é uma ciência exata. Vai depender do clima, da vontade de viver aqui, da bioeconomia, dos smart grids, do open data, do cool", reconhece Kurilov. Mas do que está falando? Do Sputnik, do interior da Rússia ou da Berezina?

Por enquanto, Skolkovo é o nome de uma aldeia em plena região gelada da tundra. E também o codinome do projeto que é a menina dos olhos do presidente Putin e de seu primeiro-ministro, Medvedev: criar aqui, do nada, uma cidade digital. Uma smart city.

Uma rodovia de pista única. Um posto militar de guarda. Uma barreira. Uma bandeira russa. É a entrada de Skolkovo. Após o posto de controle, a cidade não passa ainda de um imenso campo a perder de vista. Alguns arbustos, samambaias, líquen. Por enquanto, os únicos habitantes permanentes são lebrões — e suas fêmeas. Durante o dia, no entanto, circulam operários. Algumas centenas, já, e daqui a pouco milhares. Todos com um capacete laranja, ocupados na construção do primeiro prédio da nova cidade digital. Os mestres de obra são sérvios; os operários vêm majoritariamente das antigas repúblicas soviéticas: tadjiques, quirguizes, georgianos, armênios e aqueles a que todos se referem aqui como os "negros", ou seja, por um estranho paradoxo, os "caucasianos". Mas ninguém veio do Azerbaijão, "país rico demais para o trabalho braçal na construção", esclarece a porta-voz de Skolkovo que me acompanha. Sob muitos aspectos, temos aqui um bom resumo dos estratos da Rússia de hoje, com suas hierarquias, seus imigrantes externos e internos e suas classes sociais.

Em meio às gruas, The Cube. É o primeiro prédio concluído, inaugurado no outono de 2012 com grande pompa. Nele já coexistem vários serviços, especialmente um escritório de proteção de copyrights; bem pertinho, o Comitê pela Modernização da Rússia ainda está para ser aberto.

Mais adiante, há um grande buraco. "Ali será construída a Skolkovo Business School, bem no coração da cidade", acrescenta minha guia. O objetivo dessa escola de comércio é fazer com que as ideias mais inovadoras encontrem seu modelo econômico. Ambicioso projeto. Outro projeto mais adiante, mal delimitado ainda sobre a relva seca: The Sphere. Essa será a principal atração, concebida por arquitetos japoneses: uma imensa bola de vidro tendo no interior um microclima californiano. O simbolismo não poderia ser mais claro. No inverno, a temperatura na região chega a 30°C abaixo de zero.

Skolkovo sofre influência americana, o que dificilmente passaria despercebido a alguém. A poucos quilômetros de distância, a "verdadeira" Skolkovo ainda é uma pequena aldeia tranquila. "Daqui a pouco será uma Palo Alto", extasia-se minha guia, sabendo de cor e salteado a lição. Uma rodovia, um metrô leve, centros comerciais, cinemas e quadras de esporte fazem parte dos planos. A circulação de automóveis será proibida em Skolkovo. Trata-se de uma cidade eco-friendly, verde, totalmente conectada. "As pessoas vão circular de bicicleta, em pequenos veículos elétricos, em carrinhos de golfe ou em veículo leve sobre trilhos. Teremos aqui uma Cupertino 2", ao que parece. (Cupertino, onde fica a sede da Apple, faz parte do Vale do Silício.)

Por toda parte, cercas e grades. Água e eletricidade vão chegando, sem muita pressa. "Já temos wi-fi, graças a uma estação ambulante montada num caminhão", informam-me. E de fato vejo o enorme veículo com sua antena parabólica, mas por enquanto sou conduzido pelas vias lamacentas dos 400 hectares de Skolkovo num 4 x 4.

A cidade da inovação russa deverá ter cinco grupos tecnológicos de grande futuro, em torno das cinco prioridades setoriais que buscam permitir a modernização do país: eficácia energética; biomedicina; tecnologias nucleares; programa espacial e telecomunicações; e, finalmente, as tecnologias da informação e da comunicação. Mais de mil empresas desses diferentes setores já se instalaram "virtualmente" nessa zona econômica especial. Ainda se trata de um compromisso teórico, mas elas já se beneficiam de subvenções (150 mil dólares em média), podendo desfrutar por dez anos de um regime fiscal atraente: isenção da TVA e ausência de impostos sobre os lucros. O governo ainda decidiu acrescentar uma redução de 50% dos encargos sociais e facilidades em termos de direitos alfandegários e obtenção de vistos para receber investidores (mas haverá limites e tetos, e as empresas estrangeiras não poderão desfrutar dessas benesses, a menos que criem uma filial local de direito russo).

Administrativamente, a região de Skolkovo será integrada a Moscou: o Parlamento russo acaba de aprovar essa vinculação. De qualquer um dos três aeroportos da capital russa será fácil chegar à smart city. "Não queremos uma reprodução do Vale do Silício", relativiza Katia Gaika, que trabalha na Fundação Skolkovo. "Fala-se de Cupertino 2, mas isso não passa de um gracejo. Vamos inventar outra coisa. Ao mesmo tempo, é verdade que partimos do modelo californiano, mas também do modelo do Massachusetts Institute of Technologies (MIT) de Boston e da smart city de Cingapura. Achamos que é preciso criar um contexto onde convivam startups, pesquisa, investidores e universidades." Dois mil estudantes de mestrado e doutorado são esperados a partir de 2015 na SkTech, a universidade do campus de Skolkovo. Para se ter uma ideia, a Rússia contratou a preço de ouro alguns grandes nomes do MIT. Ao lançar o projeto, o presidente Medvedev falou em atrair alguns eggheads americanos, mas os valores desembolsados para receber esses crânios durante algumas semanas por ano não foram divulgados.

PARA OS DETRATORES, Skolkovo é uma quimera. O projeto inscreve-se na tradição das cidades científicas soviéticas, as Naukograd planejadas no Kremlin e bem conhecidas durante a guerra fria. Um modelo autoritário herdado da época da ditadura comunista, na qual os presos políticos do gulag construíam Gorki, Sarov, Snejinsk ou Jeleznogorsk, longe de tudo e às vezes na própria Sibéria, cidades apagadas dos mapas e de acesso estritamente proibido. "A grande diferença em relação às cidades soviéticas é que este lugar será very open-minded (muito aberto)", promete Katia Gaika. Aberto, mas até que ponto?

"Na verdade, não devemos encarar Skolkovo como uma nova cidade, mas um novo bairro de Moscou", corrige Conor Lenihan, vice-presidente de Skolkovo, com um perfeito sotaque irish. Lenihan não é russo. Foi durante muito tempo ministro de Ciências, Tecnologias e Inovação, na Irlanda, e posteriormente de Integração e Direitos Humanos. Após a derrota de seu partido, um movimento republicano e conservador de centro-direita, ele optou por viver aqui, longe de Dublin, por alguns anos.

Esse skolkoviano adotivo, fora do comum, está encarregado do desenvolvimento e das parcerias. "A lei russa obriga as empresas públicas a investir 7% de seu orçamento em Skolkovo: é uma decisão do Kremlin", confirma Lenihan, sem pestanejar diante desse autoritarismo de outras épocas. Muito ocupado com infindáveis reuniões, ele me recebe apressadamente. Acaso vê limites para esse projeto? Lenihan reconhece que "falta espírito de colaboração na Rússia, e é um verdadeiro desafio fazer as pessoas trabalharem conjuntamente". Outra dificuldade, segundo ele, é o desenvolvimento: "Os russos são muito inovadores, excelentes cientistas, e não faltam startups. Mas eles têm dificuldade de passar da pesquisa para o mercado. Dedicam-se a experimentações que não resultam necessariamente em projetos viáveis. Felizmente, as coisas estão mudando. A biografia de Steve Jobs foi um verdadeiro best-seller na Rússia. Ele se tornou um modelo para muitos jovens daqui."

Skolkovo é uma cidade que saiu da cabeça de Medvedev — e não do cérebro de Steve Jobs. E é exatamente esse o problema. O projeto comprova a ambição russa e demonstra que o país quer apostar no mundo digital. E também mostra os limites burocráticos e de planejamento do sistema pós-soviético. Por sinal, o próprio Medvedev preside o conselho de administração de Skolkovo.

"É atualmente o projeto russo mais importante", comenta Seda Pumpyanskaya, vice-presidente de Skolkovo para relações internacionais. "Trata-se de um projeto público voluntarista, como na época do Sputnik", pondera, mais irônico, Adrien Henni, redator-chefe de um site de informação sobre o setor digital na Rússia. (Ele se refere aos programas soviéticos da década de 1950 que levariam à competição espacial entre os Estados Unidos e a URSS.) O primeiro terço do projeto deveria estar concluído em 2014, o segundo, em 2017, e o terceiro, em 2030. Mas as obras já estão muito atrasadas. Uma prova disso é que a reunião do G8 que deveria realizar-se em 2014 em Skolkovo foi transferida para Sotchi (no mar Negro). E a inauguração da smart city foi adiada para 2016.

"Não pretendemos resolver todos os problemas da Rússia com Skolkovo", reconhece sabiamente Pumpyanskaya. Mas o fato é que o projeto confirma as ambições e os limites do país. Ante as oscilações da produção nacional e dos preços mundiais do petróleo e do gás, os russos optaram por diversificar sua economia, abrindo-se para os setores de serviços e digital. Diante do brain drain, a evasão de cérebros que leva os pesquisadores mais brilhantes a migrar para a América do Norte ou a Europa, os russos esperam transformar Skolkovo num sucesso capaz de atraí-los, de mantê-los no país — e mesmo de fazê-los voltar. É o que poderíamos chamar de síndrome de Sergey Brin, nome do cofundador da Google, que nasceu na Rússia mas foi viver nos Estados Unidos e não parece disposto a voltar ao país. "Skolkovo poderia chamar-se Sergey Brin City, faria mais sentido", comenta ironicamente Tanya Lokshina.

DE UMA FAMÍLIA ASQUENAZE mas de religião ortodoxa, Tanya Lokshina é uma incansável militante dos direitos humanos na Rússia. Seus cabelos ruivos e sua voz rouca lhe conferem uma presença singular. Ela se dirige a mim com um tom e uma autoridade irrefutáveis em seu escritório na sede do Human Rights Watch (HRW), na rua Armianski, em Moscou. Nesse mesmo endereço constantemente recebe ameaças de morte, em consequência de suas pesquisas em questões de violação dos direitos. "A Rússia está rumando numa péssima direção", sentencia. Do caso das Pussy Riot à detenção de opositores políticos, passando pela lei supostamente destinada a proteger os menores de idade da "propaganda" gay, a Rússia de Putin e Medvedev — e também a de Medvedev e Putin, quando trocaram de cargo — continua autoritária, centralizada e anti-internet por natureza.

Esperta e sonsa ao mesmo tempo, Lokshina se espanta com essa súbita paixão pelo mundo digital, no qual a internet é controlada e às vezes censurada pelo regime. "Aqui temos muitas liberdades na vida privada. Podemos ler os jornais que quisermos, consultar livremente a internet. Podemos viajar, as atividades de contestação são muito ricas, não estamos mais na União Soviética. Mas o fato é que não existe Estado de direito. Os militantes do norte do Cáucaso são torturados. As redes de televisão estão nas mãos do regime. A Igreja Ortodoxa tem uma influência anormalmente forte na política do Kremlin, a justiça não é imparcial", comenta a militante, triste. Ela sabe melhor que ninguém que Putin se formou nos serviços secretos russos e que o Kremlin sabe baixar seus decretos quando necessário, e especialmente seus ucasses. De tempos em tempos, uma rede de oposição é proibida; um jornalista é assassinado; o carro de um ativista é explodido. Ela própria teme por sua segurança. Diante das circunstâncias, é possível entender que essa nova paixão digital russa lhe pareça, na melhor das hipóteses, anacrônica, e, na pior, suspeita, no sistema cínico e corrupto de Vladimir Putin — vodca, oligarcas do gás, código nuclear e Botox*.

A censura da internet na Rússia, que ainda não foi muito bem descrita, e no fim das contas não pode ser comparada com a que é exercida na China ou no Irã, é tanto mais eficaz na medida em que se mostra hábil. O Kremlin recorre a argumentos "aceitáveis" para o grande público, como a luta contra a pornografia infantil, contra as drogas ou a "propaganda" da homossexualidade, para impor seu controle sobre os sites. A lei, extremamente restritiva, exerce forte pressão sobre os provedores de acesso à internet, sem hesitar em recorrer a muitas cláusulas de segurança não públicas (segundo informações do diretor-presidente

* Martel faz referência a dois fatos veiculados nas mídias russas que repercutiram de forma estranhamente distintas: Putin, ao se tornar presidente da Federação Russa e comandante supremo, recebeu uma "mala nuclear" — espécie de dispositivo com os códigos de acionamento do arsenal nuclear russo — e não foi ridicularizado ou hostilizado por isso. No entanto, quando apareceu com o rosto alterado devido ao uso excessivo de Botox, as mesmas mídias não o deixaram em paz. (*N. da E.*)

de um importante site russo). Assim, o Google russo, Yandex, se não chega a ser censurado, é no mínimo "filtrado", na expressão de Vlad Tupikin. Tupikin é um célebre blogueiro anti-Putin com quem me encontro na Memorial, associação de ajuda às vítimas do gulag em Moscou (Memorial foi financiada em especial pela Fundação Ford e a USAID, a agência diplomática cultural americana).

"O sistema é sutil: a censura joga com a indexação e os resultados de pesquisas dos sites. Oficialmente, esse ranking é automatizado, mas na realidade passa por correções manuais. Certos artigos são destacados, em detrimento de outros. No fim das contas, o que é indesejável continua on-line, mas fica invisível para a maioria das buscas simples. Há uma evidente manipulação dos resultados de pesquisa", resume Tupikin.

Outra técnica de controle muito utilizada, por paradoxal que possa parecer na Rússia, é a arma do capitalismo. O regime se torna acionista dos sites sensíveis ou mobiliza investimentos de seus seguidores, com ou sem corrupção. Importantes páginas da web já pertencem a elementos próximos do Kremlin, como o grupo mail.ru, espécie de Yahoo russo reunindo cerca de trinta sites que oferecem serviços variando das mensagens às redes sociais, passando pelos jogos on-line. Por trás desses métodos, vários dirigentes com quem conversei em Moscou questionam "a administração do presidente", uma burocracia técnica ligada ao Kremlin, que dispõe de recursos financeiros consideráveis e impõe seus diktats aos sites e buscadores. E, quando necessário, suas OPAS.

"É evidente que o governo controla o Yandex e o mail.ru e que os sites são censurados", confirma por sua vez Tanya Lokshina, da HRW. Por seu lado, o especialista da web russa Adrien Henni mostra-se mais cético: "Precisamos desideologizar a questão da internet russa: o setor obedece, antes de mais nada, a lógicas comerciais. A maioria dos principais protagonistas são locais, à exceção da Wikipédia e do Twitter. São raros os casos de censura brutal de um site."

Hoje, é verdade que a oposição a Putin está em grande medida concentrada na internet. A blogosfera é extremamente viva, podendo despertar inveja em muitos democratas não russos. "A palavra blogosfera não é mais apropriada à contestação russa. Hoje, a questão ultrapassou amplamente os limites dos blogs. Estamos falando do Facebook, do VKontakte.ru (o Facebook russo), do Twitter ou de uma plataforma como o *LiveJournal*. Estamos falando de muitas mídias on-line, como *gazeta.ru* ou *slon.ru*, de ONGs de defesa dos direitos humanos ou dos think tanks. Acontece em toda parte, e antes de tudo nas redes sociais", comenta Vlad Tupikin.

Essa sociedade civil atomizada e inicialmente confinada às maiores cidades do país passou a se desenvolver rapidamente na web. Mas ao se tornar mais popular, ela também vira alvo de maior controle e mais formas de intimidação. Até o momento, o regime não se preocupava muito com a contracultura moscovita: toda capital tem sua burguesia rebelde, suas lésbicas desaforadas e seu movimento punk. Mas quando o espírito da revolta se estende às classes médias e às zonas rurais, tudo muda de figura. Não é possível deixar passar. Agora não é mais raro que figuras de destaque da oposição e vozes que se fazem ouvir alto e bom som na internet sejam vítimas de controles fiscais inopinados ou desapropriações de suas residências, de forma aparentemente legal.

O famoso ativista e herói da blogosfera Alexei Navalny, conhecido por suas campanhas, sabe do que estou falando: foi contemplado com cinco anos de prisão em 2013 por "fraude" e "desvio de fundos", acusações fantasiosas provavelmente orquestradas pelo Kremlin. Afinal libertado sob sursis e controle judicial, o indomável blogueiro anti-Putin ainda assim foi autorizado a se candidatar nas eleições municipais de Moscou, ficando em segundo lugar, depois do candidato do Kremlin, que se beneficiou da máquina da prefeitura e do que os russos chamam de "recursos administrativos". Por outro lado, antes dessas eleições locais, os principais sites de oposição foram misteriosamente paralisados por vários ciberataques. É esse o paradoxo de um sistema em que os livros anti-Putin se sucedem nas prateleiras das livrarias de Moscou, enquanto os adversários do regime são "legalmente" perseguidos. Salvam-se, assim, as aparências.

Em 2015, a situação deteriorou-se ainda mais, e desta vez às claras. O opositor Boris Nemtsov, adversário notório do presidente Putin, e uma voz muito ouvida na internet, foi assassinado a balas diante do Kremlin. Seus posts na rede social VKontakte eram particularmente lidos, contribuindo para a organização das grandes manifestações anti-Putin. Paralelamente, entrou em vigor uma nova lei obrigando a transferir dados dos internautas russos para servidores exclusivamente nacionais. Por fim, a "administração" do presidente Putin deu um jeito, mediante táticas contestáveis de investimentos e aumento de capital, de assumir novamente o controle de VKontakte, provocando a saída de seu fundador, Pavel Durov, que desde então vive exilado na Europa, na Ásia e na América, como uma espécie de digital nomad.

Caberia levantar a hipótese de que o regime autoritário de Putin vai se tornar mais rígido com os sites e os blogueiros à medida que a internet aumentar sua penetração além das classes urbanas abastadas (uma lista negra dos sites bloqueados sem decisão judicial foi atualizada no início de 2014, por ocasião dos Jogos Olímpicos de Sotchi). Cerca de 50% da população russa atualmente tem acesso à web em casa, o que representa mais de setenta milhões de pessoas. A televisão deixou de ser o único vetor de informação, como imaginava o Kremlin até as últimas eleições. Agora existem também os sites, os blogs e as redes sociais. A conta do Twitter @KermlinRussia, por exemplo, é uma eficiente paródia de @KremlinRussia, a conta oficial de Vladimir Putin. Suas jovens administradoras, Sasha e Masha, zombam da cafonice do presidente e de suas vãs tentativas de dourar a pílula de um sistema autoritário e corrupto.

É NESSE CONTEXTO GERAL que devemos situar o ecossistema digital russo e o projeto Skolkovo em particular. Os especialistas da web russa consideram que a smart city pretendida por Medvedev tem poucas chances de êxito se não se escorar na sociedade civil e sua blogosfera. A contracultura dos anos 1960, a democracia participativa, as transgressões, o bairro de Castro em São Francisco e o haxixe, a liberdade em todas as suas manifestações foram indispensáveis, segundo eles, à eclosão do Vale do Silício. Mas eles também sabem que se Skolkovo abraçasse esse estado de espírito de contestação, o regime imediatamente poria fim à experiência.

"Abrir um Starbucks e um bar gay em Skolkovo: todo mundo me fala disso", brinca Sergey Kurilov, diretor-geral da smart city. Em busca da chave do mistério, e perfeitamente consciente de que precisa resolver a quadratura do círculo, ele não deixa de apontar outros problemas. Em primeiro lugar, a questão da propriedade intelectual. As marcas, as patentes e os nomes dos domínios, para não falar dos conteúdos jornalísticos ou culturais, são pouco ou mal protegidos na Rússia. E por sinal, em sua maioria, os empreendedores registram suas marcas na Europa, para se certificar de melhor segurança jurídica. "Aqui, todo mundo tem medo de que suas invenções sejam roubadas. Nos Estados Unidos, uma startup são cinco pessoas e muitos serviços terceirizados. Na Rússia, são cem pessoas, pois nada é terceirizado: é muito grande o medo de perder a propriedade intelectual do projeto", comenta Kurilov.

Outra fragilidade de Skolkovo é de ordem geográfica. E se o projeto todo não passasse de uma grande furada? Estaríamos assistindo à construção de um novo Vale do Silício ou simplesmente de um enésimo office park? Não teria sido mais prudente e eficaz ajudar as startups a se desenvolver em Moscou, onde já são numerosas, em vez de conceber esse projeto neossoviético? É o que muitos pensam. "O ecossistema das startups é fascinante aqui. Há incubadoras, fundos de investimentos públicos e privados e uma rede extremamente inovadora, disseminada por toda parte em Moscou, e isso funciona. É o anti-Skolkovo", sustenta Adrien Henni.

Diante dos argumentos e das críticas, Sergey Kurilov reconhece: "Seria o caso de construir uma cidade física, ou apenas uma cidade em cloud? O debate também é esse." Mas o melhor argumento a favor de Skolkovo é fornecido por Conor Lenihan, o ex-ministro irlandês que se tornou vice-presidente do projeto: "Era preciso fazer essa smart city e construí-la inteirinha, pois as coisas só funcionam assim na Rússia. Tem de ser centralizado e pilotado pelo Estado."

Com suas tendências mais nacionalistas que comunistas, o regime autoritário e paranoico de Putin se caracteriza hoje por uma grande ambição: restabelecer o orgulho russo, o mundo eslavo e cirílico, e se possível a Grande Rússia. É no contexto de uma ideologia chauvinista antiocidental e antiamericana que devemos situar o projeto de Skolkovo, segundo a opinião de vários russos entrevistados. "É um projeto autocrático, na mais perfeita tradição do planejamento soviético. Está perto demais de Moscou, ou longe demais. Ninguém vai querer trabalhar lá, e muito menos viver lá, no frio polar do interior da Rússia! Não tem como funcionar", considera, por exemplo, o diretor-presidente de um dos principais sites do país (que pediu anonimato em virtude dos frequentes contatos que tem com o Kremlin).

Mais prudente, Elena Kolmanovskaya, uma das fundadoras do gigante Yandex, o Google russo, comenta, concluindo: "Não vamos nos instalar em Skolkovo porque não somos uma startup. É o único motivo." Ela sabe que o projeto traz à luz do dia as contradições do regime, e, se é com extrema prudência que critica Skolkovo, que segundo ela ainda está "na etapa de apresentação do PowerPoint", não deixa de reconhecer, maliciosamente, que "será ótimo se um dia essa smart city realmente sair do papel".

A África em marcha

GIRAFAS, AVESTRUZES, antílopes e zebras. Búfalos também. "Aí está a Konza Techno City", informa Kennedy Ogala. A perder de vista, a savana. Uma terra semiárida. Um sol inclemente. Arbustos. "Será uma smart city, mas também uma cidade animal-friendly", frisa Ogala. Que aqui todo mundo ame os animais não duvido, mas uma cidade?

Em comparação com a frieza do modelo Skolkovo, esse projeto de cidade digital no calor da savana parece uma antítese. Mas observando melhor, as semelhanças também chamam a atenção.

Para chegar a Konza City, uma hora e meia a sudeste de Nairóbi, no Quênia, é preciso passar pela experiência de transitar nas estradas africanas. Milhares de caminhões se ultrapassam em todas as direções.

Os matatus (micro-ônibus) que têm um metro a mais de altura com dezenas de embrulhos presos ao teto. Rebanhos bovinos atravessam o caminho. E, por falta de transportes públicos suficientes, milhares de pessoas que se deslocam a pé, on the road, a qualquer hora do dia ou da noite. O comércio também, onipresente, se organiza à beira de Mombasa Road, com frutas e legumes por todo lado, vendedores de pneus ou de brinquedos usados, mas também de móveis, livros velhos, roupas. Um bazar permanente. A África em marcha.

Kennedy Ogala é economista e trabalha para o Ministério da Informação e da Comunicação. Ali, no meio da savana, ele supervisiona a criação da primeira cidade digital do Quênia. "Trabalho para o governo. Foi aqui que se decidiu criar Konza City. E hoje, como você está vendo, estamos fazendo uma perfuração, com minha equipe, para analisar o solo e a profundidade da água." O sujeito sua em bicas dentro de seu terno. Convida-me a entrar em seu 4 x 4, e percorremos um território conhecido como Konza Ranch. "Aqui mesmo, em alguns anos, haverá uma verdadeira smart city com quinhentos mil habitantes e as melhores empresas tecnológicas do país", acrescenta Ogala. Por enquanto, nos dois mil hectares reservados para o projeto, uma única pedra foi depositada, na inauguração, em janeiro de 2013, pelo presidente da República, Uhuru Kenyatta. (Ele está sendo processado pelo Tribunal Penal Internacional por crimes contra a humanidade.)

No gabinete de Bitange Ndemo, diretor-geral do Ministério da Informação e da Comunicação, em Nairóbi, contemplo a maquete gigante da futura Konza Techno City. Um trem expresso deverá fazer, em vinte minutos, a ligação com a capital queniana, e uma nova autoestrada de quatro pistas será aberta. No coração da futura cidade, haverá três campi: um Parque TI, reunindo startups e empresas do setor digital; um Parque Científico, centrado na pesquisa científica e acadêmica; e um centro internacional de conferências. Nas proximidades dos prédios de TI, estão previstas as construções de um imenso shopping, com todo o comércio necessário, além de hotéis, escolas, um estádio e até um hospital.

"Queremos dar vida a essa cidade. Ela não será um lugar onde se trabalhará apenas, é preciso residir nela, comer, divertir-se..." Pela enésima vez durante nossa conversa, Ndemo interrompe sua fala para atender a um dos seis telefones fixos sobre a mesa (para não falar de seus dois celulares). Parece que está sendo pressionado pelo Parlamento, que se encontra em sessão. "São bad people", diz ele, enigmático, referindo-se aos parlamentares que visivelmente querem criar caso. Ndemo agora lança mão de uma caneta e faz uma lista das vantagens que a smart city trará para o Quênia. Ele fala de questões de finanças, turismo, business process outsourcing, TI enabled services, value added services e customer relationship management (terceirização de serviços, de tecnologias e das relações com clientes). Toda essa ostentação do jargão de consultores anglo-saxônicos parece-me muito distante do que pude ver in loco.

Victor Kyalo, presidente do Kenya ICT Board, mostra-se ainda mais entusiástico. "O que queremos construir já tem nome: Silicon Savannah. Temos a marca, o conceito, só falta construir a cidade", diz-me ele no 20º andar da célebre Teleposta Tower, no centro de Nairóbi. Ele coordena — ele também — o projeto de Konza City, e já se orgulha de ter encontrado o seu slogan, Silicon Savannah, que será usado para "vender" a nova cidade, moderna, smart e totalmente conectada por fibra óptica. "Por enquanto, estamos partindo do zero", reconhece. A partir de uma folha em branco, tudo é possível. A nova cidade, arrisca Kyalo, permitirá "descongestionar Nairóbi, ser ecológico, criar empregos, urbanizar o país etc.". O fim dos matatus? E da pobreza na África? E da aids? E de guetos como Kibera, no coração de Nairóbi? Pergunto a Kyalo se o Quênia tem meios para sustentar tal ambição. Sua resposta: "É uma questão de prioridades."

Mas que loucura é essa que surgiu na cabeça do governo queniano? Seria apenas a vontade de fazer como todo o mundo e criar uma smart city? "No fim dos anos 2000, montar a própria smart city estava na moda", interpreta Mickael Ghossein, diretor da operadora Orange no Quênia, um libanês que durante muito tempo trabalhou no setor de telecomunicações na Jordânia. "Lembro que eles queriam criar uma cidade digital em Amã. Os sauditas também, em Jeddah. Os egípcios, idem. Todo mundo tinha na cabeça o modelo da Dubai Internet City, mas ninguém conseguiu realmente reproduzir o fenômeno. A Media City da Jordânia, na qual trabalhei muito, está marcando passo. E da última vez que fui a Jeddah, não havia nada ainda. Konza City é um belíssimo projeto no papel, mas, concretamente, quem vai se dispor a ir para lá? O risco é que se transforme numa cidade-miragem."

Qual seria então a alternativa? "A solução está aqui", diz-me Mickael Ghossein, mostrando na parede um mapa-múndi dos cabos submarinos. Ao longo da minha investigação, muitas vezes me deparei com esse mapa pendurado nas paredes. Ele existe em várias versões, impresso pelos operadores de cabo, os fornecedores de equipamentos ou as empresas de telecomunicações. Entretanto, consultado de maneira interativa na internet (por exemplo, em submarinecablemap.com), é ainda mais incrível. Cada cabo tem um nome: Africa Coast to Europe, Aphrodite 2, Apollo, Lion 2, Sirius, Taiwan Strait Express, Ulysses ou simplesmente Yellow. Existem centenas de cabos desse tipo, e é possível acompanhar sua rota de um país a outro, de um continente a outro.

TEAMS (The East African Marine System) é o nome do cabo que liga, por exemplo, os Emirados Árabes Unidos à cidade costeira queniana de Mombasa, no oceano Índico. Foi inaugurado em 2009 e é um dos cinco cabos que permitem que a internet chegue ao país. "A solução para o Quênia é dispor de melhores conexões de internet. Se as pessoas estiverem conectadas em suas empresas, na administração pública e, aos poucos, em casa, não haverá mais necessidade de criar uma smart city!", frisa o diretor de Orange, que prega em causa própria, pois administra três cabos submarinos que ligam o Quênia à web, entre eles o TEAMS. Mas essa infraestrutura é cara (entre cem e duzentos milhões de euros por cabo), requer recursos técnicos consideráveis para atravessar o alto-mar, às vezes a cinco quilômetros de profundidade, para não falar da manutenção, pois "cada cabo é cortado em média uma vez por ano". Motivo? "O cabo pode se desgastar nos corais, ser rompido pela âncora de um navio ou seccionado deliberadamente; mas o principal perigo está no litoral, quando o cabo sobe à superfície, onde uma simples escavadeira pode cortá-lo." O custo de reparação de um cabo oscila então, segundo ele, entre um e dois milhões de euros, levando de uma a quatro semanas. Na parede do escritório de Mickael Ghossein, pode-se ler em letras garrafais a palavra Karibu. É o lema da Orange no Quênia, e significa, simplesmente, em suaíli: "Bem-vindo."

Mickael Ghossein não é o único que tem dúvidas em relação à smart city de Konza City. Sob a proteção do anonimato, pois trabalham no Quênia e interagem com o governo, várias outras pessoas entrevistadas consideram que essa cidade digital é uma "loucura digna de uma ditadura africana". Longe do microfone, as críticas são severas, às vezes veementes. Mas esses empresários quenianos e dirigentes de multinacionais ocidentais acreditam na internet e mesmo nas smart cities. Só contestam a construção de um projeto faraônico em plena savana, e do qual ninguém quer saber. Todos dão preferência a outra abordagem. Em vez de desperdiçar milhões de dólares numa smart city utópica, consideram necessário estimular o ecossistema das startups de Nairóbi. Um ecossistema incrivelmente vibrante.

NA PAREDE, UM MAPA DOS ÔNIBUS MATATUS. No meio do amplo espaço, um pebolim. O iHub é a sede das startups no Quênia. A comunidade digital se estabeleceu no quarto e último andar de um prédio moderno em Ngong Road (pronuncia-se Gong Road), na zona oeste de Nairóbi. É ali que dezenas de engenheiros e desenvolvedores passam o dia. Eles podem se conectar gratuitamente ao wi-fi (a senha, que me é fornecida, é "ihubnairobi"), ler trabalhos de informática e, sobretudo, se encontrar para conversas profissionais informais no Pete's Coffee. Pedem, por exemplo, tea latte, bolinhos ou laki laki, um iogurte líquido fabricado em Nairóbi à base de leite orgânico.

O pebolim está no centro das atenções. Para jogar, é preciso tirar os sapatos e subir num pequeno estrado acarpetado. Quatro engenheiros começaram uma partida muito disputada, interpelando-se ruidosamente em suaíli enquanto são observados pelos outros. Na mesa de jogo, adesivos representam marcas digitais globalizadas (Google, Apple, Mozilla, Google Africa, Angry Birds e Global Voices) e startups locais (MedAfrica, Ushahidi, eLimu, iCow). E alguns slogans: Dare not to be square (Ouse não ser quadrado); Empathy happens (A empatia é possível) ou uma declaração pelo comércio equitativo: Show your love to Africa, buy Fair. Parece até que estamos no Vale do Silício.

"Não somos uma incubadora, mas uma comunidade. Qualquer um pode vir a este espaço, desde que trabalhe no setor tech. Estamos abertos sete dias por semana", explica Jimmy Gitonga, gerente do iHub. A preferência é das startups que têm um modelo econômico, que interagem com outras ou podem criar empregos. Samsung, Google, Microsoft e Nokia estão atentos: os gigantes estrangeiros observam as inovações e financiam as iniciativas mais promissoras.

ELimu é uma startup especializada em e-learning que desenvolve aplicativos para tablets. "A palavra 'eLimu' significa 'educação' em suaíli. Nós fazemos uma seleção de manuais pedagógicos, em parceria com os editores e de acordo com os currículos oficiais, e os ilustramos com imagens, vídeos, para que as crianças consigam apreciar os conteúdos", explica Nivi Mukherjee, fundadora da eLimu. No Quênia, o preço dos tablets, especialmente chineses, já está abaixo de cem dólares. "Mas eles ainda são inacessíveis à maioria das pessoas na África", acrescenta ela, "embora sejam mais baratos que um computador. Nós os distribuímos gratuitamente nas escolas primárias. É mais um projeto-piloto que estamos testando". O aplicativo eLimu é financiado por uma grande empresa americana de equipamentos de telecomunicações (Qualcomm) e deverá recorrer antes ao setor privado que ao setor público. "Se ficarmos esperando o governo do Quênia, não vai funcionar. O mercado é que nos permitirá levar o projeto a um bom termo", acrescenta Nivi, em tom desencantado.

Outro aplicativo, desenvolvido na esfera do iHub, chama-se Mprep. Oferece mais de seiscentos quiz diferentes, cada um com cinco perguntas, tendo como público-alvo as crianças, para testar seus conhecimentos básicos. O serviço é pago (três shillings por quiz, o equivalente a três centavos de euros) e funciona por SMS.

Quanto ao M-Farm, é um aplicativo para os agricultores, permitindo-lhes antecipar em até cinco dias o preço de venda de frutas e legumes. "Tendo acesso à informação, os produtores podem negociar melhor os preços com os atacadistas", explica um dos porta-vozes do M-Farm, Justus K. Mbaluka. O aplicativo só funciona com Android (é financiado pela Samsung) e foi testado no Testing Mobile Phone Room, pequeno compartimento que impressiona pelo grande número de aparelhos conectados disponíveis, pois é extremamente necessário que as startups possam verificar o bom funcionamento e a compatibilidade de suas inovações numa infinidade de modelos de telefones.

Os sites e aplicativos lúdicos são ainda mais numerosos. É o caso do Ma3Racer.com, um game no qual o usuário é desafiado a conduzir em segurança um matatu pelas caóticas ruas africanas: os matatus, "ônibus" em suaíli — no caso, micro-ônibus de catorze lugares —, são verdadeiros símbolos da África Oriental em geral, e do Quênia em particular. O aplicativo, disponível basicamente para os telefones da marca Nokia (com a qual a empresa fez parceria), foi baixado oitocentas e quarenta mil vezes em cento e cinquenta países. Mas por mais que o iHub seja um lugar perfeitamente globalizado, o mapa de rotas dos matatus de Nairóbi que domina a parede em seu open space, assim como os video games que neles se inspiram, dão testemunho de uma utilização da internet que permanece extremamente local.

De volta ao Ministério da Informação e da Comunicação, no centro de Nairóbi, pergunto a meus interlocutores sobre o paradoxo que consiste em imaginar uma smart city como Konza City, longe da cidade, quando se dispõe de um ecossistema tão dinâmico de startups. Orgulhosos da sua Silicon Savannah, os burocratas não apreciam muito minhas reservas. Bitange Ndemo, o diretor-geral que coordena o Ministério da Comunicação, e Victor Kyalo, presidente do Kenya ICT Board, dois dos artesãos da smart city, insistem mais uma vez nos méritos do projeto. Para eles, sua aplicação não entra em contradição com o dinamismo das startups de Nairóbi. Por sinal, para matar dois coelhos com uma só cajadada, eles pretendem mudar todo mundo para Konza City: as startups, o iHub, seus empreendedores e todas as incubadoras da cidade.

Ao me despedir de meus anfitriões, confuso, senão irritado com esse autoritarismo, me deparo com uma caixa de sugestões para o combate à corrupção: stop corruption, Anticorruption Suggestion Box. E, precisando descer do vigésimo andar do imponente prédio, dou-me conta de que todos os elevadores estão com defeito.

"O Brasil com certeza avança rápido demais"

Na porta do elevador, um aviso: "Antes de entrar, certifique-se de que a cabine está parada no andar." Justamente nesse dia as portas do elevador A não estão fechando. E o elevador B também está com defeito. Bem-vindos a Porto Digital. Vamos então subir a pé. Até o 16º andar.

A oito mil quilômetros de distância, do Quênia ao Brasil, de uma smart city a outra, a utilização dos elevadores pode enfrentar os mesmos problemas. Mas a comparação fica por aí. Porto Digital é o bairro digital de Recife, no Nordeste do Brasil. E, ao contrário de Skolkovo e Konza City, já está em plena atividade.

"No século XVIII, este porto era um dos mais importantes da América Latina. Recife era uma capital mundial, especialmente pela indústria da cana-de-açúcar e mais tarde pelos cereais e o milho. Até a Segunda Guerra Mundial, era uma zona rica. A cidade tinha bondes, uma vitalidade econômica incrível e até balões dirigíveis lembrados nos cartões-postais. E depois, o porto morreu!", conta Francisco Saboya, o "Chico", enquanto subimos as escadas da torre Porto Digital.

Do escritório de Chico, lá no alto, descortinamos, com vista de 360°, as duas ilhas sobre as quais o porto foi construído, ligadas à cidade de Recife por uma dezena de pontes. Os prédios industriais são azuis, vermelhos ou amarelos, desbotados, refletindo a riqueza de outros tempos; estendem-se por uma centena de hectares. Vejo também entrepostos vazios, abandonados, e uma favela na extremidade da ilha menor, onde viveriam cerca de mil pessoas apenas, os únicos habitantes reais de Porto Digital. Há também várias igrejas e uma sinagoga, que foi a primeira das Américas, até ser destruída e reconstruída com as mesmas características, na rua dos Judeus (posteriormente rebatizada pelos católicos — não é piada — como rua Bom Jesus).

Aqui e ali, pelas avenidas, ainda podemos ver os trilhos da ferrovia, inusitados hoje em dia, mas outrora indispensáveis para o funcionamento do porto. Chico me mostra um prédio que, parecendo pousado no meio da praça principal, bloqueia o acesso para o oceano: "Ele será demolido, não demora", afirma ele, fazendo um gesto com a mão, que se abre subitamente para simular uma explosão. Diante do porto, vê-se claramente o cais, hoje servindo de quebra-mar e moldura para as ondas. Visto do alto, o porto, assim protegido e duplamente isolado pelo dique e por sua própria insularidade, tem algo de sublime. E do 16º andar ouço uma canção de Julio Iglesias vindo de um botequim lá embaixo.

No início dos anos 2000, a administração local e a agência do Ministério da Inovação brasileiro encarregada das novas tecnologias tiveram a ideia de revitalizar o porto de Recife, dando-lhe um novo nome e uma segunda vida. Nascia assim o "Porto Digital". "O mais importante era a localização", insiste Chico, professor de economia e empresário, nomeado presidente de Porto Digital. "Era preciso que estivéssemos ligados a uma história. O digital deve partir de um vínculo concreto. Aqui, realmente acreditamos no conceito de 'lugar'. Quisemos então religar Recife ao seu passado. Não demorou para que fizesse sentido a ideia de que o porto devia tornar-se digital. Hoje, Recife voltou a estar ligada ao mundo por seu porto, não mais para a troca dos produtos, como na era industrial, mas para trocas de serviços, na era digital."

Passados doze anos, o projeto tomou forma. Cinquenta mil metros quadrados de entrepostos foram restaurados e as duas ilhas históricas, no coração de Recife, encontraram sua razão de existir. E, sobretudo, a vida vai sendo retomada. Existem hoje na área 35 restaurantes, três centros culturais, um museu e, naturalmente, uma universidade. Mais de duzentas startups se estabeleceram no local, com cerca de sete mil empregados, fazendo de Porto Digital a mais importante smart city do Brasil. Vinte e cinco quilômetros de fibra óptica foram instalados pelas ruas.

"Até 2020, esperamos ter aqui vinte mil trabalhadores. Mas não há pressa. Fazemos as coisas no nosso ritmo", informa Chico. Como em qualquer outro lugar, estímulos fiscais são oferecidos às startups, e seus fundadores também são formados e "baby-sittados". O que significa que as startups são postos em contato com investidores. "E, antes de mais nada", acrescenta Chico, "elas têm dezoito meses para encontrar seu caminho. Um período de incubação mais curto não faria sentido; mais que isto tampouco é necessário, e por sinal apenas 25% delas dão certo."

A outra vertente do projeto é a revitalização do porto: "Compramos um prédio desocupado após o outro, e os restauramos. Uma smart city não é uma solução simples para problemas simples. É um conjunto de soluções complexas para problemas complexos." Porto Digital é o anti-Skolkovo.

Caminhando pelas ruas de Porto Digital ao cair da noite, entendo de que maneira a história pode contribuir para uma cidade do futuro. Nos armazéns desocupados, leio os nomes um tanto apagados das empresas marítimas que certamente eram muito conhecidas antes da guerra. E ao lado, em velhos prédios restaurados, os logotipos novinhos em folha de Accenture, IBM, Ogilvy, Microsoft, HP, Samsung, Motorola.

Porto Digital foi uma das primeiras cidades digitais concebidas segundo o modelo econômico conhecido como de "tripla hélice" (The Triple Helix model). O conceito foi desenvolvido na década de 1990 por um professor universitário inglês, Henry Etzkowitz. Para ele, a inovação depende da interação entre três esferas independentes: o mundo universitário, a indústria e o Estado. Em vez de privilegiar apenas o poder público ou, em sentido inverso, o poderio absoluto do mercado, Etzkowitz deu ênfase às interações entre os setores público e privado, igualmente nutridos pela pesquisa acadêmica. O economista apresenta Porto Digital como um exemplo a ser seguido, pois nenhuma das três esferas domina as demais. O equilíbrio e a separação dos setores são para ele a chave do modelo. Ele também frisa a dimensão urbana do projeto, permitindo que as startups interajam no coração da cidade, vale dizer, num ecossistema urbano agradável, e não no interior gelado da Rússia ou em plena savana.

"A questão que nos colocamos foi a seguinte: qual a importância do lugar? E acho hoje que o mais importante, quando se cria uma smart city, é a construção de uma identidade. Aqui, estamos vivendo em Recife. Nossas emoções, nossas relações, nossas experiências estão aqui. Nos encontramos nos cafés e restaurantes da cidade. A vida artística é muito rica: existem em Recife mais de dezoito estilos diferentes de música, todos com impacto na vida cultural brasileira. Acabaram até de abrir um bar gay! Tudo isso cria vínculos sociais." Caminhando com Chico pelas ruas, no início da noite passamos diante da "Venda", pequeno mercado voltado para o porto. "Boa noite", "Olá", "Obrigado": ele cumprimenta o dono do armazém local, que retribui. Vejo ali por perto a polícia, patrulhando calmamente em sua montaria, e fico pensando que deve ser uma regra: todas as smart cities querem ter sua patrulha equestre. Chico retoma a conversa: "Não faria o menor sentido se tivéssemos imaginado essa smart city na floresta amazônica. Aqui, estamos restabelecendo laços com a cidade de origem, com o porto, com o passado. O importante é o lugar onde estamos. O importante é o território."

Porto Digital tornou-se um modelo para o Brasil. O presidente Lula veio a Recife visitar a smart city, e concluiu sua visita afirmando que "Porto Digital é a chave para o desenvolvimento do Brasil". "Não vamos exagerar", relativiza Chico. "É exatamente como os elevadores. Já foram comprados os quatro novos aparelhos Otis. Eles chegaram, mas não há mão de obra para montá-los! O número de vítimas de acidentes com elevadores é muito alto no país, dos mais altos do mundo. Há três anos esperamos a empresa que virá instalá-los. O Brasil se desenvolve tão depressa que a infraestrutura não acompanha. O Brasil com certeza avança rápido demais."

Startup nation

SKOLKOVO, KONZA CITY, PORTO DIGITAL: três modelos de smart cities para o futuro. As duas primeiras querem recriar o Vale do Silício no extremo frio do interior russo ou no forte calor da savana africana; a última se inscreve num ecossistema local específico. Existem ainda outros exemplos, que também visitei: a Media City de Amã, na Jordânia, a Dubai Internet City implantada no deserto, a Media City do Cairo, o cluster de Santa Fé no México, o tecnoparque de Lausanne, em torno da École polytechnique fédérale, a Silicon Alley de Nova York ou o technology cluster de Hong Kong.

Em Santiago do Chile, visitei a "Chilicon Valley", cujo nome espirituoso não nos deve deixar esquecer o dinamismo da "start up Chile", um ecossistema meio-público, meio-privado, que agrega "aceleradoras" e "incubadoras". Sua maior originalidade consiste em acolher empreendedores internacionais formados nos Estados Unidos e que não conseguiram visto de permanência americano depois de terminado seu MBA em Stanford ou sua tese em Berkeley. "Mais de 900 empreendedores já passaram pela nossa "start up Chile", confirma Diego Morales, seu diretor, entrevistado em Santiago. Em Londres, visitei a incubadora e aceleradora privada Level39, no alto da torre Canary Wharf, em East London, onde cerca de 200 startups têm sede ao lado de alguns gigantes da net, como o escritório europeu da chinesa Alibaba.

Em Saragoça, visitei o projeto Milla Digital, um "quilômetro digital" concebido pelo município para ser a sede espanhola dos gigantes da net, das startups, de um parque de lazer e da incubadora Etopia, bem perto de uma estação do ave, o trem-bala. Na Finlândia, temos o bairro tecnológico de Otaniemi em Espoo, perto de Helsinque, onde se encontram, em meio a fiordes e florestas de bétulas, dezenas de multinacionais, inclusive as sedes da Nokia e da Rovio Entertainment, que desenvolveu o jogo Angry Birds.

Em Buenos Aires, a smart city foi batizada de Palermo Valley: "O mais importante é colocar a Argentina no mapa da inovação digital. Palermo Valley é um nome cool. Ainda que não tenhamos aqui nenhum vale...", explicou-me Danilo Durazzo, um dos diretores do projeto. Também estive com os responsáveis pelo projeto de Mediapolis em Cingapura, que me explicaram sua intenção de construir "um hub media digital de novo tipo". A cerca de quinze quilômetros do centro da cidade, num subúrbio conhecido pelo nome de One North, na zona oeste, essa smart city de dezenove hectares deve estar concluída em 2020. "Apostamos em nossos avanços tecnológicos, em nossa economia das indústrias criativas, muito dinâmica, e em nossas universidades de excelência científica, que já estão implantadas nesse subúrbio. Outros trunfos são nossa boa prática de idiomas, entre eles o inglês, que é oficial aqui, e nosso modelo multiculturalista, que funciona. Estamos imaginando uma espécie de Singapore Media Fusion", confirma, em Cingapura, Kenneth Tan, o diretor da Media Development Authority. Media fusion: considero a expressão divertida e das mais verdadeiras.

Existem muitos outros projetos de smart cities que não pude visitar, como o tecnoparque de Songdo (Coreia do Sul), o porto digital em Gênova ou o projeto Cyberjaya, na Malásia (uma cidade digital a surgir na selva). Em certos casos, são projetos governamentais de caráter top-down (de cima para baixo), num espírito centralizado e autoritário. Essa dimensão existiu no Vale do Silício ou na Route 128 de Boston, quando o Estado americano financiou a pesquisa militar e científica, multiplicando investimentos em rodovias ou na construção de um aeroporto.

Entretanto, nos Estados Unidos, na maioria dos casos, esses technopoles, edge cities, tech cities e clusters — para usar algumas das terminologias empregadas — não foram muito planejados. Desenvolveram-se de maneira autônoma e mesmo anárquica, entre as autoestradas, os shoppings, os office parks, na periferia distante das grandes cidades — essas zonas sem centro chamadas de exurbs pelos americanos. De certa maneira, Skolkovo, Konza City e os muitos projetos de smart cities que atualmente brotam como cogumelos pelo mundo muitas vezes se inscrevem numa tendência que se situa no exato oposto do modelo bottom-up do Vale do Silício. Privilegia-se a centralização, enquanto o cluster californiano era descentralizado. Recorre-se ao Estado para pilotá-lo, embora o mercado fosse seu motor nos Estados Unidos. Pretende-se dirigi-lo e, mesmo sem reconhecê-lo, colocá-lo sob "tutela", quando ninguém jamais foi capaz de controlar o Vale do Silício.

Existem, naturalmente, diferentes modelos. Porto Digital, projeto ancorado num território e numa história, singular e profundamente brasileiro, surge como um bom contraexemplo para os clusters americanos. O ecossistema digital de Bengalooru parece igualmente eficaz, na medida em que se inscreve plenamente na singularidade da Índia.

Mas em outros casos caberia duvidar da eficácia das smart cities isoladas da realidade do país ou implantadas localmente a partir de uma visão superficial do modelo californiano. Os recursos financeiros injetados em nada alteram o quadro. Como tampouco as fantasias dos políticos, que enxergam nelas uma receita milagrosa para todos os problemas de sua cidade. Sob muitos aspectos, essas smart cities correm o risco de se transformar no que os ingleses chamam de white elephants — projetos que, essencialmente, como os elefantes brancos, não são viáveis realmente. A menos que deem origem a uma verdadeira startup nation.

STARTUP NATION. A expressão ganhou fama, e agora é associada a Israel. Nesse país pequeno, de apenas oito milhões de habitantes, existem mais startups que na maioria dos países desenvolvidos: Canadá, Reino Unido, França, Alemanha, China, Índia ou Japão. O número de startups por habitante é inclusive maior que nos Estados Unidos, e Israel fica em segundo lugar quando se trata do número de empresas cotadas na Nasdaq. Como explicar esse "milagre" israelense?

O boulevard Rothschild, no coração de Tel Aviv, oferece uma representação em tamanho natural dessa startup nation (a expressão foi popularizada a partir de 2009 por um ensaio intitulado "Startup Nation, The Story of Israel's Economic Miracle"). Via histórica da cidade, com suas casas de estilo Bauhaus da década de 1930, a Rothschild transformou-se numa vitrine bourgeois-bohème, com seus restaurantes da moda e seus cafés gay friendly. Nela, tudo é fluido, móvel, e o wi-fi, invariavelmente gratuito. Erguendo os olhos na avenida, vemos prédios de vidro ultramodernos: é onde cerca de seiscentas startups se estabeleceram (segundo o site mappedinIsrael.com). "Não há explicação para esse fenômeno. Israel é um país com poucos recursos naturais, precisamos inventar tudo por nós mesmos. A inovação e o empreendedorismo são condições de sobrevivência. Além disso, o Exército desempenhou um papel determinante no ecossistema tecnológico. E por fim, há o nosso vínculo com a América: todo mundo sonha em ter sua startup comprada nos Estados Unidos", frisa Benny Ziffer, redator-chefe do *Haaretz*, o principal jornal diário israelense, com quem me encontro no Arcaffe, um café no boulevard Rothschild. Escritor israelense de fama, Ziffer dirige o suplemento literário do jornal e também tem um blog popular sobre televisão.

Em 2013, o Waze — pronuncia-se Ways —, um aplicativo israelense inovador que oferece um mapa rodoviário geolocalizado, atualizado pelos internautas (que trocam informações sobre engarrafamentos, postos de gasolina, radares, blitze policiais e acidentes), foi comprado pela Google por mais de um bilhão de dólares. No mesmo ano, o Facebook botou a mão na startup Onavo, especializada na gestão de custos de transmissão de dados por telefone celular. Em 2012, Face, um programa de reconhecimento facial, também foi comprado pelo Facebook, por um valor estimado em sessenta milhões de dólares. Em 2014, o Yahoo comprou a RayV, jovem empresa especializada na difusão de vídeos on-line. Em 2015, foi a vez da Amazon comprar por 360 milhões de dólares a startup estratégica Annapurna Labs, que fabrica chips de rede destinados especialmente à cloud. Esses cinco belos sucessos israelenses ilustram, entre muitos outros, o grau de inovação do país e o dinamismo de suas indústrias tecnológicas de ponta, que representam 40% de sua economia.

"As startups que desenvolveram o Waze, o programa de correio eletrônico ICQ e o GetTaxi são israelenses. Nelas estão o modelo e o sucesso israelenses: a startup nation", comemora Nitzan Horowitz quando o encontro no aclamado restaurante Brasserie, na praça Yitzhak-Rabin de Tel Aviv, a dois passos do lugar onde o ex-primeiro-ministro foi assassinado. Ele poderia acrescentar à sua lista Viber, Outbrain, Conduit, YNet e até o Google Suggest, a função de captura semiautomática da Google, os quais também foram concebidos em Israel.

Camisa jeans, olhos verdes, o deputado Nitzan Horowitz, 49 anos, encarnaria a nova esquerda israelense, que ainda está se inventando. Em 2013, ele era o candidato de oposição nas eleições municipais de Tel Aviv (e, apesar das cinquenta mil "curtidas" que recebeu no Facebook, não conseguiu se eleger e em 2015 acabou renunciando à vida política). Nascido nas proximidades de Tel Aviv numa família asquenaze de origem polonesa, Horowitz guarda grande afeição pelo Estado de Israel das origens: o Partido Trabalhista fundador da nação, David Ben Gourion, o partido de esquerda Mapam, o grande sindicato Histadrut (do qual é membro). Diz-se fascinado pela partilha, pela solidariedade, pelo senso comunitário de Israel, o que, para ele, está encarnado, por exemplo, nos kibutz urbanos que florescem atualmente nas cidades.

Em nosso almoço, Horowitz fala do "espírito inovador israelense", da formação educacional de alto nível nas universidades, como a Technion, da importância "determinante" da internet, que é um verdadeiro "eldorado" para um país pequeno e muito isolado. Ele considera que o sucesso de Israel nas novas tecnologias também está ligado ao Exército: "É um resultado inesperado de nossos problemas de segurança. A tragédia do conflito no Oriente Médio obrigou o país a investir para preservar sua vantagem militar sobre os exércitos vizinhos. Nessas condições, o Exército e a sociedade civil estão entrelaçados. Nossa missão hoje é usar essas novas tecnologias e os recursos científicos de Israel em benefício da paz", pondera o deputado.

O serviço militar é obrigatório em Israel, para homens e mulheres durante três anos, em torno dos 18 anos, seguido de um mês anual como reservista, até os 45. "É o modelo do 'povo armado' de Ben Gurion. O Exército e a sociedade civil são indissociáveis", confirma Benny Ziffer. Os estudantes de engenharia prestam o serviço nas unidades tecnológicas — por exemplo, na unidade de elite chamada Talpiot ou na conhecida Unidade 8.200, espécie de NSA israelense (sigla para National Security Agency, a agência de segurança dos EUA) especializada em guerra eletrônica, criptografia e codificação, vírus e antivírus. (Suspeita-se de que essa unidade participou do desenvolvimento dos vírus Flame e Stuxnet, tendo este danificado as centrais nucleares iranianas.)

Raphael Ouzan passou cinco anos na Unidade 8.200. Esse jovem israelense não pretende comentar os boatos sobre vírus anti-iranianos, nem muito menos descrever o funcionamento interno de sua unidade secreta, mas confirma o trabalho de excelência que nela se realiza. "Quando prestamos serviço militar, não pensamos em nós mesmos.

É algo coletivo. E também recebemos responsabilidades operacionais precocemente, ainda muito jovens. Aos 19 anos, eu administrava dez soldados. Adquirimos qualidades de empreendedor. É uma boa escola de liderança. Pode-se dizer que eu fui bem preparado para criar minha própria startup." Ouzan marcou encontro comigo no célebre Café Noir, um dos hubs da startup nation, a poucos metros do Boulevard Rothschild, em Tel Aviv. De origem francesa, apaixonado por informática, ele guarda uma certa frustração dos seus anos de formação na Europa: "Na França, eu aprendia a fazer Powerpoints. Aqui no exército, construí robôs!". Ao deixar a unidade 8.200, que chama de "unidade das startups", Ouzan lançou seus próprios projetos. Uma dessas empresas chama-se BillGuard, especializada em finanças pessoais e proteção bancária: já tem 1,5 milhão de usuários. Além disso, Raphael Ouzan é um dos fundadores da associação Israel Tech Challenge, que tem como missão identificar e convidar talentos estrangeiros. "Trabalhamos em cooperação com o gabinete do primeiro-ministro, e já atraímos 150 inovadores tecnológicos de uma dezena de países."

O percurso de Sacha Dratwa é algo idêntico. "Todos os inimigos de Israel estão na web. Logo, também precisamos estar presentes", justifica-se Dratwa, que ainda recentemente era o comandante da unidade "redes sociais" das forças armadas israelenses. Ele também marcou encontro comigo perto do Boulevard Rothschild, num café trendy batizado de Nehama VaHetsi, e me fala longamente do funcionamento das unidades especiais e digitais do exército. "As redes sociais nos servem para difundir conteúdos e dar a conhecer a verdadeira história. Fazemos infográficos, publicamos comentários. Podemos trabalhar em cinco línguas, graças em especial aos imigrantes recém-chegados, que, depois de fazerem sua alya, vão prestar o serviço militar no exército", conta-me ele. Tendo por sua vez chegado da Bélgica aos 18 anos, ele entrou para o exército, nele permanecendo por vários anos. "E hoje, depois de desenvolver tecnologias para o exército, optei por lançar minha própria startup no setor privado", resume Sacha Dratwa.

Os hackers, geeks e a maior parte dos fundadores de startups passaram por essas unidades da Tsahal, que desse modo aperfeiçoam seu desempenho tecnológico. De volta à vida civil, eles fundam empresas tendo a vantagem de possuir uma formação em informática sem igual no mundo. Quando se trata da pátria, eles se alistam. Quando se trata da inovação, experimentam. Quando se trata da empresa, investem e buscam o êxito. "Povo armado" e espírito empreendedor: estaria aí o segredo da startup nation.

VISITANDO EM TEL AVIV as instalações de diferentes empresas da boulevard Rothschild, descubro todo um ecossistema composto de firmas globalizadas, startups subvencionadas pelo governo para P&D (pesquisa e desenvolvimento, do inglês R&D research and development) e uma articulação construtiva com universidades de pesquisa de excelência. "Rothschild é a principal artéria da cidade. É um bairro caro, mas também o coração da Silicon Wadi, o hub digital israelense. Muitas empresas ali se instalaram, as incubadoras, assim como os fundos de investimentos", frisa Raphael Ouzan, apontando no primeiro andar, por cima do Café Noir, a sede da Start-Up Nation Central, reputado cluster digital. Para o advogado Adi Niv-Yagoda, especializado em questões digitais na área da saúde, "o sucesso da startup nation é explicado pela qualidade do ensino superior em Israel, e se enraíza mais profundamente na tendência da cultura judaica a dar prioridade à educação". A falta de recursos naturais também seria favorável ao país, que, segundo Niv-Yagoda, não teria outra solução "senão voltar-se para o capital humano, a inovação e a criatividade para se desenvolver tão rápido quanto possível". O advogado também observa que há muitos filhos de imigrantes russos nas startups da boulevard Rothschild, muitos dos quais chegaram ao país na leva do início da década de 1990. "O modelo israelense é uma mistura muito singular de individualismo e senso coletivo, iniciativa e audácia, inventividade e vontade de acertar", resume Benny Ziffer, do *Haaretz*.

Ziffer convida-me a acompanhá-lo até Haifa para então seguir em direção à Galileia e a Nazareth. Visitamos também Acre, Jerusalém e Jaffa, e por toda parte eu constato com ele, de sul a norte de Israel, a vitalidade das empresas tecnológicas. O modelo da startup nation não se resume a uma cidade; é um espírito nacional. E por sinal os israelenses se referem a ele, numa expressão genérica que nada tem a ver com um território específico, como Silicon Wadi — Vale do Silício em hebraico.

Em Haifa, no norte de Israel, esse espírito está encarnado numa universidade: o Instituto Israelense de Tecnologias, mais conhecido como Technion. Nos laboratórios de pesquisa do Technion foram inventados o cartão de memória, as mensagens instantâneas, o sistema de defesa aérea antimísseis (batizado de Cúpula de Ferro) e a microirrigação (que permite economizar água em zonas áridas mediante irrigação por conta-gotas). Com seus treze mil alunos, um terço dos quais são estudantes-pesquisadores, trata-se de um campus moderno que lembra as universidades MIT ou Stanford, seus modelos americanos. Como elas, a Technion está conectada às grandes empresas high-tech, como Intel, IBM, Microsoft e Yahoo, que têm escritórios perto do campus. E me surpreende encontrar nos cafés todos esses jovens engenheiros trabalhando em seus laptops e sonhando com suas futuras startups, como se a cidade adormecida de Haifa tivesse sido despertada pela tecnologia.

Essa impressão é confirmada por Yona Yahav, o prefeito trabalhista da cidade, tenente-coronel do Exército que acompanhou o desenvolvimento local no terreno digital. Ele reconhece que Haifa é "o motor do desenvolvimento tecnológico do país", mas sabe que as startups tendem a se estabelecer em outros lugares, na boulevard Rothschild em Tel Aviv, no business center das Ackerstein Towers em Herzliya, na cidade de Be'er Sheva, no parque tecnológico de Har Hotzvim em Jerusalém ou em torno dos campi da Google ou da Microsoft perto de Tel Aviv. A startup nation confirma que é possível inovar em qualquer lugar, num campus distante, num kibutz ou numa colônia no deserto, mas que os jovens empreendedores preferem os bairros da moda nas cidades. Uma regra que vale tanto para São Francisco quanto para a boulevard Rothschild em Tel Aviv.

O que também me chama a atenção em Haifa é a imigração. "Um país de imigrantes é por definição um país de empreendedores", declara o escritor Sami Michael, presidente da Associação Israelense de Direitos Humanos com quem janto num restaurante de Haifa. Enquanto a maioria dos países quer limitar a imigração, em Israel ela é valorizada. "Quando as estatísticas baixam em determinados anos, as pessoas ficam preocupadas", explica Michael. Se existem muitos sabras — os judeus israelenses nascidos em Israel — no setor high-tech, já se perdeu a conta das startups criadas por imigrantes russos, ingleses ou argentinos. Além disso, há os árabes israelenses, que representam 20% dos alunos da Technion. "Aqui em Haifa os árabes são muito dinâmicos. É deles uma parte do desenvolvimento do país. Temos mesmo de contar com eles", acrescenta Sami Michael.

De acordo com meus interlocutores Yona Yahav, Sami Michael e Benny Ziffer, o sucesso israelense também pode ser explicado por outros fatores. Haveria certa qualidade atribuída aos israelenses, e que costuma ser chamada de chutspá. É uma expressão iídiche derivada do hebraico que pode ser traduzida como "audácia", "coragem" ou às vezes "impertinência". "É a ideia de que se pode pensar fora dos modelos, e aqui muitas vezes se diz: Thinking outside the box", explica o prefeito de Haifa. Assim, as ideias não convencionais, a originalidade e a experimentação seriam estimuladas. Uma cultura não hierárquica, um senso mais informal das relações de trabalho e uma grande tolerância com as experimentações e seus fracassos são outras explicações aventadas por meus interlocutores. Há ainda os que preferem considerar que uma das chaves é o mesugalut, outra palavra hebraica que remete, segundo Ziffer, "à mistura de responsabilidade individual e espírito empreendedor que caracteriza os israelenses".

Mas também aqui, na Technion de Haifa, as subvenções governamentais e o financiamento das Forças Armadas Israelenses (IDF) são maciços. Os investidores se beneficiam de muitas isenções fiscais, e a agência Tamat, ligada ao Ministério da Economia, financia as jovens startups. "O primeiro-ministro Benjamim Netanyahu investiu muito na segurança digital, na ciberguerra", reconhece o deputado Nitzan Horowitz, apesar de ser um de seus mais ativos opositores políticos. Entretanto, ele acrescenta: "Mas se essas tecnologias fossem postas a serviço da paz e da reconciliação, seria não só mais digno, como também mais benéfico economicamente. O potencial regional é enorme." Em vez de privilegiar a cibersegurança, Horowitz, que lidera o lobby pela cooperação regional na Knesset, o parlamento israelense, prefere pensar no desenvolvimento econômico da região: "Nossos vizinhos da Jordânia, do Egito e sobretudo os palestinos querem participar dessa revolução digital mundial. Nesse sentido, Israel pode desempenhar um papel determinante." Existem, de fato, uma vertente positiva e uma vertente negativa da internet, e uma parte da esquerda israelense, talvez por otimismo, gostaria de privilegiar o fator ciberpaz, ao invés do fator ciberguerra.

Esses argumentos pacificadores, que nos últimos anos pareciam ter certa ressonância em Israel, não bastaram, nas eleições de março de 2015, para que a esquerda "sionista" conseguisse maioria e voltasse ao poder: a direita do Likud levou a melhor, e o primeiro-ministro Benjamin Netanyahu se manteve à frente do governo. Nitzan Horowitz, por sua vez, decidira não se candidatar mais. A ciberguerra ganhou.

Uma outra crítica surge agora, inclusive na imprensa israelense moderada: a startup nation não passaria de um mito, um fenômeno distante da realidade, quase desterritorializado. Embora Israel seja capaz de inovar e fique em segundo lugar nas classificações em termos de P&D suas startups na maioria dos casos logo são compradas pelos americanos assim que começam a fazer sucesso, por falta de financiamento em casa. As empresas israelenses teriam uma valorização limitada, e poucas patentes são registradas (Israel fica em 31º primeiro lugar nesse terreno). Pior ainda, as startups israelenses se concentrariam na rentabilidade a curto prazo, não contribuindo muito para a economia real do país. Em dez anos, inclusive, o número de assalariados do setor IT passou de 10% dos ativos a apenas 8,9% em 2015. "É o 'dark side' da startup nation", concluía uma longa investigação do *Jerusalem Report* em 2015.

"O sonho de toda startup é ser comprada pelos americanos", insiste Benny Ziffer, confirmando também a inexorável americanização de Israel. Ao entrevistar vários historiadores israelenses em Tel Aviv e Jerusalém — Ephraim Barschmuel, Ilan Halevy, Simon Epstein e Tom Segev —, convenci-me de que o Estado hebraico está deixando para trás o modelo coletivo, dos kibutz e do socialismo de Ben Gourion, e se voltando cada vez mais para um modelo americanizado, com seus valores individualistas e pragmáticos. E essa proximidade é visível sobretudo no setor digital. Parece haver uma influência recíproca entre os dois países. E se há quem diga às vezes, em tom de piada, que Israel é o 51º estado americano, no terreno digital não está tão longe da verdade.

É também o que acha Gael Pinto, crítico de cultura do *Haaretz*. Entrevistado na redação do jornal em Tel Aviv, Gael constata que essa americanização de Israel está praticamente consolidada, não sendo mais objeto de críticas: “Aqui não há nenhum debate sobre o imperialismo americano ou a dominação dos Estados Unidos: isso é aceito como um fato. Estamos tão americanizados que a questão nem é mais um tema de debate” (depois do nosso encontro, Pinto tornou-se uma celebridade do Big Brother Israel na televisão). Um colega seu no jornal, o célebre historiador Tom Segev, escreveu um livro sobre essa americanização cultural de Israel. Isso se comprova, ele me diz, pelo fato de Israel ser hoje uma startup nation, como os Estados Unidos. O título do livro de Tom Segev fala por si mesmo: *Elvis in Jerusalem*.

É UMA COLÔNIA ISRAELENSE como outra qualquer, no coração da Cisjordânia. Perfeitamente banal, com seus check-points e a proteção das Forças Armadas. Vou visitá-la em companhia de Amira Hass, a única jornalista judia que vive nos territórios palestinos, o que lhe valeu os maiores prêmios e elogios em todo o mundo. Suas reportagens para o *Haaretz* em geral são favoráveis aos palestinos, e ela se especializou numa minuciosa e quase científica decodificação da colonização israelense em marcha nos territórios. Mas essa figura radical de esquerda teve muitos desentendimentos com a Autoridade Palestina, com frequência denunciando sua imprudência, sua desorganização e sua corrupção. Vejo que o para-brisa de seu carro tem furos de bala do lado esquerdo. E no retrovisor, como uma espécie de amuleto, está pendurada uma imagem de Che Guevara. “Eu também sou muito crítica em relação aos palestinos. Não se pode dizer que tudo seja culpa dos israelenses”, insiste Amira Hass, com uma suavidade que mal dissimula uma revolta perfeitamente intacta.

Chego então, com ela, a uma colônia judaica em plena Palestina. É um acampamento de pioneiros israelenses que sem dúvida lembra a época dos primeiros kibutz, quando a comunidade cultivava oliveiras, eucaliptos e tomates no deserto. Uma bandeira israelense tremula ao vento no assentamento — também se diz outpost em inglês. Um guindaste Caterpillar atrapalha a passagem. Somos recebidos por um colono judeu, e fico impressionado com sua virilidade lânguida e suas pesadas mãos de trabalhador (deixo aqui de mencionar seu nome e o de sua pequena colônia, pois se trata de uma fonte da jornalista Amira Hass que não quer ser identificada). Trata-se de um bitzu'ist, palavra hebraica que significa ao mesmo tempo construtor, pragmático e um homem que consegue realizar seus projetos. À nossa volta, há vários ventiladores que fazem um barulho contínuo no escritório, um livro velho de línguas mortas e uma estação de rádio sintonizada com o Exército israelense.

Ele é trabalhista — de esquerda —, o que demonstra que o movimento dos colonos não é apenas de fanáticos ultraordotoxos de extrema direita. Trata-se antes de um retorno às origens do sionismo. A geração dos kibutz deu lugar à geração das colônias. E no fim das contas Israel não seria, por natureza, uma sociedade de imigrantes que voltaram dunum após dunum (passo a passo) a uma terra? Quinhentos e cinquenta mil israelenses vivem atualmente nos territórios palestinos (entre 2009 e 2013 esse número aumentou 18%). "A colônia é da natureza de Israel. Faz parte de sua identidade. No fim das contas, talvez Israel seja exatamente isso", comenta Amira Haas, um tanto sombria.

Nesse assentamento, a tecnologia é onipresente. Vejo antenas parabólicas, uma sofisticada estação wi-fi. Por toda parte há computadores, e o sujeito constantemente utiliza diferentes sites da internet e aplicativos geolocalizados, entre eles o Waze. Nessa colônia israelense, como na colônia judaica do centro de Hebron, mais ao sul, que também visitei, fico impressionado com o espírito que prevalece entre os colonos: senso de aventura, gosto pelo absoluto, confronto com a natureza. Vistas do seu prisma, as razões que apresentam são tão claras quanto parecem obscuras ao lado palestino. Na adversidade, eles assumem riscos; sabem que podem perder sua casa — e talvez a vida —, mas continuam ali, em terreno altamente hostil. E é claro que a internet agrada a esses novos fanáticos, fazendo com que Israel deixe de ser um território cercado de inimigos para se transformar numa terra de conquista, com suas startups risk taking e suas smart cities. A internet é uma nova fronteira. "Israel é um país jovem, como a internet", raciocina o colono, dirigindo-me um olhar mais ameno.

O espírito da startup nation talvez seja exatamente esse, em sua essência. Como no caso dos pioneiros do Far West e do Wild Wild West norte-americanos, configura essa mistura de audácia e conquista encarnada por homens que assumem todos os riscos e não têm muitos escrúpulos quando se trata de perseguir seu ideal. Tanto em Israel quanto na Califórnia, esse Wild Wild West chama-se hoje em aia World Wide Web.

6. Revitalização urbana

No mapa da Google, Kibera aparece com o nome de Kibera Slum, o gueto de Kibera. Um espaço bem-delimitado, mas indefinido. Uma massa cinzenta que contrasta com os outros bairros de Nairóbi, no Quênia. No Google Maps, é possível distinguir algumas estradas, mas é difícil se localizar. Será que o pessoal do Google Car se esqueceu de passar por lá? Teriam encontrado dificuldades de penetrar na área para fotografá-la e cartografá-la? A julgar pelas informações do gigante americano, a zona seria desabitada, sem vida nem comércio. Mas o fato é que Kibera é uma das favelas mais populosas do mundo.

No Quênia, existe um projeto de smart city, mas, sobretudo, há guetos de grande pobreza. No Brasil, há o Porto Digital, mas também milhares de favelas. Na África do Sul a internet avança, embora nos townships as tecnologias estejam atrasadas. Em todo o mundo, o universo digital pode servir como motor econômico nos bairros chiques e descolados, mas também pode ser uma ferramenta de revitalização urbana nas zonas de miséria, como são chamadas as comunidades carentes no México. Nos guetos, nas favelas, nos townships, nos barrios, nas áreas de extrema pobreza, a internet se insere num contexto muitas vezes difícil e às vezes perigoso. Mas sua razão de existir, sua utilidade, não deixa de ser, por isso mesmo, mais decisiva ainda.

"Bem-vindo a Kibera", diz-me Josphat, acrescentando: "Jambo", "olá" em suaíli. Com suas longas tranças, seus tênis Converse sem cadarço e um smartphone, Josphat Keyat trabalha na Kibera TV, no fim de uma rua sem saída do gueto, inacessível para automóveis. A dois passos dali, na Karanja Road, estão as instalações do Map Kibera. Uma equipe de voluntários alimenta um mapa eletrônico disponível na internet (mapkibera.org), no qual aparece tudo o que o Google Maps não viu: ruelas, estradinhas de terra, pontos de água potável, banheiros públicos limpos, casas demolidas, escolas, igrejas e, naturalmente, os cibercafés. "O mapa é constantemente atualizado, e quando um ponto de água é fechado ou as cisternas são deslocadas, nós informamos. É gratuito e coletivo. É uma resposta dos moradores de Kibera à Google. Sim, nós existimos!"

O Map Kibera foi desenvolvido por uma associação sem fins lucrativos de Nairóbi, a Ushahidi ("testemunha", em suaíli). Ela desenvolve soluções tecnológicas para coletar massas de dados fornecidos pelo público, organizá-los com geolocalização e, após confirmação, publicá-los em forma de mapas gratuitos acessíveis a todos. "Nós criamos o Map Kibera, mas é a comunidade que administra o mapa, e não nós. Os moradores do bairro podem fazer constar do mapa o que bem quiserem. Desse modo, participam realmente da vida de Kibera. É uma forma de empowerment: as pessoas voltam a ter poder", explica Daudi Were, um dos dirigentes da Ushahidi, acrescentando: "O Google Car não entra nesse tipo de lugar, e, portanto, a Google não sabe nada de Kibera. Mas as pessoas que moram lá sabem. E querem ter um mapa do seu bairro." Mais de quarenta mil mapas foram traçados com base nas ferramentas de cartografia desenvolvidas com programas livres pela Ushahidi. O software, batizado de Open Street Map e disponível gratuitamente, é usado atualmente em 159 países e trinta línguas.

Nas ruelas de Kibera, de extrema pobreza e até devastadas, vejo os esgotos a céu aberto, valas poluídas de águas estagnadas e malcheirosas; o lixo amontoado à beira do caminho, infecto; moscas proliferam-se, animais vagam, crianças de dois ou três anos andam sem rumo e pisam na lama, sem se preocupar com doenças. Se a malária não está muito presente na favela, o tifo, a cólera e a disenteria dominam de maneira intermitente, e a incidência de aids é muito elevada. Entretanto, também encontro nesse gueto miserável centenas de lojinhas improvisadas. Vejo também crianças que saem de uma das raras escolas do gueto magnificamente vestidas, de gravata, em meio aos barracos. Uma vida escolar e econômica persiste.

Quantas pessoas vivem em Kibera? É impossível dizer. Muitas vezes se arrisca a cifra de um milhão, mas esse número certamente é superestimado. Com quinhentos mil habitantes, Kibera já seria um dos maiores guetos da África. “Ninguém sabe ao certo”, diz Jesse Zachary. “Tem muita gente sedentária amontoada aqui, presa, condenada a permanecer. E também há muita gente de passagem, pois embora pareça surpreendente, Kibera é um lugar de ascensão social.” Jesse é um desses. Chegou há um ano de sua aldeia, a seis horas de estrada ao norte de Nairóbi, e se acomodou na favela, à falta de melhor lugar. Trabalha atualmente como vigia na biblioteca pública de Kibera, onde o encontro. Com uma pequena cicatriz no rosto, vestindo um paletó amarrotado, ele tem 24 anos. Os sapatos estão puídos, mas ele se esforça por parecer apresentável, quase chique. “Trabalho aqui de dia e de noite, cinco dias por semana. Vigio a biblioteca, cuido para que a garotada não roube livros. Sou obrigado a revistá-los quando saem, ou eles os levam para revender. Às vezes, conseguem escondê-los até nos sapatos.”

A filial local da Kenya National Library fica no coração da favela. O acesso é um caminho de terra batida todo esburacado. Uma biblioteca? Maneira de dizer. Mais parece um hangar com telhado de chapa de aço e cercas de arame farpado. “Eletrificadas”, especifica Jesse. Nas estantes há cerca de oito mil livros, consultados diariamente por aproximadamente duzentas pessoas, segundo o diretor, Peter, sujeito de ar indolente e fatalista que não vive em Kibera. O acesso à biblioteca é pago (vinte shillings por dia, ou trezentos shillings por uma assinatura anual, o que equivale a três euros). O público é majoritariamente formado por crianças, e o espaço também serve de programa extraescolar.

Visito a biblioteca com Jesse e Peter. O diretor me mostra tablets Samsung que acabam de chegar e são por ele guardados num armário fechado a chave, à espera da instalação do wi-fi. Com o sinal, o acesso à internet no prédio deverá melhorar, ao passo que por enquanto é preciso subir ao telhado para se conectar ao 3G com um smartphone. "Todo mundo aqui tem um celular básico", prossegue Jesse. "Mas os smartphones ainda são raros. E os computadores também, por causa do preço e porque as pessoas temem que sejam roubados, pois as casas não podem ser muito bem fechadas. Em Kibera, qualquer pessoa tem um smartphone antes de ter um PC." Nessa favela, como em qualquer outra parte do continente, os africanos vão pular a etapa do computador pessoal para chegar ao mundo da informática e à internet diretamente por um tablet ou um telefone celular.

Concluímos a visita à biblioteca pelo telhado. De lá, é possível ver toda a extensão do gueto: telhas onduladas a perder de vista. De repente, observo um saco plástico voando sobre nossas cabeças e pousando no telhado de um barraco. "Aqui, temos de prestar atenção nos lugares onde pisamos e em tudo que voa", diverte-se Jesse, referindo-se aos flying toilets, os banheiros voadores. Por falta de sanitários, os moradores fazem suas necessidades em sacos plásticos e em seguida os atiram sobre os telhados.

A uma centena de metros da biblioteca, numa ruela bastante íngreme onde cabras e patos chapinham alegremente na água suja, Wilfred mantém uma lojinha de "informática" chamada Multiple Biz. Conta com dois computadores de mesa ligados a um gerador elétrico e ao wi-fi. É ali que os moradores do bairro recarregam seus celulares. Ele pega meu telefone e o liga a seu computador: "Pronto, é assim que funciona. Deixe-o comigo e ele será carregado. Custa vinte shillings por hora de recarga." Wilfred e muitos outros comerciantes quenianos inventaram um modelo econômico original, num país de eletricidade rara: oferecer um serviço de recarga de baterias portáteis! Também é possível fazer fotocópias, navegar na internet e comprar DVDs por encomenda em sua loja. Traduzido por Jesse, Wilfred me mostra o funcionamento, explicando em suaíli. Pega um DVD virgem e o introduz no computador. Consulto uma lista impressa de filmes, basicamente blockbusters de Hollywood, mas também vídeos de Nollywood, a indústria cinematográfica nigeriana, e quando minha escolha está feita Wilfred grava para mim por quarenta shillings (35 centavos de euro). "É legal, perfeitamente legal", esclarece Wilfred, brandindo, ante meu ar dubitativo, um documento oficial, devidamente carimbado, que aparentemente o autoriza a manter a loja pirata.

KIBERA TV, MAP KIBERA E O BLOG Voice of Kibera são algumas das raras mídias da favela, totalmente digitais. "Somos uma rede de televisão disponível apenas no YouTube", explica Josphat Keyat. Com sua equipe, ele produziu centenas de filminhos de dois ou três minutos para contar a vida em Kibera de maneira "positiva". Os filmes são então postados no YouTube.

Aqui, a eletricidade vai e vem. As instalações da Kibera TV dispõem de geradores UPS, e toda conexão elétrica é dotada de um Hivolt Guard, espécie de estabilizador em miniatura que corta automaticamente a corrente quando há picos de voltagem, servindo também de sucedâneo da bateria. No coração da favela, a corrente não é apenas intermitente, mas também de má qualidade. Os moradores então inovam ou perdem a paciência. Experimentam e apostam no coletivo: reciclam papel, compartilham conexões de televisão ou tentam gerar eletricidade com pequenos captores solares baratos a lítio, desenvolvidos pela operadora nacional de telecomunicações, Safaricom. Na maior parte das vezes, contudo, cada um se vira sozinho, tratando de consertar tudo sem ajuda. O DIY (Do It Yourself) é o modo de sobrevivência básico no gueto.

O wi-fi também é compartilhado. "O problema é que poucas pessoas têm acesso à internet em Kibera. Assim, quando alguém tem a sorte de ter uma conexão, todo mundo se conecta nele, e por isso é que você está vendo fios passando entre as casas. Exatamente como no caso da eletricidade e da água", explica Zena, militante feminista que coordena o Mchanganyiko Community Center, pouco distante em Kibera. "Mchanganyiko significa 'diversidade' em suaíli", esclarece ela. Nesse centro cultural são promovidas aos domingos conferências do tipo TEDx. Fiéis ao espírito do site americano TED, que adota esse modelo social, os encontros públicos informais dão oportunidade à realização de debates em torno de problemas da vida cotidiana, com ilustração através de vídeos. "Aqui as pessoas vivem no presente, não se projetam no futuro. Temos de falar a elas sobre o que lhes diz respeito hoje", explica Kevin Otieno, responsável pelo TEDx no Quênia, que vive em Kibera. "Duzentos habitantes vêm semanalmente participar de nossos debates", confirma Zena.

Num barraco de madeira do centro comunitário, uma sala é reservada aos computadores. Eles estão ligados, e vejo que um deles tem como página inicial o Voice of Kibera, blog da favela. "A informação é comunitária, por SMS reporting: quando temos uma informação importante ou vemos algo estranho, enviamos uma mensagem de texto a Voice of Kibera com um código de alerta, e eles postam no blog." Na maior parte do tempo, os computadores são usados nas aulas de informática para crianças de 6-7 anos, depois das aulas regulares. "A partir dos 8-9 anos, não sabemos mais o que fazer com eles. Nós aqui cuidamos dos menores. Para os maiores não existe um programa, e não podemos recebê-los depois da escola", lamenta Zena. Ela sabe perfeitamente que as crianças pacientemente formadas por ela até aproximadamente os dez anos irão depois para a rua.

A ociosidade existe em Kibera. O desemprego é muito alto, a pobreza, de enlouquecer. Mas seria um erro resumir a vida na favela a passividade e torpor. E Jesse, o vigia da biblioteca, conclui: "Kibera é uma cidade de ambição aonde as pessoas chegam de suas aldeias para dar certo na vida. É um gueto cheio de esperança e de gente com vontade de dar a volta por cima."

SERÁ QUE O DIGITAL PODE AJUDAR A "DAR A VOLTA POR CIMA"? Os smartphones podem tornar-se um trunfo para as comunidades pobres fazerem a diferença? A internet pode ser uma ferramenta de revitalização? Essas são algumas das perguntas que levantei, buscando as respostas em dezenas de favelas no Brasil, barrios da Colômbia e da

Venezuela, zonas de miséria do México, guetos negros ou latinos dos Estados Unidos, townships da África do Sul, campos de refugiados palestinos ou favelas da Índia. Não estou certo de que a resposta seja necessariamente positiva, mas no dia em que descobri o MPesa na favela de Kibera, tive a confirmação de que as novas tecnologias podem de fato servir para algo.

MPesa é a mais original das invenções surgidas no Quênia. Trata-se de um serviço único no mundo, concebido pela operadora de telefonia móvel Safaricom, líder do mercado nacional (e da qual 40% pertence à britânica Vodafone).

Com o MPesa, os quenianos podem realizar suas compras e transferir valores com segurança. Faço uma tentativa, criando uma conta MPesa e tentando pagar uma bebida no Pete's Coffee de Nairóbi. Acesso o aplicativo específico do celular Samsung que utilizo localmente, através da Safaricom, autorizo a função Buy Goods (comprar um produto) e digito o número MPesa do café (Till Number), seguido do valor em shillings e de um código PIN. Segundos depois, recebo um SMS confirmando que a transação foi validada, ao mesmo tempo que o vendedor recebe a notificação do pagamento. Eficiente, simples e rápido.

Na favela de Kibera, vejo em toda parte, nas ruas, nas biroscas e até nos vendedores ambulantes, os cartazes verdes com o logotipo MPesa Till Number, identificáveis a distância e que indicam os comerciantes que aceitam esse modo de pagamento. (A Safaricom estima em sessenta mil o número de pontos MPesa em todo o país, e podemos supor que mesmo na favela a penetração é forte.)

"Os quenianos estão muito pouco bancarizados. Antes do lançamento do MPesa, não tinham muito como transferir dinheiro. Se quisessem, por exemplo, mandar algum valor para os pais que ficaram na aldeia, tinham de colocar cédulas num envelope e confiá-lo a um motorista de matatu, e a entrega chegaria ao destinatário depois de vários dias — ou não. Hoje, são apenas alguns segundos através do MPesa, com toda segurança", explica Thibaud Rerolle, o francês que é o diretor técnico da Safaricom. Na sede da empresa, um imenso conjunto na zona noroeste de Nairóbi, o próprio Rerolle se mostra maravilhado com o sucesso do projeto. "Diariamente, dezessete milhões de quenianos usam o MPesa em seu celular! Estima-se que 30% do PIB do país transite pelo MPesa!"

À parte as transferências de valores entre indivíduos e as compras nas lojas, o sistema também serve para fazer pagamentos pelo celular e pela internet, permitindo pagar contas de energia elétrica ou a cantina escolar mediante comissões pouco onerosas (variáveis, mas em torno de 1% por transação). Certas empresas pagam os salários dos empregados através de sua conta MPesa.

"O aplicativo é muito seguro, pois há três tipos de controles para criar uma conta, depositar dinheiro ou fazer retiradas: um documento de identidade, um código PIN pessoal e a necessidade de dispor do aparelho telefônico", explica Jimmy Gitonga, gerente da incubadora de Nairóbi, iHub. As contas também têm um teto de cem mil shillings (850 euros), e em caso de erro quanto ao montante ou o destinatário, uma função reverse pode ser usada para cancelar a operação, com a concordância do destinatário. Existem ainda outras soluções para os comerciantes que permitem aumentar a segurança ou ultrapassar o teto permitido.

"O mais fascinante no Quênia é que estamos diante de um país que pulou completamente a etapa do telefone fixo e passou diretamente para o celular. Seu avanço na bancarização e na moeda móvel é espetacular", comenta Thibaud Rerolle, da Safaricom. Desenvolvido no Quênia, o sistema MPesa se dissemina atualmente pela África oriental, especialmente a Tanzânia, assim como na África do Sul e no Afeganistão.

"SOU UM KIKUYU E FALO KIKUYU", afirma Riwel. De bonezinho na cabeça, bem-humorado e comunicativo, ele é motorista de táxi, e todas as manhãs, às seis horas, se posta diante do mesmo prédio de Nairóbi, aonde há anos vai em busca de seus clientes. "Tenho fregueses fiéis. As pessoas já esperam me encontrar aqui. E eu tenho de vir. É como se tivesse uma loja. E eles sabem que se não tiverem dinheiro na mão, podem me pagar pelo MPesa." Seu carro está desgastado, o eixo cardan começa a parar e faz um barulho horrível, mas seu telefone funciona e sua conta MPesa está ativa.

Como em qualquer lugar da África, a mutação que permitiu o desenvolvimento do MPesa no Quênia é o celular. "No Quênia, a revolução está em andamento, e é claramente a revolução do celular. Aqui, 70% da população tem um celular. E 90% da internet passa pelo telefone. Atualmente, existem smartphones por oito mil shillings [cerca de setenta euros]. São aparelhos Nokia ou Huawei com Android. São chamados de minismartphones, e todo mundo quer", comenta Sam Gichuru, diretor de uma incubadora de startups de Nairóbi, a Nailab. "Os quenianos se dispõem a muitos sacrifícios para comprar um bom telefone ou ter acesso correto à internet", acrescenta ele. "Chegam a se privar às vezes de refeições ou de eletricidade para isto. Em breve todos terão um smartphone."

No Quênia, país "pré-emergente", nem sempre há disponibilidade de eletricidade, mas há Android. E muitos acham que o telefone vai contribuir para o modelo econômico de todo o país: "A maioria das startups encontra seu modelo de negócios aqui graças ao MPesa, que é uma solução genial de pagamento on-line", acrescenta Gichuru.

As tecnologias da informação e da comunicação contribuiriam para a revitalização das favelas? No Quênia, com o MPesa, a resposta não deixa margem a qualquer dúvida: a coisa funciona.

As favelas e a "inclusão"

OUTRO PAÍS, OUTRO MODELO. O Brasil também inova há vários anos em matéria de revitalização de suas favelas. O presidente Lula fez do digital um dos eixos de sua política social, hoje levada adiante por Dilma Rousseff. Com alguns fracassos, mas também belos êxitos.

O Complexo do Alemão é um dos maiores conglomerados de favelas do Rio de Janeiro. Abrangendo os bairros Inhaúma, Bonsucesso, Ramos, Olaria e Penha, na Zona Norte da cidade, tem acesso pela avenida Brasil. A Polícia Militar realiza uma triagem na entrada da favela, mas é fácil atravessar o posto de controle (o bairro, na verdade uma reunião de várias favelas, foi "pacificado" no início da década de 2010 pela Unidade de Polícia Pacificadora — UPP).

No número 371 da rua Doutor Nogachi está a Comunidade em Ação. Impossível deixar de ver: o nome do centro está escrito a tinta na parede do prédio azul, ligado a uma escola. À esquerda, para ter acesso ao espaço, é preciso subir uma imensa escada estreita, fortemente inclinada: estamos de fato numa favela. Um cartaz na entrada também informa: Centro de Inclusão Digital. E o slogan: "Transformando vidas através da tecnologia."

Não longe dali, a favela de Vigário Geral, na região mais ao norte da Penha, também experimenta projetos digitais. No Grupo Cultural, na rua José Rucas, essa é inclusive uma prioridade. Um Espaço Digital e uma Universidade Online foram lançados. Aqui, todos estão convencidos de que a tecnologia pode melhorar a vida nas favelas. "Atualmente, preferimos não usar a palavra 'favela'. Não esqueça que fomos 'pacificados'! Preferimos empregar 'comunidade'", corrige Jorge Luiz Passos Mendes, diretor do Centro Cultural.

Muitas dessas "comunidades" — são cerca de mil no Rio — foram construídas nos morros. Em seu início, as "favelas" cresceram na ilegalidade, sem alvarás de construção, sem acesso à água nem à eletricidade. Hoje, algumas comunidades relativamente modernizadas têm acesso a tudo, inclusive títulos de propriedade. Muitas vezes é impossível circular de carro, em virtude da estreiteza e da inclinação das ruelas; em outras, a circulação é voluntariamente limitada por autoproclamados grupos locais de segurança do bairro, à margem da legalidade. Nesse caso, é necessário subir as ruas a pé, de moto-táxi ou até num teleférico — e tampouco nessas áreas o Google Car chega, somando à miséria a inexistência cartográfica. Outras vezes, o tráfico de drogas e armas ainda é generalizado, de tal maneira que o controle das favelas foi assumido por bandos locais que impõem a ordem e, frente à polícia e a quem venha de fora, o terror. A "pacificação" empreendida pela Secretaria de Segurança do Estado do Rio de Janeiro consistiu em reaver as favelas uma a uma dos traficantes de drogas, nelas restabelecendo a ordem pública, no lugar dos bandos locais. Forças de manutenção da ordem, especializadas e fortemente armadas, são em geral posicionadas nessas favelas por vários anos. O resultado é relativo.

Caminhando pelas ruas das favelas do Complexo do Alemão, da Igreja da Penha e, mais ao sul, da favela de Vigário Geral, fico impressionado com a presença de várias LAN houses. São como cibercafés nos quais é possível navegar na internet, gravar um DVD, tirar fotocópias, mandar um fax, matar o tempo com video games ou tomar um refrigerante. "Pode-se dizer que a LAN house é a internet dos pobres no Brasil", explica Régis Andaku, do portal UOL. O nome decorre do fato de que, ao contrário do que acontece com os cibercafés clássicos, os computadores dessas lojas não eram, no início, ligados diretamente à internet, mas a uma rede local (LAN significa Local Area Network). A partir de um servidor principal de fato conectado à internet, os video games podiam ser usados em rede. Hoje, a maioria dos computadores das LAN houses, apesar de preservado o nome, estão conectados em banda larga, o que muitas vezes não deixa de ser comunicado num cartaz logo à entrada.

Bruno, de 19 anos, está à frente da J.L.A.com, nome da sua LAN house. Veste uma camiseta Nike com as cores do Brasil: "A garotada chega em grupos à tarde, ao sair da escola. E todos eles vão logo entrando no Facebook." Cada computador tem um número: LAN 01, LAN 02, LAN 03 etc. O preço por hora é de dois reais (sessenta centavos de euro). "A LAN house também é frequentada por jovens adultos da favela. Eles vêm para redigir o currículo, imprimir faturas ou plastificar carteiras de identidade", informa Bruno. "As comunidades estão passando por um autêntico desenvolvimento econômico", confirma Jorge Luiz Passos Mendes, do Grupo Cultural, na favela de Vigário Geral. "Mas a situação ainda é precária", acrescenta. "Aqui, voltou a haver tiros esta manhã, e a polícia chegou em um tanque." E de fato, em vários pontos pelas ruas, eu encontro policiais "pacificadores" com suas boinas azuis — e visivelmente bastante armados.

NA SEDE DO VIVA FAVELA, no bairro da Glória, no Rio, cerca de dez militantes mantêm um blog comunitário para contar a vida nas favelas, deixando de lado os preconceitos da imprensa mainstream. "Pela primeira vez são oferecidos artigos, informações, fotos, vídeos realizados pelos moradores das favelas. Nossos trezentos colaboradores contam livremente sua vida no cotidiano. Podemos assim oferecer uma imagem completamente diferente da vida nas comunidades", afirma Viktor Chagas, um dos dirigentes do Viva Favela. "Queremos mudar a imagem das favelas, o que só é possível a partir de um olhar vindo de dentro", acrescenta Mariana Gago, coordenadora adjunta do blog. Esses militantes estão convencidos de que a internet pode representar uma profunda transformação na vida dos bairros, além de mais "inclusão". A palavra é repetida com frequência pelos meus interlocutores: digital inclusion, visual inclusion, better inclusion.

"Assim como as ONGs, o governo insiste constantemente na necessidade de dar prioridade à inclusão e à digital literacy nas favelas. São as expressões usadas por todo mundo. Mas é uma completa bobagem! Pois aqui, mesmo nas favelas, todos os jovens têm um smartphone e sabem usar a internet melhor do que os adultos", relativiza Bruno, o dono da LAN house.

Separada das políticas públicas, a equipe do Viva Favela aperfeiçoa sua abordagem, considerando que a inclusão deve ser acompanhada pela combinação de três fatores: integração social, acesso à internet e diminuição do número de armas de fogo (no térreo do local, funciona um programa pelo qual qualquer pessoa pode entregar uma arma para ser destruída). As LAN houses revelam-se, assim, uma primeira etapa útil embora insuficiente. "Foram no início uma solução tipicamente comunitária. Os moradores precisavam ter acesso à internet. Então, pequenos empreendedores desenvolveram seus negócios a partir de uma conexão mais ou menos legal e de uma rede local", confirma Viktor Chagas. Hoje, o papel das LAN houses tende a diminuir, à medida que os moradores têm acesso à internet em casa ou pelos smartphones.

Nas ruas do Complexo do Alemão, vejo, com espanto, dezenas de fios elétricos passando de forma anárquica entre as casas, e de uma LAN house a outra. "É assim que temos acesso à eletricidade, à televisão a cabo e à internet nas favelas. Quando um morador faz uma assinatura ou consegue uma conexão, passa para os outros, mediante remuneração", prossegue Bruno. No Brasil, esse sistema de ajuda mútua pirata tem nome: "gatonet". Na África, essas redes ilegais são chamadas de spaghettis. Nos dois casos, fiquei impressionado com a inventividade dos moradores dos guetos e os inesperados caminhos tomados pela internet para se difundir.

Na rua Alice, no bairro carioca de Laranjeiras, Rodrigo Baggio me recebe na sede do Comitê para a Democratização da Informática (CDI). Ele fundou essa associação há cerca de vinte anos, e seu programa de revitalização urbana através da tecnologia é hoje reconhecido como modelo no mundo inteiro. "Nosso método é o digital empowerment", diz Baggio. "Usamos as novas tecnologias para transformar a vida dos brasileiros, mas sem esquecer que a internet deve estar a serviço dos indivíduos, para que identifiquem os problemas de sua comunidade, possam entendê-los e afinal encontrem soluções. O CDI lhes dá meios para resolver os problemas que decidiram livremente enfrentar."

Seu tom é calmo, incrivelmente convincente. Rodrigo Baggio, alto como um atleta da seleção olímpica, sorriso nos lábios de forma permanente, me impressiona por sua determinação, seu pragmatismo e ao mesmo tempo sua crença um pouco mística na internet. "Formamos e educamos as pessoas para que se tornem community managers, empreendedoras, para que criem aplicativos, sites, startups. É nisso que acreditamos: se usarmos as tecnologias de forma positiva, realmente podemos permitir que as pessoas se tornem change makers e mudem o mundo." O CDI não age diretamente: educa os que vão atuar em campo. Formador de formadores, em resumo. É essencialmente uma rede de centenas de escolas, ONGs, associações, centros comunitários que aplicam o método do CDI. "Trabalhamos sempre com parcerias, intermediários que se envolvem muito em sua comunidade", confirma Baggio.

Acompanhando as equipes do CDI, visito uma das 715 escolas do programa numa pequena favela do bairro do Leblon, no Rio — uma escola católica mantida por uma madre superiora ascética, mas igualmente conectada; assisto em seguida, num prédio de escritórios do Centro da cidade, à entrega de diplomas a jovens colegiais que conceberam aplicativos para smartphones. Invariavelmente, os próprios atores locais administram os programas: o CDI limita-se a orientá-los e acompanhá-los. "Nas favelas, sempre existe um apartheid digital", resume Baggio. "Mas o acesso vai melhorando aos poucos. Dentro de cinco anos, a 'exclusão digital' estará em parte resolvida, e o essencial será então o digital empowerment: como a internet pode permitir que as pessoas se emancipem e conquistem poder sobre sua própria vida. Como os brasileiros retomarão a vida em suas próprias mãos."

No Centro de Inclusão Digital, no Viva Favela, no Grupo Cultural do Rio de Janeiro, mas também no Sesc de São Paulo e em dezenas de associações semelhantes que visitei em várias cidades do Brasil, ouvi, invariavelmente, que a batalha contra a pobreza passa pelo digital. Ele pode oferecer um modelo econômico e dar origem a uma nova geração de empreendedores. Metodologias precisas são usadas, e os primeiros resultados parecem encorajadores. Cerca de 780 espaços de inclusão digital foram criados no Brasil: teriam contribuído para ajudar cerca de dois milhões de pessoas a sair da pobreza (segundo dados do Centro de Inclusão Digital).

Da mesma forma, o Serviço Social do Comércio (Sesc), espécie de centro cultural e social de grande alcance, algo entre a YMCA anglo-saxônica e a Maison des Jeunes et de la Culture, francesa, optou por enfatizar o digital. De inspiração coletivista, o Sesc tem muitas "unidades" em todo o Brasil. Ao visitar as unidades Pompeia e Belenzinho em São Paulo, fui surpreendido pelo número de computadores de livre acesso, as salas multimídia, os cursos de informática e o fato de o público ser estimulado a utilizar a internet. "Essa abordagem não era natural para uma organização como a nossa. De certa forma rompia com a tradição educativa e socialista que sempre foi a nossa marca desde a Segunda Guerra Mundial, mas fizemos a escolha por ser uma ferramenta eficaz de integração. Funciona. O acesso à internet revelou-se crucial. A inclusão social das classes populares e das classes médias pobres passa atualmente por esses novos serviços", explica-me, em São Paulo, Roberto Cenni, um dos diretores do Sesc.

O presidente Lula, ele próprio proveniente das camadas populares, ficou fascinado com o efeito digital nos bairros. Durante uma visita muito divulgada a uma LAN house, ele se mostrou maravilhado. E com certo atraso, em seu segundo mandato, depois de muitas hesitações e adiamentos, decidiu fazer do digital uma das suas prioridades. Seu governo distribuiu computadores baratos às associações das favelas, estimulou o desenvolvimento de softwares livres, prometeu financiar maciçamente a internet ultrarrápida. Com a aproximação da Copa do Mundo e dos Jogos Olímpicos, sua sucessora, a presidente Dilma Rousseff, intensificou ainda mais esses programas.

A prefeitura do Rio de Janeiro não ficou para trás. Lançou um programa, em parceria com a IBM, para detectar, graças a câmeras de vídeo e sensores digitais, os riscos de deslizamento de terra, muito frequentes nas favelas. Conectados às previsões meteorológicas e aos algoritmos, eles permitem prognosticar riscos, muitas vezes associados às chuvas fortes. "O sistema digital tanto detecta quanto transmite as informações. Em caso de tempestades violentas, que podem causar deslizamentos graves, é dado um alerta rapidamente, graças às sirenes conectadas e instaladas em 66 favelas", ressalta Viktor Chagas.

Falta uma avaliação objetiva que tenha efeitos reais e de grande amplitude acordando o sistema digital e o desenvolvimento do Brasil. O Banco mundial estima que o PIB brasileiro aumente de 0,6% para 1,2%, e que mais 10% dos habitantes passem a usar o telefone celular.

Segundo um estudo aprofundado que me foi fornecido pela direção da TV Globo, 34% dos usuários da internet no Brasil ainda obtinham, em 2012, acesso a partir de um cibercafé, de uma LAN house ou de um centro social. Pois, embora 96% das casas ricas e 76% das abastadas disponham de internet em domicílio, o acesso se dá em apenas 35% da classe média e 5% da classe popular. Não surpreende, assim, que os moradores das favelas sejam os menos beneficiados.

Ainda falta realizar uma avaliação objetiva e de grande alcance dos reais efeitos da prioridade dada ao digital no desenvolvimento do

Brasil. Carlos Graieb, diretor do site da revista *Veja*, afirma, contudo, em nossa conversa em São Paulo: "É difícil dizer quais são as causas profundas que fazem com que um país como o Brasil venha a emergir. Mas já se pode afirmar que o Brasil emerge com a internet. Os dois fenômenos, emergência e digital, estão ligados. O Brasil continuará crescendo com a internet."

Twitter contra os narcotraficantes

O UNIVERSO DIGITAL PODE CONTRIBUIR na revitalização de um gueto, e também permite que se leve informação a zonas de grande violência. Por exemplo, em Monterrey, Xalapa e Veracruz, três cidades onde o índice de homicídios é dos mais elevados no México.

"#Monterreyfollow não é um indivíduo ou uma conta. Não pertence a ninguém. É uma conversa", informa Tomas Hernandez, professor, artista e jornalista local. Estamos sentados num café de Monterrey, uma grande cidade situada no deserto, no norte do México. A menos de duas horas de estrada está o rio Grande — os mexicanos preferem chamá-lo de rio Bravo —, que marca a fronteira com os Estados Unidos. A região é considerada hoje uma das mais perigosas do mundo.

Responsável por mais de setenta mil mortes e trinta mil desaparecimentos, a chamada guerra dos narcotraficantes está concentrada no Norte e no Leste do país. "Aqui em Monterrey a situação é terrível. É uma cidade violenta. Os valores morais desapareceram. O tecido social foi destruído. Ninguém sabe onde começa e onde acaba a criminalidade", analisa o poeta Javier Sicilia, ativista de 58 anos que passou a promover uma "marcha pela paz e a dignidade" depois do assassinato de seu filho, Juan Francisco, pelos traficantes. "Amo muito o meu filho. Amava muito o meu filho. Ele foi sequestrado junto com colegas e eles foram assassinados. Covardemente. Um ato absolutamente gratuito." Sicilia prossegue: "Mesmo quando perdemos a batalha, temos de continuar defendendo a vida. Devo isto ao meu filho. Para tentar dar algum sentido à sua morte." De barba e cabelos brancos, sentado na varanda de um hotel Holiday Inn de Monterrey, onde o calor é sufocante, Sicilia é um homem decidido. Não tem mais medo dos traficantes.

São raros os escritores, jornalistas ou blogueiros que investigam os narcotraficantes em Monterrey. Em sua maioria, foram assassinados simplesmente por terem escrito a respeito. "Ninguém tem coragem de falar do assunto na imprensa", desespera-se Sicilia. "Ninguém escreve sobre os assassinatos. Ninguém sabe de nada. Mas o fato é que precisamos de jornalistas favoráveis à vida."

Existe um blog (*blogdelnarco.com*) que parece bem-informado sobre os narcotraficantes e seus crimes, mas ninguém sabe quem o mantém. Circulam até boatos de que poderia estar ligado a um cartel dissidente, o que nunca foi provado. De qualquer maneira, ninguém escreve realmente de rosto descoberto. Existe entre os jornalistas um código de conivência, com a ressalva das possíveis exceções, para que não se fale desses temas.

Diego Enrique Osorno é uma dessas exceções. Encontro-me com ele no Café Punta del Cielo em Monterrey, e ele vem sozinho, sem segurança, apenas com o ar um tanto abatido, apressado. Como em qualquer outro lugar da cidade, vejo, enquanto conversamos, a polícia fortemente armada fazendo rondas a bordo de 4 x 4 pretos. "Houve aqui na cidade cerca de mil assassinatos nos seis últimos meses. Esta semana mesmo, aproximadamente sessenta pessoas foram sequestradas e mortas", afirma Osorno. Escritor e jornalista, publicou vários best-sellers no México, entre eles *El Cártel de Sinaloa* e, recentemente, *La Guerra de Los Zetas*, obras que contam a história dos cartéis. Fora isso, controlando a própria audácia, ele publica seus artigos na internet, como jornalista independente, talvez por falta de uma redação "impressa" com suficiente coragem para reproduzir regularmente seus textos. Osorno mantém um blog, criou e dirige o site Barrio Antiguo (elbarrioantiguo.com) e difunde regularmente informações, fotografias e vídeos curtos com seu verdadeiro nome, a partir de sua conta no Twitter (@diegoeosorno).

Por que faz isso, sozinho contra todos? Que causa pode valer a pena de arriscar assim a vida? Vontade de bancar o herói contra os vilões da peça? Prazer da transgressão? Diego Osorno me responde que simplesmente seguiu sua inclinação e cumpre seu dever. Restam as circunstâncias, por definição independentes de sua vontade. E o território, que pesou muito: Monterrey.

O cerne do seu trabalho: descrever as consequências sociais e econômicas da guerra dos narcotraficantes. "Tomo muito cuidado com o que escrevo. Procuro manter-me neutro e não dar preferência a um cartel sobre outros. Nunca recorro a fontes anônimas. Tenho medo, muito medo, mas esse também é um dos motores do meu trabalho. O medo como técnica literária. Ter medo é bom para respeitar as fontes. Mas é claro que não escrevo tudo. Se usasse tudo o que sei, já estaria morto."

Para Osorno, como para outros, as redes sociais, do YouTube ao Facebook, passando por Twitter, Instagram e Tumblr, representam uma fonte indispensável que compensa o silêncio da imprensa local sobre os cartéis. "Uso muito o Twitter como fonte, especialmente para saber o que acontece in loco, nos lugares aonde não posso ir, ou para preparar minha visita nos casos em que posso", prossegue Osorno, que, é claro, participa pessoalmente dessas conversas, tuitando.

Para se informar, os habitantes de Monterrey passaram a seguir em 2009 a hashtag #Monterreyfollow — uma palavra-chave no Twitter. "Ficamos sabendo em tempo real onde há perigo, onde está ocorrendo uma matança, onde estão as blitze da polícia, e também quais bares e restaurantes têm segurança", explica Carmen Junco, do governo do estado de Nuevo León, do qual Monterrey é capital, acrescentando: "Quando temos um filho de 19 anos que sai à noite, como eu, somos obrigados a seguir #Monterreyfollow." A vantagem de seguir uma palavra-chave no Twitter, em vez de assinar uma rede social ou um blog, é o caráter confidencial. Qualquer um pode ler ou mesmo utilizá-la para publicação, sem ser realmente responsável nem correr o risco de sofrer represálias.

José Escamilla de Los Santos é diretor da área de informática do Tecnológico: "Monterrey era uma cidade muito segura há poucos anos.

Tudo se deteriorou brutalmente a partir de 2009-2010, quando teve início uma guerra entre cartéis. Desde então, é um inferno." Da janela do seu gabinete, ele me mostra o local onde dois estudantes foram mortos, dentro das instalações da prestigiosa universidade. "A partir do momento em que os narcos passaram a se enfrentar na cidade de Monterrey, tudo se degradou. Não temos mais nenhuma informação. Não sabemos mais o que fazer. À noite, antes de ir a um restaurante, um bar ou um cassino, é preciso consultar contas dignas de crédito no Twitter ou seguir as hashtags mais bem-informadas. Se há informações sobre detonações em algum lugar, evita-se o bairro. Elas servem também para nos informar sobre acidentes de tráfego e barreiras policiais. Atualmente, a situação continua se deteriorando. E à noite, é simples: ninguém sai mais."

O Tecnológico de Monterrey é considerado uma das melhores universidades de engenharia do México, uma espécie de MIT. Na América Latina, é a universidade de referência em matéria digital, e em visita ao campus fico de fato impressionado com os recursos técnicos, os estúdios digitais e as mídias on-line. Entretanto, por causa da guerra dos cartéis, o número de matrículas vem diminuindo constantemente há alguns anos, segundo Los Santos. Para salvar sua reputação, a universidade optou por abrir outros campi em regiões menos perigosas do México; além disso, criou um importante portal digital que permite seguir os cursos on-line e obter um diploma sem acompanhamento presencial.

Num contexto de violência endêmica, as redes sociais revelam-se preciosas. Embora sejam plataformas americanas, o Twitter e o Facebook são usados de maneiras diferentes de um país a outro. "Em zonas de narcotráfico, é frequente circularem mensagens muito simples, sem nome nem apelido, do tipo: 'Há nove corpos nessa ou naquela rua' ou 'Três corpos foram enforcados nessa ponte'. Em geral se utiliza uma ferramenta global como o Facebook ou o Twitter em uma conversa absolutamente local", comenta o blogueiro Antonio Martínez Velázquez (quando o entrevistei na Cidade do México, os empregados de sua ONG tinham sido ameaçados de morte por narcotraficantes, e a polícia federal estava no local).

Em Monterrey, uma das cidades com maior número de contas do Twitter no México, o sistema se ampliou a outras palavras-chave (#mtyfollow, #mtyalert ou #monterreyshootings) e há contas que sintetizam informações (como @Cicmty ou o site cic.mx). Em todo o México, nas zonas de risco, esse modelo anônimo de compartilhamento eletrônico de informações sobre a criminalidade foi reproduzido: #reynosafollow em Reynosa, #xalapafollow em Xalapa, #veracruzfollow em Veracruz, #juarezfollow ou #juarezawareness em Ciudad Juárez, outra cidade da "fronteira", próxima à texana El Paso, de criminalidade galopante.

Situación de riesgo [Situação de risco]: essas palavras podem ser encontradas com frequência nas redes sociais. "As pessoas escrevem isso no Twitter, ou simplesmente SDR, para indicar algum perigo em determinado lugar", relata Julián Herbert, blogueiro e escritor com quem me encontro em Veracruz. Situada no golfo do México, região leste do país, essa grande cidade é outra capital do crime. "A violência explodiu em Veracruz por ser um grande porto pelo qual transita a droga. Os jornalistas, em especial, têm sido visados aqui. É uma das cidades mais perigosas do mundo para eles. Cerca de 120 repórteres foram mortos. Por isso, todo mundo escreve sob pseudônimo nas redes sociais. Ninguém sabe mais em quem confiar. As pessoas acham até que há policiais no Twitter, pois as fotos que eles postam só podem partir de quem esteve entre os primeiros a chegar nas cenas de crimes", prossegue Herbert.

Segundo a associação Article 19, uma ONG da Cidade do México que investiga a violência contra jornalistas e blogueiros, uma parte significativa desses atos partiria, com ajuda da corrupção, da polícia local, da administração pública, de empresas privadas e partidos políticos, e não apenas dos traficantes. Nos demais casos, a violência decorreria de fato das guerras de território entre os cartéis, e os jornalistas infiltrados em alguns desses grupos criminosos seriam então visados. Segundo Ramón Alberto Garza, diretor do jornal *Indigo* de Monterrey, "60% a 80% dos jornalistas assassinados estavam informados, ou eram informantes exclusivos de um cartel: foram mortos porque não forneciam informações suficientes ou porque foram identificados por um cartel concorrente". E segundo Daniel Moreno, diretor do site independente Animal Político, entrevistado na Cidade do México, "o maior perigo para os repórteres é revelar vínculos entre os narcotraficantes e as autoridades locais".

Num outro dia, estou sentado na varanda de uma cantina em Xalapa, cidade de porte médio a uma hora de estrada de Veracruz. Aqui também, a polícia especial circula em veículos 4 x 4 com seis homens a bordo, usando coletes à prova de balas e armados "até os dentes" — expressão que me parece perfeitamente adequada. Feli Dávalos tem um programa de rádio em Xalapa. Conta ele: "Nem os diários nem as estações de rádio falam da violência aqui. Todo mundo age como se ela não existisse. Não faz muito tempo, um site relatou fatos ligados aos traficantes. Uma bomba explodiu em sua sede. Desde então, tampouco eles falam do assunto."

Mas as redes sociais não são exclusividade de jornalistas com pseudônimo. São igualmente usadas pelos cartéis. Los Zetas, principalmente, ficaram conhecidos por suas encenações macabras no YouTube. "Os narcos têm uma verdadeira cultura da violência. Explícita. Terrível. Por exemplo, as execuções são regularmente filmadas e então postadas, com incrível sadismo, na internet. Los Zetas são insuperáveis no gênero. É mais ou menos como se estivessem brincando de refilmar, sem talento nenhum, *O poderoso chefão* ou *Scarface*", comenta o jornalista inglês Ed Vulliamy, que publicou uma profunda investigação sobre a guerra dos narcos (e foi por mim entrevistado em Paris). Pude ver alguns desses vídeos criminosos — vemos os assassinatos, as gargantas cortadas com motosserra e os corpos muitas vezes decapitados que acabam pendurados em pontes —, mas felizmente o YouTube sistematicamente os tira do ar assim que são denunciados.

No YouTube também se encontra toda uma "narcocultura" de fácil acesso. É o caso dos famosos narcocorridos, canções muitas vezes populares divulgadas por baixo do pano ou em festas de casamento e que entram para uma espécie de contracultura narco. Os vídeos de certas canções de um grupo como Los Tigres del Norte foram vistos dezenas de milhões de vezes no YouTube (*El niño y la boda*, *Contrabando y traición*, *Camelia la Texana*). Mas a guerra já não poupa sequer esses artistas: os dezessete cantores e músicos de um grupo de música narco, Kombo Kolombia, foram assassinados pelo cartel do Golfe depois de uma apresentação em janeiro de 2013, perto de Monterrey.

"A cultura das drogas, do crime e da violência transborda para a cultura pura e simples. O que se traduz em filmes, livros, em todo um folclore narco", argumenta Ramón Alberto Garza, influente homem de mídia mexicano, ex-colaborador da Televisa e do *Reforma* que hoje dirige o jornal inteiramente bimídia *Indigo*. Quando nos encontramos para jantar em Monterrey, ele insiste para que eu experimente as especialidades mexicanas e propõe como opções gafanhotos, minhocas, tacos de cérebro de macaco ou ovos de formiga. Eu opto pelos ovos de formiga, chamados escamoles. "Excelente escolha! É o caviar mexicano", explica Garza.

Apesar do discurso que sustentam, o fato é que a internet incomoda os cartéis. E embora tenham conseguido amordaçar a imprensa, a proliferação de blogueiros, o anonimato das redes sociais e a descentralização do Facebook e do Twitter representam um problema para eles. Vários jovens blogueiros foram assassinados em represália, por exemplo, na cidade fronteiriça de Nuevo Laredo em setembro de 2011: seus corpos foram pendurados numa ponte com um cartaz que servia de advertência àqueles que acaso "dedurassem" na internet.

Além disso, muitos informantes anônimos do Twitter e do Facebook não são dignos de confiança. Os boatos se espalham com mais rapidez que as informações confirmadas. Às vezes provocam pânico. "Tudo é uma questão de confiança", relativiza Julián Herbert. "As pessoas seguem as contas que consideram autênticas, e quando se decepcionam, cancelam a assinatura. Existem contas que perderam quase todos os 'amigos' ou 'seguidores' de uma só vez." Antonio Martínez Velázquez confirma: "As redes sociais são autorreguladas pelo público: a desinformação e os trolls são imediatamente identificados."

"Na realidade, muitas vezes é muito difícil separar o verdadeiro do falso. O ator principal é o crime organizado. Mas o pior é a impunidade. Não há investigação, a polícia não age. E os vínculos entre as autoridades locais e os narcos são um dos problemas dessa guerra", explica Daniel Moreno, diretor de Animal Político, prosseguindo, em nossa conversa na sede do site, na Cidade do México: "Botei alguns jornalistas para investigar essa questão das relações entre os narcos e os políticos locais. Mas eles precisam tomar muitas precauções para se proteger. Seguem um protocolo de segurança extremamente preciso. São constantemente geolocalizados; mudam de hotel toda noite; fornecem-nos o nome das pessoas com as quais vão se encontrar; e, naturalmente, publicam com pseudônimo. De qualquer maneira, não enviamos ninguém a cidades completamente controladas pelos narcos, como Tierra Caliente e Ciudad Juárez. Em investigações nesses lugares, as chances de que o jornalista volte vivo são muito baixas."

No dia 26 de setembro de 2014, 43 alunos da Escuela Normal Rural de Ayotzinapa, perto de Iguala, a uma centena de quilômetros de Acapulco, no sul do México, foram sequestrados. Nessa zona afastada, indígena e pobre, onde a imprensa não está presente, o desaparecimento poderia ter ficado esquecido. Mas as famílias dos 43 estudantes começaram a divulgar alertas nas redes sociais, usando como hashtag apenas "#Ayotzinapa". Em poucas semanas, viral e em trending topics, o sequestro transformou-se numa questão de Estado, provocando a queda do governador da região de Guerrero, a fuga do prefeito e uma crise política sem precedente, chegando a atingir o presidente Enrique Peña Nieto. Finalmente, em novembro, o ministro mexicano da Justiça reconheceria que um grupo de suspeitos havia confessado o assassinato dos 43 estudantes, que lhe teriam sido entregues, a pedido do prefeito, por policiais ligados aos Guerreros Unidos, um cartel de narcotraficantes especializados em sequestros e refino de droga. Os corpos teriam sido queimados.

"Estamos lutando pelos nossos quarenta e três companheiros desaparecidos", explica-me na Cidade do México, no fim de 2014, Yara Almonte, aluna da Universidad Nacional Autonoma de Mexico, em greve por tempo indeterminado. Nesse campus, deparo-me com bandeirolas reproduzindo slogans: "Ayotzinapa vive!" ou "Alto a la represíon y tortura contra los Normalitas rurales". E nas redes sociais, o hashtag "#justiciaAyotzinapa" é onipresente. Em toda parte, total indignação. Muita raiva.

"Estamos vivendo uma tragédia nacional, um dos piores momentos da história do México", explica-me Jorge Volpi, renomado escritor e intelectual mexicano. "É o pior momento da história recente do México", concorda José Woldenberg, intelectual considerado um dos pais espirituais da democracia mexicana, entrevistado em seu escritório na Universidade Pública da Cidade do México. Cabe lembrar que esse sequestro espetacular expôs cruamente todos os problemas do país: corrupção, pobreza, fracasso da integração das populações indígenas, ligações criminosas entre políticos locais e narcotraficantes, corrupção da polícia, impotência da justiça e fracasso do poder público. "O impacto desse caso será estrutural, devendo provocar mudanças consideráveis na vida política da esquerda", comenta, na sede de seu partido no bairro de Condesa, Marcelo Ebrard, ex-prefeito da Cidade do México e um dos possíveis candidatos presidenciais em 2018. Por sua vez, Jorge Castañeda, ex-ministro de Relações Exteriores do governo Fox, afirma, em forma de prognóstico, que "é uma crise muito grave, da qual nem a direita nem a esquerda poderão se recuperar".

Enquanto isso, longe do silêncio dos partidos e das tergiversações do governo, a juventude mexicana se sublevou na internet. Artistas criaram uma infinidade de obras em blogs, pelo Instagram ou pelo Facebook, para lembrar o destino dos 43 estudantes inocentes de Ayotzinapa. Em toda parte, no campus, nas ruas, nas redes sociais, eu encontrava suas fotos e suas breves biografias: em sua maioria, eles tinham entre 18 e 21 anos; eram filhos de camponeses pobres ou jovens originários de comunidades indígenas. Aqui, num texto comovente, o irmão de um dos desaparecidos fala de sua gentileza e generosidade; mais adiante, uma mãe recorda o filho adorado, que não merecia isso. Outros comentam o modelo de educação progressista e laico dessa escola normal atípica, profundamente enraizada na história da esquerda mexicana, na qual os rapazes, partidários de uma globalização diferente e muito unidos em sua comunidade, se formavam nas tarefas do campo e na leitura de Marx. Graças à internet, os nomes dessas pequenas vítimas que poderiam ter permanecido anônimas ficaram conhecidos de todo mundo no México: Jesús "El Churro", José, Miguel, Victor, Israel...

Através desses casos trágicos, o México mostra que as redes sociais podem ter usos específicos em zonas de grande violência. Um último exemplo de tecnologia digital em contexto extremo, que desta vez já não diz respeito apenas à revitalização dos bairros ou às informações de segurança em locais dominados pelo narcotráfico.

419 scam

AO ENTRAR NO CIBERCAFÉ, tenho a impressão de estar incomodando. Robustas grades preservam a pequena loja, uma cabine envidraçada protege o vendedor e há até enormes cadeados presos aqui e ali. É estranho ter medo dos ladrões quando se está roubando.

O nome do bairro deve ser levado ao pé da letra: CBD, ou Central Business District. Estou na Pretoria Street do gueto de Hillbrow, no centro de Johanesburgo, África do Sul. É um bairro perigoso onde se desaconselha vivamente qualquer deslocamento desacompanhado, sendo formalmente contraindicado circular à noite. O Central Business aqui é conhecido pelo nome 419 scam.

Na entrada do cibercafé, um sujeito de seus 30 anos, comendo arroz e carne num pequeno tupperware, pergunta o que desejamos. Estamos num café com internet e desejamos, explica Noma, uma sul-africana do bairro que me acompanha, simplesmente navegar na internet. Diante de nós, há uma dezena de PCs conectados, nada mais, com clientes visivelmente ocupados com seu computador e falando zulu entre eles em voz alta. O vendedor retruca, com malcontida violência, que "a internet não está funcionando hoje". Parece evidente que estamos incomodando. Mas nós insistimos. Há uma nova resposta cortante do sujeito com pinta de pirata, que visivelmente não nos quer ali, atrapalhando suas trapaças. Entendemos que é melhor ir embora.

Os cibercafés de Pretoria Street não dão acesso à internet de maneira ortodoxa. Essas lojas são fachadas de um comércio organizado de pirataria na web. Nelas, vigaristas em liberdade condicional botam toda a sua inventividade para funcionar. "Nesses cafés ocorre todo tipo de atividades ilegais. Venda de drogas, de bebidas alcoólicas sem licença, de filmes pornográficos proibidos, forja de documentos falsos, mas é, sobretudo, deles que partem os scams na internet", decifra Noma. "Scam", em inglês, quer dizer golpe, vigarice: costuma-se falar de 419 scams em referência ao artigo do Código Penal da Nigéria que condena esse tipo de fraude on-line. Mas o fenômeno não se restringe à Nigéria, estando muito disseminado no Benin, no Togo, no Paquistão, na Rússia e aqui na África do Sul.

São inúmeras as variantes de scams. Um e-mail informa que você recebeu uma grande soma em dinheiro de uma loteria ou de um ditador derrubado, precisando apenas, para recebê-la, fornecer o número de seu cartão de crédito. Um amigo escreve dizendo que está sozinho no exterior, sem documentos, e precisa de sua ajuda financeira imediata. Ou então você recebe uma mensagem falsa do Yahoo ou do Hotmail solicitando as senhas de sua conta de e-mail. Quaisquer que sejam os modelos, todos esses exemplos e muitos outros ainda são 419 scams.

Noma prossegue: "Aqui, costuma-se falar de 'Nigerian 419 scams', pois se alega que estes golpes vêm da Nigéria e não existem em nosso país! Mas a realidade é que essas fraudes pela internet são um dos principais negócios desta rua em Hillbrow." Aqui, neste gueto sul-africano, quando são enviados e-mails em massa, não se diz spammer, mas scammer. E trata-se de uma verdadeira profissão.

Entramos em outros cibercafés de Pretoria Street, encontrando a mesma recepção glacial. Os vigaristas são todos iguais. Temem mais ser observados por desconhecidos do que ter de enfrentar a polícia, que de qualquer forma não diferencia loteria de phishing.

Às vezes somos autorizados a navegar na internet ou comprar air time (minutos de recargas pré-pagas para telefone celular). Pode até ser possível telefonar, pois esses cibercafés quase sempre dispõem, do lado de fora, na rua, de telefones fixos que podem ser usados com moedas para realizar ligações internacionais com tarifas preferenciais. Num dos cibercafés, vejo cartazes de propaganda de técnicas de penis enlargement

& male enhancement. E num outro leio: "Proibido navegar em sites pornôs como YouTube."

Hillbrow fica acima do bem e do mal. Todo mundo tem direito de ser vigarista, mas não libidinoso. Os machões usam amuletos, mas não podem ser depravados. Cada um tem a moral que merece; mais para *Poderoso chefão* do que para Mandela.

7. My Isl@m

De repente, seu rosto aparece na tela. Com óculos de fundo de garrafa e uma barbicha branca, o líder carismático traz na cabeça o célebre turbante negro dos seyyed xiitas, descendentes do profeta. Nesse exato momento, cerca de mil pessoas levantam-se como um só homem, erguendo o punho em sinal de vitória. Várias caixas de som do imenso anfiteatro começam então a transmitir um arrebatador hino militar. Sou informado de que as imagens da manifestação são transmitidas ao vivo pela internet. O discurso também é replicado em dezenas de blogs e nos sites do Al Manar e do Al Nour, as duas principais mídias do Hezbollah. Muito raramente Hassan Nasrallah, seu secretário-geral e comandante militar — um dos homens mais procurados do mundo —, dirige-se ao vivo ao conjunto dos integrantes do Partido de Deus, reunidos em conclave.

Para ter acesso a essa reunião secreta, no dia 9 de maio de 2013, tive de cumprir muitas exigências. Durante várias semanas, pedidos de credenciamento foram apresentados à assessoria de imprensa do Hezbollah, um organismo denominado Media Relation of Hizbollah com sede no bairro de Haret Hreik, também conhecido como Dahiyeh, ou simplesmente "subúrbio sul", em Beirute. Mas sem êxito. Até que, à última hora, no exato dia do evento, recebi um telefonema do grupo instruindo-me a comparecer ao Center of Lebanese Art — o nome aparece num cartaz à entrada —, numa região chamada Rehab, em Bir Hassan, Zona Sul de Beirute. Trata-se de um bairro predominantemente xiita, apesar de muito próximo dos campos palestinos (sunitas) de Sabra e Chatila.

O conjunto arquitetônico do "centro cultural" é discreto, mas cercado de imensas muralhas de concreto de mais de três metros de altura, com um portão maciço que parece blindado, e que, de qualquer maneira, é intransponível. Ao redor, integrantes da Al Indibat, a polícia especial do Hezbollah, fazem a patrulha. No dia da minha visita, a grade estava aberta e muitos homens armados usando fones de ouvido realizavam uma minuciosa triagem na entrada. Dei meu nome e confirmaram que eu estava autorizado a entrar, mas estranhamente acrescentaram meu segundo nome, que não consta de nenhum cartão de visita nem nenhuma credencial de imprensa, e que não tinha sido informado por mim. Sou então minuciosamente revistado, mas sem nenhuma animosidade: a recepção é bastante cordial. Depois de certa espera, sou conduzido ao segundo subsolo, de onde chegamos, por um longo corredor subterrâneo de cerca de cem metros, a instalações ultramodernas. Atravesso salas cheias de computadores, estúdios de televisão e salas de reunião. Vários blogueiros estão ocupados postando artigos e imagens no al.manar.com.lb, um dos sites oficiais do Hezbollah. Sou o único ocidental credenciado nesse dia a entrar no bunker, e todo mundo se empenha em facilitar minha visita, ao mesmo tempo que trata de me vigiar.

Sempre nas entranhas da terra, sou levado agora a uma gigantesca sala de conferência, quase completamente vazia. As poltronas são novas e o anfiteatro está equipado com as mais novas tecnologias, entre elas uma câmera aérea digital completamente robotizada — uma Towercam tipo Super Scorpio da marca Crane. Essa câmera é controlada a distância através de um mastro telescópico de cerca de dez metros. Nas telas de monitoramento, vejo as espetaculares imagens geradas, com travellings e vistas panorâmicas de 180°.

Aos poucos, a sala é tomada. As mulheres, em sua maioria usando véu, sentam-se na parte esquerda da plateia, enquanto militares visivelmente graduados se posicionam na primeira fileira, os únicos que, estranhamente, se colocam de frente para a sala, e não para o palco. Sou informado de que todos os deputados do Hezbollah e alguns comandantes militares estão presentes, não raro acompanhados de guarda-costas. (O braço militar do Hezbollah é considerado uma organização terrorista pela União Europeia desde 2013.)

Por volta das 18h, a sala está cheia e têm início os discursos, estimulados por aplausos calorosos e músicas arrebatadoras. No palco, há muitos ramos de flores brancas e a bandeira do Líbano ao lado da bandeira amarela do Hezbollah, devidamente desfraldadas. Esta última é facilmente reconhecida: exibe um fuzil de assalto verde do tipo AK-47, tendo acima um versículo do Corão em vermelho e o slogan "Resistência islâmica no Líbano". Se não se constata a presença de nenhum jornalista ocidental, nem mesmo de jornalistas cristãos libaneses ou sunitas libaneses, lá se encontram representantes dos meios de comunicação iranianos e xiitas libaneses, posicionados na última fileira. Sajida Shahine, jovem jornalista do site do Hezbollah, Al Manar, traduz os discursos para mim.

Oficialmente, o evento comemora o 25º aniversário da rádio do partido, Al Nour, mas a participação pessoal do primeiro-ministro do Hezbollah e a intervenção por internet de Hassan Nasrallah deixam claro que se trata de algo maior. O comandante militar do Hezbollah escolheu esse contexto para se pronunciar sobre a questão dos meios de comunicação. Com firmeza, ele saúda o "trabalho de resistência" dos jornalistas do Al Nour e do Al Manar, as estações de rádio e televisão do Hezbollah, que "não competem com os jornalistas dos outros meios de comunicação, pois defendem uma causa". Pontuando seu discurso com sorrisos sedutores, mas também com saudações militares e críticas emitidas aos gritos, numa grande violência, Nasrallah prossegue: "Os outros meios de comunicação mentem. Nós não estamos preocupados em ser os primeiros no terreno do breaking news: temos um programa diferente. Estamos numa guerra psicológica contra Israel, somos um movimento de resistência." (A blogueira do Al Manar me garante, como todos os demais, que o secretário-geral está falando "ao vivo" de um "lugar seguro a algumas centenas de metros", mas tenho sérias dúvidas. Parece-me na verdade que se trata de um vídeo previamente gravado.)

Enquanto Hassan Nasrallah fala, os jornalistas que me cercam reproduzem minuciosamente suas declarações pela internet. Ali estão representantes do Al Manar e do Al Nour, claro, mas também blogueiros dos portais Alahed News, Tayyar, Al Akhbar, Al Mayadine e do iraniano Al Alam. Na sala de imprensa ao lado, é intensa a atividade para reproduzir as declarações do líder xiita em dezenas de sites e redes de televisão a cabo, inclusive pelo YouTube, onde os trechos principais do discurso são postados imediatamente, a partir de diferentes contas. Sua palavra também é amplificada por Twitter e Facebook. Tradutores se encarregam de fazer uma versão inglesa do discurso para os sites internacionais do Hezbollah (logo depois vêm o francês e o espanhol). "O Hezbollah se comunica em dezessete línguas", informa-me em francês madame Rana, diretora da assessoria de imprensa do Partido de Deus, com certo orgulho.

Uma guerra do Líbano digital

Ao longo de numerosas entrevistas com os dirigentes de Beirute Sul e no sul do Líbano, feitas em três visitas, aos poucos tenho uma ideia da rede digital de comunicações montada há alguns anos pelo Hezbollah. No coração do sistema estão os sites oficiais. Para começar, o Al Intikad (alahednews.com.lb), que pode ser considerado o porta-voz oficial do Hezbollah: é dirigido por Hussein Rahhal, o "senhor digital" do Partido de Deus, estando disponível em quatro línguas (árabe, inglês, francês e espanhol). "É o site oficial do Hezbollah, nossa principal referência", explica Leila Mazboudi, uma das redatoras-chefes do Al Manar. "Já o Al Manar é mais independente. É uma rede de televisão por satélite islamista, basicamente em árabe, acompanhada de um site muito eficaz através do qual são difundidas edições on-line da rede de televisão, em várias línguas", acrescenta ela (almanar.com.lb).

Coberta por um véu, falando francês, Mazboudi marcou encontro comigo no Al Saha, restaurante chique do subúrbio sul de Beirute. "É preciso entender que o braço militar do Hezbollah é totalmente independente do braço político. Nós, por exemplo, não temos qualquer contato com os militares. Nunca os vimos. Nem sabemos onde ficam. Nos entendemos apenas com os políticos." (Segundo outros observadores, contudo, o Al Manar seria de fato uma rede do braço militar do Hezbollah.)

A sede do Al Manar foi bombardeada cerca de quinze vezes na segunda guerra do Líbano, em 2006. Fica em Dahiyeh, Beirute Sul, o bairro-vitrine do Hezbollah. Caminhando por essas ruas "modelo", temos um bom resumo da ação do Partido de Deus: o esforço maciço para reconstruir o bairro xiita, a criação de serviços sociais gratuitos, a proliferação de escolas, associações caritativas, hospitais e, naturalmente, mesquitas. Não foi necessariamente o islã, ou o jihad, nem mesmo a "resistência" que seduziram a população, mas essa mobilização social e comunitária de campo, acompanhada por um discurso anticorrupção. (Essa Waad, ou promessa de reconstrução, já custou mais de trezentos milhões de euros, um terço dos quais a cargo do governo libanês — o que muitas vezes o Hezbollah se esquece de mencionar.)

As mídias e o digital estão entre as prioridades do Hezbollah. Durante a guerra, o Al Manar não interrompeu sua transmissão, e atualmente o prédio oficial, completamente arrasado pelo Exército israelense, está sendo reconstruído (a televisão tem sua emissora num outro bairro da cidade, num prédio provisório ao qual me dirigi, mas que não fui autorizado a visitar). Uma nova torre de catorze andares será inaugurada em breve na rua Al Arid, com "sofisticados recursos", informa Ali, o mestre de obras, também membro do Hezbollah. Cerca de dez operários trabalham em meio a perigosos movimentos de uma grua. Sou informado de que vários andares do prédio serão reservados aos sites do Al Manar, num projeto de grande modernidade. Pergunto a Ali se não teme que a rede seja novamente destruída. "Não temos medo. Se nos bombardearem, nós revidamos. Estamos preparados. Vamos lutar."

À parte o Al Manar, com seu caráter oficial, sites como Al Mayadine Al Akhbar são mais independentes, apesar de próximos da "sensibilidade" do Hezbollah. "Temos denominadores comuns, mas eles não representam oficialmente o Hezbollah", esclarece Leila Mazboudi, sem parar de manipular o smartphone, um Samsung, não um Apple. "Eu poderia ter optado por um iPhone: em matéria de tecnologia, não temos preferência nacional", diz, toda sorridente. Eu insisto: qual é esse denominador comum? Leila Mazboudi: "Eu diria que temos o mesmo objetivo de resistência ao projeto americano-sionista."

Em frente à sede do Al Manar, está a loja de suvenires. No coração do bairro xiita de Beirute Sul, encontro em seu interior Mahdi, um jovem libanês pró-Hezbollah, com barba de três dias, boné com logotipo verde e capuz Hugo Boss. Ele é o vendedor da Dar Al Manar, loja especializada em produtos culturais do Partido de Deus situada na rua Al Arid, bem em frente, portanto, da sede da rede. Lá se encontram os CDs e DVDs dos principais discursos de Hassan Nasrallah e músicas da "resistência militar". O Partido de Deus criou até séries de televisão, conhecidas no mundo árabe como "novelas do Ramadã" (ou mousalsalets). Mahdi me mostra uma delas, intitulada *Os Vencedores ou o Renascimento das Armas* (*Al Ghaliboun*). O Hezbollah também lançou dois games, *Special Forces 1* e *Special Forces 2*, reproduzindo até no título um modelo de jogo criado pelos estúdios Electronic Arts de Los Angeles: *Battlefield 2 — Special Forces.*

"Num desses jogos, os americanos matavam soldados do Hezbollah. Nós então fizemos o contrário, numa espécie de remake ou sequel: são os soldados do Hezbollah que matam americanos", comenta Mahdi, impassível. Numa outra versão do jogo (cujo conteúdo pude examinar), um combatente xiita tem como missão matar o maior número possível de israelenses na última guerra do Líbano. Em 2012, o Hezbollah lançou seu novo video game, intitulado *Al Redwan*, em homenagem a seu comandante militar Imad Moughniyah, morto por um carro-bomba em 2008 (o Hezbollah culpou Israel por esse atentado, mas os israelenses negaram qualquer envolvimento; a União Europeia, por sua vez, considerava Moughniyah um terrorista). O jogo consiste em repetir as missões militares comandadas por Moughniyah, tratando, naturalmente, de escapar de atentados promovidos pelo "ocupante israelense".

Em várias conversas comigo, Mahdi, o vendedor, reconhece que esses jogos não fazem muito sucesso, nem mesmo aqui, no bairro xiita de

Beirute. E por sinal a loja, que visitei em três oportunidades, está quase sempre deserta. "Os jovens preferem jogar *Call of Duty* ou o autêntico *Battlefield*, pois embora jogos como *Special Forces* e *Al Redwan* sejam corretos do ponto de vista político, estamos a anos-luz da qualidade de gaming dos jogos americanos. Então, como não é possível usar o uniforme do Hezbollah, o que as pessoas fazem é jogar os mesmos jogos que todo mundo, mas, em *Battlefield*, por exemplo, em vez de escolher o campo americano, opta-se pelo lado dos chineses ou dos russos contra a invasão americana", confessa Mahdi através do meu tradutor. E no jogo *Generals*, muito popular no Oriente Médio, os jovens árabes optam muitas vezes pelo uniforme do Global Liberation Army (GLA), um grupo terrorista muçulmano. Outra técnica usada com frequência é a customization, ou o acréscimo de features: no jogo *Generals-Zero Hour*, do Electronic Arts, é fácil personalizar as equipes e jogar sob a própria bandeira, explica Mahdi. Na loja, pode-se assistir à rede Al Manar em duas telas planas. E num velho computador de conexão internet lenta, o jovem vendedor me mostra que é possível ter acesso on-line a esses jogos islamistas através de sites especializados. Em shiatv.net o acesso é inclusive gratuito, o que confirma que essas produções de vídeo são antes ferramentas de propaganda que projetos de ambição comercial.

Em caráter pessoal, Mahdi se interessa principalmente pelas séries de televisão americanas, baixando-as em seu computador — particularmente *Prison Break*. E me pede que recomende uma série "com garotas jovens e belas". Falamos então de *Girls* e *Glee*. Mais tarde, sentados no restaurante Al Jawad, a dois passos da loja Al Manar, o rapaz me confidencia que vota no Hezbollah, e que, naturalmente, é muçulmano xiita, mas que preferiria não trabalhar nessa loja. "Meu pai é que me obriga", confessa Mahdi. "Não sou muito politizado. Estou aqui contra a vontade."

É NECESSÁRIA UMA BOA HORA DE ESTRADA em direção ao sul do Líbano para chegar a Mleeta. No caminho, passamos por zonas sunitas, com imensos retratos do ex-primeiro-ministro do Líbano Rafic Hariri, assassinado, e zonas xiitas, nas quais tremulam as bandeiras amarelas do

Hezbollah, muitas vezes acompanhadas de fotos de Hassan Nasrallah e de seu filho mais velho, Muhammad Hadi, morto pelas balas israelenses no sul do Líbano. Todas as confissões religiosas estão misturadas umas às outras, às vezes separadas apenas por uma rua ou um bairro, para não falar dos seguidores do movimento Amal, pró-sírio, pró-xiita, mas anti-Hezbollah, que ostentam aqui e ali o retrato de seu líder, Nabih Berri. Além da cidade de Saida, é necessário um duplo passe, do Exército libanês e do Hezbollah, para passar pelos postos de controle e então, percorrendo as aldeias e montanhas, chegar ao lugar simbólico da resistência islâmica.

Mleeta é ao mesmo tempo um centro de recursos, um museu e uma máquina de propaganda para glorificar o Hezbollah. Vemos túneis militares usados pelos soldados do Partido de Deus e uma impressionante coleção de armas israelenses capturadas em combate. "Pode tirar fotos, não temos nada a esconder", informa-me Adriss, um civil que me acompanha na visita. Na parede, vê-se até um organograma extremamente detalhado do estado-maior do Exército israelense, unidade por unidade, com os nomes de todos os comandantes, como se o Hezbollah quisesse mostrar que conhece o inimigo por dentro. De um pequeno observatório, por sinal, é possível ver a linha de demarcação, zona-tampão entre o Líbano e Israel, onde os boinas-azuis da Finul — Força Interina das Nações Unidas no Líbano — ficam estacionados, a uma distância apenas de cerca de quarenta quilômetros da fronteira israelense.

Na sede de Mleeta, mostram-me como são administradas as plataformas web, os blogs e as páginas do Facebook pró-Hezbollah. Há um site destinado ao público em geral, quase turístico (mleeta.com), muitas páginas do Facebook em homenagem à memória dos mártires do Hezbollah e um endereço web mais político (moqawama.org.lb) acessível apenas em árabe. "É um dos sites de informação da resistência armada", comenta Adriss. Pergunto se não teme que as comunicações internas do Hezbollah sejam alvo de escuta por parte de Israel. Ele dá a entender então que o Partido de Deus põe à disposição de seu braço militar redes de internet e telefônicas próprias, mais seguras, independentes das que são usadas pelos libaneses e o governo oficial de Beirute. Segundo várias fontes, esse aparato sumário foi concebido por Hassane Laqees, arquiteto da rede tecnológica secreta do Hezbollah, financiada pelo Irã. (Laqees foi assassinado no fim de 2013 em Beirute.)

"O Hezbollah é uma organização muito centralizada. Eles são muito eficientes em termos de propaganda na web. Quando é necessário difundir uma mensagem a seus dirigentes militares e políticos através de dezenas de sites, de maneira instantânea, eles são imbatíveis", garante Diana Moukalled, diretora do website da Future TV (ela é xiita, mas trabalha para o grupo de mídia pró-sunita dos Hariri, em cuja sede a encontro). "O problema com as organizações muito centralizadas é que têm muita dificuldade com os blogs e as redes sociais", prossegue Moukalleb. "As hierarquias rígidas não combinam com a web 2.0. Quando a gente precisa sair um pouco da linha, ser divertido, mostrar independência de espírito, participar de uma conversa, não pode ficar esperando um comunicado oficial. Por isso é que não existem muitos blogueiros e são poucas as contas independentes do Hezbollah. E eles nunca foram vistos fazendo alguma coisa divertida."

Essa opinião é compartilhada pelo jornalista Kassem Kassir, um moderado próximo da "resistência" islâmica com quem converso em Beirute: "Como já indica o nome, o Partido de Deus tem uma linguagem de partido. O que funciona bem na televisão e no rádio. Mas esse tipo de mensagem não se adapta muito bem à web. O Hezbollah gosta de divulgar suas mensagens num espírito de propaganda, mas não é essa a mentalidade da internet. Quando as pessoas postam comentários, eles ficam incomodados. Interatividade, Facebook, blogs, redes sociais, conversas, nada disso está no DNA deles. Por enquanto, não se encontra uma única figura importante do Hezbollah no Facebook ou no Twitter. A internet e as redes sociais são muito pouco compatíveis com a política de comunicação do Hezbollah." (Cabe ressaltar, de qualquer maneira, que uma conta de Hassan Nasrallah ou qualquer outro dirigente do Partido de Deus no Facebook ou no Twitter provavelmente seria cancelada por exigência do Departamento de Estado americano.)

Seguidores e simpatizantes do partido xiita entenderam muito bem o problema. Nos últimos anos, criaram novas mídias como o Al Mayadine, o Al Akhbar e o blog The Angry Arab. "O Al Mayadine é o Hezbollah sem véu", resume Diana Moukalled. Ex-chefe da sucursal da Al Jazeera no Líbano, o célebre jornalista Ghassan Ben Jeddou, um tunisino "complicado", meio sunita, meio cristão, casado com uma xiita de origem iraniana, dirige essa rede de televisão por satélite, também veículo de um site ultramoderno (almayadeen.net). "É uma mídia para o grande público claramente pró-iraniana e pró-Hezbollah, a julgar pela capa. Mas é muito inteligente e muito bem-feita. Eles querem fazer concorrência à Al Jazeera e têm muito dinheiro", acrescenta Moukalleb. "Essas mídias apoiam claramente a resistência, mas nelas as mulheres não aparecem cobertas pelo véu. Eles contrataram cronistas de todas as tendências, inclusive leigos. Mas à parte isso, tomaram claramente posição, especialmente Ghassan Ben Jeddou, a favor da coalizão do Hezbollah nas eleições", explica por sua vez o jornalista Kassem Kassir. Ben Jeddou é uma figura que desperta ao mesmo tempo fascínio e polêmica; para muitos cristãos e sunitas, é a perfeita imagem do traidor vendido ao Irã e à Síria oficial. Sobretudo, na época em que dirigia a Al Jazeera no Líbano, foi um dos poucos jornalistas que conseguiram entrevistar Hassan Nasrallah, o secretário-geral do Hezbollah. (Apesar de várias solicitações, Ghassan Ben Jeddou não quis dar uma entrevista ao autor deste livro.)

O site Al Akhbar (literalmente, "as notícias") não é menos eficaz, em outro gênero. "Nós somos de esquerda, liberais, mas é verdade que o conflito israelense-palestino para nós é essencial. Somos decididamente contra Israel", esclarece Pierre Abi-Saab, redator-chefe do Al Akhbar, num francês perfeito. Simpático, esse intelectual de origem cristã maronita me conta o percurso que o levou a defender o Hezbollah (e a deixar de ser cristão) nos vários encontros que temos no café Bread Republic, perto da rua Hamra, em Beirute Ocidental.

Para ele, a questão central é a Palestina. Todas as demais questões políticas estão condicionadas à defesa do povo palestino e à resistência frente a Israel. "Todo o meu raciocínio é construído em torno disso", diz Abi-Saab. Insatisfeito com os compromissos propostos pelos cristãos libaneses ou mesmo pelos sunitas pró-Hariri, ele aos poucos se foi orientando, "em nome da justiça e do socialismo", para a resistência islâmica pró-Hezbollah. Começou então a trabalhar para o jornal e o site Al Akhbar. Segundo Diana Moukalled, sua concorrente direta da Future TV, "o Al Akhbar é extremamente forte na web. É a iniciativa mais inteligente concebida na esfera do Hezbollah. Eles dão a impressão de serem liberais, abertos, independentes, especialmente nas questões secundárias, como a cultura e os costumes. São modernos quanto à questão das mulheres e até, surpreendentemente, pró-gays. Mostram um rosto muito 'libanizado'. Mas quando se trata de uma questão política importante ou de um tema ligado à Síria ou ao Irã, seus editoriais não deixam margem a qualquer dúvida. Estão sempre colados na linha do Hezbollah".

"O Al Akhbar é a esquerda raivosa que não hesita em trair o povo libanês", critica por sua vez Hanin Ghaddar, uma das redatoras-chefes do site Now. Uma bela morena, xiita laica, Ghaddar é hoje fortemente anti-Hezbollah, embora eu a encontre em Saida, no sul do Líbano, a cerca de trinta quilômetros de Beirute, onde nasceu numa família xiita pró-Hezbollah. "O Hezbollah criou ou apoiou toda uma gama de mídias que vão de sites quase militares, como o Al Manar, a sites voltados para o público em geral sob sua influência, como o Al Mayadine e o Al Akhbar. E embora só as mídias e as contas oficiais supostamente os representem em caráter oficial, não deixa de ser uma estratégia muito hábil. O mais interessante é que todos esses sites são hospedados fora do Líbano e mesmo fora do mundo árabe, não raro nos Estados Unidos!", acrescenta Ghaddar. Ela reconhece que todas as mídias no Líbano pertencem a um partido ou uma confissão religiosa, acrescentando que gostaria que seu site now.mmedia.me/lb/ar conseguisse realmente tornar-se independente.

"O Líbano é uma identidade. No Now, somos claramente pró-Líbano. Não estamos ligados a nenhum partido, pertencemos a um grupo privado. O que é bastante original no panorama digital libanês. Mas não é por sermos independentes que somos neutros. Fazemos escolhas. Somos essencialmente laicos e a favor de um Líbano laico. O que também é original! Desse modo, como o Hezbollah foi criado, financiado e dirigido a partir do Irã, é evidente que não podemos ser pró-Hezbollah." O público do Now está em forte crescimento, embora esse pure player continue tributário do Google News e do Facebook para o acesso a seus artigos. "Quase sempre os libaneses nos leem en passant pelo Facebook: é uma especificidade do mundo árabe", garante Ghaddar. O site, que pretende ser uma espécie de Slate do Oriente Médio, pertence ao milionário Eli Khoury, cristão maronita que o comprou da família Hariri. Ele também é apoiado por fundações americanas. Ao visitar as instalações do Now em Beirute, vejo cerca de quarenta jornalistas distribuídos entre as redações árabe e inglesa, num total de aproximadamente setenta contratados.

Outros sites têm influência considerável no Líbano, a começar por tayyar.org, do general Michel Aoun, líder cristão maronita aliado à "resistência" e, portanto, ao Hezbollah. Da mesma forma, o site da rede LBC (lbcgroup.tv), de linha política ambígua, flertando com Aoun, representa um público considerável. "A concorrência entre as redes por satélite é decuplicada em seus sites na web: vamos encontrar as mesmas divisões confessionais, só que exacerbadas na internet", explica Jessy Abouhabib na sede da LBC, no norte de Beirute.

Não longe dali, o grupo MTV defende uma linha bem diferente (a Murr Télévision não tem qualquer vínculo com a rede americana MTV). Com uma programação jovem, composta basicamente de talk-shows e entretenimento mainstream, a MTV é ao mesmo tempo cristã e profundamente anti-Hezbollah. Por sinal, não hesita em provocar deliberadamente os muçulmanos com programas de grande sensualidade, um discurso extremamente livre no terreno dos costumes e uma expressão sem tabu da feminilidade. E é claro que o seu site (mtv.com.lb) vai ainda mais longe que a rede de televisão. "É verdade que não somos falsamente pudicos, pois na internet se pode mostrar tudo. Ao mesmo tempo, não faz mais sentido bancar a virgem ofendida. Todo mundo já viu tudo na web. Não existem mais limites a respeitar, pois todos os limites já foram ultrapassados", diverte-se Jad Yammine, diretor do site da MTV. A batalha da web é a continuação da guerra política por outros meios. E aqui, na sede do grupo MTV e de seus imponentes estúdios, no subúrbio norte de Beirute, um bastião cristão, todo mundo é visceralmente anti-Hezbollah.

Também é o caso de Roland Barbar, diretor de programação da Future TV (pró-Hariri), entrevistado no bunker da rede no centro de

Beirute. Depois de passar por um muro superprotegido de concreto e arame farpado, sob o olhar atento de soldados libaneses, além de vários outros postos de controle, vejo-me no centro desse bastião sunita. Do escritório de Barbar, num mezanino envidraçado, descortina-se a redação da rede, vasta e ultramoderna. Consciente da força dos sunitas na área das mídias, será que ele não tenderia a subestimar a dos xiitas? Seja como for, o homem forte da Future TV não acredita na competência digital do Hezbollah, e é exatamente o que me diz num francês perfeito:

"A web depende basicamente de empreendedores independentes. Acontece que o Hezbollah se baseia num modelo paternalista que teve certo sucesso com a proliferação de programas de assistencialismo, como hospitais e serviços sociais. Mas está em contradição com o que a web representa em todo o mundo, e, o que é mais grave ainda para eles, em oposição direta ao que os xiitas são no resto da região, comerciantes, empresários, empreendedores. O Hezbollah nunca entendeu isso." Segundo ele, esse viés ideológico explicaria a pequena quantidade de sites e a fraqueza da rede de startups pró-Hezbollah, "ao passo que elas de fato existem entre os cristãos e os sunitas". Barbar reconhece, contudo, que o Hezbollah tem uma grande capacidade de adaptação, e que, consciente da importância da web, o partido pode se lançar numa "verdadeira guerra digital do Líbano nos próximos anos". E por sinal, conclui, "ela já começou".

"Bem-vindo a Gaza"

Acabo de atravessar a fronteira pelo terminal egípcio de Rafah, e recebo um SMS em árabe: "Bem-vindo a Gaza". Assinado: Jawwal.

Para um palestino, o terminal de Rafah é a única passagem possível entre a Faixa de Gaza e o mundo externo. Ao lado da norte-coreana, essa fronteira é considerada uma das mais difíceis de atravessar em todo o mundo. Desde a queda do presidente Mohamed Morsi, o terminal está quase hermeticamente fechado. E os estrangeiros, inclusive egípcios, praticamente não podem usá-lo. (Entrei em Gaza em duas oportunidades, a segunda no verão de 2013, vale dizer, antes da guerra mortífera do verão de 2014: as páginas seguintes, assim, foram escritas antes desse novo conflito.)

O acesso, naturalmente, é mais fácil para diplomatas, jornalistas e o pessoal do serviço humanitário. Ainda assim, precisei apresentar uma solicitação na embaixada do Egito em Paris, com antecedência de três semanas, para conseguir um salvo-conduto especial do governo egípcio que me permitisse atravessar a fronteira em Rafah. Um pedido semelhante teve de ser enviado ao Hamas, que governa esse território palestino, para conseguir um visto de entrada na Faixa de Gaza. Os egípcios têm maior costume de recusar os pedidos (o Hamas vê com bons olhos o acesso de jornalistas ocidentais), mas, às vezes, no último momento a embaixada dá sinal verde. Foi o meu caso — na véspera da minha viagem para o Cairo. Custo: quarenta euros.

São seis horas de estrada, partindo da capital egípcia, para chegar ao posto fronteiriço de Rafah. É uma zona perigosa. Uma dezena de postos de controle militar se sucedem entre a cidade principal do nordeste do Sinai, El Arish, e Rafah. Comandos mafiosos de beduínos ligados ao comércio de drogas, à venda ilegal de armas ou a sequestros operam na região. Na véspera da minha chegada, no verão de 2013, um turista estrangeiro foi sequestrado e assassinado; vários policiais tiveram o mesmo destino, sobretudo porque os acordos de paz de Camp David, entre o Egito e Israel, sob o patrocínio de Jimmy Carter, em 1978, impuseram a desmilitarização do Sinai, permitindo tempo de sobra para que os piratas se armassem diante de militares que são meramente figurantes.

Ao redor do posto fronteiriço de Rafah, o deserto do Sinai: dunas oblongas; pequenos arbustos; palmeiras e alguns cactos. A estrada é barrada por uma imponente grade. Fim da viagem para muitos. Só passam dali as pessoas devidamente credenciadas. Uma multidão espera: pessoas rechaçadas; beduínos do Sinai oferecendo shekels, a moeda israelense que circula em Gaza, em troca de libras egípcias; motoristas de táxi à espera de possíveis clientes; mais beduínos oferecendo serviços para quem quiser tentar atravessar a fronteira "por túneis", em caso de impedimento pelas vias oficiais.

Depois de passar pela cerca, caminhamos uma centena de metros até entrar numa espécie de hangar onde mais uma centena de pessoas também está esperando. É preciso fazer fila diante de um guichê batizado de Passport Dept para ali entregar o passaporte e ficar esperando. Isso tudo leva entre uma e três horas.

Logo, os passageiros em trânsito, em sua maioria palestinos, tratam de se ocupar: comem biscoitos rudimentares comprados num pequeno balcão ou consomem um Nescafé intragável. Todas as mulheres estão usando véu, sem exceção. Algumas, poucas, usam o niqab. Crianças choram, outras brincam. Aqui, um recém-nascido é acomodado numa cadeira de plástico; mais adiante, um homem desmaia por causa do calor: algumas pessoas tentam socorrê-lo no chão mesmo, oferecendo um pouco d'água (sem a intervenção de qualquer médico ou bombeiro).

A calma e a paciência desses palestinos me impressionam. Em dado momento, um funcionário egípcio, atencioso e cortês, vem ao meu encontro para que eu preencha um formulário reservado aos jornalistas, no qual se esclarece que assumo a responsabilidade pela minha entrada em Gaza, que estou ciente dos riscos e que o governo egípcio não pode ser responsabilizado se alguma coisa me acontecer; eu assino o papel. O funcionário desaparece e eu ainda fico esperando uma boa hora. Ele finalmente retorna com meu passaporte carimbado: Exit via Rafah, o abre-te sésamo que permite atravessar a fronteira egípcia.

No fim de um corredor batizado de Travel Direction, um ônibus, obrigatório para todos, espera.

Ainda aguardamos cerca de trinta minutos até que o ônibus ficasse lotado e desse a partida (às vezes tudo pode durar ainda cinco a seis horas a mais, como pude constatar na volta). Não fomos muito longe. Depois de uma centena de metros, a passagem é bloqueada por imensas portas metálicas, além de um imponente muro de tijolos de cerca de quatro metros de altura. Por todo lado, cercas de arame farpado e muitos soldados armados fazendo a guarda; há também um tanque postado na entrada, mas sou informado de que é desmilitarizado. Mais um portão negro a ser atravessado, do lado palestino, e finalmente me vejo na Faixa de Gaza.

Num instante, a rede Vodafone do meu celular egípcio deixa de funcionar. A network está bem-padronizada. O ônibus avança mais uma centena de metros e se detém. Preso na sua traseira, vejo um reboque contendo centenas de malas e enormes embrulhos. O bagageiro do ônibus não é suficiente para transportar todos os objetos dos palestinos em trânsito. Pela primeira vez na vida vejo um reboque preso a um ônibus.

Novos procedimentos de fiscalização, desta vez com um policial do Hamas. Interrogatório cortês. Tenho de informar o nome do meu sponsor oficial palestino, que por sua vez deve se apresentar pessoalmente do outro lado do posto fronteiriço para fornecer a credencial do Hamas, explicar os motivos da minha visita e preencher um novo formulário. No fim das contas, sou o último passageiro em trânsito a sair do posto da alfândega.

Cinco horas depois de ter chegado ao terminal de Rafah, posso finalmente atravessar a fronteira e sair também por Rafah. A cidade é dividida em duas. De um lado, estamos no Egito; do outro, na Palestina. São 14 horas, e a Jawwal, operadora de telefonia móvel de Gaza, assume o comando, por um momento, da rede Vodafone egípcia. "Bem-vindo a Gaza."

JAWWAL POSSUI PRATICAMENTE O MONOPÓLIO NA FAIXA DE GAZA. É uma empresa sediada em Ramallah, parte do grupo do milionário palestino Moneeb Al Masri, que domina o setor de telecomunicações com os fixos (PalTel), o celular (Jawwal) e a internet (Hadara). Pelo acordo de paz de Oslo, todos os cabos telefônicos e de fibra óptica devem passar pelo posto fronteiriço israelense de Erez, e, dessa maneira, o Estado hebraico tem condições de controlar as comunicações no interior da Faixa de Gaza. Certa vez, esse único cabo oficialmente instalado a partir de Erez foi cortado acidentalmente por uma escavadeira, e Gaza ficou sem internet por vários dias. Em outra ocasião, durante a operação "Chumbo Endurecido", em 2008, o Exército israelense cortou propositalmente a internet em Gaza.

"Os israelenses podem ouvir qualquer conversa e ler qualquer e-mail. Em matéria de comunicações, eles são incríveis", confirma Mohamed

Meshmesh, redator-chefe do *Al Aqsa*, uma das principais mídias do Hamas. O preço da telefonia móvel é barato em Gaza, e o acesso à internet, generalizado tanto nos cafés quanto nas residências. Na verdade, paradoxalmente, os palestinos de Gaza têm uma rede de qualidade bem melhor que a disponível no Egito, para não falar do Sinai. Em muitas lojas de telefonia móvel de Gaza, é possível encontrar celulares a preços viáveis para os palestinos. Esses aparelhos, assim como a maioria dos produtos de consumo autorizados, vêm de Israel pelo posto fronteiriço de mercadorias de Kerem Shalom, a sudeste da Faixa de Gaza. Nele, perto de Rafah, pude assistir ao interminável desfile de caminhões com reboques, obrigados a descarregar todas as mercadorias no chão para uma inspeção rigorosa, a mudar de motorista e até de veículo (os caminhões que chegam por um lado não podem partir pelo outro). Seja como for, toneladas de mercadorias, inclusive celulares, tablets e computadores de todas as marcas, são assim autorizadas a atravessar legalmente a fronteira nos dias de semana. Tudo que não passa pelas vias normais tem de passar pelos "túneis".

"Os meios de comunicação e os sites estão ligados aos partidos, é assim mesmo", reconhece Mohamed Meshmesh, entrevistado na sede de mídia do Hamas. Externamente, o prédio não aparenta ser grande coisa. A rua Al-Haj Amin Al-Houseini, na zona norte da cidade, nem mesmo é asfaltada: trata-se de um caminho de terra batida. Nada discretas, com sua antena emissora de mais de vinte metros de altura, as instalações são banais, acomodadas numa mansão sem qualquer interesse, sem até mesmo um aspecto burguês, com duas garagens empoeiradas no térreo. Depois de um controle básico de identificação, subimos ao primeiro andar e atravessamos uma porta envidraçada. E tudo fica diferente. O concreto barato e sujo desaparece debaixo de tapetes luxuosos. O calor acachapante do térreo é substituído por uma refrigeração de primeira. As escadas empoeiradas dão lugar a um elevador perfeitamente funcional. Garrafões de água filtrada por todo lado. Flores também, belas e frescas, mas, na minha opinião, enfeadas pela apresentação em forma de arranjos decorativos.

Hamas, Jihad islâmico ou Fatah: em Gaza, como eu viria a constatar, todas as mídias e os sites estão vinculados aos partidos políticos. Aqui estão a rádio oficial Voice of Al Aqsa, os sites especializados, os community managers das redes sociais e, a dois passos apenas, a rede de televisão Al Aqsa — as principais mídias do Hamas. (O Hamas é oficialmente considerado uma organização terrorista por vários países, especialmente os Estados Unidos, mas também a França, além da União Europeia.)

Há cerca de dez anos, e especialmente desde a sua vitória eleitoral em Gaza em 2006 e o controle autoritário que passou a exercer na Faixa de Gaza em 2007, o Hamas desenvolveu uma excepcional presença nas mídias e no universo digital. Em várias ocasiões, suas emissoras de televisão e seus estúdios de rádio foram bombardeados, e seus sites de internet, desconectados. A rede de televisão do Hamas foi inclusive completamente aniquilada durante a operação israelense "Chumbo Endurecido", obrigando seus jornalistas a trabalhar em escritórios subterrâneos secretos. Hoje, contudo, o alto dirigente do Hamas por mim entrevistado afirma que não tem nada a esconder, o que contrasta com a cultura obsessiva em geral atribuída ao partido islâmico, próximo da Irmandade Muçulmana. Depois de uma entrevista formal, Mohamed Meshmesh me autoriza a visitar as instalações das mídias do Hamas, um escritório após o outro, um andar após o outro. E me oferece suco de goiaba e café turco.

Circulando livremente, fico impressionado com o profissionalismo e a cortesia dos jornalistas que encontro, aproximadamente uns trinta, trabalhando em estúdio, nos controles de vídeo e áudio, na cabine de montagem ou na war room digital, no segundo andar. A internet é uma prioridade para o Hamas, e me são mostrados sites oficiais e oficiosos, páginas do Facebook, contas do Twitter, uma verdadeira bateria de ferramentas de difusão — de propaganda? — do Hamas.

"Os israelenses são capazes de tudo. Podem nos bombardear completamente, se quiserem, ou destruir apenas nossas emissoras, ou ainda interferir na nossa antena. Conseguem até assumir a distância o controle dos nossos programas para substituí-los por suas próprias mensagens", queixa-se Mohamed Meshmesh, acrescentando: "Também conseguem entrar nos nossos sites e publicar posts nas nossas páginas do Facebook, como se fossem os administradores."

Para seu sistema de comunicação, o Hamas desenvolveu uma ferramenta importante: o Kassam Forum. Visito o escritório que administra esse espaço de debate público e trocas: vários "moderadores" cuidam do fórum. "Não se trata de moderadores, mas de radicais!", diz-me um dirigente do Fatah, o partido inimigo. Preferindo guardar anonimato por viver em Gaza e temer represálias, ele acrescenta: "O problema com o fórum do Hamas é que ele pode ser qualquer coisa, menos um fórum. Não há uma troca. É preciso ser membro para ter acesso, e os moderadores autorizam conteúdos de acordo com a propaganda do partido. Os comentários indesejáveis são eliminados. E nada disso parece muito sutil. É uma forma de comunicação tanto mais unilateral na medida em que não é necessariamente feita de maneira direta." (O fórum do Hamas de fato parece anacrônico e não é instantâneo, como são em geral os chats.)

Quando entrevisto certos blogueiros e moderadores do Hamas, eles dão a entender que de fato uma parte importante do seu trabalho consiste em evitar a infiltração de pessoas "inoportunas" (referência aos israelenses, claro, mas também aos membros do Fatah). Para despistar esses inimigos, não faltam precauções e identidades. "Tenho doze endereços de e-mail no Yahoo, no Gmail, no Hotmail etc.", esclarece um deles. Às vezes, certas contas do Hamas são arbitrariamente fechadas pelos gigantes americanos da net, como a conta em inglês das Brigadas al Qassam (@AlqassamBrigade), suspensa pelo Twitter. "Dois pesos, duas medidas", indignou-se o Hamas.

Na parede do corredor, vejo as fotos de dois jornalistas do Hamas mortos pelo Exército israelense. Um pouco depois, saindo do elevador ao voltar ao primeiro andar, um jovem me pergunta gentilmente de que país eu sou. Informado de que sou francês, ele me estimula, sorrindo, a "me tornar muçulmano". "Cale-se", interfere outro sujeito, visivelmente preocupado em exibir uma imagem de tolerância.

O Hamas não é propriamente conhecido pela tolerância. Além dos atentados contra Israel, as organizações internacionais de direitos humanos o acusam de muitas execuções sumárias de opositores palestinos. Em Gaza, o Hamas impôs um estrito controle de ideias, da cultura e dos costumes a uma sociedade já extremamente conservadora. Por terem apontado ressalvas quanto às suas ações, centenas de militantes e jornalistas do Fatah, o partido no poder na Cisjordânia, foram detidos, interrogados, encarcerados e às vezes até, segundo vários relatórios da Human Rights Watch e da Cruz Vermelha Internacional, torturados ou executados.

Por não dispor aqui de um veículo impresso autorizado, o Fatah voltou-se para a internet desde a vitória do Hamas em Gaza. Criou um chat que funciona muito bem, o Fatah Forum, extremamente descentralizado, que já contaria com quinhentos mil membros (segundo informação de um dirigente do Fatah). O fórum é incrivelmente eficaz, sendo coordenado por uma rede de administradores anônimos, o que dificulta a censura. “Meu irmão ficou doze dias na prisão por causa do Fatah Forum. O Hamas queria que ele desse o nome dos administradores”, conta Atef Abuseif, ex-diretor de mídias do Fatah que ainda vive no campo palestino de Jabaliya, no norte da Faixa de Gaza. Ele prossegue: “Mas é muito sofisticado. Ninguém sabe quem organiza o fórum, e o servidor com certeza está no exterior. Mas se alguém confessar que é correspondente de um site do Fatah, o Hamas o manda para a prisão por seis meses, na melhor das hipóteses.”

O fórum, assim como as muitas páginas do Facebook do Fatah, permitem que os membros do partido nacionalista palestino se comuniquem entre eles e com Ramallah, a capital. De maneira geral, as páginas do Facebook têm caráter mais local que o fórum. Existe uma conta do Facebook oficial do Fatah para cada manteka — uma divisão geográfica administrativa no aparelho do Fatah. São quatro mantekas em Jabaliya, logo, quatro contas do Facebook, e uma dezena em Gaza Ocidental, cerca de quinze em Gaza Oriental e uma centena, no total, na Faixa de Gaza. Nelas, são fornecidas informações sobre as reuniões, o noticiário do bairro, os mortos. “Basta o Hamas encontrar mensagens hostis a ele, em nossas páginas do Facebook, para começar a nos prender", conta Atef Abuseif.

Paralelamente, o Fatah montou um sistema original de comunicação direta por SMS. A partir dos números de membros ou simples simpatizantes, ele envia SMSs em massa. Centralizado e — provavelmente — administrado a partir de Ramallah, o sistema funciona bem pela Jawwal, a operadora de telefonia móvel. Cada lista de difusão comporta milhares de números de telefones, e, em caso de urgência, os simpatizantes do Fatah são avisados. Para evitar a prisão dos administradores, as mensagens são enviadas através de cartões SIM anônimos, não oficialmente declarados nos revendedores Jawwal de Gaza. Apesar disso, vários administradores dessas listas foram interpelados pela polícia do Hamas, amargando uma pena de três meses de prisão. O partido radical islâmico também acaba de proibir o uso de cartões SIM secretos, às vezes designados pelo humor local como "chips com véu".

"O Hamas impede nossas reuniões, nós praticamente não temos mesquitas, onde tradicionalmente ocorrem os debates políticos, e também proíbe as comunicações entre nós. Por isso tivemos de recorrer ao Facebook e aos celulares", confirma Atef Abuseif. Mas o fato é que, se o braço do Fatah de Gaza está à frente em matéria de novas tecnologias, parece ter perdido muito crédito junto à juventude local. "O Fatah está velho. Seu pessoal político envelheceu, e suas ideias também. Precisamos de novas ideias. Hoje em dia, quando um palestino diz que não tem partido, quando não tem muitas ideias nem um combate, a gente zomba dele dizendo que vota no Fatah. Precisamos mudar isso", reconhece Atef Abuseif. Escritor e professor universitário, no momento Abuseif retirou-se da vida política, declarando não fazer mais parte das redes oficiais do Fatah.

Ao contrário do que se pode imaginar quando se está fora da Faixa de Gaza, as tensões políticas aqui não se dão especialmente entre palestinos e israelenses. Embora se mostrem unidos contra o Estado hebraico, os palestinos estão violentamente divididos quanto à maneira de administrar Gaza. A censura imposta pelo Hamas em nome da resistência, sua recusa do pluralismo político, as numerosas detenções — e recentemente a adoção de uma nova lei contra os colégios mistos — representam uma considerável ameaça para a democracia, o estado de direito e a vida social em Gaza. Na Cisjordânia, o Fatah foi acusado de cometer os mesmos abusos contra membros do Hamas.

E, em especial, cada um está preocupado com o próprio programa político. No Fatah, a "libertação" da Palestina é — oficialmente — a única prioridade; mas há muito tempo se elevam vozes críticas denunciando a inação, senão os desvios mafiosos e financeiros do partido de Mahmoud Abbas. No Hamas, o programa está mais próximo do islamismo sunita em geral e da Irmandade Muçulmana em particular. A "libertação" da Palestina se inscreve num combate mais amplo, financiado especialmente pelo Qatar, pelos partidos "irmãos", até algum tempo atrás pela Síria e pelo Hezbollah libanês, e agora talvez ainda mais pelo Irã e, provavelmente, até ser derrubado, pelo Egito de Mohamed Morsi. O Hamas subordina os interesses dos palestinos a suas estratégias no exterior e rejeita toda uma paz articulada com Israel, ao mesmo tempo que recusa o surgimento de dois verdadeiros Estados: israelense e palestino — ideias combatidas pelo partido terrorista. Por fim, no que diz respeito ao Jihad Islâmico, o financiamento iraniano lhe impõe um programa político ainda mais internacional: por exemplo, se Israel interferisse contra as armas nucleares iranianas, o Jihad certamente atacaria Israel imediatamente a partir de Gaza, em represália, o que o Hamas com certeza faria com maior comedimento. Desse modo, o Fatah, o Hamas e o Jihad Islâmico têm em comum o objetivo de "libertação" nacional, mas discordam em quase todos os outros temas.

De cabeça raspada, com óculos pequenos, Wael Fanona tem no rosto uma marca indelével dos momentos de oração, quando a cabeça encosta no chão — sinal de grande fé. Ele é diretor de mídia do Jihad Islâmico na Faixa de Gaza. Encontro-me com ele no sétimo andar de um prédio de escritórios no centro de Gaza. Pelas janelas generosamente abertas, as correntes de ar passam com certa violência, oferecendo uma refrigeração a bom preço e lançando tudo pelos ares. Nas estantes, muitos diplomas, uma bandeira do Jihad, lembranças — entre elas uma maquete da Cúpula da Rocha de Jerusalém — e, feito a carvão, um retrato do fundador do grupo, Fathi Shaqaqi (assassinado em Malta pelo serviço secreto israelense). "A maioria dos que trabalham aqui não é membro do Jihad Islâmico. Os meios de comunicação estão ligados ao nosso partido político, perfeitamente separado do nosso braço militar", esclarece Wael Fanona. Ele me impressiona por sua calma, sua paciência e sua cortesia. (Eu ficaria sabendo mais tarde que ele foi detido aos 24 anos pelos israelenses e que passou 23 anos na prisão: estava entre os prisioneiros soltos em troca da libertação do soldado Gilad Shalit em 2011.)

Das janelas do prédio, contemplo a cidade de Gaza, imensa, iluminada, fervilhando. Seus habitantes amam a vida e estão em busca de normalidade, apesar dos cortes de eletricidade (há disponibilidade de energia durante cerca de oito horas por dia, com rotatividade entre os bairros), da escassez de água e gasolina, do bloqueio e dos bombardeios intermitentes. Em Gaza, por sinal, um representante da UNRWA, a agência das Nações Unidas para assistência aos refugiados da Palestina, comentaria ter a impressão absurda de uma guerra que nunca termina e durante a qual o Exército israelense destrói o tempo todo, com bombas financiadas pelos americanos, instalações palestinas financiadas pelos europeus.

E há também a censura. "É verdade, não sou membro do Jihad, nem simpatizante. Mas em Gaza não há trabalho para jornalistas que não pertencem aos partidos. De modo que eu trabalho aqui", explica-me no dia seguinte, num café, um blogueiro do Jihad (que prefere manter-se anônimo, pelo teor de suas declarações e por medo de represálias). Ele acrescenta que, no desempenho de suas funções, tem de obedecer a instruções muito precisas. Na internet, nos blogs ou no Facebook, toda a arquitetura do Jihad Islâmico é extremamente controlada e hierarquizada.

No terceiro andar do prédio está a Al Quds TV, a televisão por satélite do Jihad; no sétimo, a Al Quds Radio e os sites. E nos demais andares, aos quais tenho acesso a pé, pois o elevador está com defeito, encontro agências de imprensa e, bem lá no alto, acima do telhado, as antenas emissoras. "Em novembro de 2012, com um ataque cirúrgico durante a operação 'Pilar de Defesa', o Exército israelense conseguiu acabar com todas as nossas antenas emissoras no telhado, bem acima do sétimo andar, sem destruir o prédio", desola-se Fanona, ao mesmo tempo indignado e maravilhado com a proeza tecnológica. Acompanhando a nossa conversa, Abd Alnaser Abo Oun, famoso jornalista de Al Quds, pega um smartphone e me mostra o vídeo da destruição das antenas, como para confirmar a informação. "O sujeito que filmou esse vídeo perdeu uma perna na operação", informa Abo Oun.

A internet parece uma solução para enfrentar os bombardeios. A difusão por ondas hertzianas é cara, e as antenas ficam visíveis. Difundir imagens e sons pela web passa despercebido com mais facilidade. "É a prioridade do Jihad Islâmico", confirma Abdallah, jornalista digital que trabalha no local.

A competição com o Hamas também passa pela web. "Talvez tenhamos mesmo mais liberdades que as mídias do Hamas", diz-me Wael Fanona, reconhecendo manter "excelentes relações" com o partido irmão. Entretanto, como quem não quer nada, ele também me faz perguntas, com ar enciumado, para saber se os estúdios do Hamas são mais sofisticados que os deles.

Pouco antes da minha chegada, o Jihad Islâmico, provavelmente para mostrar que não aceita as atuais instruções de cessar-fogo do Hamas, lançou uma micro-ofensiva contra Israel a partir de Gaza: cerca de uma dezena de foguetes Al Quds — o equivalente dos foguetes Qassam do Hamas —, que não fizeram muitos estragos, mas provocaram imediata retaliação do Exército israelense. Quatro locais estratégicos do Jihad foram brevemente bombardeados por Israel na noite seguinte. É o grande assunto do momento, e todo mundo na redação me fala dos recentes confrontos.

Durante uma hora, visito as instalações midiáticas do Jihad Islâmico e fico impressionado com o número de jornalistas das mídias digitais; e também com sua juventude. Numa das mesas, alimentando páginas do Facebook do partido (além das páginas supostamente independentes, mas igualmente administradas por eles); mais adiante, cuidam de várias linhas do Twitter. Em outra sala, estão empenhados em desenvolver aplicativos para iPhone e Android. Em cada compartimento, vejo dezenas de computadores e muitas vezes um Corão sobre uma mesa ou uma estante. Na entrada, uma sala de oração. Os estúdios de fato são menos sofisticados que os do Hamas, mais rudimentares, mas o ambiente é igualmente de dedicação e bom humor. Na parede, vejo a imensa foto de Hassan Shakora, um jornalista do Jihad Islâmico: com seu pulôver de gola rulê, tinha 24 anos quando foi morto pelo Exército israelense.

EXTERNAMENTE, PARECE HAVER PEQUENOS HANGARES, com calotas de plástico, para os mais ricos, ou pequenas estufas agrícolas cobertas com toldos, para os mais pobres. Tem-se a impressão de um mundo aéreo, totalmente aberto, quando na verdade se trata de um mundo inteiramente subterrâneo. Os túneis desafiam todas as leis humanas e, no entanto, são a quintessência do espírito de sobrevivência. "Uma ideia brilhante", de acordo com o blogueiro Mahmoud Omar.

"Cerca de dois milhões de pessoas são tratadas de forma inadmissível em Gaza. Os palestinos não têm direito de viver on the ground, e então se movimentam underground", acrescenta Mahmoud Omar (um palestino de Gaza, por mim entrevistado no Cairo, e que com frequência viaja entre Gaza e o Egito). Perto da cidade de Rafah, no sul da Faixa de Gaza, há centenas de túneis que passam por baixo da fronteira egípcia. As estimativas variam entre quinhentos e oitocentos, segundo as fontes. Os que pude visitar, para ver por onde circulam laptops e telefones celulares, ficam num subúrbio da cidade, mas outros se encontram mais a oeste (e mais raramente a leste). Têm entre cem e trezentos metros de profundidade. Às vezes, se sobrepõem, com risco de desmoronamento.

Para chegar aos túneis, é necessária uma autorização do Hamas, que administra esse bem-organizado comércio pelo lado de Gaza. "É uma indústria bem-azeitada, que dá muito dinheiro ao Hamas", confirma o cineasta palestino Khalil Muzayen. E, com efeito, conversando com agentes do Hamas que administram os postos de passagem em direção aos túneis, descubro que cobram taxas. Existe até, na cidade de Gaza, um ministério oficial do governo do Hamas, batizado de Borders and Tunnels Administration. O Hamas administra os túneis e cobra o seu dízimo.

Além dos túneis "privados", que permitem a entrada na Faixa de Gaza dos produtos não autorizados por Israel, existem também os secretos, mais seguros e profundos, através dos quais o Hamas se abastece. Por esses túneis é que foram transportados os computadores, as mesas de mixagem e os demais equipamentos técnicos necessários ao funcionamento dos sites e estúdios do Hamas (segundo explicação de Mohamed Meshmesh, o dirigente do Hamas). Armas também? Ninguém o confessou a mim, e eu tampouco as vi; mas sua circulação subterrânea é um segredo conhecido de todos.

Os túneis também participam da normalização. Geladeiras? Máquinas de lavar? São centenas as que passam a cada semana. Material de construção? Tijolos? Cimento? Existem túneis especializados. Automóveis? Certos túneis, mais largos, são verdadeiras rodovias percorridas pelos carros. Pois os túneis não servem apenas para a passagem de produtos proibidos, permitem, sobretudo, o comércio de bens baratos — muito mais baratos que os que passam por Kerem Shalom, o posto de fronteira tripartite para a passagem de mercadorias legais entre Gaza, Israel e o Egito (que fica situado no extremo sudeste da Faixa de Gaza, perto do kibutz homônimo).

"Os celulares, os tablets e os computadores que transitam por Israel são de boa qualidade, mas muito caros. Para conseguir aparelhos menos caros, eles têm de passar pelos túneis", diz Ahmed Shawa, jovem palestino que vende telefones e tablets na loja Jawwal na esquina da rua da Palestina com a rua Shohadaa, em Gaza.

Algum tempo atrás, uma jovem empresa de entregas expressas — espécie de Fedex palestina chamada Yamama Delivery — obteve sucesso com uma bela jogada de marketing, oferecendo entregas rápidas em Gaza, através dos túneis, para pedidos feitos ao KFC provenientes do Egito. Sucesso garantido.

"Em Gaza, é possível chamar um táxi e pedir que o conduza aos túneis. Há uma empresa que afirma 'efetuar o trajeto 24 horas por dia'! As pessoas costumam até brincar sobre as possíveis alternativas para sair: fronteira ou aeroporto. Aeroporto se refere aos túneis! Pois é muito mais rápido!", ironiza o blogueiro Mahmoud Omar, que atravessou a fronteira várias vezes pelos túneis. "Quinze dólares, esse é o preço", afirma.

Mas o fato é que, em função dos períodos e dos acontecimentos políticos, o Exército egípcio estabelece uma zona de segurança rigorosa que limita estritamente o acesso aos túneis. Como o posto de Rafah também é periodicamente fechado, em função de fatores dificilmente previsíveis, Gaza volta a se tornar uma vasta prisão para seus 1,7 milhão de habitantes, sem túneis ou fronteira abertos, com suas promessas de penúria e escassez, apesar de sua vital rede de internet.

"Os cidadãos iranianos podem ler os seus tuítes?"

RAMYAR VENDE CELULARES no Grande Bazar de Teerã. E não é o único. Na rua onde me encontro com esse jovem iraniano, todas as lojas oferecem celulares. (Alguns nomes e lugares foram alterados nesta parte sobre o Irã.)

O Grande Bazar é uma enorme barafunda onde trabalham diariamente trezentas mil pessoas e à qual afluem seiscentos mil clientes. Agitação o tempo todo, em toda parte. Trocas e barganhas por todo lado. Não é belo como o souk [mercado] da cidade velha de Jerusalém ou o de Damasco, porém é maior. Pelo tamanho e o clima, parece o Khan Al Khalili, o souk do Cairo; pela separação rigorosa entre os sexos, assemelha-se mais ao souk Al Thumairi, de Riyad.

No interior, pelas ruelas, há uma sucessão de cores e cheiros: temperos, frutas secas, enorme variedade de empadas, tortas e pastéis. Os vendedores têm invariavelmente uma especialidade: em vez de se dividirem, aproximam-se em função das mercadorias; é o inverso de um shopping. Aqui, cintos, mais adiante, luvas de banho. Mais longe, cabides, casacos, cabideiros... Há uma rua onde se encontram apenas livros baratos em inglês, por exemplo, centenas de dicionários Longman (trata-se de cópias reproduzidas ilegalmente no Irã). E outra onde me deparo com montanhas de relógios — Rolex, Breitling, Dolce & Gabbana —, todos reproduções piratas. No souk, um Rolex custa cinquenta dólares; nos bairros da zona norte de Teerã, o preço chega a cinco mil.

Fatemeh, estudante de medicina, coberta com um véu, serve de intérprete no meu comércio com os vendedores dessa ruela especializada em celulares. Modernos e bons muçulmanos, eles têm uma fé moderada, mas baixaram em seus celulares todos os aplicativos necessários. "Com isto, o telefone fica halal", diz sorrindo Ramyar, um dos vendedores. Antes mesmo da chegada da internet, o celular representou para os iranianos uma importante revolução. "Sem celular, o controle dos pais era quase total. As moças, por exemplo, não podiam falar com ninguém, pois o pai controlava o acesso à linha fixa da casa e assim vigiava todas as conversas. A partir do momento em que todos os jovens passaram a ter um celular, os pais não podiam mais controlar suas ligações", conta Ramyar, que ganha a vida graças a essa revolução.

As estatísticas da União Internacional de Telecomunicações confirmam que 75% da população iraniana dispõe de um telefone celular, e que essa percentagem chega a 92% entre as classes superiores; desse modo, 31 milhões de iranianos teriam acesso à internet, numa população total de 75 milhões de pessoas. "Aqui, todo mundo usa aplicativos do tipo Viber, Skype e WhatsApp, que permitem conversar gratuitamente a partir de um smartphone. Os SMSs e o Bluetooth são muito importantes, pois representam a possibilidade de trocas mesmo sem falar! Os jovens ganham assim muita autonomia, especialmente as moças", prossegue Ramyar. No aplicativo Viber do seu próprio celular, ele me mostra a lista interminável de seus contatos e as muitas conversas que mantém com amigos e "muitas garotas", às quais se refere como "minhas girlfriends". Curiosamente, nenhum dos rostos femininos que aparecem nas pequenas fotos dos contatos está coberto pelo véu.

"Nós somos liberais na questão das mulheres", diz Ramyar, rindo e lembrando que "o Irã não é a Arábia Saudita". Ele comenta que as mulheres não podem dirigir carros em Riyad, nem mesmo acompanhadas do marido, e o podem em Teerã. Ramyar acha a situação absurda, mas não deixa de brincar que "assim as ruas ficam mais seguras", provocando um olhar hostil da minha intérprete Fatemeh, que, naturalmente, acha perfeitamente normal que uma mulher possa dirigir seu automóvel. (Desde a minha visita ao Irã, um vídeo causou sensação: Manal Al Sharif, técnica em informática e militante feminista saudita, deixou-se filmar dirigindo pelas ruas de Riyad e postou as imagens no YouTube e no Facebook. Tornando-se viral, o vídeo foi denunciado pelo regime como uma "provocação" e ela passou alguns dias na prisão.)

Na pequena loja do bazar de Teerã: um computador. Ligado a duas caixas de som, ele reproduz sem interrupção músicas de uma conta do iTunes recheada de sucessos iranianos importados de Los Angeles e hits anglo-saxônicos. Um dos vendedores consulta sua página do Cloob, equivalente iraniano do Facebook, que faz um sucesso apenas relativo. Ramyar me explica que o Cloob está muito aquém das possibilidades da rede social americana, mas tem a vantagem de ser menos filtrado. E, além do mais, é todo escrito em farsi, o que ajuda na utilização. "Mas o Facebook também é em farsi", objeta outro vendedor, que não me dá seu nome.

Na verdade, o Irã é o país dos blogs. A blogosfera local é realmente excepcional, e a comunidade iraniana de blogueiros tem sido apresentada como um autêntico "bloguistão". Eles são estimados em cerca de setecentos mil. "Os blogueiros podem ser censurados, perseguidos, detidos, mas é difícil identificá-los, pois são centenas de milhares", diz Mohsen, blogueiro com quem me encontro num subúrbio de Teerã. No coração da contrassociedade iraniana, ele é cantor de um grupo underground — o que, naturalmente, é proibido e punido com rigor. "Blogueiro e roqueiro: eu realmente optei por viver perigosamente", diz ele, sorrindo. (Eu ficaria sabendo mais tarde que Mohsen acaba de cumprir uma pena de três anos de prisão.)

INICIALMENTE POUCO INTERESSADO PELO UNIVERSO DIGITAL, o regime iraniano foi brutalmente informado das ameaças da "revolta verde" de 2009. Três milhões de pessoas correram risco de vida ao enfrentar a polícia nas ruas de Teerã — algo quase inconcebível, pensando bem. Para os mulás, não podia haver dúvida: a inusitada mobilização era resultado de uma "conspiração estrangeira" orquestrada pela internet, com vídeos do YouTube e do Twitter. Cabe lembrar que o Departamento de Estado americano solicitou que o Twitter adiasse a manutenção dos seus servidores, o que tornaria inacessível a rede social, para não atrapalhar os manifestantes durante a "revolta verde". (O fato foi amplamente debatido, mas em 2009 o número de iranianos com acesso ao Twitter por smartphone certamente era limitado, e é pouco provável que essa rede social tenha exercido verdadeiramente algum impacto in loco. Em compensação, foi decisiva na mobilização da diáspora iraniana nos Estados Unidos, o que explica o fato de que a maioria dos tuítes fosse em inglês, e não em farsi.)

O fato é que o controle da internet veio a ser estabelecido no Irã a partir de 2009. O parlamento (Majlis) anunciou a liberação de uma verba de 380 milhões de euros para montar um verdadeiro sistema de vigilância da internet, seguindo o modelo chinês. Uma polícia da net foi improvisada: batizada de Fata, trata-se de uma unidade especial da polícia islâmica iraniana.

Faço um teste em Teerã, digitando a palavra "sexo" no Google... e sou imediatamente encaminhado para uma página que me oferece a compra do Corão. Às vezes, o ridículo leva a melhor sobre a eficiência. Constato, assim, que o nome de um ex-vice-presidente americano costuma ser proibido no Irã: Dick Cheney. Antiamericanismo? Não! Simplesmente porque seu nome é Dick (em inglês, literalmente, "pica"). A palavra, portanto, é automaticamente eliminada.

"A censura é cega e burra", comenta o blogueiro Mohsen, afirmando que a polícia é a primeira a utilizar antifiltros para acessar conteúdos ilícitos. "O governo filtra e todo mundo desfiltra", resume. De qualquer maneira, constato que os cibercafés visitados em Teerã oferecem quase sistematicamente computadores com antifiltros, apesar de funcionarem legalmente. "Os melhores antifiltros são os russos!", explica por sinal o gerente de um café com internet situado entre o Museu do Tapete e o Museu de Arte Moderna, perto do Parque das Tulipas.

Mas apesar de tudo é melhor ser prudente. Uma verdadeira caça aos blogueiros teve início no Irã. Um deles, Sattar Beheshti, 35 anos, muito ativo também no Facebook, foi detido pela ciberpolícia iraniana e morto sob tortura no fim de 2012. Um relatório das Nações Unidas confirmou no mesmo ano que web-jornalistas e ativistas da internet tinham sido detidos em virtude da sua atividade digital.

Assim foi que se acelerou a virada para as redes sociais. Para se pro teger, certos blogueiros com quem conversei em Teerã passaram a dar preferência às redes sociais e às mensagens instantâneas (MSN, GTalk, bbm, WhatsApp ou Yahoo Messenger), nas quais a censura ainda está muito atrasada, embora Facebook, Twitter e YouTube estejam oficialmente bloqueados. Vários interlocutores me perguntaram qual seria o serviço mais seguro do ponto de vista da confidencialidade, entre Gmail, Yahoo e Hotmail. O Yahoo ficou malvisto desde que passou a cooperar com a censura chinesa, o Hotmail não desperta grande interesse e o Gmail seria considerado atualmente, desde que se transferiu da China continental para Hong Kong, o mais digno de confiança. (O risco de ser espionado pelos americanos não parecia preocupar muito os blogueiros iranianos.)

"Minha vida real é organizada como uma página do Facebook", conta Mohsen. "Tenho amigos que posso me dispor a encontrar ou não, em função de certo grau de confiança. É preciso ter muita prudência. Um novo amigo que não tem comigo outros amigos em comum é perigo na certa. Mas os amigos chamam os amigos." A maioria das pessoas de que ele "curte" no Facebook, os blogueiros, os fãs dos seus shows de rock, todo esse mundinho constitui a sua "família".

"A música é a manifestação cultural mais proibida neste país", explica Rasoul, baterista do mesmo grupo. "Só a música tradicional e certos cantores sentimentais são permitidos no Irã. São artistas do sistema, que recebem cachê e podem encontrar emprego como professores de música. Tudo mais é proibido, resvalando para a contracultura underground. O rock, o rap iraniano e especialmente os shows ao vivo são totalmente proibidos pelo regime." Ele faz uma pausa e me olha: "Como é possível proibir o rock? Como se pode proibir praticamente todas as músicas?" Com um sinal da cabeça, deixo claro que também fico escandalizado. Ele prossegue: "Mas o fato é que consigo sair todas as noites em Teerã, em garagens, em salas improvisadas, e uma vez fiz até uma apresentação noturna secreta num jardim de infância! É suficiente para estar na rede." Quais os riscos? "A destruição da minha bateria e dois dias de prisão; em certos casos graves, 74 chicotadas", afirma Rasoul, acrescentando: "O MP3, o iTunes, o MySpace e o YouTube mudaram isso. As fitas gravadas já permitiam aos jovens ouvir música, mas agora eles nem precisam mais guardá-la. Com isso, todo o mundo conhece nossas músicas, embora sejamos proibidos pelo regime e supostamente estejamos na clandestinidade."

A internet mudou tudo. Um músico de rock como Omid, que canta em farsi, é conhecido por toda a juventude iraniana, embora seja proibido no Irã e viva em Los Angeles. Graças à possibilidade de baixar músicas e às compilações em CDs de MP3, ele é um ícone e tanto no Irã, como pude constatar em várias noites. Os fenômenos MP3 e iTunes aboliram na prática, senão legalmente, a censura musical no Irã, que já enfrentava problemas com a fita cassete. E quando visitei "Tehrangeles" — apelido do bairro de Westwood, em Los Angeles, onde vivem mais de oitocentos mil iranianos —, pude descobrir a retaguarda contracultural do Irã. Lá se encontra toda uma subcultura, com alimentos especializados, cafés muçulmanos, salas de shows de rock iraniano, para não falar de 25 redes de televisão por satélite com programação em farsi gerada na Califórnia, destinada às parabólicas por assinatura do Irã.

A liberação hoje no Irã passa inclusive por redes de nomes estranhos: Hotbird, Eutelsat, Türksat e, em menor grau, ArabSat, NileSat e Asiasat — os satélites estrangeiros acessíveis a partir do país.

E também passa pela internet. A censura iraniana tem de enfrentar a contracensura norte-americana. Milhares de jovens iranianos exilados em Tehrangeles, antimulás, nerds, adeptos do digital ou empregados de startups, inventam em tempo real softwares para contornar as armadilhas da censura de seu país de origem. Sempre com novas ideias, sem contar as horas que passam diante dos computadores, eles aproveitam a defasagem horária para "desbloquear" a web. "Assim que um site é bloqueado em Teerã, os irano-americanos de Los Angeles ou São Francisco encontram soluções alternativas ou proxys e o restauram, para que esteja novamente ativo na manhã seguinte. É o nosso serviço pós-venda da internet iraniana", confirma Mohsen, fascinado e agradecido. Felizes por enfrentar a revolução islâmica, eles evitam correr muitos riscos, ao contrário de seus correligionários que ficaram no Irã. Alguns fugiram do regime porque eram ameaçados por motivos políticos; outros deixaram o Irã por livre escolha, por assim dizer, por motivos econômicos. Os blogueiros muitas vezes estão na primeira categoria; os donos de startups, às vezes mantendo a dupla nacionalidade, na segunda. O que têm em comum é a saudade do país distante, mais sonhado que vivido. E que sobrevive, mesmo quando se mora em Tehrangeles, graças à internet. Ao lado de Dubai e Istambul, a megalópole californiana constitui uma retaguarda, a retaguarda do Irã liberado, assim como Miami representa uma espécie de Cuba liberada.

Às vezes, a comunidade internauta persa recebe uma inesperada mensagem de apoio. Quando o novo presidente iraniano, Hassan Rohani, abriu uma conta no Twitter (@HassanRouhani), sua chegada foi saudada com uma mensagem em menos de 140 caracteres do fundador do Twitter em pessoa, postada da Califórnia. Jack Dorsey (@Jack) respondeu-lhe: Good evening, President. Are citizens of Iran able to read your tweets? (Boa noite, presidente. Os cidadãos iranianos podem ler os seus tuítes?)

Amir é um artista gráfico digital com quem me encontro no Web Café, lugar da moda em Teerã, no subsolo de uma ruela perto da praça Imã Khomeini, na zona sul da cidade. À primeira vista, o prédio, de arquitetura islamo-stalinista, surpreende. Lá dentro, o caráter underground do local, no sentido literal e no figurado, não deixa mais margem a dúvida. Uma banda de rock ensaia clássicos da contracultura, todos proibidos no Irã: "Blowin' in the Wind", de Bob Dylan, "Imagine", de John Lennon, e "What's Going On", de Marvin Gaye. Os versos "picket lines and picket signs" sobre a brutalidade policial, os cabelos longos e a guerra ressoam no pequeno café. Os clientes, os garçons e as mulheres convivendo nesse lugar misto não prestam muita atenção, mas Amir está fascinado com essa liberdade musical. Como bom conhecedor, ele me diz que só faltam "Purple Haze", de Jimi Hendrix, "No Woman no Cry", de Bob Marley, e "Sympathy for the Devil", dos Rolling Stones. Eu concordo, acrescentando à lista "Changes", de David Bowie, e talvez um Jim Morrison, "When the Music's Over". Amir come um cheesecake. "Everything's gonna be all right" [tudo vai ficar bem], diz, citando um verso muito conhecido de Bob Marley.

O café fica de frente para a rua, sendo composto por três salas enfumaçadas onde se podem consumir bebidas (não alcoólicas) e pratos do dia a preços acessíveis. O wi-fi é gratuito. Um grupo de estudantes está vendo no YouTube o vídeo "Telephone", de Lady Gaga, no qual as lésbicas tomaram o poder e os héteros acabam na prisão! Ao meu redor, as garotas, cheias de ideias, adaptam o véu à própria beleza usando capuzes e cores ousadas. E quanto batom, quantas joias! Não importa se os Cartier são verdadeiros ou falsos (são falsos); esse luxo todo permite seduzir até onde a lei islâmica autoriza. Um relógio, a maquiagem: são coisas que saltam aos olhos, mesmo quando se está coberta por um véu. E por baixo dos seus casacos folgados, elas usam os mesmos jeans rasgados que Kurt Cobain.

Na verdade, o governo iraniano sonha com um "Oriente civilizado" frente a um "Ocidente decadente", temendo acima de tudo a contaminação cultural ocidental: "Ele sabe muito bem que os jovens iranianos só pensam nisso", pondera minha intérprete, Fatemeh. "Do rock ao cinema, passando pela televisão, a internet e a liberdade sexual, o regime diariamente assiste aos efeitos ampliados de tudo isso no próprio Irã." (Esse clash de civilização não explica sozinho o absurdo da pena infligida no outono de 2014 a seis jovens iranianos, simplesmente por terem cantado "Happy", de Pharrell Williams. Em seu vídeo, filmado com um iPhone e postado no YouTube com o título "Happy in Tehran", eles dançam felizes nos terraços e telhados de Teerã. Difundido pelo Facebook e pelo Instagram, o vídeo tornou-se viral, chamando a atenção da "polícia de costumes". As três moças que não usavam o véu, obrigatório no Irã, constituíam um motivo de detenção, mas a severidade do veredito — seis meses de prisão e 91 chibatadas, com sursis — causou comoção internacional. Os jovens irano-americanos de Tehrangeles expressaram sua revolta, enquanto Pharrell Williams se declarava consternado com o caso e "muito mais que triste" (em mensagem postada no Twitter). O presidente do Irã, Hassan Rouhani, foi obrigado a recuar e a pedir clemência, em mensagem também publicada no Twitter: "a felicidade [happiness] é um direito do nosso povo [e] não devemos nos mostrar por demais duros com comportamentos decorrentes da alegria". As condenações, confirmadas pela justiça, acabaram transformadas em sanção com direito a sursis.)

DECIDIDAMENTE, a ditadura teocrática xiita é tão tacanha que não oferece à juventude outras opções senão se rebelar contra regras arbitrárias, percebidas como feudais. "A revolução islâmica morreu para a opinião pública. O que pode oferecer aos jovens iranianos? O culto dos mártires Ali e Hussein, mortos há mais de mil anos? A espera do décimo segundo imã oculto? Só mesmo rindo", explica Amir. No Irã, frente a essa teocracia sectária, prospera toda uma contracultura, longe dos preceitos dos mulás. À falta de liberdades públicas, os jovens inventaram as liberdades privadas — e adotaram o celular e a internet. Pude verificar a força dessas aspirações em toda parte, de maneira subterrânea, é verdade, ainda tateando, mas efetuando inexoravelmente uma formidável reformulação de ideias e valores. O regime pode reprimir, punir e assassinar, mas não tem controle dessa evolução, alimentada pelos motores mais profundos: uma demografia excepcionalmente jovem (65% dos 75 milhões de iranianos têm menos de 35 anos), um nível educacional elevado, especialmente entre as jovens, uma considerável classe média, a onipresença das novas tecnologias, uma economia próspera, que faz do Irã um país emergente, e algo que poderíamos chamar — expressões de definição difícil, mas tão perceptíveis no Irã — de espírito de época e evolução das mentalidades.

Mas não vamos exagerar. Aqui, o observador estrangeiro deve tomar cuidado para não superestimar o papel da internet e a influência dessa contrassociedade. Todas as ditaduras têm a sua nomenclatura. Todos os regimes autoritários têm seus enclaves undergrounds. Suas sinecuras e seus apaniguados. Será que em Teerã estamos assistindo apenas à entrada em cena de uma dourada elite desenfreada e digital, epifenômeno à margem do sistema e do resto do país, ou a um movimento de fundo e de massa, congregando a juventude e anunciando o futuro da sociedade iraniana? Essa é a questão, e de sua resposta depende em grande medida o futuro dessa "República islâmica" do Irã — que já traz no próprio nome a tensão entre o religioso e o laico.

Vários interlocutores meus no Irã disseram que o regime iraniano, abalado pela força da contestação nas eleições de 2009, estaria evoluindo rumo ao modelo chinês. Seria afinal obrigado a soltar as amarras na economia, na internet, na cultura e nos costumes para salvar o que pode ser salvo: a política. Ceder no acessório para preservar o essencial.

Outros, pelo contrário, sustentam que o regime atualmente endurece ainda mais, evoluindo para uma ditadura policial pura e simples. A internet passou a ser objeto de controle mais rigoroso. "O certo é que o povo e o governo caminham em direções opostas", comenta Fatemeh, que apesar de tudo se mantém otimista. Ela não tem mais medo dos pasdaran [os guardas da revolução islâmica] nem dos bassidji (a polícia de costumes, que fiscaliza o uso do véu obrigatório e combate as "imoralidades sociais"). Para ela, o universo digital e a contracultura mostram o verdadeiro sentido da história. Essa vida underground ou on-line forma uma verdadeira sociedade civil. Essa contrassociedade está escondida, mas também representa a realidade da sociedade iraniana. In real life. Amir acrescenta: "Já não é nem mesmo uma contrassociedade. É a verdadeira sociedade. É o Irã."

Uma internet halal

O CAMPUS DA UNIVERSIDADE Al Azhar, no Cairo, fica a poucas centenas de metros do lugar onde o presidente egípcio Anuar Sadat foi assassinado. Um comovente memorial se ergue em sua homenagem no coração de Nasr City, vasto subúrbio a nordeste do Cairo.

À porta da universidade, camelôs oferecem melancias e jornais. A entrada é rigorosamente controlada, mas, de posse de uma autorização, é possível circular de carro pelo imenso complexo, formado por cerca de cinquenta prédios. Um deles é conhecido pelo nome de Isnu. Trata-se da Information System Network Unit, o coração da internet muçulmana sunita.

"A Al Azhar é uma universidade de elite e o principal centro de ensino teológico sunita. Sua jurisprudência e suas fatwas são seguidas ao pé da letra. O grande imã da Al Azhar é o chefe supremo do islã sunita no Egito e, portanto, em princípio, em todo o mundo", confirma Ashraf Mohamad, o engenheiro que me acompanha em visita às instalações. A universidade, cujo nome em árabe significa "esplêndida", foi construída no século X ao lado da mesquita homônima, no centro da cidade do Cairo. Dominada por quarenta minaretes e quatro cúpulas de fato esplêndidas, a Al Azhar tem grande importância patrimonial. É venerada pelos muçulmanos sunitas do mundo inteiro, aos quais fornece masters e fatwas. O que, no entanto, não a torna templo de um islã radical: pelo contrário, a instituição azhariana representa um islã moderado e mainstream, muito afastado do islamismo da Irmandade Muçulmana, e mais ainda das correntes ultraortodoxas, como o salafismo e o wahabismo saudita. A universidade mantém-se popular no mundo muçulmano, o que lhe permite atrair muitos estudantes estrangeiros. Esse sucesso tem uma contrapartida: para cumprir suas missões, a Al Azhar teve de abrir um campus mais amplo e moderno em Nasr City, bem perto do Ministério da Defesa. A sede histórica no centro da cidade do Cairo mais parece hoje uma simples vitrine, enquanto o campus principal fica no subúrbio.

Mohamed Hosny é o administrador da Isnu da Al Azhar. Supervisiona os cerca de quarenta labs que constituem o coração da rede e me acompanha com gentileza quando os visito, fazendo pequenos gestos hieráticos. No primeiro andar do prédio está o cérebro do sistema: um supercomputador Siemens ocupa uma sala inteira, com as janelas ocultas por trás de pesadas cortinas verdes, para protegê-lo da luz, enquanto a refrigeração barulhenta, mas eficaz, o protege do calor. Hosny responde a todas as minhas perguntas, chegando a me fornecer a marca do roteador (Juniper) e do comutador (Foundry) — ambos americanos. O campus funciona em circuito fechado em torno da rede local (LAN), embora também permita o acesso à internet por meio de dezenas de servidores conectados.

Um dos principais programas da universidade foi batizado de Al Azhar Online Project. Lançado em 2005, em grande parte financiado por fundos provenientes do emirado de Dubai, ele tem como objetivo disponibilizar coleções digitalizadas de manuscritos raros da universidade, documentos essenciais da história do islã. Paralelamente, uma linha de atendimento foi criada para responder às questões práticas dos muçulmanos confrontados com a vida moderna: eles podem entrar em contato com a universidade teológica por telefone ou e-mail para fazer qualquer pergunta, obtendo resposta em 48 horas. Finalmente, a Al Azhar recebeu a partir do fim da década de 1990 uma nova missão: a censura religiosa das mídias eletrônicas egípcias.

Percorrendo o campus, deparo-me com salas de e-learning, um Center for software, outro para o hardware e, no fim de um longo corredor, uma incrível sala de reparos, onde se amontoam computadores com defeito — como se se esperasse consertar os velhos computadores nesse lugar santo, em vez de trocá-los. Ao sair das salas de informática, cruzo com três indivíduos orando agachados, prostrados sobre esplêndidos tapetes nos quais foram costuradas pequena bússolas — para indicar a direção de Meca.

Se a Isnu da Universidade Al Azhar parece funcionar bem, o fato é que não fico muito impressionado com os equipamentos. O conjunto do sistema tecnológico parece pouco operacional, e seus recursos de informática, empoeirados, raramente de último tipo. Assistindo a algumas aulas — um curso de Corão, um de inglês e outro de informática — no antigo campus e no novo, encontro "estudantes de religião" sem cadernos nem canetas, alguns dormindo deitados nos bancos, diante de professores-funcionários arcaicos que repetem uma ladainha ante a indiferença geral. Os alunos entram e saem, telefonam. Ninguém ouve. Até as mesquitas no interior da universidade parecem refletir a característica miséria colorida do Oriente. Aqui e ali, as cadeiras, novas, nem sequer foram inteiramente retiradas da embalagem. E numa das salas de informática do campus, vejo um cartaz com o slogan Are You a Digital Native? Na Al Azhar, ao contrário do que tantas vezes se tem dito, a resposta não necessariamente é afirmativa.

UMA INTERNET HALAL? Para se ter uma ideia mais clara do que poderia ser uma oumma on-line — a comunidade dos muçulmanos na internet —, é preciso buscar outros horizontes. E confiar nos empresários, mais que nos governos. No Egito, como no mundo muçulmano em geral, os donos de startups criaram uma infinidade de sites e aplicativos em concordância com o islã.

No P.S. Caffe, na ilha de Zamalek — um bairro rico e moderno do centro do Cairo —, o wi-fi é gratuito. Cerca de uma centena de pessoas estão presentes, contemplando como eu, impressionadas, as imagens ao vivo da segunda revolução egípcia em telas planas (minha visita ocorreu no dia 30 de junho de 2013, durante as grandes manifestações anti-Mohamed Morsi). Muitos também acompanham as informações pelas redes sociais, com seus smartphones. São feitas comparações entre a rede saudita Al Arabiya, que toma a defesa da "rua", e a Al Jazeera, que passou a ser detestada por apoiar Morsi e assim confirmar sua proximidade com a Irmandade Muçulmana.

Embora os clientes aqui sejam mais abastados, "ocidentalizados" e maciçamente anti-islâmicos, todos baixaram em seus smartphones vários aplicativos halal, como diz Mohammad. Estudante de comunicação, ele por sinal me recomenda o iQuran, um app muito popular que dá acesso ao Corão (a versão básica, iQuran Lite, é gratuita, e a versão mais completa custa 1,79 euro na App Store). Como sou estrangeiro, Mohammad me oferece um aplicativo no qual o Corão está disponível em outras línguas, o que é formalmente proibido, pois teoricamente o Corão não deve ser traduzido (o aplicativo Quran Majeed Lite é gratuito, e a versão mais completa custa 3,59 euros na App Store). Essas diferentes versões eletrônicas do Corão foram baixadas milhões de vezes. Mohammad também fez uma assinatura gratuita pela qual recebe toda manhã, na hora da primeira oração, um SMS com uma citação do Corão. Mostra-me então as últimas mensagens que recebeu, visivelmente orgulhoso.

No ramadã, escrupulosamente observado por Mohammad, outros aplicativos mais específicos podem ser usados. O *Ramadan Times* dá a hora exata da interrupção do jejum, seja qual for o lugar onde se esteja (como o nascer e o pôr do sol variam de um lugar para outro, o aplicativo é geolocalizado). Muitas outras ferramentas oferecem uma personalização — uma "islamificação", diz Mohammad — dos smartphones e da internet. Para o ramadã que está prestes a começar, o estudante decidiu aprender inglês, e me mostra um aplicativo que o ajudará a aumentar o vocabulário. Fico espantado com essa atividade pagã. "Todo ano, no ramadã, eu estabeleço objetivos para mim mesmo. É um momento de introspecção, de esforço e projetos. Estou de férias com a família, não tenho nada para fazer durante o dia. Em vez de ficar vendo novelas durante todo o mês, vou seguir um curso pela internet e melhorar o meu inglês."

Ismail juntou-se a nós. Pede um suco de manga — no P.S. Caffe não servem álcool — e reserva uma chicha. Também parece orgulhoso do seu smartphone Samsung, um Galaxy S4, já fornecido pela operadora Vodafone-Egypt com uma bússola corânica que aponta a direção de Meca, um pequeno contador islâmico digital que permite calcular o número de versículos recitados (misbaha digital) e um aplicativo de geolocalização que indica as pausas para oração cinco vezes por dia (Adhan) e as súplicas (Du'a). Embora não seja muito praticante, Ismail também baixou uma versão do Corão recitada pelo famoso xeque Ahmad Ajami (Holy Quran, gratuita no Google Play para telefones Android). "A vantagem dessa versão é que podemos baixar as suratas individualmente, se quisermos, para ouvi-las off-line, e também compartilhar por Bluetooth", diz Ismail. Examinando o aplicativo, encontro um aviso de que a nova versão contém uma função Stop playing when somebody call you. "É um sinal de respeito suspender momentaneamente a leitura do Corão quando se recebe um telefonema!", observa Ismail.

Halal ou não, esses aplicativos são considerados pelos islamitas uma falta de respeito com o profeta. Certos imãs chegaram a lançar fatwas contra o emprego dos versículos do Corão como toques de celulares; outros quiseram proibir completamente o uso da internet e das novas tecnologias. Mas as práticas populares pouco estão ligando para essas proibições, tanto mais que o islã sunita é uma religião sem clero, ao contrário do islã xiita. Os muçulmanos ouvem a opinião dos imãs, mas prestam contas apenas a Deus, o que favorece as interpretações pessoais

Com a generalização dos smartphones no mundo árabe, os aplicativos supostamente halal e os gadgets móveis se proliferam. Mas cada um tem o próprio islã sob medida.

Indiferente aos preceitos autoritários do establishment religioso, Zac, outro estudante, me mostra os toques de celular "do profeta". Estão reservados para as chamadas do pai e da mãe, e ele dá preferência a uma canção de Rihanna para os amigos. Além disso, me mostra o site Anghami, uma espécie de Spotify do mundo árabe. O aplicativo homônimo, disponível em inglês e árabe, permite ter acesso a todas as celebridades do Oriente Médio, do megastar egípcio Amr Diab ao iraquiano Majid, passando pelo sírio George Wassouf, os sauditas Abu Baker Salim e Mohamed Abdo (na capa dos álbuns, que podem ser ouvidos em streaming, ambos usam um keffiyeh), a tunisina Latifa, a síria Assalah e a libanesa Elissa.

O P.S. Caffe está cheio. Uma loja de móveis ao lado acaba de ser fechada, e o gerente do bar ampliou a varanda até a área frontal do estabelecimento fechado, dobrando o tamanho de sua loja. Fumando chichas com perfume de cereja, bebericando smoothies gelados e comendo bolos americanizados — muffins de chocolate —, Ismail, Mohammad e Zac estão agora debatendo sobre a internet. O motivo é o tamanho da manifestação contra a Irmandade Muçulmana: essa mobilização maciça teria sido favorecida pelas redes sociais? Todos afirmam que receberam dezenas de alertas em seus telefones e que viram os abaixo-assinados anti-Mohamed Morsi no Facebook. Para eles, não resta a menor dúvida de que a mobilização foi fortalecida pelos recursos tecnológicos. "Mas o principal motivo foi o fracasso da Irmandade Muçulmana, que é incapaz de administrar o país e quis se apropriar de todos os poderes", explica Zac.

A conversa resvala para o universo digital. Agora eles estão comentando o Maktoob, o portal árabe (comprado pelo Yahoo): Mohammad o considera prático para ter acesso aos e-mails, pois é em língua árabe, ao passo que Ismail acha o serviço superado, preferindo Hotmail e Gmail. Eles também falam sobre o site ArabNet, que conecta os geeks árabes entre eles, e o site Diwanee, sediado em Dubai, usado pelas mulheres árabes. Segue-se uma pequena discussão a respeito dos GPS que trazem um indicador de Meca previamente instalado, em alguns táxis do Egito: Zac zomba dos motoristas que enchem o carro de amuletos e exemplares do Corão na dianteira e na traseira, para se proteger em caso de acidente, "mas nunca usam o cinto de segurança".

Os três egípcios também me falam de sites mais proselitistas, a começar pelo Islam Online (islamonline.net/ar/). Sediado no Qatar e lançado pelo superstar da teleprevisão islâmica da Al Jazeera, o xeque Youssef al-Qardaoui (exilado egípcio sabidamente próximo da Irmandade Muçulmana), o site se propõe a responder a perguntas concretas que ocorrem aos muçulmanos para ao mesmo tempo viver na modernidade e se comportar como bons fiéis. Na seção Ask the Scholar, os internautas podem postar uma pergunta e receber uma resposta. Milhões de pessoas são influenciadas por suas opiniões e fatwas, sejam difundidas pela Al Jazeera ou pelo Islam Online. (Youssef al-Qardaoui é uma figura controvertida: grande defensor dos palestinos responsáveis por atentados suicidas, inimigo dos Estados Unidos por causa da invasão do Iraque, tendo exortado o jihad contra a França desde a proibição do uso do véu islâmico nas escolas públicas, mas crítico em relação à Al-Qaida, por considerar "contraproducentes" os atentados de 11 de setembro, ele se mostra eventualmente um intérprete do islã progressista, especialmente em relação às mulheres.)

A IRMANDADE MUÇULMANA não se mostrou, em sua ação, à altura de sua penetração na opinião pública. Entretanto, prevê Mohammad, continuará "muito influente". E ele acrescenta: "Graças à internet." Antes da queda de Mubarak e desde a de Morsi, a Irmandade Muçulmana revelou sua potência na web. Seu site principal (ikhwanonline.com) tem uma versão em inglês (ikhwanweb.com): são esses os dois principais mecanismos de propulsão da informação islâmica.

"A Irmandade Muçulmana se acostumou a viver na clandestinidade sob Mubarak, e até hoje amarga a marginalidade, estando, portanto, preparada para funcionar na web. Criou em especial um grupo de ação digital que interfere nas conversas do Facebook. São verdadeiros trolls! Às vezes, postam milhares de pedidos automatizados de proibição de determinada conta no Facebook, com os pretextos mais falaciosos. O Facebook nem sempre verifica, e desse modo a conta de um democrata egípcio pode ser fechada em nome do combate à pornografia, embora nunca tenha ocorrido esse tipo de abuso no seu espaço!", explica Randa Abou El Dahab. Encontro-me com essa célebre blogueira no Estoril, restaurante nasseriano do centro do Cairo, onde ainda encontramos velhos socialistas anti-Irmandade Muçulmana e nacionalistas pan-árabes à antiga. Segundo ela, o engenheiro e milionário Mohammed Khairat Saad El Shater organizou e financiou maciçamente a presença da Irmandade Muçulmana na internet (em julho de 2013, depois da segunda "revolução" egípcia, esse líder islâmico foi detido e encarcerado).

Outros observadores se mostram menos convencidos da força digital da Irmandade Muçulmana. É o caso do blogueiro Mohammed El Gohary, ao lembrar que a confraria não foi capaz de controlar a web nem sequer quando dispôs de plenos poderes, entre 2011 e 2013. "Eles não entendiam nada de internet. Não souberam nem bloquear os sites mais virulentos da oposição. E, por exemplo, tentaram perseguir um blogueiro que era citado no Twitter. Ele foi imediatamente liberado pela justiça: não sabiam nem mesmo a diferença entre tuitar e ser mencionado no Twitter!" Para ele, como para outros especialistas, a Irmandade Muçulmana é um partido centralizado e rígido demais em sua comunicação para ficar realmente à vontade com a internet. A interação, os comentários, a liberdade dos blogueiros, inclusive quando islamitas, não são muito bem tolerados pelo partido.

Durante muito tempo na ilegalidade (à qual está de volta hoje), a Irmandade se construiu numa cultura do segredo, num senso de disciplina e hierarquia muito rigoroso, com uma evidente vontade de ter um controle vertical da informação. Esse modelo autoritário de "fidelidade" e "submissão" (literalmente, o sentido da palavra "islã" em árabe) não condiz com a natureza horizontal e não hierárquica da web. Mas El Gohary reconhece que a Irmandade foi capaz de prever a influência da web e o papel do Facebook nos países árabes já no fim da década de 2000. E que se adaptou à clandestinidade, preferindo promover a proliferação de sites à de escritórios ao dar primazia aos seguidores sobre os assalariados. "Mas o fizeram de maneira grosseira, à antiga, the old way, no diapasão da propaganda, com ataques pessoais e promovendo boatos. Não é novidade: já faziam isso nos jornais. A única coisa que eles não entenderam é que agora dispomos de meios para organizar na web um contra-ataque para desmentir imediatamente os boatos. Por isso é que os intelectuais que criticam a web por causa dos boatos estão equivocados: os boatos já existiam antes na imprensa escrita. Mas agora é possível denunciá-los mais facilmente."

DEPOIS DA REVOLTA "VERDE" NO IRÃ EM 2009, quando ocorriam as revoluções árabes de 2011, algumas vozes se levantaram para contestar a pertinência de mobilizações democráticas influenciadas pela internet. A partir do caso iraniano, o jornalista americano Malcolm Gladwell ironizou, num artigo do *New Yorker* que ficou célebre, sob o título "Small Change, Why the Revolution will not be tweeted", esses ativistas "que antes se definiam por suas causas, e hoje são definidos por suas ferramentas digitais". Para ele, a internet e as redes sociais criam weak ties (vínculos fracos) entre simples acquaintances (conhecidos), ao passo que numa verdadeira mobilização são necessários strong ties connections (vínculos sólidos) e autênticos "amigos". Denunciava, assim, os "propagadores das mídias sociais" e os "ciberutopistas" que confundem a militância preguiçosa de Facebook com as reais mobilizações, que requerem organizações hierárquicas. O Facebook seria uma boa ferramenta para "participar" e construir uma rede, mas não para "agir". Segundo ele, estaria fora de questão falar de "revolução Facebook" ou "revolução Twitter".

Publicado em outubro de 2010, o conhecido artigo de Gladwell foi quase totalmente desmentido semanas depois por Mohamed Bouazizi, jovem vendedor ambulante de frutas e legumes, cuja imolação pelo fogo em Sidi Bouzid viria a desencadear, inicialmente na Tunísia, e depois por todo o mundo árabe, uma das mobilizações mais extraordinárias dos últimos anos. E é indiscutível que os vídeos postados no YouTube e as páginas do Facebook desempenharam um papel decisivo nessa "primavera árabe".

Mas se a tese pessimista de Gladwell não passa no teste dos fatos, é evidente que a internet desempenha um papel mais ambivalente na relação com a democracia. No Marrocos, por exemplo, encontrei blogueiros pró-regime, soldadinhos da monarquia autoritária que se dedicam a denunciar os blogueiros democratas, empenhados em afogar as informações críticas numa avalanche de contrainformação, e que não hesitam em recorrer ao boato e à calúnia. Personagens assim provam que um blogueiro não está necessariamente do lado do progresso ou do "bem".

Da mesma forma, na Argélia, pude constatar como o Departamento de Informação e Segurança (DRS, na sigla francesa) consegue se infiltrar nos fóruns, espalhar boatos com a ajuda de sites aliados e controlar a web sob o pretexto de combater o terrorismo. Vários blogueiros foram detidos. E certos sites, ligados aos serviços de segurança, podem se revelar ainda mais nocivos. "O *Echorouk* é um jornal e um site populista, extremamente conservador, cuja missão é poluir o espaço público e o espaço digital", confirma Fayçal Metaoui, editor do jornal concorrente, *El Watan*, em conversa comigo em Argel.

Em Ramallah, na Cisjordânia, um dos mais conhecidos jornalistas do Oriente Médio, Walid Omary, dirige o escritório palestino da rede Al Jazeera. Também ele defende a internet, ao mesmo tempo que mantém um pé atrás. Em conversa comigo, diz ter montado, para cobrir ao mesmo tempo a Faixa de Gaza e a Cisjordânia, um sistema de informação "arcaico e ultramoderno". Para ser o primeiro informado dos acontecimentos ocorridos nos "territórios" sem se deixar enganar pelos infindáveis boatos, ele criou "uma rede de correspondentes confiáveis em cada cidade, por sua vez ligados a dezenas de informantes voluntários". Todos se comunicam entre si por SMS, Facebook e pela internet. "Temos ao mesmo tempo a rapidez da web e o controle jornalístico por fontes confiáveis", explica Omary. E quando dispõe de informações que questionam as Forças Armadas israelenses, esse árabe com passaporte do Estado hebraico entra em contato com o Exército de Israel para cruzar informações. Com esse sistema, ele pôde cobrir do interior dos territórios a segunda Intifada, em 2000, assim como a Guerra de Gaza em 2008-2009. Foi também o primeiro a descobrir que o número de mortos no campo palestino de Jenin, durante a intervenção israelense de 2002, era muito inferior ao que afirmavam os habitantes, "embora tenha havido 63 mortos, o que já é demais", acrescenta Omary.

Último depoimento: o do cofundador de Nawaat, o site tunisino que simboliza até hoje a revolução ocorrida no país. Entrevistado por mim em Túnis no início de 2014, Riadh Guerfali se rejubila pela nova Constituição, que assegura em seu artigo 32 o acesso à internet, "um caso inédito no mundo". Três anos depois da queda de Ben Ali, Guerfali continua achando que a internet foi decisiva, mas, antes de tudo como "uma ferramenta": "Não foi a internet como tal que favoreceu a revolução, mas o componente descontrolado da internet que contribuiu para a aceleração da história." No número 42 da avenida Bab Bnet, em Túnis, assisto a uma reunião de formação dos novos blogueiros de Nawaat: Guerfali e seu sócio Malek Khadhraoui recrutam jovens colaboradores para o seu "blog coletivo militante", como o chama Khadhraoui (esclarecendo que, nele, todos os artigos fazem parte do sistema creative common). Se a energia da revolução parece distante e o site precisa de sangue novo para sobreviver, o fato é que conta com setecentos autores (que já eram quinhentos no fim de 2011). Ao me despedir de Guerfali e Khadhraoui, deparo-me com um enorme cartaz no saguão de entrada de Nawaat: um esplêndido retrato de Mohamed Bouazizi.

COMO SE VÊ, CADA PAÍS TEM SUAS ESPECIFICIDADES. O blogueiro egípcio Mohammed El Gohary resume o debate: "Falar de 'revolução internet ou Facebook' nos países árabes certamente é uma extrapolação. Mas ao mesmo tempo a mobilização foi mais rápida no Egito graças ao Facebook, ao YouTube e sobretudo aos SMS. As redes sociais funcionaram como catalisadoras, acelerando uma dinâmica que não foi criada por elas. Em resumo, não se pode dizer que o Facebook fez a revolução, mas tampouco se pode dizer que não a fez." Sem as novas tecnologias, o e-revolucionário Slim Amamou, o blog coletivo Nawaat e a imolação de Mohamed Bouazizi talvez não tivessem levado à queda do regime tunisiano; sem o grupo do Facebook We Are All Khalid Said, criado por um diretor de marketing de 31 anos que trabalha na Google, Wael Ghonim, em homenagem a um jovem egípcio assassinado pela polícia, o regime de Mubarak não teria desmoronando tão rapidamente; sem os ciberativistas da organização Tamarrod — apoiados pelo Exército — e seu abaixo-assinado sobre as redes sociais, o regime da Irmandade Muçulmana não teria desaparecido em poucos dias, em 2013, na praça Tahrir do Cairo. É difícil negar as virtudes libertadoras da web.

A isso devemos acrescentar o fator demográfico, que tem consequências na utilização da internet. Cerca de 60% da população do Oriente Médio e do Magreb tem menos de 30 anos atualmente: 61% no Egito; 58% no Marrocos e na Argélia; 60% na Arábia Saudita; 64% na Jordânia; 72% nos territórios palestinos; 52% no Líbano e na Tunísia. Conectadas e digitalizadas, essas novas gerações aceleram a adoção da internet pelo conjunto da sociedade árabe. O avanço da internet é exponencial em quase toda parte, e o acesso à web já ultrapassa invariavelmente 50% da população (à exceção do Iraque e do Iêmen), ao passo que nos países do Golfo já supera 70%. O número de usuários do Facebook também é muito alto, chegando, por exemplo, a quase seis milhões de pessoas na Arábia Saudita (num total de 26 milhões de habitantes) e a números igualmente altos no restante do Golfo, na Jordânia e no Líbano.

Como outros, contudo, o blogueiro Mohammed El Gohary frisa que, se as redes sociais provaram sua eficiência na mobilização das massas e para "fazer a revolução", revelam-se muito menos eficazes quando se trata de "construir um programa político e ajudar a administrar um país". Se o YouTube e o Facebook evidenciaram sua utilidade para pôr em marcha a revolta, ainda lhes falta provar que podem contribuir para a institucionalização da democracia.

Por sua vez, o Hezbollah, o Hamas e a Irmandade Muçulmana provam que a internet é compatível com todas as forças políticas. Pode ser adotada pelos liberais e pelos regimes autoritários, oferecer um canal de difusão ao terrorismo ou à paz, ser recuperada pelo jihad, mas também pelas militantes feministas ou pelos ativistas árabes gays. Instrumento de libertação e de repressão: as duas leituras da internet são igualmente verdadeiras. Em função dos territórios e do contexto, as redes sociais podem estar do lado da democracia ou da ditadura. São facas de dois gumes, nem boas nem más em si mesmas, mas que no mínimo permitem — o que já não é tão ruim — uma interatividade, um diálogo, abrindo a porta para novas "conversas".

No dia 30 de junho de 2013, na própria noite da maior manifestação anti-Mohamed Morsi, aquela que viria a provocar sua queda, a juventude egípcia estava efetivamente conectada às redes sociais. Todas as pessoas que entrevistei naquela noite, na praça Tahrir, tinham na mão um telefone celular. Todas postavam mensagens no Facebook, enviavam SMSs, faziam upload de fotos no Twitter ou tentavam ver algo pelo YouTube (mas o acesso por 3G foi limitado à medida que a multidão se aglomerava). Era uma juventude urbana, mobilizada, anti-islâmica, certamente, mas também uma multidão comum, estimada nessa noite em mais de uma dezena de milhões de pessoas em todo o Egito. Esta revolta em massa, pudemos constatar depois, foi um jogo de interesses que acabou levando ao regime militarizado e autoritário do marechal (eleito presidente) Abdel Fattah al-Sissi. Nele, o direito de manifestação voltou a ser restringido. A liberdade de imprensa é gravemente ameaçada. Não só os sites da oposição islamista foram fechados, sendo os jornalistas próximos da Fraternidade Muçulmana detidos e condenados, como os blogueiros e os jovens heróis das revoluções pacíficas de janeiro de 2011 e junho de 2013 também são perseguidos e encarcerados. Depois da revolução, a restauração? "Não existe democracia no Egito hoje", desespera-se o escritor Alaa El Aswany, quando o entrevisto em sua residência, na cidade do deserto, 6th October City, no Egito, em 2015. Ele mesmo está proibido de publicar em seu próprio país, embora possa continuar se expressando em sua conta no Twitter, na qual tem quase dois milhões de seguidores. A "revolução" de 2013 de certa maneira estaria anulando a de 2011 e a queda de Mubarak? El Aswany não o crê. Segundo ele, os dois acontecimentos foram autênticos movimentos de massa, acelerados pelas redes sociais. Neles, a internet desempenhou um papel crucial, embora o poder infelizmente tenha sido recuperado por um "ditador bem-comportado", diz El Aswany — hesitando muito quanto à expressão "bem-comportado".

A expressão "revolução Facebook" talvez seja excessiva, mas é inegável que os celulares e as redes sociais foram ferramentas decisivas dessas revoluções. E naquela noite de junho de 2013, na praça Tahrir, entre os vendedores de água, pipoca, batata-doce quente e chá de menta, observei inúmeros pequenos adesivos vendidos a três libras egípcias (trinta centavos de euro). Enquanto os fogos de artifício iluminavam o céu e todo mundo cantava, enquanto milhares de bandeiras egípcias eram erguidas por uma multidão incomensurável, comprei alguns exemplares. Em homenagem ao romance *1984*, de George Orwell, e em velada alusão à Irmandade Muçulmana, eles traziam um slogan irônico: Big Brother is watching you.

8. O regulador

"Como vê, esta noite vou dar uma Festa de Natal para a equipe." Nesse fim de dezembro de 2013, há árvores de Natal, embrulhos decorativos com esplêndidas fitas, algumas guirlandas e Christmas stockings — as meias vazias supostamente destinadas a serem penduradas na lareira para que Papai Noel as encha com presentes. Nesse clima de festa, uma indescritível empolgação tomou conta do Open Space da Betaworks. Andrew McLaughlin preparou um pequeno discurso, com a tradicional piada inicial, e cerca de cem empregados estarão daqui a pouco fazendo brindes ao Natal. Antes de se juntar à sua equipe, aquele que costuma ser apresentado como um dos mais famosos propagadores da internet acrescenta, com voz monótona, quase banal, como quem fizesse uma mera constatação, resumindo a nossa longa conversa: "Sabe, não existe um Ministério das Comunicações nos Estados Unidos. As coisas são assim."

As instalações da Betaworks ficam no bairro de Meatpacking, a oeste da 13th st., em Nova York. Durante muito tempo, o local foi um bairro industrial de abatedouros e açougueiros atacadistas. Hoje, a zona está gentrificada, aburguesada, atraindo pessoas modernas e startups. Sociedade híbrida, a Betaworks desempenha vários papéis: é antes de mais nada uma empresa de investimentos, espécie de venture capitalist para firmas da web, como Airbnb, Groupon, Kickstarter, Buzzfeed, Path, Pinterest, Twitter ou Tumblr (do qual McLaughlin foi vice-presidente, e que depois viria a ser comprado pelo Yahoo). Às vezes, a Betaworks funciona mais como uma parent company, uma empresa-mãe, administrando diretamente suas próprias startups, como Digg, Instapaper, Chartbeat, TweetDeck e Bitly, que lá ficam hospedadas, em suas amplas instalações industriais comuns. Andrew McLaughlin me apresenta suas equipes: há um espaço para o Digg, outro para o Instapaper, e eu observo dezenas de jovens desenvolvedores, programadores visuais, techie nerds e geeks ocupados com seus Macs, muitas vezes isolados do mundo — e do barulho — por fones de ouvido brancos. O clima é descontraído e cool, apresentando, como é habitual, slogans nas paredes e pequenos papais noéis, o que me lembra o Vale do Silício. "Não", corrige imediatamente McLaughlin, "este ambiente é mais do tipo Brooklyn." Peço então que explique a diferença. "Aqui não estamos interessados apenas em tecnologias. Realmente queremos fazer algo para ajudar os outros. Queremos mudar o mundo."

Andrew McLaughlin, 44 anos, começou sua carreira como free speech lawyer, advogado especializado em liberdade de expressão, e logo também no universo digital. Diplomado por Yale e mais tarde pela Harvard Law School, esse homem natural da Dakota do Norte teve as intuições certas no momento certo; e, também, sorte. No início da década de 1990, já conhecido por sua facilidade de se expressar, ele passa a trabalhar para o escritório de advocacia que defende a American Civil Liberties Union (Aclu), principal associação de defesa das liberdades nos Estados Unidos, contra o governo americano, na questão da livre expressão na internet. Em causa, uma lei que autorizaria a censura da internet em nome do "decoro", especialmente tratando-se de menores de idade. Na época, o país estava mergulhado numa verdadeira "guerra cultural", e artistas aclamados como os fotógrafos Robert Mapplethorpe, Andres Serrano e Nan Goldin, bem como o dramaturgo Tony Kushner foram censurados por organismos culturais de Estado por suposta pornografia, homoerotismo ou sadomasoquismo.

A batalha artística se desloca para a internet, que o Congresso de maioria republicana tenta regular, graças à passividade da Casa Branca, democrata, mas debilitada pelo escândalo sexual envolvendo Bill Clinton. Juntamente com outros militantes, McLaughlin ataca a ministra da Justiça de Clinton — a Attorney General Janet Reno — para impedir qualquer forma de controle da web, mesmo em casos de pornografia. Com repercussão cada vez maior, à medida que se sucedem recursos e desdobramentos jurídicos, o caso termina em 1997 com uma decisão histórica da Suprema Corte que ficou conhecida como Reno versus Aclu: em vista da primeira emenda da Constituição americana, sobre a liberdade de expressão, o governo não pode censurar a internet. Ainda jovem advogado, McLaughlin vê assim seu nome associado a uma das mais sensacionais vitórias da internet.

"Era um caso muito técnico, mas decisivo", conta ele. "A Suprema Corte concluiu que a internet devia ser encarada do mesmo modo que a imprensa, na qual não pode haver qualquer censura, sob forma alguma, e não como o rádio ou a televisão, os quais, considerando-se o número limitado de frequências, o governo tem direito de regular. Toda a história da internet mudou nesse dia, com essa decisão. Uma das consequências disso é a neutralidade da net, assim como o desenvolvimento exponencial dos sites, sem qualquer tipo de restrição." Talvez sua importância não seja tão capital, mas é evidente que marcou época. De qualquer maneira, a decisão ampliou o horizonte do jovem advogado.

McLaughlin fala com rapidez, como se estivesse imitando a velocidade da internet. De cabeça raspada, óculos retangulares, barba grisalha de três dias, uma pulseira Fitbit no punho — para medir seu tempo de sono e os exercícios físicos diários —, ele tem muito a contar. Verdadeiro guru da internet, deita-se no sofá do seu corner office, sendo por sinal um dos poucos da Betaworks com um escritório fechado. Mal se deitou e já está se levantando, inquieto, gesticulando, ao mesmo tempo que passa em revista as grandes etapas de sua vida. Muito extrovertido, faz movimentos amplos com as mãos para enfatizar seus argumentos e parecer convincente. Como parece angustiado! Como se agita!

A "internet" da primeira metade da década de 1990 ainda é um negócio de especialistas, em sua maioria procedentes de algumas poucas universidades da Califórnia e de Massachusetts — Stanford, UCLA, USC, Harvard e MIT. Nem a Google nem o Facebook foram concebidos, e Andrew McLaughlin vai conhecendo em seminários e outras oportunidades alguns dos "pais fundadores" da web: Bob Kahn e Vint Cerf (cofundadores do protocolo da internet, tendo Cerf se tornado posteriormente um dos presidentes da ICANN, atuando atualmente como o chief evangelist da Google), Larry Irving (o regulador da internet no governo Bill Clinton) e Jon Postel (cofundador da ICANN). Juntamente com este último, do qual se torna advogado, ele negocia com o governo americano para que os nomes de domínios da web, inicialmente administrados pelo Departamento do Comércio, fossem atribuídos por um organismo independente, a ICANN. McLaughlin vem a ser o primeiro funcionário dessa agência. "Eu ainda era remunerado pelo governo federal, através da National Science Foundation", lembra-se ele. Aos poucos, um conselho de administração autônomo é instituído, e a ICANN alcança maior independência. Num período de quatro anos, McLaughlin seria nomeado Chief Policy Officer da ICANN, seu Chief Financial Officer e finalmente vice-presidente.

Em 2004, depois de uma passagem por Harvard, McLaughlin é contratado pela Google, sendo nomeado diretor de questões públicas da jovem startup. Muda-se para o Vale do Silício e passa a trabalhar diretamente para Larry Page e Sergey Brin. É incumbido de fazer lobby junto ao governo americano em nome deles; também negocia com a China para que a Google possa desenvolver-se no país sem sofrer censura. "Fiquei muito dividido", conta-me McLaughlin. "Ia à China de seis em seis semanas, às vezes com Larry e Sergey, e no fim das contas, depois de pesar muito bem os prós e os contras, achei melhor recomendar que eles não se estabelecessem lá. Mas o comitê diretor da Google decidiu pelo contrário, e eu me alinhei com eles." (Em 2010, em virtude da crescente restrição da censura, a Google pôs fim à sua presença na China, transferindo-se para Hong Kong.)

Depois de cinco anos na direção da Google, McLaughlin se integra à campanha presidencial, ao lado de Barack Obama. Antes mesmo da derrota de Hillary Clinton nas primárias, aposta no candidato negro, pois, segundo ele, era o único que entendia a internet. Após a eleição, faria parte do seu transition team, no fim de 2008. E quando Obama assume a Casa Branca, em janeiro de 2009, Andrew McLaughlin é nomeado conselheiro para questões de informática do presidente norte-americano e seu primeiro Chief Technology Officer (CTO). "Na verdade, eu era o CTO adjunto. Não podia ser o titular porque vinha da Google. O Senado americano jamais teria aprovado que eu ocupasse o cargo. Mas o presidente quis que eu fosse seu conselheiro."

Ao entrar na Casa Branca pela ala oeste — a célebre West Wing —, sou farejado por um cão. O controle de segurança é justificado, mas o acréscimo de uma garantia canina às diferentes revistas obrigatórias por parte do serviço secreto parece-me algo supérfluo. Mas, no fim das contas, faz parte do show.

O prédio Eisenhower, no qual funciona grande parte da administração presidencial, é uma verdadeira colmeia, labirinto de corredores e escadas por onde circulam a passos largos conselheiros de todos os calibres, camarilha composta de intrigantes, potentados e estrategistas influentes — ou não. Dois conselheiros de Obama me recebem, e me foi solicitado que não reproduzisse suas declarações. A entrevista será off the record, como se diz, ou para background only e not for attribution, segundo o jargão americano. David Edelman é conselheiro do presidente para política digital e inovação, e Nate Lubin, diretor de estratégia digital. Ambos respondem minhas perguntas com prudência, falando como se se expressassem por PowerPoint. Ouvindo-os, observo na parede do escritório uma foto de Obama, que tem, estranhamente aplicada sobre a cabeça, uma sublime auréola branca. O santo Obama confere um toque de humor a esse templo da autoridade.

Quem cuida da internet na Casa Branca? Muita gente. Há, para começar, os conselheiros do presidente, incumbidos das políticas públicas relativas ao assunto e da comunicação pessoal de Obama. Não é a mesma coisa; não se trata, portanto, dos mesmos homens. "Obama soube usar muito bem a internet para se eleger e reeleger; mas já não teve tanto sucesso na definição de uma política pública", avalia Andrew McLaughlin (que deixou a Casa Branca no fim do primeiro mandato).

O principal cargo político é o ocupado pelo United States Chief Technology Officer, atualmente Megan Smith. A função foi criada por Barack Obama, e seu titular também tem o título de conselheiro presidencial. A seu lado, foi nomeado também um Chief Information Officer (CIO) — atualmente Tony Scott. Ambos coordenam a política de informática dos Estados Unidos para a Casa Branca e o governo federal. Todd Park, o CTO que precedeu Smith era um "propagador" incumbido tanto da divulgação da web quanto de convencer o máximo de administrações, cidades e empresas a entrar para o open data ou tornar-se smart. Já o cargo ocupado por Scott é mais institucional, com as atribuições de coordenar a política dos ministérios, estabelecer os protocolos e padrões públicos e administrar os investimentos do governo americano no setor digital. O governo federal investe algo em torno de 80 bilhões de dólares anualmente em tecnologias (segundo dados coletados em USASpending.gov, através da ferramenta IT Dashboard, também disponível como aplicativo para smartphone). No fim das contas, esses valores consideráveis, diretamente pilotados pela Casa Branca, alimentam fortemente o ecossistema digital americano — seus conglomerados e suas startups, suas universidades de pesquisa, seus data centers e suas empresas de cloud —, o que redunda em maciças subvenções indiretas.

"Pode-se dizer que o CTO está voltado para fora, e o CIO, mais para o interior da administração", resume Andrew McLaughlin. "O CTO não serve para grande coisa. É uma cheerleader", ironiza, por sua vez, Sascha Meinrath, que acompanha a internet para a New American Foundation de Washington. (A cheerleader, ou pompom girl, é encarregada de animar a torcida do time esportivo.)

Vinculados ao poder Executivo e diretamente à Casa Branca, onde ficam seus gabinetes, o CTO e o CIO têm uma função política operacional. O estabelecimento dessa política, em compensação, é confiado a um braço ministerial pouco conhecido, mas essencial: a National Telecommunications & Information Agency (NTIA). Essa agência extremamente sensível está subordinada ao Departamento do Comércio, e seu atual titular é Lawrence Strickling. Esse Assistant Secretary of Commerce não tem muita independência, sendo convocado semanalmente para uma reunião de coordenação na Casa Branca.

"Inicialmente, a NTIA era apenas um departamento da Casa Branca, identificado como Office of the President for Technology. Em 1978, no governo de Jimmy Carter, época em que a burocracia presidencial foi reorganizada e reduzida, foi transferida para o Departamento do Comércio", lembra Larry Irving, ex-secretário adjunto de Telecomunicações de Bill Clinton, tendo ocupado o cargo no início da década de 1990. Tomo café da manhã com ele no restaurante Lafayette do hotel Hay-Adams, cujas janelas são voltadas justamente para a Casa Branca. Nascido num gueto negro do Brooklyn, diplomado em Direito pela Stanford, figura simbólica da administração Clinton, Irving me impressiona por seu percurso e sua elegância. Teria sido ele o primeiro a usar a expressão digital divide (exclusão digital) e, mais importante ainda, o primeiro a propor que o governo tratasse de remediá-la. "Por definição, a NTIA está estreitamente vinculada ao presidente. Lembro que na época eu tinha reunião toda terça-feira de manhã no gabinete de Al Gore, o vice-presidente, que reunia todas as pessoas incumbidas do setor digital. Na época, só um ou dois milhões de americanos estavam conectados à internet, e ainda precisávamos inventar tudo", recorda-se Larry Irving. Nessas reuniões semanais na Casa Branca, todos os departamentos e agências ligados à internet eram representados: a NTIA, naturalmente, mas também os responsáveis pelo setor no Departamento do Comércio e no Departamento de Estado, além dos diretores da divisão antitrust do Departamento de Justiça e da Federal Communications Commission. "Já havia uma preocupação com a exclusão digital, falava-se da vida privada. Mas ainda era o início da web. Al Gore era apaixonado pelo assunto. A Google não existia, e não eram muitos os que na época entendiam realmente do que se estava falando."

Hoje, quando encontro três de seus dirigentes no Departamento do Comércio, a NTIA parece ter integrado completamente a dimensão digital, ao lado de suas atribuições tradicionais em matéria de telecomunicações.

A estas, que vão da gestão dos satélites à divisão do espectro hertziano público e militar (o espectro privado é administrado pela Federal Communications Commission), soma-se agora toda uma série de novas funções digitais. "Nosso papel mudou muito", confirma Fiona Alexander, diretora de relações internacionais da NTIA. "Não temos nos Estados Unidos um Departamento de Comunicação; são diferentes organismos e agências que gerem essas questões", acrescenta ela. A NTIA se encarrega em especial da banda larga, da política digital, da cibersegurança (em cooperação com a Agência de Segurança Nacional) e da proteção dos copyrights (em colaboração com o Patent & Trademark Office do Departamento do Comércio e o Intellectual Property Enforcement Cordination Office da Casa Branca).

A NTIA também é responsável pela coordenação da política federal de Redução da "exclusão digital". No governo Clinton, foi a agência que coordenou um plano geral escorado basicamente nas 16.400 bibliotecas públicas americanas e nas cem mil bibliotecas escolares. Já no governo Obama, a NTIA ficou responsável pela parte "internet" da Lei de Recuperação e Reinvestimento (a gigantesca lei de estímulo econômico de 2009). Foram destinados fundos de quatro bilhões de dólares, com aplicação até 2015, no entanto, nesse período, menos direcionados para eliminar a exclusão digital — em parte resolvida — do que para transformar em prioridade nacional a digital literacy, ou seja, a alfabetização digital, capacidade de adquirir uma cultura digital.

"Mais uma vez, as bibliotecas públicas estiveram no centro desse programa da NTIA. Todas as bibliotecas americanas oferecem acesso gratuito à web: numa aldeia rural isolada, num bairro urbano problemático, é sempre o lugar onde se vai navegar na internet quando não existe acesso em casa. Achamos que o futuro das bibliotecas é digital: poderemos sobreviver se formos lugares próximos, neutros, não comerciais, abertos à web. A digital literacy, portanto, é o nosso negócio", sustenta Larra Clark, diretora digital da American Library Association, o principal lobby das bibliotecas nos Estados Unidos. (Na conversa comigo, Clark emprega várias vezes o termo BiblioTech, referindo-se às novas bibliotecas sem livros financiadas pela NTIA, como a Bexar County Digital Library, em San Antonio do Texas, que oferece aos usuários quinhentos e-readers, 48 computadores e dez mil ebooks — mas nenhum livro de papel.)

Mais estratégica ainda, a NTIA interfere na gestão global da internet, representando o governo americano no conselho de administração da ICANN, que administra os nomes de domínio em escala mundial. Mais ainda: a NTIA, que dispõe de um contrato exclusivo com a ICANN, obriga esse organismo teoricamente independente a continuar sendo uma sociedade de direito americano. Esse protocolo jurídico garante aos Estados Unidos uma tutela efetiva sobre a arquitetura da internet, especialmente sobre os endereços IP e a distribuição dos nomes de domínio. Como a NTIA está vinculada ao Departamento do Comércio, por sua vez subordinado à Casa Branca, temos aí um bom resumo dos objetivos implícitos do governo americano. As comunicações não são apenas uma questão de segurança nacional nos Estados Unidos, mas também um negócio.

Fiona Alexander e os dois outros colaboradores, que me recebem demoradamente na sede da NTIA, mostram-me muitos green papers, white papers e blueprints nos quais se pode acompanhar a evolução da política pública americana, etapa após etapa, sobre a vida privada, o direito dos consumidores, os copyrights, o comércio eletrônico e a cibersegurança. Verde, branco, azul: pergunto o que indicam as cores. "O verde é para o texto inicial, no qual a ideia é posta em discussão", explica Fiona Alexander. "O branco é usado quando o projeto já foi elaborado e vem a ser validado. O blueprint é o documento final, o plano de ação. Essas expressões são muito comuns nos Estados Unidos, mas eu achava que essas cores vinham da Europa!"

A Federal Communications Commission — FCC

"PEDI AO PRESIDENTE REAGAN que usasse seu poder de veto. Foi o que ele fez. A lei não foi promulgada, e a fairness doctrine foi definitivamente revogada", comemora Alfred Sikes. Saindo de Washington, levei quase duas horas de estrada para chegar a Easton, cidadezinha de Maryland onde vive Al Sikes. Tendo sido um influente secretário adjunto do Comércio e diretor da NTIA no governo Reagan, passando depois a presidente da Federal Communications Commission (FCC) no de George Bush, Sikes adquiriu uma fazenda no interior, para onde se retirou depois de aposentado. Nela, cultiva milho e aspargos, tem pessegueiros, macieiras e também colmeias, pois gosta de criar abelhas para fazer o próprio mel. Ele me convidou a visitá-lo lá, no meio do nada, e fico comovido com o fato de essa grande figura da história das comunicações americanas estar hoje cultivando o seu jardim. Sikes, 73 anos, me apresenta sua mulher, Marty, e seus dois cães. O primeiro é uma fêmea labrador preta chamada Jenny; o segundo, um terrier branco West Highland que atende pelo nome de Mac. "Mac, como os computadores Apple", insiste o anfitrião.

Al Sikes é um republicano moderado atencioso e reservado. Quando pronuncio o nome de Edward Snowden, contudo, o especialista em informática da NSA que entregou ao *Guardian* milhares de documentos secretos relativos à espionagem pela internet, Sikes se empertiga e corta, numa só frase: "É um traidor."

"Quando entrei para o governo Reagan, a internet não existia. Eu dirigia a NTIA, e nossa prioridade eram os satélites. Mas quando fui nomeado por Bush para a direção da FCC, começamos a nos dar conta do que a internet viria a se tornar. Falava-se o tempo todo de 'rede das redes', e eu percebi que, quando todos os computadores estivessem conectados uns aos outros, tudo mudaria." Como teve o raro privilégio de dirigir as duas principais agências americanas de comunicação, pergunto-lhe como percebe suas diferenças. E Al Sikes responde, com toda a seriedade do republicano septuagenário: "Sabe como é, a NTIA é um pouco como a masturbação; a FCC é quando se faz amor com uma mulher de verdade."

A Federal Communications Commission foi criada por Franklin D. Roosevelt em 1934. Até hoje os traços dessa origem são mantidos, uma gênese essencial para entender de que maneira a agência pode regular a internet atualmente. Para Roosevelt, a crise de 1929 foi consequência de, entre várias outras causas, monopólios capitalistas excessivos. Uma de suas prioridades, assim, foi combater os abusos de posições dominantes. Não é uma filosofia anticapitalista: trata-se de estabelecer regulações, e não de acabar com a economia de mercado.

Um dos atos fundadores de Roosevelt foi induzir o Congresso a promulgar uma lei sobre as comunicações: é a célebre Lei das Comunicações de 1934, a qual foi acompanhada da criação de uma agência, a Federal Communications Commission, para regulamentar as frequências e as rádios. "A FCC encarnou o espírito do New Deal. É uma agência com uma missão de interesse geral", frisa William Kennard, presidente da comissão no governo de Bill Clinton. Nessa lei surge o conceito essencial de common carrier, ainda hoje no centro do debate sobre se deve ou não discriminar os conteúdos digitais. A expressão de difícil tradução, remetendo a uma espécie de "operador de interesse geral", significa que a rede utilizada para difundir uma chamada telefônica ou um sinal de rádio deve ser "neutra": não pode interferir nos conteúdos que transporta. Além disso, uma rádio, a qual faz uso das ondas hertzianas, ao contrário, por exemplo, da imprensa escrita, tem obrigações legais específicas, em virtude da raridade do espectro. Como o espectro hertziano pertence ao conjunto do povo americano, não pode ser comprado por ninguém: o Estado apenas atribui concessões em forma de frequências a estações de rádio autorizadas, que devem geri-las de maneira a servir "ao interesse geral" (public interest, reza a lei) e oferecer "oportunidades iguais", por exemplo, aos candidatos durante as campanhas políticas eleitorais. A lei de 1934 reafirma, portanto, a "liberdade de imprensa" prevista na primeira emenda da Constituição americana, mas a interpreta em termos de pluralismo, considerando-se a limitação do espectro hertziano.

Essa regulamentação mínima é consideravelmente ampliada em 1949, quando a FCC define a fairness doctrine (o justo pluralismo). Tal regra obriga as rádios, e mais adiante as televisões, a difundir programas de interesse geral, disponibilizar tempo de "resposta" a opiniões divergentes e, portanto, respeitar certo pluralismo político. É uma sensível evolução da concepção americana, totalmente modelada segundo a primeira emenda da Constituição — o free speech. Por princípio, a liberdade de expressão é total, não sendo possível impor qualquer limitação a essa liberdade nos Estados Unidos. A FCC se permite uma exceção na observância da Constituição, pois as estações de rádio não são o mesmo que os jornais, devendo haver certa "neutralidade", no lugar da total liberdade, quando as mídias são raras. Essa liberdade de expressão não é mais um direito da rede, mas um dever, para que o público por sua vez tenha acesso a pontos de vista diferentes.

Nos anos subsequentes, a FCC vai mais longe, aplicando essa ideia do pluralismo não só às redes, mas também territorialmente. Em determinadas cidades, duas redes nacionais, NBC e CBS, exercem um duopólio de fato. Aos olhos da FCC, isto vai de encontro à ideia de pluralismo. A agência adota então regras antimonopólios rigorosas, proibindo que um mesmo grupo tenha mais de uma rede de televisão em escala nacional, e, localmente, que uma empresa controle mais de uma rede por cidade (e um total de mais de doze rádios e doze televisões regionais). Esses imperativos de pluralismo, variando em função das épocas, foram contestados desde o início pela NBC, que recorreu à justiça. Numa famosa decisão de 1943, contudo, eles foram confirmados pela Suprema Corte, obrigando a NBC a vender muitas estações, o que deu origem a uma terceira rede, a ABC.

Mais uma vez, o espírito rooseveltiano original, assim como a lógica da FCC e da Suprema Corte, não era eliminar as redes comerciais. Estas por sinal se desenvolveram consideravelmente nas décadas de 1940 e 1950, estabelecendo o chamado sistema de syndication, desde então o ponto-chave de todo o modelo americano para as mídias. Os programas nacionais são vendidos a centenas de estações locais filiadas, quase sempre independentes, que desse modo garantem sua difusão por todo o território dos Estados Unidos (desde então, o modelo econômico da televisão americana repousa essencialmente, além da publicidade, nesses direitos de difusão pagos às redes pelas estações locais, pelos operadores de satélites e os operadores de cabo). Mas a FCC impôs regras estritas a essa syndication, proibindo a partir de 1970 que as redes detivessem direitos sobre os programas audiovisuais assim difundidos. O objetivo dessa regulamentação, conhecida pelo nome fin-syn (de Financial Interest and Syndication Rules), era favorecer a concorrência, obrigando as redes a terceirizar sua produção para empresas independentes. A lógica global da FCC não era, portanto, anticapitalista, consistindo, pelo contrário, em combater a concentração, para estimular uma "justa" concorrência.

"QUANDO CHEGUEI À FCC, EU TINHA OBJETIVOS EM VISTA", confirma Al Sikes. O homem de Reagan e Bush queria transformar profundamente o setor das mídias. E viria a alcançar um sucesso além de todas as suas expectativas.

"O pluralismo imposto e a fairness doctrine faziam sentido quando havia apenas três redes. Mas a partir da década de 1980 seu número não parou de aumentar, e hoje elas são centenas nos Estados Unidos. Achamos então que o pluralismo seria mais assegurado pela proliferação de redes, e não pelo equilíbrio político. As redes não tinham liberdade editorial, limitavam-se a assumir posições moderadas e acanhadas. Precisavam recuperar o direito de escolha e de decisão. De serem opinionated." Al Sikes emprega uma palavra, "opinionated", difícil de traduzir. Ela é usada para definir uma pessoa que tem ideias bem-definidas e estabelecidas, um interlocutor, senão dogmático, pelo menos convicto.

E foi o que aconteceu. Como em 1987 a FCC revogou, durante uma presidência republicana, sua doutrina do justo pluralismo, esta veio a ser contestada na justiça e no Congresso pouco depois. E embora os democratas tentassem restabelecê-la à força através de uma lei, o presidente Reagan, aconselhado por Al Sikes, então à frente da NTIA, valeu-se do seu poder de veto. "A FCC matou a fairness doctrine uma primeira vez e Reagan a matou uma segunda vez, definitivamente", comemora Sikes. As consequências não demoraram a aparecer: a ascensão da rede ultraconservadora Fox News jamais teria sido possível sem a revogação da fairness doctrine, tampouco teriam existido os talk-shows de direita de Rush Limbaugh, Glenn Beck e Bill O'Reilly, ou o esquerdista de Al Franken.

Depois de ter se afastado, a televisão adota e se une ao regime da imprensa e de sua liberdade ampliada, protegida pela Constituição americana. Este será em breve o modelo a ser utilizado pela internet. O mesmo se aplica ao que diz respeito às regras de syndication. "As grandes redes precisavam de mais liberdade. Era necessário que detivessem os direitos de seus programas", relata hoje Al Sikes. Também aqui, uma das chaves de leitura dessa evolução é o surgimento de uma quarta rede, além da NBC, da CBS e da ABC: a FOX. O bilionário australiano

Rupert Murdoch, de linha conservadora e próximo da administração Reagan, começou comprando o estúdio hollywoodiano 20th Century Fox. Em 1985, lança-se na televisão, investe em várias estações locais e tenta aos poucos formar uma nova rede. Para isso, precisa adquirir a nacionalidade americana, pois a FCC proíbe que estrangeiros possuam uma rede de televisão nos Estados Unidos. Mas persiste o problema das regras do fin-syn, que ainda impede que uma rede seja detentora dos direitos dos programas transmitidos. Desse modo, a Fox não poderia explorar em sua rede os filmes do próprio estúdio, a 20th Century Fox! Três alternativas se apresentam a Murdoch: abrir mão da rede, vender o estúdio ou mudar as regras.

"Nós éramos favoráveis a uma quarta rede e não podíamos exigir que Murdoch vendesse seu estúdio. Achei então que as limitações da syndication já tinham dado o que tinham de dar, e que era preciso desregulamentar", confirma Al Sikes. As regras do fin-syn são aos poucos atenuadas na década de 1980 e completamente revogadas pela FCC em 1993. Assim, laboriosamente formada, a Fox se torna a quarta rede americana, a única surgida depois da década de 1940. Alcançou desde então um sucesso fenomenal com seu canal mainstream Fox TV e suas muitas estações por satélite, cabo e internet, entre elas a conservadora Fox News.

A concepção rooseveltiana que moldou a história das comunicações norte-americanas por mais de cinquenta anos é assim gradativamente desmontada a partir da década de 1980. Al Sikes foi um dos artesãos desse novo programa republicano em favor da desregulamentação, mas também se inscreve no novo espírito do capitalismo americano — e talvez no espírito da época. O que teria consequências duradouras para a internet.

Embora se considerasse durante muito tempo nos Estados Unidos que a concentração das mídias era incompatível com a diversidade de conteúdos, essa filosofia foi aos poucos sendo contestada, especialmente na década de 1980. Uma nova escola de pensamento reinterpretou a questão do pluralismo das mídias. Tendo tomado forma entre economistas conservadores, ela foi adotada pelos think tanks de direita e mais adiante posta em prática pelos governos Reagan e Bush, acabando por se tornar consensual até mesmo entre os democratas. Bill Clinton e Barack Obama a transformaram num vetor essencial de sua política. De acordo com esses trabalhos contraintuitivos e essas ideias paradoxais, não haveria qualquer vínculo de causa e efeito entre aquele que detém os meios de produção e a diversidade dos conteúdos produzidos. Paradoxalmente, a concentração levaria a uma maior diversidade, chegam a constatar esses economistas. O mesmo raciocínio se aplica à internet. Pois se a competição não está muito presente no nível local quando existe apenas uma operadora de telefonia fixa e uma de cabo, não deixa de ser possível jogar com a concorrência entre elas. É verdade que se trata de dois monopólios, mas pode se considerar suficiente a concorrência que se manifesta no interior do duopólio constituído pelo cabo e o telefone.

Seguindo essa nova filosofia, a FCC resvala progressivamente da ideia do pluralismo encarnado pela regulação para a ideia da concorrência favorecida pela economia de mercado. Essa passagem de uma política de regulação a uma política de competição de fato constitui, além da própria ação da FCC, uma virada decisiva na história das comunicações nos Estados Unidos.

ORGANISMO BIPARTIDÁRIO POR NATUREZA, a FCC é formada por cinco membros nomeados por cinco anos pelo presidente dos Estados Unidos, três escolhidos no partido majoritário, entre eles o presidente, e dois pertencentes obrigatoriamente à oposição. Todos devem ser aprovados pelo Senado e não podem ser demitidos. Os dois mil agentes públicos da FCC têm um dever de reserva política (embora sejam, segundo um estudo, majoritariamente democratas). O orçamento da FCC, da ordem de 350 milhões de dólares em 2013, é deficit-neutral, como insistem em me lembrar na sede da agência, pois não é financiado pelo governo, mas por taxas de regulação e outras contribuições pagas pelas mídias. "Para o contribuinte americano, a FCC não custa nada", confirma Al Sikes. E por sinal foi ele que sugeriu uma nova maneira de distribuir as frequências: em vez de atribuí-las por audiência ou loteria, como geralmente acontecia, ele passou a privilegiar os auctions (leilões). Este procedimento — generalizado desde então em todo o mundo — foi proposto pelos republicanos e afinal privilegiado também pelos democratas, pois implica em entrada de dinheiro no caixa do governo federal. A independência econômica, mais ainda que política, é um elemento essencial da identidade da FCC, o que agrada aos políticos dos dois campos.

"A realidade é que o Congresso não entende grande coisa das nossas questões, nem os democratas, nem os republicamos. Isso está completamente fora do seu alcance! Já os membros da FCC sabem apenas que discordar do presidente lhes permite atrair a atenção dos jornais", comenta cinicamente Al Sikes, mesmo reconhecendo que a maioria das decisões da FCC são tomadas por unanimidade (em média 94% hoje) e que muito poucas são alvo de debate e decididas por maioria (6%). Al Sikes conclui: "Minha filosofia era passar da regulação à competição. Nosso objetivo não era mais regulamentar, mas estimular uma concorrência sadia. Depois, passamos a aplicar esse modelo à internet. E existe hoje uma espécie de consenso entre republicanos e democratas em torno dessa filosofia."

Nem todos os ex-presidentes ou membros da FCC com quem conversei partilham necessariamente dessa opinião, mas reconhecem que a FCC evoluiu desde a década de 1980. "Quando eu era presidente da FCC, o regulador era eu. A FCC é o regulador", frisa Reed Hundt, que dirigiu o organismo durante o governo Clinton. Mesmo para ele, contudo, a agência independente concebida por Roosevelt mudou. Não se trata tanto de regular os preços, mas de favorecer a concorrência. "Sabe qual a diferença entre uma política de comunicação republicana e uma política de comunicação democrata?", pergunta, malicioso, Hundt. Pega então uma caneta pilot e desenha várias rodelas num quadro branco, enquanto o entrevisto em seu escritório de advocacia em Washington. "Para um republicano, a concorrência justa é um monopólio, um duopólio ou, na pior das hipóteses, três empresas em competição num mesmo setor. Para um democrata, são quatro" (ele é democrata). Hundt traça então um gráfico expondo a margem financeira em função do número de concorrentes. "Esquematicamente, funciona assim: se você tiver um único concorrente, sua margem ultrapassa 80%; se tiver dois, gira em torno de 60%; se forem três, cai para 40%; e se os concorrentes forem quatro, ela desmorona para 20%." Ele desenha uma curva bem explícita e me diz: "Você por acaso conhece alguma indústria que queira regulamentações? Sobretudo quando estão em posição dominante? Eu não conheço. Por isso é que os republicanos, que adotam os pontos de vista dos meios financeiros, preferem os monopólios! É simples assim."

As fronteiras entre as linhas partidárias não são necessariamente tão claras. William Kennard, presidente da FCC no segundo mandato de Bill Clinton, afirma que a política democrática de regulação da mídia evoluiu muito: "Eu não quis ressuscitar a fairness doctrine, por exemplo, apesar de sofrer fortes pressões. A obrigação de pluralismo na mídia é necessária se a oferta for rara, mas não quando o número de redes decuplicou. Hoje, o espírito da fairness doctrine sobrevive na nossa defesa da neutralidade da net." O republicano Robert McDowell, um dos membros da FCC nomeados por George W. Bush (e renomeado por Barack Obama), também relativiza essa divisão. Segundo ele, "Obama adere sistematicamente aos interesses dos gigantes da net no Vale do Silício", que financiaram maciçamente suas campanhas nas primárias de 2007 e depois nas presidenciais de 2008 e 2012 (Eric Schmidt, então diretor-presidente da Google, é amigo de Obama, atuando inclusive como um de seus conselheiros oficiosos).

Na questão da neutralidade da NET ou da fiscalização generalizada da internet pela NSA, os democratas, segundo ele, seriam mais influenciados pelo Vale do Silício que pelos consumidores. "Pessoalmente, acho que a NSA violou a quarta emenda da Constituição americana sobre a vida privada. Outros republicanos como eu também pensam assim, especialmente os libertários de direita, hostis à autoridade do Estado, à vigilância, e adeptos das liberdades civis e da transparência", diz McDowell. Bipartidária, a FCC busca uma posição equilibrada entre republicanos e democratas na maior parte dos temas. "Nossa principal missão é favorecer a concorrência. Não se trata apenas de protegê-la; queremos estimulá-la ativamente", esclarece, por sua vez, James Bird, o conselheiro jurídico da FCC, entrevistado na sede da agência em Washington. Sobre a mesa, à sua frente, está um calhamaço azul de milhares de páginas.

É, segundo ele, "a Bíblia da FCC": a Lei das Comunicações de 1934, grande lei de Roosevelt revista em 1996.

Todos os debates da FCC giram em torno dessas questões. Seria o caso de proibir a fusão entre a AT&T e a T-Mobile, que se traduziria numa diminuição do número de operadoras de telefonia móvel de quatro para três? Foi o que considerou a FCC, que impediu a operação. E caberia, para aprisionar o desconhecido com o conhecido, tentar regular a internet a partir do modelo do telefone? Foi a conclusão da FCC, que baseou sua jurisprudência nessa analogia (mas hoje ela já não está tão certa de ter acertado). E deveria, por acaso, ser considerada satisfatória em determinado mercado a existência de apenas duas operadoras de telefonia fixa, em geral a AT&T e a Verizon, mesmo com o risco de concorrência insuficiente nos preços da internet fixa? Em geral a FCC deixa rolar, o que se traduz hoje em ofertas caras, muito pouco competitivas, da parte dos fornecedores de acesso à internet. Como poderia ela agir quando o Google é o buscador dominante? Na margem, segundo se acredita na FCC, pois existem "explicações racionais" para o monopólio no terreno do search, que poderiam ser constatadas em toda parte. E como agir contra o Google, que coleta, como quem não quer nada, não só fotos, mas também dados pessoais sensíveis, quando seus carros circulam pelas ruas para alimentar o Google Street View? A FCC limitou-se a iniciar uma investigação. Como combater os monopólios de fato no terreno das transmissões por cabo, em escala local? A FCC demorou a agir, e quando finalmente quis regulá-lo, o setor não era mais economicamente viável para os que estavam entrando. Resultado: em matéria de acesso à banda larga, o consumidor americano quase sempre só pode escolher entre os serviços da rede local a cabo (geralmente um monopólio) e os da rede de telefonia fixa local (geralmente outro monopólio). Sem verdadeira concorrência, os preços são cada vez mais altos, e a velocidade de conexão, cada vez menor! Teria sido o caso de autorizar o desmembramento de grupos de telefonia fixa para forçar a queda dos preços da internet fixa? A FCC considerou que sim, mas sua decisão foi questionada pelos republicanos; o preço da internet fixa continuou aumentando, e na verdade os americanos tendem a privilegiar o acesso à internet não mais por telefone, e sim por cabo (principalmente através do duopólio entre Comcast e Time Warner Cable). "Na minha presidência, a FCC conseguiu impor o desmembramento para favorecer a internet, mas meus sucessores republicanos abandonaram essa política. Resultado: sem desmembramento, a internet não decolou por telefone fixo nos Estados Unidos, mas por cabo. É uma singularidade americana diretamente ligada à ausência de regulação", confirma Reed Hundt. (Hoje, cerca de 60% dos americanos têm acesso à internet fixa por cabo, 32% em ADSL por telefone e 8% por fibra óptica; a banda larga fixa, via fibra óptica, é pouco desenvolvida, deixando os Estados Unidos em 15º lugar em escala internacional.)

NO FIM DAS CONTAS, QUEM REGULA A INTERNET NOS ESTADOS UNIDOS? Essa regulação de fato seria possível? Tais questões não são sem interesse, pois de sua resposta depende hoje, em grande medida, o funcionamento da internet em território americano e, para além, em escala internacional. Mas o fato é que, se tais questionamentos são legítimos, os termos do debate parecem ter mudado. A uma batalha de princípios, que interessa em primeiro lugar à FCC, soma-se hoje uma batalha de território.

A FCC tem o direito de regular a internet? O Congresso lhe deu um mandato explícito para controlar a rede telefônica, os satélites e as redes de televisão, mas a extensão dessas regras às infraestruturas da internet não parece ter uma base jurídica sólida. E por sinal a operadora de cabo Comcast e a Verizon, de telefonia, que também são fornecedoras de acesso à internet, contestaram na justiça as regulações que a FCC queria impor-lhes sobre a neutralidade da net, e inicialmente obtiveram ganho de causa (as decisões da agência são suscetíveis de recurso perante uma corte federal). Após a decisão Verizon versus FCC de janeiro de 2014, a FCC viu reduzido seu mandato de controle da internet, exceto no que diz respeito às mídias. Sobretudo, porque as posições nesse debate continuam alinhadas com as divisões políticas tradicionais, nas quais os republicanos se opõem a qualquer regulação — pois isso mata a inovação, afeta o crescimento e destrói empregos —, enquanto os democratas querem regular a internet em nome da defesa dos consumidores. Oficialmente, os dois campos parecem continuar favoráveis à net neutrality. Para muitos, revogá-la teria como consequência a permissão para que os fornecedores de acesso à internet bloqueiem ou discriminem certos conteúdos ou a autorização para que cobrem das empresas difusoras, como o YouTube e a Netflix. Há quem pense que isso seria, na internet, o equivalente do fim da fairness doctrine no caso da televisão, afetando toda a história da web, nos Estados Unidos e no resto do mundo.

Para outros, o debate já se coloca de uma forma diferente: não seria melhor regular para não correr o risco de ser submetido a uma regulação forçada? "Ncssa filosofia era estimular as regulamentações para não precisar regulamentar a internet. Pois se não o fizéssemos na FCC, outras agências o fariam", observa Reed Hundt, ex-presidente democrata da FCC. O republicano Robert McDowell, em compensação, mantém-se contrário a qualquer envolvimento da FCC no setor: "O Congresso nunca autorizou a FCC a cuidar da internet." James Bird, Senior Counsel da FCC, relativiza essa avaliação, pois a lei de 1934 seria perfeitamente clara, segundo ele, ao mencionar já no artigo primeiro a communication by wire and radio (pelas ondas, mas também pelos "fios" elétricos e linhas telefônicas), o que se aplicaria não só ao rádio, à televisão, ao telefone, aos satélites e ao cabo, mas também à internet. E em 2010, ao dar à FCC um claro mandato para favorecer o acesso à banda larga, o Congresso teria reconhecido na prática sua legitimidade para cuidar da internet.

"Não se pode regulamentar diretamente a internet, mas é possível regulamentar as ondas, as linhas telefônicas e os cabos, para fazer com que a internet escape aos monopólios", acrescenta Bird. "Para nós está claro que a regra é o content neutral: estamos defendendo a neutralidade dos conteúdos na internet", confirma um dos conselheiros do presidente Obama em conversa comigo. Desse modo, persistia certa incerteza, além de amplas interpretações quanto à competência das agências, pois os dispositivos federais de regulação do setor das comunicações foram definidos antes do advento da web. Assim, os debates teóricos sucedidos deram lugar a uma batalha de território para saber quem devia regular a internet.

No outono de 2014 e no inverno de 2015, o debate sobre a "neutralidade da net" se intensificou nos Estados Unidos. Barack Obama entrou em cena para declarar sua oposição a uma internet de duas velocidades: uma fast lane, mais rápida, para os difusores de conteúdos, pagando aos operadores de cabo ou aos fornecedores de acesso à internet; e uma slow lane para os demais. Como os gigantes da net teriam sido as primeiras vítimas, desde a Google até o Facebook passando por Netflix e YouTube, Obama opunha-se ao lobby das empresas de telecomunicações, que, em nome da inovação, exigiam essa desigualdade de tratamento dos conteúdos. O presidente confirmava assim sua constante posição em favor da "neutralidade da net": segundo ele, todos os conteúdos devem circular livremente na internet, com a mesma velocidade e nas mesmas condições. As chamadas autoestradas da informação não teriam mais que ser pagas! A internet seria um bem comum, como a água e a eletricidade, e não um serviço particular, como as transmissões a cabo! Convidados pela FCC a dar sua opinião, os internautas americanos enviaram mais de quatro milhões de mensagens, sustentando majoritariamente, sem a menor surpresa, a "gratuidade" da internet. Apesar de sua independência, a FCC, cuja posição como organismo regulador da internet foi reforçada pelo debate, adotou as regras pretendidas por Obama, finalmente consagrando a "neutralidade da net" como modelo de sua política.

Vários outros protagonistas podem aspirar a um papel nesse setor. O primeiro é a divisão antitruste do Departamento de Justiça, o braço armado do governo em matéria de política de concorrência. Esse conhecido departamento já interferiu com o objetivo de acabar com o monopólio da AT&T na telefonia fixa, obrigar a Microsoft a deixar de abusar de sua posição dominante (favorecendo seu navegador Internet Explorer), limitar uma parceria publicitária entre a Google e o Yahoo considerada contrária à concorrência, condenar a Apple por acordos ilegais com os editores (unidos contra a Amazon) nos preços dos livros eletrônicos e controlar a fusão entre NBC-Universal e Comcast (para impedir que a operadora de cabo favorecesse conteúdos da NBC, o que ajudou as novas operadoras do mercado, como a Netflix). Entretanto, ao contrário da FCC, a divisão antitruste não tem poder direto de sanção, devendo recorrer aos tribunais para obter ganho de causa. E tampouco é independente, estando diretamente subordinada ao procurador-geral, ao ministro da Justiça, e sujeita a considerações de ordem política. Seus detratores a acusam inclusive de laissez faire: ela se limitaria a dourar a pílula dos abusos de posição dominante dos gigantes da NET, em vez de sancioná-los. “Não estamos aqui para baixar regulamentações. Nossa missão é fiscalizar a observância da lei”, comenta Frances Marshall, uma das dirigentes da divisão antitruste.

A Federal Trade Commission (FTC), outra agência independente criada por Roosevelt, também deve ser ouvida em todas as fusões e aquisições. Ela defende a concorrência justa (fair competition) em nome dos consumidores americanos, o que lhe permitiu, por exemplo, tentar controlar a Google para impedir que favorecesse seus próprios serviços nos resultados de busca (com sucesso apenas relativo) ou impor ao mesmo buscador uma multa pesada por ter prejudicado o navegador Safari, da Apple. Desde 1998, a FTC também tem um mandato explícito do Congresso para proteger os dados de informática em dois setores sensíveis: saúde e infância (Children’s Online Privacy Protection Act). Como teoricamente o acesso às redes sociais é proibido aos menores de 13 anos, a FTC valeu-se dessa lei para sancionar o Facebook em virtude de certas cláusulas que atentavam contra a vida privada. Foi também a FTC que impôs “condições de utilização” aos sites que devem ser aceitos com um clique pelos internautas, segundo o princípio de notice & consent.

Como se vê, a FTC já entrou sem muita ostentação no setor digital e ainda deverá reforçar sua autoridade no que diz respeito à proteção dos consumidores, à neutralidade da net e à defesa da vida privada. Se a FCC não for autorizada a regulamentar sozinha a internet, a FTC pode tomar o seu lugar em caso de constatação de abuso de posição dominante — o que tem a vantagem de ser uma interpretação ampla. “Se a FTC substituir a FCC na regulação da internet, vai enfraquecer a autoridade da FCC. E dessa forma serão antes regulados os excessos do mercado que a internet propriamente”, preocupa-se Reed Hundt.

"Nosso mandato é claro: proteger os consumidores e controlar as empresas. A internet não mudou em nada nossa missão, mas as empresas de internet não escapam a esse controle", frisa Deborah Feinstein, diretora do Bureau of Competition da FTC, entrevistada com quatro de seus colegas na sede da comissão, na Pennsylvania Avenue em Washington — esplêndido prédio inaugurado por Roosevelt, com duas célebres esculturas art déco, uma delas intitulada Man Controlling Trade (O homem controlando o comércio).

Na questão dos impostos e taxas, vários outros organismos federais já estão em ação. Quando Google, Apple, Facebook ou Amazon recorrem à "otimização fiscal", instalando sedes em paraísos fiscais — ilhas Virgens, as Caimã ou as Bermudas, por exemplo — para escapar de uma parte dos impostos na Europa, deixam de pagar impostos nos Estados Unidos. A manobra não escapou ao fisco americano, o célebre Internal Revenue Service (IRS), nem ao Congresso. Em 2013, uma comissão de inquérito do Senado e da Câmara dos Representantes constatou que a Apple, por exemplo, conseguira esquivar-se do pagamento de 74 bilhões de dólares em impostos, no mínimo, entre 2009 e 2012. Estabelecendo a sede social de suas operações internacionais na Irlanda, foi possível escapar à fiscalização local e nos Estados Unidos, onde uma empresa dessa envergadura paga em média 35% de imposto sobre os lucros. A descoberta dessa sonegação fiscal caracterizada causou indignação entre os parlamentares. São fortes as chances de que nos próximos anos o Congresso, o Departamento do Orçamento e o IRS venham a reforçar sua tutela sobre o setor digital, revendo as normas fiscais para obrigar os gigantes da internet a pagar seus impostos nos Estados Unidos.

Em escala local, os estados e as cidades também vêm baixando regulamentações, especialmente no que diz respeito à vida privada (38 estados moveram ações judiciais contra o dispositivo de coleta de informações do Google Street View), a proteção de dados e as sales taxes, imposto semelhante ao ICM. Tradicionalmente, os estados não podiam coletar o imposto das empresas de informática quando não estavam "fisicamente" presentes em seu território. Cerca de dez estados, entre eles a Califórnia e Nova York, contestaram essa regra, que os privava de fundos estimados em mais de treze bilhões de dólares por ano. Em 2013, a Suprema Corte finalmente autorizou os estados a cobrar essa taxa dos gigantes da NET no próprio estado onde são efetuadas suas operações comerciais. Uma radical mudança de linha. Cabe supor que essa relocalização fiscal se desenvolverá por todos os Estados Unidos nos próximos anos. No fim das contas, uma uniformização das taxas sobre compras on-line provavelmente será necessária para evitar cinquenta regimes fiscais diferentes, e o Congresso pode agir nesse sentido. Enquanto isso, os estados se apropriaram do problema e decidiram agir diretamente. A Suprema Corte acaba de lhes dar razão.

Outros organismos também desempenham seu papel na questão digital. É o caso, naturalmente, de todo o aparelho de segurança americano, montado em torno do Departamento de Defesa (que inclui a NSA) e do Departamento de Segurança Interna (Department of Homeland Security — espécie de Ministério do Interior proteiforme e excessivo, com 22 agências, entre elas a que cuida da imigração). Em 2013, os gigantes da net lançaram uma campanha para conseguir mais green cards e vistos temporários de trabalho, os famosos vistos "H-1B". Pilotado em particular por Mark Zuckerberg, o fundador do Facebook, foi criada uma espécie de think do tank, com o nome do FWD.US, para pressionar o Homeland Security, o Congresso e a Casa Branca (em vez de apenas refletir sobre um tema, como os think tanks, os think do tanks passam à ação).

Cabe lembrar que o Vale do Silício sabe perfeitamente o que deve aos imigrantes: de Sergey Brin, fundador da Google, nascido em Moscou, a Jerry Yang, fundador do Yahoo, nascido em Taiwan, passando por Eduardo Saverin, do Facebook, nascido no Brasil, vários estudos mostram que 25% das startups americanas foram fundadas ou cofundadas por um imigrante (percentual que chega a 40% na Califórnia). E 45% dos engenheiros que alcançam um master ou doutorado nos Estados Unidos também são estrangeiros (segundo dados da National Science Foundation). No momento, os vistos H-1B são caros e muitas vezes requerem a intervenção de um advogado, o que pode elevar seu custo a milhares de dólares. Também são limitados a 65 mil por ano, quantidade considerada muito insuficiente pelos chefões do Vale do Silício, que tentam indiretamente baixar o custo da mão de obra, à revelia dos sindicatos, que por sua vez fazem insistente campanha para limitar o número de estrangeiros no setor tecnológico e militam por aumento salarial dos engenheiros e desenvolvedores.

No fim das contas, o FWD.US quer a eliminação das cotas de vistos por país, as quais teriam o inconveniente de desfavorecer grandes países, como a Índia e a China. O lobby também preconiza o aumento do número de green cards para investidores (os chamados vistos "E-1" ou "E-2"), a criação de uma startup visa para os empreendedores que financiam as empresas tecnológicas e a criação de um visto específico para engenheiros estrangeiros highly-skilled (altamente qualificados). O presidente Obama foi sensível a essas pressões — tendo retomado o tema em seu discurso sobre o Estado da União em janeiro de 2013 —, mas, como os republicanos eram majoritários na Câmara dos Representantes, sua lei sobre a imigração acabou não passando no Congresso. Obama decidiu então reformatá-la como decreto presidencial em junho de 2014, embora de maneira parcial. Os gigantes da net não aceitaram esse desfecho, tanto nesse tema quanto em muitos outros. Nos últimos anos, abriram escritórios para negociar questões públicas em Washington, recrutaram lobistas experientes e criaram Political Action Committee, ou PACs, estruturas jurídicas que permitem financiar legalmente as campanhas eleitorais. Próximos de Obama, eles nem por isso deixam de financiar, por cinismo e oportunismo, tanto os democratas quanto os republicanos. Assim, Google (que já conta com cerca de trinta lobistas em Washington), Apple, Facebook e Amazon deverão continuar gastando centenas de milhões de dólares por ano para influenciar a política americana.

Finalmente, quando uma questão se torna importante ou sensível, como no caso da vida privada desde Snowden, é possível que o Congresso decida tratar da questão digital ou que a Suprema Corte entre em cena. Em matéria de vida privada, a quarta emenda da Constituição americana diz respeito precisamente à privacy. A privacidade é particularmente bem-protegida nos Estados Unidos, pois tem valor constitucional. A Suprema Corte já interpretou esse direito de maneira ampla, estendendo-o à proteção das comunicações pessoais na célebre decisão Katz versus United States (1967). Entretanto, como o mesmo tribunal, numa decisão contrária — Smith versus Maryland (1979) —, estabeleceu certos limites a essa defesa da vida privada (o número de telefone discado por um suspeito não pode mais ser protegido), o debate jurídico promete ser complexo. Seja como for, cabe trabalhar com a hipótese de que o caso Snowden terá desdobramentos legislativos ou jurídicos. Se o Congresso não interferir na questão, preveem vários especialistas — especialmente porque a Câmara atualmente é bloqueada pelos republicanos —, a Suprema Corte será obrigada a intervir.

O regulador obstruído

"ESTE TELEFONE É DE 1953, ano em que eu nasci", extasia-se Hamadoun Touré. Ele me mostra o aparelho — verdadeira peça de museu —, com um mostrador preto e um disco rotativo que serve para discar os números. Como acontecia com todos os telefones até a década de 1990, há letras ao lado dos números no mostrador. "Recentemente, recebi um grupo de crianças, e elas ficaram se perguntando como é que funcionava um telefone assim. Eu então fiz uma demonstração. Uma delas me perguntou para que serviam as letras. E então outra criança respondeu, toda orgulhosa: 'Era para mandar SMS.'" Hamadoun Touré ri.

Touré nasceu na África subsaariana, na região de Timbuktu, no Mali (ele é muçulmano). Estudou na antiga URSS e fala fluentemente o russo. "Um muçulmano comunista", ironizaram seus detratores, e de fato Hamadoun Touré tinha o currículo ideal para preocupar Washington! O que no entanto não o impediu, em 2007, de ser nomeado para a direção de uma das principais agências das Nações Unidas: a União Internacional de Telecomunicações (UIT).

Das janelas do seu enorme gabinete, em Genebra, vemos o lago Léman e o pico do Mont Blanc. "Somos a mais antiga agência da ONU. Ela foi criada em Paris em 1865, na época, para gerir o código Morse do telégrafo. Com o tempo, teve de se adaptar à chegada do telefone, do rádio, da televisão, do satélite e agora da internet.

Fomos integrados às Nações Unidas em 1945”, lembra o engenheiro especializado em satélites.

Verdadeira parceria entre o público e o privado, a UIT congrega 193 países e setecentas empresas privadas para gerir, em escala mundial, a questão das frequências e do espectro hertziano, as normas de transmissão das redes telefônicas e das televisões, o lugar dos satélites — e já agora também certas regulações da internet.

“O digital está no cerne do nosso trabalho. A web funciona em escala mundial graças às normas que estabelecemos e aos membros da UIT que mantêm a infraestrutura necessária à rede da internet”, afirma Touré, acrescentando: “Naturalmente, não entramos no terreno dos conteúdos, pois essa não é a nossa função, nem o nosso mandato.” Numa importante reunião da UIT em Dubai, em dezembro de 2012, na qual se colocou a questão da governança mundial da internet, certos países quiseram que a agência da ONU recuperasse o controle da internet — especialmente a Rússia, o Irã, os Emirados Árabes Unidos e a China —, enquanto outros, à frente os Estados Unidos, se opuseram a essa ampliação da competência da UIT. Os primeiros desejavam caminhar na direção de uma regulação da internet no âmbito das Nações Unidas, com a intenção de recuperar alguma margem de manobra sobre a arquitetura da WEB e, com o tempo, um controle nacional da internet por parte de cada país. Como pano de fundo, tinha-se em vista o controle americano sobre a ICANN, a associação de distribuição dos nomes de domínio.

Em Dubai, os debates acabaram sendo bloqueados, prevalecendo o status quo. Apenas 39 dos 193 países assinaram o novo texto, o que era insuficiente para que fosse adotado. A UIT não obteve, portanto, um mandato para retomar o controle da internet, permitindo que a ICANN continue administrando a distribuição dos endereços IP e dos nomes de domínio — mas até quando? Pois o fato é que em 2013 houve o caso Snowden.

Enquanto o entrevistava, depois das primeiras revelações sobre a NSA, Hamadoun Touré reconheceu, desencantado: “A regulação internacional do setor digital está em ponto morto.” Segundo ele, novas negociações estão programadas para os próximos anos, mas “elas não envolverão os temas sensíveis". Cabe lembrar que o governo americano não foi o único a bloquear o processo na ONU, oficialmente em nome da liberdade de acesso na web e da interoperabilidade em escala mundial. A União Europeia também rejeitou qualquer ingerência da UIT na regulação da internet. Não se desejava que a China, o Irã, a Rússia, Cingapura ou a Síria — tendo entrado em cena o medo da censura e a defesa dos direitos humanos — se imiscuíssem na regulação global do setor digital. A Europa, em especial, confirmando sua filiação a um polo ocidental, preferiu negociar diretamente com os Estados Unidos, numa espécie de "minilateralismo", para não assumir o risco de entrar em debates Leste-Oeste ou Norte-Sul. Alguns países emergentes, como o México, a Colômbia, o Chile e a Turquia, ficaram relativamente calados, tampouco acreditando muito no multilateralismo e preferindo negociar acordos diretamente com os Estados Unidos, o que convém perfeitamente a Washington.

Por fim, os gigantes da net empreenderam uma campanha decisiva contra a UIT em nome da defesa de uma "internet aberta". A Google, especialmente, apontou para o fantasma do fim de uma internet de tipo bottom-up (de baixo para cima da sociedade), o que o Vale do Silício sempre valorizou, denunciando o estabelecimento de uma internet controlada pelos Estados e os governos. "Em Dubai, os americanos se recusaram a assinar, embora tivessem obtido o que queriam ao longo das negociações", insurge-se Mony de Swaan, diretor da Cofetel, a reguladora das telecomunicações e da internet no México, que participou da reunião da UIT. Ele acrescenta: "Acho que foi a Google que pressionou o governo americano para boicotar a conferência internacional. O principal protagonista eram eles. E por sinal, aqui no México, ninguém nos procurou, exceto a Google, que fez um lobbying absurdo sobre nós." A mesma opinião eu encontro em Cingapura, onde Kenneth Tan, diretor da Media Development Authority, denuncia, em nossa conversa na cidade-Estado, "o controle dos Estados Unidos sobre a internet", exigindo "uma internacionalização da sua administração" (sua agência é ao mesmo tempo incumbida da promoção das indústrias criativas, do setor digital e de sua regulação — vale dizer, da censura).

"É evidente que a China e o Irã representavam um problema em Dubai. Achávamos que não era possível estabelecer uma administração internacional da internet, ainda que cada país deva ser capaz de exercer alguma forma de soberania", explica-me o republicano Robert McDowell, que acompanhou de perto essas negociações como membro da FCC. Como muitos, ele teme o lado "máquina de esquadrar" das Nações Unidas — a arte de cortar em quartos ou de tornar quadrado. E também de esquartejar.

"Os Estados Unidos continuarão a se opor à entrada da UIT no jogo. Não é desejável que as Nações Unidas comecem a regular a internet, pois isso acabaria com a própria ideia de uma internet aberta. Levaria inevitavelmente à balcanização da internet", frisa por sua vez Larry Irving, um democrata, ex-diretor da NTIA. À parte qualquer polêmica, ele parece considerar sinceramente que uma administração de sábios independentes é preferível à sabedoria diplomática de uma administração sem independência.

Na Casa Branca, em Washington, tenho a confirmação de que tampouco se deseja uma regulação internacional da internet. E há também o temor da "balcanização da internet". "Sou pago para assegurar que a internet nunca seja balcanizada", diz-me explicitamente um dos conselheiros digitais do presidente Obama.

MULTI-STAKEHOLDER. A expressão está na moda em Washington. Significa que, tratando-se da internet, é necessário privilegiar um modelo de administração com "múltiplos atores". Na Casa Branca, no Departamento do Comércio americano (NTIA) ou nas grandes agências, como a FCC e a FTC, todo mundo tem agora essa expressão nos lábios. Na ICANN, tornou-se até um novo mantra. A internet deve ser pilotada por uma "administração coletiva". Influência do caso Snowden.

Na 17th Street, no noroeste de Washington, estão as instalações da ICANN. Embora a sede da associação fique em Los Angeles, seus lobistas residem na capital federal americana. "Caminhamos para um modelo de governança de tipo multi-stakeholder", confirma em conversa comigo Jamie Hedlund, conselheiro especial do presidente da ICANN. E repete a expressão, que, para ele, designa ao mesmo tempo a emancipação da tutela exclusiva dos Estados Unidos e a rejeição de uma governança por parte das Nações Unidas. "A coisa mais importante que o governo americano fez por nós e pela internet foi recusar que caíssemos na esfera da UIT", diz Hedlund. Segundo ele, uma administração no contexto da ONU haveria de se traduzir num direito de voto por país, o que teria acabado com a "internet aberta". Acabaria prevalecendo um processo decisório extremamente lento, e as questões de controle dos conteúdos teriam paralisado a web. Em vez disso, Jamie Hedlund preconiza, em nome da ICANN, uma administração múltipla na qual os governos seriam representados — uma centena deles já o são num comitê específico da ICANN —, mas em condições de igualdade com outros protagonistas do setor privado e da sociedade civil, especialmente as empresas, as universidades, a comunidade tecnológica e os usuários. Para ele, consiste nisso o modelo multi-stakeholder.

Essa teoria poderia parecer coerente se o governo americano não desempenhasse, justamente, um papel exorbitante, com sua tutela sobre a ICANN. Ainda hoje, o Departamento do Comércio americano (através da NTIA) administra a atribuição dos nomes de domínio, delegados exclusivamente à ICANN, por contrato. Volta e meia são retomados os debates para acabar com essa tutela. "É um legado da história. No início, os endereços IP e os nomes de domínio eram geridos pela ICANN, que estava diretamente subordinada ao governo americano. Até que, no governo de Bill Clinton, alcançamos nossa independência e nos tornamos uma associação sem fins lucrativos. Hoje ainda se coloca a questão do contrato pelo qual estamos ligados à NTIA, mas somos extremamente transparentes nessa questão." E Hedlund acrescenta, quase em tom de confidência: "Acho que as mentalidades estão evoluindo e que os laços entre a NTIA e a ICANN não foram esculpidos em mármore." (No outono de 2013, o próprio presidente da ICANN, o americano Fadi Chehadé, propôs que sua associação se liberte da tutela de Washington.)

Ex-presidente da FCC no governo Clinton e embaixador de Obama na União Europeia, William Kennard lembra por sua vez o contexto: "Quando cheguei à FCC, em 1993-1994, não tínhamos celular, nem e-mails, nem computadores. Ainda usávamos velhos telefones a disco! Isso seria inconcebível hoje! Fui nomeado para a comissão bem no início da revolução digital. Eu dirigia a agência que viria a regular a internet quando ainda não se falava de internet. Cabe lembrar que só em 1995 a internet foi aberta às universidades, às associações sem fins lucrativos e ao governo federal. A National Science Foundation, um organismo público americano, administrava tudo isso. Depois, aos poucos, lembro-me muito bem, decidiu-se abrir a internet para o setor privado e as empresas. A gênese da internet explica a tutela americana. Só depois é que se passou a considerar normal que a ICANN resgatasse essa missão, e então que a associação se tornasse independente." Ex-diretor da ICANN e ex-conselheiro do presidente Obama, Andrew McLaughlin mostra-se mais cético: "Estou decepcionado. A ICANN tinha como missão servir aos usuários da web. Hoje, está a serviço sobretudo das empresas que gerem os nomes de domínio, o que é uma aberração."

Seria um eufemismo dizer que o caso Snowden mudou a situação. A tutela americana sobre a ICANN já era uma anomalia, e para muitos tornou-se um escândalo. "Edward Snowden é considerado um traidor na costa leste, especialmente em Washington; mas é visto como herói na costa oeste, especialmente no Vale do Silício", teria comentado em off Eric Schmidt, presidente da Google. É também o que pensa Sacha Meinrath, um dos maiores conhecedores da internet em Washington e um dos poucos que defendem Snowden na capital americana: "Não acho que Edward Snowden seja um traidor. Ele agiu em nome da defesa da vida privada e da quarta emenda da Constituição americana. O que viu o deixou profundamente chocado. Pensou que uma democracia devia distinguir-se de um regime totalitário tanto pelos métodos quanto pelos objetivos. O fim não justifica todos os meios. Para ele, a vigilância de massa de centenas de milhões de vidas privadas põe em risco as próprias bases da democracia americana." Desse ponto de vista, Snowden é de certa maneira o anti-Mark Zuckerberg, fundador do Facebook, que não acredita muito na vida privada. "O que Snowden revelou foi o que tememos", prossegue Meinrath. "Ele provou que não existe mais a mais mínima proteção dos dados nos Estados Unidos. Ponto." Sacha Meinrath teme que as consequências do caso sejam graves para os Estados Unidos e que também venham a fragilizar a internet globalmente. "Precisamos restabelecer a confiança", conclui.

Por um lado, há quem recomende na ICANN que o cordão umbilical com o governo americano seja cortado o mais breve possível, alterando seu estatuto social para transformá-la numa associação, por exemplo, de direito suíço, e transferindo sua sede para um país mais neutro. Outros preconizam que suas missões sejam retomadas no nível da Organização Mundial do Comércio, após o fracasso da UIT. E outros ainda não se conformam com essa situação de fato, mostrando-se decididos a passar à ofensiva. Gary Reback é um desses.

ELE É CONHECIDO COMO O "BULDOGUE DO ANTITRUSTE". A poucos minutos da sede do Facebook em Menlo Park, no coração do Vale do Silício, seus escritórios ocupam um antigo entreposto industrial reformado. É onde ele trabalha para o prestigioso gabinete de advocacia Carr & Ferrell. De óculos pequenos, camisa elegante de minúsculo xadrez negro, Gary Reback nasceu no Tennessee, tendo estudado em Yale e na faculdade de Direito de Stanford. Hoje, esse huguenote digital está sempre à caça dos abusos de posição dominante e dos conflitos de interesses — e até das aparências de conflitos de interesses. Sua força: ele não tem medo de nada, nem da Microsoft nem da Google. E quando morde, não larga de jeito nenhum.

"A verdade é que a Google é muito pior que a NSA. Espero que as revelações de Snowden sejam uma virada, e que isso tenha um efeito na vida privada. E que também obrigue a Google a mudar", comenta Reback. Um dos advogados mais temidos da Califórnia pareceu-me inicialmente calmo, quase displicente. Mas bastou que eu pronunciasse a palavra "Google" para que ele de repente ficasse agitado. "Para começar, a Google afirma que fornece serviços gratuitos a bem dos consumidores. Com isso, abusa de sua posição dominante no comércio on-line. Depois, manipula os resultados de seu buscador para favorecer os próprios produtos. A mesma coisa com o YouTube, que jamais deveríamos ter permitido ser comprado pela Google. O Google Phone, o Android, o AdSense e o Waze decuplicam os problemas. E há também o Google Maps, que atenta contra a vida privada. O segredo da Google é a utilização de dados privados com fins comerciais, trata-se de espionagem privada. Uma NSA privada. E finalmente, para completar, a Google afirmou que ninguém pode aspirar a uma vida privada no GMail. Fechou-se o círculo. O monopólio é total." Para Reback, a única solução é atacar a empresa de Mountain View por abuso de poder. Ele considera que é necessário concentrar-se inicialmente na questão do monopólio, pois todo o resto decorre daí: a manipulação do buscador e os atentados à vida privada.

Quem poderia fazê-lo? "É esse o problema." E Reback passa em revista os potenciais reguladores nos Estados Unidos. A Casa Branca e o Congresso? "A Google pode contar com a proteção dos republicanos por motivos ideológicos — eles acham que um monopólio não é mais em si mesmo algo ruim, e são contra qualquer forma de regulação — e com Obama e os democratas, pois a Google financiou suas campanhas. Então não podemos esperar por algo desse lado. Nada de sério poderá ser feito no governo Obama." E a FCC? E a FTC? "Tampouco espero nada delas. A FCC está atualmente bloqueada, para poder controlar a internet. E a FTC está há anos investigando a Google, mas ainda não fez nada..." A divisão antitruste do Departamento de Justiça? "Historicamente, eles são mais importantes que a FCC. Podemos ter alguma esperança, mas tenho a impressão de que eles são cada vez menos voluntaristas. E recebem ordens da Casa Branca." O Departamento do Comércio e a NTIA? "Sua missão é promover a venda de produtos americanos no restante do mundo, de modo que tampouco farão alguma coisa." No fim das contas, Gary Reback faz um balanço sombrio das possibilidades de regulação do setor digital nos Estados Unidos. E resume a situação com esta expressão: "O regulador obstruído."

Esse advogado que cresceu com a lembrança de uma América rooseveltiana que soube regulamentar o capitalismo parece ter esgotado suas ferramentas. "Eu sou a favor do capitalismo, não se iluda. Acredito na economia de mercado. Acredito na concorrência. É a minha filosofia. Mas precisamos fazer de tudo para evitar a concentração abusiva. Nossas leis deveriam ajudar os que entram no mercado, os novos financiamentos, em vez de estimular os que já são superpoderosos. Antes, a gente tentava defender os consumidores contra os gigantes da net; hoje, temos de defender as startups contra esses gigantes. É mais eficaz e mais moderno. E no fim das contas, será ainda mais proveitoso para os consumidores." Com essa lógica é que ele foi advogado do navegador Netscape contra a Microsoft, num dos processos de maior repercussão do início de 2000 — e ganhou. Resultado: "A Google foi fundada meses depois." Hoje, após quinze anos, ele considera que é necessário fazer o mesmo contra a Google e condenar o buscador para permitir o surgimento de startups concorrentes. "Os monopólios prejudicam a inovação. A prioridade não é a regulação da internet, mas a luta contra os monopólios. Favorecer a competição. Prefiro a palavra antitruste à palavra regulação."

Volto então a fazer-lhe a pergunta. Como ele não espera muito das agências anticoncentração americanas, quem poderia fazê-lo? Reback sorri e responde sem hesitar: "Vocês! Vocês é que podem fazê-lo! Cabe à União Europeia. Não existe nos Estados Unidos ninguém capaz de enfrentar a Google. Vocês são os únicos que podem fazer alguma coisa."

Na entrada, um soldado armado me lança um olhar severo. Antes que eu passe pelo portal de segurança, ele verifica meus documentos e, baixando um pouco a guarda, comenta finalmente com o companheiro: With cell. Explicam-me então que existem dois tipos de visitantes na embaixada: os que são autorizados a manter em sua posse o celular e os que não são. As pessoas com audiência marcada com o embaixador têm direito a esse favorzinho.

William Kennard representa os Estados Unidos junto à União Europeia. Nomeado embaixador por Obama, é reconhecido como especialista em internet. Diplomado por Stanford e pela Yale Law School, esse advogado de formação foi presidente da FCC no governo Bill Clinton e administrou um importante fundo de investimento nas telecomunicações. O fato de ter sido escolhido para representar os Estados Unidos em Bruxelas bem diz da importância conferida ao setor da comunicação e digital nas negociações internacionais.

O embaixador americano precisa agora restabelecer a confiança, seriamente comprometida pelo caso Snowden, e criar condições para assegurar aos europeus a proteção de sua vida privada quando seus dados são hospedados nos Estados Unidos (regras estabelecidas pelo Departamento do Comércio americano, sob pressão da União Europeia, e conhecidas pelo nome de Safe Harbor Privacy Principles). Kennard sabe que será demorado, mas que os Estados Unidos e a Europa estão condenados a se entender para preservar uma "internet livre". Ele presidiu a FCC na época em que a "neutralidade da net" foi imaginada e a exclusão digital precisava ser superada: "Os americanos nativos estavam fora da brincadeira, os deficientes não podiam usar as tecnologias, os negros e os hispânicos muitas vezes ficavam excluídos delas nos guetos, os pobres não tinham muito acesso na América rural, tudo estava por fazer em matéria de acesso à internet", recorda-se Kennard. "Foi o que fizemos." Sua melhor lembrança? A participação num congresso das associações de surdos e deficientes auditivos depois que a FCC impôs medidas de acessibilidade à internet baseadas nas recomendações conhecidas como W3C. "Entrei no salão e todo mundo levantou as mãos em silêncio, com os dedos afastados, girando os punhos da esquerda para a direita. Eu não entendia o que estava acontecendo. Até que o organizador me disse: 'Senhor presidente, é uma standing ovation.'"

Hoje, Kennard sabe que o que está em jogo na internet não é mais o mesmo da época em que presidia a FCC. A exclusão digital está sendo superada pelos tablets e os smartphones, e com o tempo a neutralidade da net talvez se veja menos ameaçada graças aos avanços da banda larga e à chegada da fibra óptica. A proteção da vida privada, em compensação, tornou-se uma questão sensível. À medida que a internet se torna mais smart, afetando fortemente os setores da saúde e da educação, o controle das informações também se torna mais sensível. A reterritorialização dos dados e a balcanização da internet representam riscos reais.

A primeira página do *New York Times* anunciando a vitória de Barack Obama está emoldurada no gabinete de Kennard. Democrata e até hoje new-dealer de alma — como são chamados os rooseveltianos —, ele sabe muito bem que a América resiste a regular a internet. Quando a presidiu, chegou inclusive a estimular essa mutação na FCC, num conhecido plano estratégico intitulado "Uma nova FCC para o século XXI". Mais uma vez, tratava-se de passar da regulação à promoção da competição, e da coerção à defesa da concorrência justa. Não mais se limitar a combater os monopólios, mas se empenhar em melhorar a competição: era essa a nova filosofia. Ele sabe também que não existe um Departamento de Comunicações nos Estados Unidos — e que tudo está muito bem assim.

E, no entanto, Kennard entende a preocupação dos europeus. É inclusive pago para isso. Entre as considerações objetivas — a internet precisa permanecer aberta e livre — e as simpatias subjetivas — os americanos precisam recuperar a confiança —, o embaixador hesita quando lhe pergunto o tema. Sabe que será necessário tranquilizar, explicar e certamente, indo de encontro a suas convicções, regular — regular para não ser regulado. Resignado a essa hipótese, cujos riscos não deixa de apontar, sem negar suas virtudes pacificadoras, ele também leva em conta a importância nessas questões das considerações internas e dos imperativos diplomáticos. Sabe melhor que muitos quanto as decisões sobre questões digitais tomadas nos Estados Unidos não dizem respeito apenas à web em solo americano, tendo repercussões internacionais para todas as internets do planeta. "O que acontece aqui afeta o mundo inteiro", disse-me por sinal, na Casa Branca, não sem certa ênfase, um dos conselheiros de Barack Obama.

Em toda parte a internet é influenciada pelas decisões tomadas por Washington, mas o sistema montado nos Estados Unidos é de tal maneira específico e original, com suas agências imbricadas, suas jurisprudências acumuladas e suas responsabilidades diluídas, que parece quase incompreensível ao observador externo. É pouco duplicável e difícil de exportar. O modelo digital americano é muito territorializado e singular.

Despeço-me de Kennard, que também está fazendo as malas. Seu mandato de embaixador chega ao fim, e ele se prepara para voltar a Washington. Kennard deixa o trabalho de persuasão ao seu sucessor; a ele caberá colar as peças com os europeus, oferecer garantias. Eu percebo, embora ele não o diga com todas as letras, que o caso da NSA fere seus princípios — ele nunca gostou de Asmodeus, o demônio mitológico que espionava as casas e hoje é o vilão de um game americano de grande sucesso, *Diablo III*.

Ao me levantar, vejo na parede uma imensa pintura original de Harriet Rosenbaum, grandioso óleo sobre tela intitulado *Sunset* (pôr do sol), que faz parte do programa diplomático americano Art in the Embassies. Aperto a mão do embaixador negro que se parece com Obama — apesar dos olhos azuis e alguns anos a mais —, elegante e culto, incrivelmente benevolente. E fico pensando, ao vê-lo se afastar, que talvez esteja nisso a força do soft power dos Estados Unidos. Essa elegância, essas obras de arte, essa influência cultural e digital que permitem esquecer a brutalidade do hard power, as pressões do Departamento de Estado e a espionagem generalizada da NSA.

9. Smart Curation

EL ATENEO GRAND SPLENDID talvez seja a mais bela livraria do mundo. Situada no número 1.860 da avenida Santa Fé, no centro de Buenos Aires, a cultura argentina desfila através da sua história. Inaugurado em 1919, o Teatro Grand Splendid foi um dos grandes templos do tango. Toda noite se dançava nele ao ritmo dos dois tempos, enquanto no Studio Grand Splendid, nos andares acima, eram gravados os discos dessa música tão representativa do país. Não demorou para que a Radio Splendid começasse a realizar suas transmissões do mesmo endereço, levando o tango a um público ainda maior. No fim dos anos 1920, o teatro é transformado em sala de exibição, com o advento do cinema falado. Pela primeira vez na Argentina, assiste-se a um filme no qual o herói mudo de repente diz: Wait a minute. You ain't heard nothin' yet (Espere um pouco. Você ainda não ouviu nada). A fala é histórica, e o público do Grand Splendid explode de alegria.

Hoje, a livraria guarda em seus 2.000 m² toda a mitologia dessa cultura de outros tempos. Como nos neopalácios hollywoodianos do entreguerras — o Balaban & Katz de Chicago, o Ziegfeld de Nova York, o Fox Theatre de Detroit —, ainda podemos ver o saguão luxuoso, a escadaria imponente, o teto decorado, os candelabros gigantes com milhares de lâmpadas que cintilam nos entreatos, as cariátides, os espelhos coloridos, os carpetes decorados e, naturalmente, as duas imensas cortinas de veludo vermelho no palco, abrindo-se e fechando-se uma sobre a outra. Onde ficava a plateia, os mil assentos foram substituídos por estantes com 120 mil livros. Nos balcões, estão os CDs e DVDs, e os camarotes foram reservados para tranquilos espaços de leitura. Anualmente, desde a inauguração em 2000, mais de um milhão de pessoas vêm fazer aqui suas compras. Na livraria El Ateneo Grand Splendid, o livro e os produtos culturais ainda são um espetáculo. Mas por quanto tempo?

No palco do teatro, por sua vez transformado em café, encontro Hernan Botbol, cofundador do taringa.net, um dos principais sites argentinos. Como seus escritórios estão no andar superior, acima da livraria, ele marcou encontro comigo aqui, no Impresso Café, em meio aos livros, discos, filmes e revistas. Contemplando as estantes do El Ateneo, bem-fornidas em produtos culturais, ele faz uma pausa e diz, sem empatia: "Tudo isto vai desaparecer! Tudo!" E acrescenta: "Exceto quando você for ao museu."

TARINGA É UMA REDE SOCIAL LATINA, espécie de Facebook no qual é possível trocar conteúdos culturais com uma pessoa desconhecida (os tuítes são chamados de shouts e devem ter menos de 256 caracteres, assim como os reshouts). "No Facebook, o importante é a vida off-line que cada um põe on-line. No Taringa, o importante é o conteúdo. As pessoas são seguidas em função dos conteúdos que postam ou produzem." Entre site comunitário peer to peer e plataforma de blogs do tipo Tumblr, trata-se de uma rede social original que facilita a recomendação cultural e a troca. O site desenvolveu uma função de difusão de música por streaming muito eficiente para permitir a realização de "conversas" entre os usuários. "O novo modelo econômico da cultura não virá das vendas digitais que acaso tomem o lugar das vendas analógicas. Virá das assinaturas ilimitadas. A compra de música, mesmo por unidade, mesmo no iTunes, não tem mais futuro. Ninguém mais vai comprar música, ponto final. Os CDs e DVDs estão mortos, mas o download também. Acredito nas assinaturas de streaming, ilimitadas. Mas isto também depende de novas formas de copyright", prevê Hernan Botbol. Cerca de 130 milhões de pessoas visitam mensalmente o seu site.

Por enquanto, o modelo econômico do Taringa baseia-se na publicidade, mas a hipótese da difusão de conteúdos culturais por assinatura, segundo o modelo de Spotify, Pandora ou Deezer, está sendo estudada. A equipe está aperfeiçoando um algoritmo que será decisivo nessa inevitável evolução. Também se estuda a possibilidade de oferecer conteúdos próprios. "As indústrias criativas pensam a internet como uma ferramenta de distribuição de seus produtos", prossegue Botbol, "embora ela também seja, talvez mais que tudo, o lugar de produção de uma nova cultura." A partir da Argentina, o site pretende desenvolver-se em toda a América Latina e, naturalmente, no mercado hispânico dos Estados Unidos. Para isso, o Taringa abriu um escritório em Miami no outono de 2013.

A experiência do Taringa traz à luz vários elementos decisivos da cultura da era digital: a assinatura, a recomendação, o algoritmo, a conversa, as novas formas de copyright e a qualidade do content (como costumam ser chamados os "conteúdos"). Mais claramente ainda, esse site mostra que a cultura, que era um "produto cultural", está se transformando em "serviço". Para Hernan Botbol, que me fala da "obra de arte na era de sua reprodutibilidade digital" — parafraseando o célebre título de um artigo premonitório de Walter Benjamin —, o destino da cultura está escrito. El Ateneo Grand Splendid representa, nesse sentido, um belo resumo: o salão de tango transformou-se em cinema, o disco foi popularizado pelo rádio, o palácio do centro da cidade faliu por causa dos multiplexes, a livraria entrou no seu lugar e, hoje, chegou a sua vez. Botbol está convencido de que a internet vai arrastar tudo em sua passagem. E como alugou escritórios no andar de cima, ele já está com um pé lá dentro.

HOJE NÃO É MAIS O CASO de perguntar se a internet vai mudar a cultura tal como a conhecemos. A questão já não parece pertinente para a maioria dos meus interlocutores. A virada digital está aí, considerável, total, irreversível. A questão é antes saber de que maneira a internet vai alterar a situação, até que ponto, e o que restará das obras, da hierarquia cultural, do jornalismo crítico e do modelo econômico no fim dessa revolução que está apenas começando. Limito-me neste capítulo a expor as hipóteses daqueles com quem conversei mundo afora para escrever este livro: também eles, como Hernan Botbol em Buenos Aires, me falaram da substituição dos jornalistas culturais pela recomendação da assinatura que virá a se tornar a regra para os "serviços" culturais e dos algoritmos, que se tornarão cada vez mais poderosos. Mencionaram a inevitável mutação do copyright e os novos modelos econômicos para a música, com suas plataformas, seus serviços de streaming, seu crowdfunding e suas estratégias de 360°. Falaram-me também da Amazon e, na verdade, da Flipkart, Ozon e Vkontakte, seus equivalentes indianos e russos, que fazem parte dessa mesma disruption. Embora muitas vezes tivessem intuições e às vezes uma agenda própria, meus interlocutores nem sempre apresentavam uma visão de conjunto. Suas análises dependem muito da sua idade e do país onde se encontram, prova de que o território continua a desempenhar um papel decisivo na cultura da era digital. Quem sabe seus depoimentos não sistemáticos aqui reunidos acabem por conferir sentido ao que está acontecendo.

A extensão do domínio não comercial da cultura

Da janela do seu escritório, no centro de São Francisco, John Kieser mostra-me a sede do Twitter, a poucas centenas de metros, na Market Street. Kieser é o diretor-geral da San Francisco Symphony, uma das principais orquestras americanas. E não pretende de jeito nenhum perder a nova revolução cultural, a da internet. "A gente entendeu muito cedo que uma orquestra como a nossa não podia se limitar a tocar no palco do Davies Symphony Hall, aqui em São Francisco. Também precisava se apresentar na cena digital", argumenta Kieser.

"É verdade que o Vale do Silício nos permitiu tomar consciência do digital antes de todo mundo", acrescenta ele. "Como vivemos aqui, podemos nos dar conta diariamente da revolução em marcha. E isso necessariamente afeta uma orquestra como a nossa." No conselho de administração da San Francisco Symphony estão alguns dos fundadores do Facebook, do Paypal, assim como esteve até mesmo Ray Dolby antes de morrer. E por sinal a orquestra continua trabalhando com a empresa Dolby, fundada por ele e especializada na codificação, compressão e redução do ruído de fundo: juntas, elas desenvolvem atualmente o projeto Dolby True HD, para aumentar a qualidade sonora de smartphones e tablets.

O digital tornou-se assim uma prioridade da San Francisco Symphony. Seu site (sfsymphony.org) não se limita a vender entradas para os concertos ou apresentar o programa da orquestra. É uma verdadeira plataforma global de música clássica, com vídeos, programas de televisão, duas rádios especializadas, podcasts e muitos artigos de informação musical. Num outro site especializado (keepingscore.org), a orquestra promove incluvive experimentações. "Queremos estabelecer uma conversa em torno de uma verdadeira experiência interativa on-line, pois para nós o digital faz parte da educação", explica Ronald Gallman, diretor de education & outreach da San Francisco Symphony. No site, é possível acompanhar, compasso a compasso, a partitura da *Sinfonia nº 4* de Tchaikovski e parar a qualquer momento para ouvir os comentários e as explicações do maestro, o que é de uma fascinante inteligência. Na batuta, claro, está o comunicativo Michael Tilson Thomas, diretor da San Francisco Symphony, conhecido por todo mundo aqui como MTT.

MTT é onipresente na cidade e na internet. Tem uma conta no Twitter seguida por 101 mil pessoas (@mtilsonthomas), uma página no Facebook e uma conta no LinkedIn. Muito bem inserido nas redes do Vale do Silício, ele dialoga regularmente com os chefões de Google, Pandora e Twitter, convidando-os para concertos da orquestra.

"Para MTT, é uma verdadeira missão. Seus avós trabalhavam no teatro iídiche, seus pais, na televisão, e ele considera que sua missão pessoal, a missão de sua geração, é o digital", explica John Kieser. Em suas conversas periódicas com o YouTube, MTT conseguiu convencê-los a lançar uma rede especializada (YouTube Symphony Orchestra). O concerto on-line de 2011, interpretado ao vivo sob sua regência na Ópera de Sydney, foi visto por mais de 33 milhões de pessoas em todo o mundo. "Não esperamos qualquer retorno do investimento em nossos projetos digitais. Consideramos que simplesmente faz parte da nossa missão, assim como a educação", afirma Kieser. (Mas ele confessa que o site Keeping Score tem um orçamento de mais de 25 milhões de dólares, alimentado por doações filantrópicas e de patrocínio dos gigantes da net.)

MTT pretende continuar por este caminho, e outras inovações estão chegando. Uma nova rede do YouTube será em breve inteiramente dedicada à San Francisco Symphony e dois video games estão sendo desenvolvidos em parceria com o departamento gaming da Universidade Pública da Califórnia, em Irvine. MTT gostaria de ir mais longe, com uma web-radio e também uma espécie de Khan Academy para a música clássica, permitindo aprender a música através de vídeos curtos.

"Consideramos que a música clássica está numa virada de sua história. Sua presença na internet é um teste em tamanho natural para sua sobrevivência. Se não formos capazes de criar uma conversa em torno dela nem de ter uma verdadeira presença on-line, talvez não consigamos mais convencer o público a se deslocar fisicamente até um auditório", conclui John Kieser. Ouvindo-o, observo numa estante no fundo de seu escritório as célebres caixas com a íntegra das sinfonias de Mahler sob a regência de Michael Tilson Thomas. Em CDs.

NOS ESTADOS UNIDOS, a San Francisco Symphony não é a única instituição cultural que está algum tempo adiante. A Chicago Symphony Orchestra também desenvolveu um site original (cso.org), parte de um media player e de uma estação de rádio. Também põe à disposição do público uma impressionante quantidade de recursos: Making Music, um guia de aprendizado de música; Ingenuity Incorporated, plataforma de educação artística para escolas; e Artlook Map, mapa interativo dos lugares artísticos de Chicago.

Quanto aos museus, o Metropolitan Museum of Art de Nova York tomou a frente da revolução digital. Seu diretor prognostica que a internet e as tecnologias transformarão profundamente a relação entre o museu e seu público, ao mesmo tempo revolucionando o lugar do museu de arte, como nunca em sua história. Em 2011, o MET começou a mudar sua política, não só autorizando o uso de smartphones em suas galerias, como tratando de estimulá-lo! A equipe digital do MET, com 70 funcionários, cria aplicativos e catálogos on-line, postando regularmente fotos das obras do museu no Instagram. Às vezes, o MET chega mesmo a ilustrar histórias reais através de fotos e vídeos, como a da aquisição do *Retrato de Everhard Jabach e sua família*, inestimável obra de Charles Le Brun cuja chegada a Nova York — em embalagem de alta segurança, seguida da abertura, transferência e exposição —, pôde ser vista no site do museu. Mas o MET não pensou apenas em seus próprios visitantes e, decidindo dirigir-se ao mundo inteiro, começou a publicar mensagens nas redes sociais chinesas — por exemplo, no Weibo (em 60 posts, mais de três milhões de pessoas foram atingidas) —, e sobretudo, disponibilizando on-line uma minuciosa "timeline" da história da arte, autêntica cronologia artística desde 8000 a.C., com conteúdo de 7.000 objetos e mais de novecentos textos assinados pelos melhores especialistas. Tão completa quanto muitas obras sobre a história da arte hoje consideradas referências, e constantemente atualizada, ela representa uma das ferramentas digitais sobre arte mais consultadas em todo o mundo (metmuseum.org/toah). O MET já está pensando na continuação: todos os museus estarão um dia interconectados, e sua "timeline" provavelmente servirá de referência a todos eles.

O MOMA (moma.org), por sua vez, oferece em seu site visitas on-line ao Museu de Arte Moderna, uma apresentação interativa dos quadros e recursos sobre arte, muito embora algumas dessas ferramentas on-line infelizmente sejam reservadas aos membros. O Museum of Fine Arts de Boston (mfa.org) disponibiliza ferramentas semelhantes para os visitantes virtuais e conteúdos específicos para as redes sociais. Muitas vezes, esses museus põem à disposição do público on-line trechos de obras, quando são digitais (*The Clock*, de Christian Marclay, *All By Myself*, de Nan Goldin), ou complementos lúdicos (por exemplo, o famoso vídeo *Good Morning*, de Kanye West, ilustração de uma exposição do artista Takashi Murakami). O MOMA chegou a apresentar em 2012 uma retrospectiva Kraftwerk destacando a música da banda eletrônica alemã, tanto na exposição quanto em seu site, com dois títulos incrivelmente premonitórios: *Computer World* e *Home Computer.* Experiências da era numérica que corroboram as ideias de André Malraux, com seu *Museu imaginário.*

Um site como artsy.net, pretendendo ser a Netflix ou o Spotify da arte, permite aos usuários ver obras do acervo de centenas de galerias e museus; e também oferece recomendações automatizadas, como a Amazon, além de um processo de reconhecimento das obras, batizado de Art Genome Project. O site foi criado por Carter Cleveland, de 25 anos, em seu quarto na Universidade de Princeton: "A arte vai se tornar completamente free para qualquer pessoa que tenha uma conexão de internet", gosta de dizer Cleveland (citado pelo *New York Times*). O site artsy.net, observado de perto e com preocupação pelos museus americanos hoje em dia, tem os donos da Google e do Twitter entre seus investidores.

Todas as instituições culturais americanas têm como prioridade estabelecer uma "conversa" com seu público. Para isso, paradoxalmente, são ajudadas pela virada digital. Com seus sites, seus aplicativos e sua presença nas redes sociais, elas se aproximam de seus membros, dirigindo-se a professores e estudantes. E também se inserem mais em sua "comunidade", mantendo-se conectadas aos educadores sociais e a todo o chamado setor das CDC (Community Development Corporations) que trabalham nas regiões carentes. Por surpreendente que possa parecer, a internet não é para elas uma ferramenta de comunicação global, mas, pelo contrário, um meio de se localizar novamente, participando da conversa local. Pois, quando o Museum of Fine Arts de Houston, o Brooklyn Museum ou a Philadelphia Orchestra investem maciçamente em sua presença digital, é sobretudo para falar a seu público potencial e não aos turistas de passagem.

ESSES EXEMPLOS ILUSTRAM a importância do setor cultural sem fins lucrativos nos Estados Unidos e o desenvolvimento de atividades não comerciais na internet. Para alguns dos meus interlocutores, essa extensão do domínio não comercial da cultura surge como um futuro modelo. Caso se confirme a perda de valor dos produtos culturais por causa da internet, é possível que setores inteiros da cultura se transfiram do lucrativo para o não lucrativo.

Nos Estados Unidos, as orquestras sinfônicas, os museus, as óperas, as bibliotecas, os balés, os teatros (exceto a Broadway), os cinemas de arte e os milhares de festivais de cinema, as editoras universitárias e, aliás, também a maioria das universidades (quando não são financiadas pelos estados), pertencem ao chamado setor non-profit. Quase sempre, essas instituições culturais não são públicas ou "privadas", no sentido comercial, mas independentes e sem fins lucrativos.

Seu estatuto é regido por um texto importante, o artigo 501 c3 do Código Fiscal americano, que permite, em contrapartida de uma missão de interesse geral, que as doações filantrópicas ganhem isenções fiscais. Quem financia um museu not-for-profit obtém redução de impostos. Ao lado desse importante setor cultural dos Estados Unidos, muitas vezes desconhecido no resto do mundo, existe naturalmente um poderoso setor comercial que engloba o essencial do cinema, da edição (à parte as editoras universitárias), da música gravada, dos concertos de rock, jazz e rap, da arte contemporânca, da Broadway e dos video games. Essas indústrias criativas são empresas comerciais e não podem receber doações filantrópicas nem, naturalmente, exonerações fiscais.

A diferença entre esses dois setores culturais é fundamental, e o fisco americano está sempre atento, embora tenham ocorrido desvios e às vezes escândalos. O conselho de administração (board) de uma estrutura sem fins lucrativos deve, por exemplo, contribuir para o financiamento da instituição cultural anualmente, fazendo doações elevadas — às vezes de centenas de milhares de dólares —, ao passo que o board de uma indústria criativa compartilha os lucros com os acionistas no fim do ano. São dois mundos estranhos um ao outro, e todo o modelo cultural americano repousa nessa divisão fundamental.

Caberia imaginar uma ampliação do domínio não comercial da cultura? É uma hipótese, sendo a Wikipédia um exemplo que rompe com o modelo comercial das enciclopédias clássicas. Da mesma forma, os softwares livres, as licenças "não proprietárias", os conteúdos em open source, os sites de compartilhamento ou mutualização oferecem uma infinidade de ferramentas e conteúdos criativos.

Decididamente, alguns dos meus interlocutores consideram que a fronteira entre a cultura sem fins lucrativos e a cultura de mercado não é intangível. Lembram que os museus e o balé já foram, por vezes, comerciais nos Estados Unidos, no século XIX, antes que fossem autorizadas deduções fiscais para a filantropia, dando lugar a doações e fazendo que setores inteiros da cultura resvalassem para o não lucrativo. Cabe levantar a hipótese de que certos setores, como a edição de qualidade, a música clássica e o jazz, os cinemas de arte e as salas de espetáculo poderão ser levados a abrir mão dos seus lucros — principalmente se forem privados deles pela internet — e evoluir para um sistema de financiamento filantrópico, resvalando para um estatuto sem fins lucrativos. Seria uma outra maneira de pensar os novos modelos da cultura na era digital.

Para além dessa possível ampliação do domínio não comercial da cultura, que para alguns se descortina como o futuro, outros privilegiam uma revisão das regras do copyright ou sua flexibilização.

Creative Commons

Na série *The West Wing*, ele aparece como um ator que desempenha seu próprio papel com seu nome verdadeiro. Um professor de Direito. E, num episódio da sexta temporada, ele passa uma parte da noite conversando com o presidente dos Estados Unidos. Como se os intelectuais pudessem conversar com os chefes de Estado! Na vida real, Lawrence Lessig não é conselheiro dos príncipes, antes se empenhando em desafiá-los, provocá-los, fazendo-os encarar as próprias contradições. “Eu defendo a free culture exatamente como defendo o free speech, a liberdade de expressão. ‘Free’ para mim significa livre, e não gratuito”, explica-me o sujeito de óculos pequeno, professor em Harvard e ativista.

Entre os pensadores da cultura na era digital, Lessig foi um dos mais precoces. Muitas vezes criticado e considerado um radical, ele é antes de mais nada um inovador. Muito cedo, teve a intuição de que o copyright seria profundamente afetado pela transição digital. Desenvolveu então a ideia dos Creative Commons (CC). São licenças as quais permitem aos próprios criadores definir a natureza do copyright que pretendem atribuir a seus conteúdos culturais. Existem seis, que autorizam a livre difusão de uma obra, desde que seja mencionado o nome do criador original (CC BY). Em função de cada caso, é possível remixá-la e adaptá-la livremente ou não (CC BY-ND), para fins comerciais ou não (CC BY-NC), e muitas vezes solicitando que a obra final seja redifundida nas mesmas condições e sob a mesma licença que a obra inicial (CC BY-SA). Lessig me explica: "As licenças de direitos autorais e as ferramentas dos Creative Commons completam o sistema de copyrights. Servem para ir mais longe, e não para anular esse sistema. Ao mesmo tempo, dão aos autores e criadores um modo simples de escolher o tipo de liberdade de difusão que desejam para suas obras, o que é muito importante. Assim, se alguém chama Britney Spears e quer que as pessoas que pagam pela sua música sejam as únicas autorizadas a ouvi-la, está no seu direito e eu não tenho nada contra; mas você também pode ser um amador, um professor ou cientista e querer criar um conteúdo novo por amor à arte ou à ciência, ou para ser mais conhecido, sem se preocupar com o dinheiro que possa render nem controlar a maneira como suas obras serão difundidas. É para isso que servem os Creative Commons." Hoje, centenas de milhares de sites e milhões de conteúdos estão vinculados a essas licenças livres de direitos através do mundo. Os mais conhecidos são os artigos da Wikipédia, uma parte das fotos de Flickr, as reportagens da Al Jazeera sobre a guerra de Gaza, certas edições do jornal *20 minutes* e, naturalmente, os livros de Lawrence Lessig.

"Fico francamente indignado com o funcionamento das indústrias de conteúdos que defendem uma visão radical do copyright, sem qualquer relação com o combate histórico da propriedade intelectual. Essa visão abusiva compromete as oportunidades abertas pela era digital", insiste Lessig. Para ele, a função do copyright era a de estimular a inovação, e não a de proteger o modelo das "indústrias culturais dominantes". Como outros intelectuais, ele propõe a diminuição das penalidades individuais em caso de pirataria, a revisão da lei sobre cópias privadas e a extensão das regras do fair use (à exceção do direito autoral de interesse público, como por exemplo a difusão de citações ou de curtos trechos de um filme). Pretende também estimular os mashups, combinações musicais e vídeos híbridos formados por várias obras misturadas — as chamadas Blurred Lines, para retomar o título de uma canção de Pharrell Williams e Robin Thicke, processados e condenados em 2015 por terem usado elementos de uma canção de Marvin Gaye. E, naturalmente, milita pela diminuição da duração do copyright, que, nos Estados Unidos, é atualmente de setenta anos após a morte do autor. Pessimista na questão dos copyrights, Lawrence Lessig revela-se afinal otimista quanto aos conteúdos criativos na era digital, considerando que, graças à internet, a cultura se enriquece cada vez mais e se torna sempre mais sofisticada.

Os Creative Commons se inserem em todo o movimento da economia colaborativa e no chamado fenômeno do copyleft, pelo qual os usuários de softwares livres, ou aqueles que os compartilham e modificam também se veem obrigados a aceitar sua reutilização livre. Ou... de como utilizar o copyright para impedir o estabelecimento de um copyright!

"Em matéria de copyright, não sou um abolicionista", insiste Lessig. "Considero que o copyright é um elemento essencial da cultura moderna e da economia criativa. É necessário, até certo ponto. Deve ser um estímulo, um encorajamento para que os artistas criem grandes obras, e os escritores, grandes livros. O copyright deve ser defendido tanto quanto possível para esses objetivos, mas não além disso. A questão é encontrar o bom equilíbrio entre a proteção necessária e o excesso de regulamentação. Caso contrário, ao invés de uma free culture, teremos uma cultura regulamentada, aprisionada, em benefício exclusivamente das indústrias de conteúdos, de certos lobbies de artistas ou da elite — uma cultura do sharecropping —, o que não permite mais celebrar o potencial de cada um nem estimular o maior número possível de pessoas a criar." (Lessig emprega deliberadamente a conotação do termo "sharecropping", que remete ao modo de exploração agrícola por contrato de meias, no qual o fazendeiro, em geral negro, tinha que dividir o lucro das colheitas com um arrendador, geralmente branco.)

Esse estado de espírito liberal ou libertário da internet fez escola e tem muitos adeptos mundo afora. Em toda parte, especialmente nos países emergentes, encontrei atores culturais que acreditam sinceramente na cultura "livre" e às vezes "gratuita". O campeão é um músico de mais de 70 anos, Gilberto Gil, célebre cantor de MPB e um dos inventores do tropicalismo. Quando o entrevistei, ele ainda era ministro da Cultura do Brasil, no governo Lula. Gil confirmou que era "um grande partidário dos Creative Commons", acrescentando que, "naturalmente", defendia os direitos autorais, mas ao mesmo tempo preocupado em promover uma "difusão livre da música". Chegou a dizer, brincando, que se considerava ele próprio "um hacker", acreditando nas formas não comerciais da cultura. Lembrava-se do jovem negro que fora um dia — tendo crescido no Brasil pobre —, e agora queria ajudar os jovens das favelas a se comunicar através das ferramentas digitais. Na noite do nosso encontro, Gilberto Gil cantou, no palco, "Pela internet": "Eu quero entrar na rede/ Promover um debate/ Juntar via internet/ Um grupo de tietes de Connecticut/ Eu quero entrar na rede para contatar/ Os lares do Nepal, os bares do Gabão."

O fim dos produtos culturais

"A INDÚSTRIA DO DISCO NÃO TEM SENSO DE HUMOR." Todos se lembram dessa frase famosa de Justin Timberlake, encarnando um dos fundadores do Facebook no filme *A rede social*. Apócrifo ou não, o comentário resumiu durante muito tempo a complicada relação entre a música e a internet. Não estamos mais nesse ponto hoje em dia. Porque a música voltou a sorrir.

Agora, a indústria musical já se habituou ao digital. Em sua maioria, os títulos estão disponíveis on-line e a oferta legal é satisfatória. Seu modelo econômico orienta-se atualmente em três direções principais: o "rádio" digital gratuito, com partilha de publicidade ou remuneração dos direitos autorais (do tipo YouTube ou iTunes Radio); o download pago por unidade ou por álbum (do tipo iTunes); ou os serviços de acesso ilimitado com base numa assinatura de streaming, por download ou através de um aplicativo (do tipo Spotify, Pandora, Apple Music ou Deezer).

Se o modelo "rádio" tem suas vantagens para os consumidores, especialmente em termos de gratuidade, apresenta para os majors da música o inconveniente de não oferecer remuneração suficiente: os royalties que cabem aos artistas são bem inferiores no caso de uma assinatura gratuita, mesmo com partilha de publicidade, do que em uma assinatura paga. Apesar desses defeitos, essa forma deve perdurar, pois atende a uma demanda muito forte dos consumidores, especialmente nos países emergentes e na África. É também com essa fórmula que o YouTube vem reformulando seu modelo econômico. Quanto às webradios, estão se multiplicando por toda parte e se profissionalizam (TuneIn Radio Pro, Shoutcast, iTunes Radio etc.).

O modelo do download pago, por sua vez, popularizado pela Apple, alcançou seus limites. Mas a invenção foi decisiva, misturando quatro revoluções numa só: um leitor de arquivos musicais inovador (o iPod e depois o iPhone); um novo modo de codificação, proporcionando melhor qualidade sonora (AAC, no lugar do MP3); uma plataforma que servia ao mesmo tempo de biblioteca pessoal gratuita e espaço de compra de música (iTunes); e finalmente uma grande invenção, a venda de música à la carte, por títulos, e não mais por álbuns. Mas essa quádrupla proeza da marca da maçã já está perdendo o fôlego. "As pessoas compravam música para descobrir; agora, descobrem para comprar", frisa Patrick Beauduin, diretor-geral da Rádio Canadá, entrevistado em Montreal. Opinião ainda muito otimista? "As pessoas compram hits. É a única coisa que compram. Se ainda por cima esses sucessos forem vendidos por unidade, e não por álbum, fica difícil sobreviver. Um modelo baseado no 'longo prazo', quer dizer, na ideia de que elas vão comprar o acervo do catálogo, é um mito", explicou-me com um pouco de amargor, em Londres, Nick Gatfield, um dos dirigentes da EMI (a britânica EMI seria posteriormente comprada pela Universal, ficando uma pequena parte — Coldplay, David Guetta, Tina Turner e outros artistas — para a americana Warner). Se o iTunes continua sendo o ator ultradominante da compra de música on-line (mais de 80% do mercado), com os efeitos de abuso de posição dominante daí decorrentes, o fato é que não parece mais corresponder às práticas dos consumidores. Para a maioria dos meus interlocutores, assim, a compra de música dessa forma não parece mais ter muito futuro.

E há ainda a assinatura. Se esse modelo ainda não compensa as perdas da indústria musical com os CDs e a falência geral dos vendedores de discos — da HMV na Inglaterra à Borders nos Estados Unidos, passando pela Virgin na França —, o fato é que aparece como uma solução durável para a indústria. "Estamos convencidos de que o terceiro modelo, a assinatura, é o mais promissor para o futuro, representando uma solução para os consumidores e para a indústria da música", diz-me, por exemplo, Pascal Nègre, diretor-presidente da Universal em Paris.

Cabe mencionar aqui o YouTube, protagonista incontornável do ecossistema musical gratuito, que pertence à Google. Modelo híbrido, ele se apresenta como uma soma de serviços, com um bilhão de visitantes únicos por mês, assistindo em média a seis bilhões de horas de vídeo. O YouTube é primeiramente e antes de mais nada uma ferramenta de busca de vídeos — o maior do mundo. É também um serviço gratuito de vídeos e músicas on-line, em streaming, com publicidade, mas não linear (é possível escolher títulos ainda que não se queira baixá-los). Atualmente, seus conteúdos são majoritariamente legais, o YouTube reverte cerca de 50% de seus ganhos com publicidade para as indústrias culturais. Os suportes móveis são hoje a sua prioridade: já representam 40% do seu tráfego, e podemos levantar a hipótese de que o YouTube vai se posicionar essencialmente nesse mercado de mobilidade para smartphones e tabletes. De qualquer maneira, seu modelo original já faz sucesso planetário: o YouTube é o líder do streaming gratuito, muitas vezes com mais de 80% do mercado. (Atualmente, só enfrenta concorrência de atores locais em certos países, como os chineses Youku e Tudou, o japonês Nico Nico, o francês Dailymotion e o iraniano Mehr.) Paralelamente, o YouTube lançou canais de músicas temáticas gratuito's que se aparentam ao modelo do "smart radio" (ou, no caso, da "smart TV"). Nesse terreno, por fim, o YouTube evolui em direção ao streaming pago por assinatura, desde o lançamento do seu serviço Music Key, inspirado no modelo de Spotify, mas com o impacto do motor de busca Google. Cabe inclusive supor que o YouTube, que talvez só tenha pacificado suas relações com as indústrias criativas de maneira tática e temporária, venha em dado momento, por uma inesperada virada na situação, a fazer com que comecem a pagar pela oferta de seus vídeos e músicas! O fim da oferta gratuita de música para os consumidores, mas o início da remissão paga para os produtores: como se vê, os modelos ainda não se estabilizaram para as indústrias criativas.

VÁRIAS PLATAFORMAS já ocupam esse espaço da assinatura ilimitada por streaming, seja a Spotify, líder do mercado, fundada na Suécia em 2008, ou as americanas Rhapsody, Pandora, Rdio, a francesa Deezer ou ainda os recém-chegados Qobuz ou Naxos na música clássica e na qualidade sonora de primeira linha (ou mesmo o novo Napster).

Os gigantes da net não ficam para trás: Google com Google Play e Music Key (YouTube), Microsoft com a Xbox Music, Sony com sua PlayStation Music (em parceria com Spotify), e, mais recentemente, Apple, que, depois de comprar Beats Music em 2014, lançou Apple Music, assim confirmando a pertinência do modelo. (A Amazon tem uma oferta ilimitada semelhante, a Prime Music, reservada aos assinantes de seu serviço Prime.)

E POR SUA VEZ O YOUTUBE, que pertence à Google, vai oferecer em breve um serviço musical pago por streaming, talvez para tentar esquecer o fracasso da Google Music. Assim, Amazon, iTunes e YouTube evoluem do on-line music locker, o "fichário" pessoal que permite que cada um estoque sua música na cloud, para a on-line music database, uma base de dados coletiva on-line de que ninguém é dono, mas à qual é possível ter acesso a qualquer momento.

Esse modelo, às vezes chamado de all you can eat, em referência aos restaurantes de rodízio, ou, com mais seriedade, open music model, tem o mérito de se adequar muito bem à mobilidade. Em relação ao "rádio", que requer conexão de internet, ou ao download pago, que custa caro, as plataformas do tipo Spotify e Deezer têm a vantagem de satisfazer ao mesmo tempo aos consumidores e aos majors. Para se ver como as mentalidades evoluíram! Aqueles, dizia-se, jamais aceitariam pagar por música desde que, há mais de dez anos, o fenômeno Napster os levara a crer que "a música é gratuita"; continuariam, portanto, a baixar ilegalmente suas músicas favoritas na internet. Os fatos provam o contrário. Aparentemente, eles se dispõem a pagar pelo Spotify, embora os números ainda sejam incipientes (45 milhões de usuários do serviço gratuito com publicidade, e quinze milhões no pago por assinatura sem publicidade, em 2015).

Quanto aos majors, sua mudança de posição é ainda mais espetacular. A ideia de um serviço gratuito por streaming, acompanhado de publicidade, ou de um modelo por assinatura, do tipo Spotify, os deixava indignados há menos de cinco anos. Hoje, os três majors da música — Universal (da francesa Vivendi), Sony (Japão) e Warner (Estados Unidos) — adotam esses novos modelos e querem até andar mais depressa e avançar nessa direção. "O fato de um festival como o nosso, completamente centrado na música até o fim da década de 2000, ser atualmente o principal festival de inovação digital do mundo é um bom resumo da evolução do setor da música", comenta, em Austin, Roland Swenson, presidente da South by Southwest, ou SXSW. (Paralelamente ao SXSW Music Festival, o SXSW Interactive Festival constitui todo ano na primavera, no Texas, o contexto onde são reveladas as novas hot startups: foi nele que o Twitter deu o que falar em 2007, o Foursquare em 2009 e o Meerkat em 2015.)

Mas o fato é que os majors começam agora a sonhar, prognosticando que, quando os serviços de streaming por assinatura alcançarem, por exemplo, uma centena de milhões de assinantes, sua contribuição financeira para o braço musical terá quase compensado as perdas decorrentes do desaparecimento do CD. Repete-se sempre que o Spotify já transferiu para a indústria um bilhão de dólares em royalties desde a sua criação (embora o total por canção ouvida se limite a cinquenta centavos de euro aproximadamente e se Taylor Swift gerou um buzz em 2014 retirando seus álbuns do Spotify). Excesso de otimismo, dirão alguns. Entretanto, mais vale tomar os próprios desejos por realidade que persistir na negação da realidade, como vinha fazendo a indústria do disco há anos diante da internet.

À sua maneira, esse modelo de assinatura, que vem surgindo em muitos países por mim visitados, não raro com oferta local por parte de empresas nacionais, também confirma a evolução decisiva da cultura: a transformação dos produtos culturais em serviços, fluxos e assinaturas. A música deixa de ser um objeto sob a posse de alguém para se tornar algo a que se tem "acesso" e pode ser ouvido em todos os suportes, em qualquer lugar, a qualquer momento, a partir de uma única assinatura genérica.

Esse processo em curso é uma evolução natural da digitalização dos conteúdos. Por mais que se tivesse apego aos velhos discos, pessoais e singulares, aos filmes em DVDs amorosamente colecionados, o fato é que os trechos musicais no formato MP3 ou AAC e os arquivos baixados são todos iguais. De que serve continuar a tê-los numa "biblioteca", palavra que, segundo alguns, já pertence ao passado? Ao invés de se apropriarem desses objetos culturais, num espírito de acumulação burguesa, as pessoas se limitarão a ter acesso a eles: a assinatura, e não mais a propriedade, seria então o futuro da cultura.

Essa passagem da cultura dos "produtos" para a dos "serviços" é uma mutação fundamental. Passamos de uma indústria de bens culturais a uma indústria de serviços culturais. Se a indústria do disco não tivesse esperado dez anos para adotar a web, talvez tivesse conseguido prever essa evolução decisiva com alguns anos de antecipação.

AO LADO DESSES DESDOBRAMENTOS GLOBAIS, outras pistas são exploradas mundo afora: os contratos de management "de 360°", o crowd-funding, a venda de toques de celular (fenômeno duradouro na Ásia) e, naturalmente, os concertos e apresentações ao vivo. Alguns artistas, como Jad Choueiri, exploram todas essas alternativas ao mesmo tempo.

"Estou começando minha segunda carreira", diz Jad Choueiri, 33 anos, cantor libanês que se tornou produtor e diretor de videoclipes de sucesso. Ao me encontrar com ele em Beirute, entendo, pela importância do seu entourage, e, também, pelo olhar dos transeuntes, que estou diante de uma celebridade. Durante dez anos, Choueiri esteve entre os artistas de pop árabe mais conhecidos, com uma sucessão de hits e primeiros lugares entre os Top 50 no Líbano, na Síria, no Golfo, no Magreb e sobretudo no Egito, onde seu primeiro álbum vendeu duzentas mil cópias, apesar de ser um país onde a pirataria é praticada em massa há muito tempo. Um de seus sucessos, "Warreiny", foi visto mais de um milhão de vezes no YouTube. Desempenho semelhante tiveram "Funky Arabs", "Banadilak", "Wala Awel" e, em novembro de 2013, o super-hot "We Don't Care". Seus vídeos fizeram tanto sucesso na internet e nas redes por satélite que ele assinou contrato exclusivo com uma rede de televisão, a Melody TV, que tem produtora própria.

"Esse tipo de acerto é chamado de 'contrato de 360°'. Significa que abrange álbuns, shows, produtos derivados e tudo que diga respeito ao management. A produtora recebe então uma percentagem de todos esses produtos", explica Choueiri numa recepção em seu apartamento em Achrafieh, o bairro cristão de Beirute Leste.

O major egípcio Melody Music não é a única produtora que vem testando esse modelo. Seus concorrentes no mundo árabe, como o grupo saudita Rotana e o grupo libanês Arabica, fazem o mesmo. "Fazemos com nossos artistas o que costumamos chamar de 'contrato de management'. Como todo mundo, estamos no '360°', o que significa que não contratamos um cantor para fazer apenas um disco, mas para cuidar de toda a sua carreira: de seus CDs, da venda de sua música on-line, mas também de seus shows e das campanhas publicitárias de que participa. Noventa por cento de nossos artistas assinam atualmente esse tipo de contrato global", explica-me Tony Semaan, diretor de Artist & Repertory da Rotana, quando o entrevisto na sede do grupo em Beirute.

Com a virada digital, esse modelo singular aos poucos foi se espalhando. "O paradoxo é que os países árabes saíram na frente do resto do mundo", diverte-se Jad Choueiri. "A pirataria era tão generalizada aqui, muito antes da internet, que ninguém apostava em retorno financeiro com a venda de um álbum ou de singles. Tudo era pirateado através de milhões de fitas cassetes copiadas e CDs gravados. Meu primeiro contrato, em 2005, já era um contrato de management, dando à produtora um percentual sobre todos os meus shows e a minha publicidade. É o que todo mundo está fazendo hoje em dia na América e na Europa!"

O que me impressionou no Líbano, como em todo o Oriente Médio, mas também na Ásia e na América Latina, foi a serenidade dos meus interlocutores diante da pirataria. Para Jad Choueiri, esse é um dado básico da indústria, que ele não leva muito a sério. E isso contrasta com a obsessão antipirataria dos industriais americanos e dos governos europeus. Segundo os profissionais da música no Oriente Médio, a pirataria equivaleria a mais de 80% do mercado. E mesmo quando os CDs e DVDs são vendidos nas ruas, trata-se quase sempre de produtos pirateados. "Então o peer to peer não nos amedronta mais. Não temos medo da pirataria na internet!", confirma Choueiri. (Um estudo de The American Assembly, da Universidade Columbia, estima que a pirataria de softwares chega a 68% na Rússia, a de música, a 82% no México, e a de cinema, a 90% na Índia; o estudo também apurou que 46% dos adultos americanos já baixaram música ou filmes ilegalmente, e que esse total chega a 70% na faixa de 18-29 anos.)

Mas os países árabes têm outras especificidades. É o caso das apresentações em festas privadas, aniversários e especialmente casamentos, que geram entradas financeiras regulares para os artistas e suas produtoras, com direito a um percentual por contrato. Em outros países, como os Estados Unidos, os artistas iniciantes recorrem aos house shows, apresentando-se em apartamentos particulares para aumentar sua fanbase e receber pequenas remunerações e gorjetas.

Embora continue a cantar, Jad Choueiri está entrando em uma segunda carreira, evoluindo para as profissões de produtor e empresário. Além disso, tem dirigido muitos vídeos para artistas árabes como Nawal Al Zoghbi, Ouadia Al Safi e Diana Haddad. "A produção e direção de um clip pode render entre quinze mil e 150 mil euros, o que de fato representa um verdadeiro modelo econômico." Como o sucesso dos vídeos na internet é cada vez mais crucial para estabelecer um vínculo com o público, muitas startups especializadas passaram a oferecer estratégias de promoção on-line. "O sucesso on-line e o marketing off-line se completam. Ambos participam da conversa que o artista precisa ter com seu público", comenta Choueiri.

Em compensação, ao contrário do que acontece nos países ocidentais, não se tem muito como esperar lucros financeiros das apresentações na televisão ou no rádio. "No mundo árabe, pelo contrário, as produtoras e os artistas têm de pagar às redes para que sua música seja difundida! É outra singularidade daqui", sustenta Jad Choueiri, acrescentando: "Mas talvez tenhamos chegado ao fim desse modelo, graças à internet. Alguns artistas árabes começam a receber dinheiro quando seus clips conseguem ter um belo público no YouTube." O site e rede social, que lançou por exemplo um artista como Justin Bieber, participa agora do financiamento dos vídeos que difunde e aceita transferir parte de suas receitas publicitárias para os artistas que geram mais visualizações.

Modelos paralelos podem ser encontrados em outras latitudes. Assim, a iniciativa de "pagar" para difundir a própria música nas redes — sistema em geral ilegal conhecido como payola — é frequente na América Latina. "A payola foi durante muito tempo o que explicava o domínio dos majors e a uniformização do mercado pela música anglo-saxônica. Mas hoje a internet não permite mais esse tipo de corrupção, pelo menos não nesse grau. Existem soluções alternativas na web. O que é uma boa notícia para nós", acredita Victor Ponieman, da Random Record, entrevistado em Buenos Aires.

Quanto às remunerações complementares, como os sinais sonoros da telefonia portátil e os direitos derivados dos karaokês, estão generalizadas na Ásia. "Ring tones, ring back tones... São essas agora as formas da economia da música aqui", explica-me, em Jacarta, Toto Widjojo, presidente da Sony na Indonésia. As músicas pop japonesa (J-Pop), coreana (K-Pop), de Taiwan ou da Indonésia invadiram os telefones celulares, especialmente graças aos ring back tones, os sinais sonoros de espera dos celulares (não confundir com os sons de toque propriamente ditos): em vez de ouvir um simples sinal sonoro, o usuário ouve um trecho de uma canção de J-Pop ou K-Pop. Para não falar do muito apreciado color call tone, trecho que se ouve como fundo sonoro durante a conversa! Já as capas dos álbuns são naturalmente vendidas como fundo de tela para telefones celulares. Tais invenções japonesas, que encontrei em toda parte na Ásia, na Coreia ou na Indonésia, em Taiwan e no Vietnã, também rendem royalties.

Essas novas formas de remuneração também se aplicam à synchro (de sincronização), como são conhecidas as músicas sobrepostas à imagem. É o caso dos spots publicitários, mas também das músicas de cinema, da synchro dos jogos de vídeo, do branding e do brand content das grandes marcas, do design sonoro de sites da web etc. Às vezes, os direitos autorais daí decorrentes são maiores que os gerados pela venda de álbuns! As majors da música criaram departamentos especializados, e também surgiram agências voltadas para a colocação de música synchro. Não existe mais apenas um modelo econômico da música: é preciso falar no plural.

E HÁ POR FIM O CROWDFUNDING, mais voltado para os artistas up-and-coming, promissores mas que ainda não aconteceram. Como fazer hoje, num mundo de tantos talentos e tantos projetos na internet, para ser visto e financiado? O crowdfunding é uma tentativa de resposta a essa dificuldade, envolvendo um apelo direto para que o público apoie um projeto que lhe agrade. Essa forma de financiamento colaborativo pode basear-se numa doação ou constituir um verdadeiro investimento.

Nos últimos anos, foram criadas plataformas de financiamento participativo: é o caso do Kickstarter, líder do setor, mas também do RocketHub ou o Indiegogo, utilizados por muitos produtores de séries ou documentários, ou ainda por realizadores de filmes como Spike Lee e James Franco, para arrecadar fundos para a execução de seus projetos. Às vezes, são sites mais especializados, como Ulule (criatividade e solidariedade), People for cinema (filmes), Touscoprod (audiovisual) ou MyMajorCompany (música) que se empenham em facilitar a concretização de projetos em determinado setor através da arrecadação de fundos.

Como se vê, ao setor da música não falta inventividade para elaborar novos modelos econômicos na era digital. A indústria tem todo interesse em adotar a web, pois através dela pode ganhar não só financiamentos como também diversidade. Não raro hostis à internet, os observadores prognosticaram muitas vezes que a transição digital iria se traduzir numa uniformização. Mas quando questionamos hoje os profissionais em campo, em muitos países, eles não se mostram convencidos por essa análise. O medo de uma globalização que se traduziria na vitória da música anglo-saxônica, em virtude da internet, seria segundo eles em grande parte sem fundamento.

Uma análise de mais de um milhão de classificações das melhores vendas em 22 países, realizada em junho de 2013 para o *The Economic Journal*, demonstra, pelo contrário, que a música continua em grande medida territorializada. Os grupos nacionais teriam inclusive crescente influência em decorrência do uso da internet. E na realidade, ao passo que os Estados Unidos e o Reino Unido, e, em menor medida, a Suécia, o Canadá e a Austrália dominavam as vendas globais antes da revolução digital, estas hoje em dia são muito mais diversificadas. Naturalmente, os Estados Unidos continuam dominando esse mercado, com 23 dos 31 artistas presentes na maioria das paradas de sucesso. Mas esse mainstream americano é apenas uma camada, de fato importante, mas relativa, da quantidade da música ouvida mundo afora. A participação de artistas nacionais vem aumentando constantemente desde 1990 na maioria dos países. Foi o que o grupo MTV entendeu perfeitamente ao desenvolver filiais locais para a maioria de suas redes, antes que a internet decuplicasse o fenômeno. E, sobretudo, ao restabelecer no coração do modelo econômico da música os shows ao vivo, a web contribui mecanicamente para a valorização dos métodos locais de promoção e para o aumento das vendas dos artistas nacionais. Num mundo conectado, os artistas dos países pequenos poderão de vez em quando encontrar um público mundial, mas, sobretudo, ter mais reconhecimento em casa.

Finalmente, é possível que a dimensão global da internet também favoreça a difusão dos artistas nacionais junto às comunidades exiladas, o que é atestado pela Índia, o Irã, a China. A difusão pode ser global no plano técnico, mas aumenta a diversidade no plano musical, pois permite que os membros de uma população emigrada participem da conversa de seu país de origem. Por quais complexos caminhos não passa às vezes a diversidade! No fim das contas, cabe levantar a hipótese de que a música esteja entrando numa nova era e de que, graças ao digital, sua geografia venha a mudar, tornando-se muito mais espraiada e diversificada. Muito menos mainstream.

O outro lado da moeda é que é paradoxalmente mais difícil tornar-se global. À parte algumas exceções, do tipo Psy, que se aproxima de dois bilhões de visualizações no YouTube com Gangnam Style, é difícil destacar-se, salvo para quem é americano. Para muitos artistas, o sonho de um hit global se afasta, embora o conforto dos nichos se abra graças à internet. É o que pensa José Eboli, diretor-presidente da Universal no Brasil: "Aqui no Brasil o percentual de música brasileira vendida é de 70%. Os americanos estão apenas em segundo lugar, com 28% do mercado. Temos muito orgulho disso. Em compensação, no nível internacional, a música brasileira praticamente não existe mais. Houve uma época em que, com a bossa nova, fomos mainstream no mundo todo. Mas não durou muito. De lá para cá, deixamos de ser um ator importante da música em escala internacional. Somos em geral incluídos na categoria world music. Mas conservamos nichos, comercialmente interessantes, e, para cultivá-los, o digital é perfeito."

Esses "nichos" podem ser particularmente ricos, como evidencia a importância do jazz e da música clássica na web. O clássico representava apenas 3% das vendas de discos no fim da década de 1990 — contra 33% no início dos anos 1960: hoje, recuperou uma verdadeira vitalidade, na era digital. Estima-se que as vendas atualmente superem 10% no iTunes. (O iTunes não divulga seus resultados de venda, mas esse percentual foi obtido por cruzamento dos direitos pagos às produtoras de discos, num estudo da imprensa especializada americana.)

São muitos os sites que oferecem música clássica on-line, por streaming ou assinatura, e as web rádios especializadas também se proliferam. "A rádio hertziana de música está condenada a desaparecer. Tudo que é 'endiscado', como se diz no Quebec, não tem mais futuro. Exceto se for live ou exclusivo. O futuro está nas web rádios especializadas, por exemplo, nos clássicos", explica-me, em Montreal, Patrick Beauduin, diretor-geral da Rádio Canadá. O site espace.mu, desenvolvido pelo grupo público canadense, oferece muitas web rádios por streaming, com amplo espaço para os clássicos. "Mas numa rádio clássica, seja hertziana ou por internet, não se deve falar mais de seis minutos por hora, no máximo; caso contrário, deixa de ser uma rádio musical para se tornar uma rádio 'falada'." Beauduin considera que o futuro do rádio, que é uma mídia de proximidade, será essencialmente móvel, no tablet, no smartphone e pelo Facebook.

"O rádio é totalmente compatível com as redes sociais, é a sua história. A interatividade é essencial." Segundo ele, as rádios "faladas" também manterão seu monopólio pela manhã, ao despertar, e durante o drive time — o tempo que as pessoas passam ouvindo rádio no carro. "Mas o rádio passará a ser ouvido essencialmente por streaming à medida que as faixas de frequência aumentarem e o 4G se generalizar. O podcast é uma tecnologia de transição: seu defeito é ser frio, não ser ao vivo. Ele está condenado pela abundância e pelo fato de uma transmissão ser facilmente perecível ou menos pertinente. O rádio durável não existe." Na Suécia, sabe-se que as estações de rádio finalmente optaram por poderem ser acessadas pelo Spotify, caso contrário não seriam mais ouvidas. E na Inglaterra pude constatar, ao visitar a BBC, que cerca de quarenta web rádios temáticas, ditas de "gênero", haviam sido lançadas, especialmente no jazz e no clássico.

O clássico também se desenvolve nos sites de vídeo em streaming, inclusive, por exemplo, no contexto dos pacotes Netflix. Um fenômeno inesperado se observa há alguns anos: o persistente interesse dos melômanos por uma experiência em imagem dos concertos e óperas clássicos, o que ontem se traduzia no aumento das vendas em DVD, e pode ser identificado hoje através da oferta de vídeos on-line. "É contraintuitivo, mas acabamos constatando que o clássico é ouvido em imagens, em vídeo. A web rádio clássica terá de oferecer imagem; essa é uma descoberta fascinante", frisa Beauduin.

Decididamente graças ao digital a música clássica ganha nova vida e novos públicos, retomando as utopias de sua democratização defendidas por Leonard Bernstein à frente dos concertos gratuitos da New York Philharmonic e Arturo Toscanini com suas memoráveis retransmissões na década de 1940 pela NBC Radio. E estamos apenas no início.

A cloud da Amazon

A MENOS DE QUINHENTOS METROS do Capitólio e do Congresso dos Estados Unidos, na CStreet, há uma casinha de tijolos vermelhos, discreta e refinada, assim como seus ocupantes: os lobistas da Amazon. Se a sede social do maior grupo do comércio mundial fica em Seattle, no estado de Washington, nordeste dos Estados Unidos, seu escritório "político" estabeleceu-se em Washington DC, a capital federal americana. Emmett O'Keefe, diretor de questões públicas da Amazon, e Shannon Kellogg, encarregado do lobbying em nome da Amazon Web Services, recebem-me com cortesia. Meus anfitriões sabem se apresentar. Com paciência de padre, respondem prudentemente a minhas perguntas. No fim de 2013, no momento em que o caso Snowden está em todos os jornais, seus argumentos são calibrados para contornar as preocupações de um europeu. Sim, a Amazon é favorável à intervenção do Congresso para proteger a vida privada; sim, a Amazon é favorável a que cada empresa pague seus impostos localmente; sim, a Amazon informa a cada usuário do seu serviço de cloud onde os seus dados são estocados. Os argumentos são preparados, e meus anfitriões, corteses. Mesmo quando elevo o tom, eles se mantêm calmos. Tenho à minha frente lobistas experientes.

"Toda vez que entramos num novo setor, provocamos uma disruption. E nossa regra é simples: o que é bom para o consumidor é bom para a Amazon", comenta serenamente Emmett O'Keefe. Ele não quer se mostrar solidário com os outros GAFA, e frisa as divergências de pontos de vista, mas também reconhece certas convergências.

O termo GAFA, terrível sigla para Google, Apple, Facebook e Amazon, junta na mesma palavra empresas unidas apenas pelo fato de serem digitais e americanas. Todas têm escritórios em Washington e Bruxelas. Nas duas capitais, financiam partidos políticos, think tanks e mantêm poderosos lobbies. Fazem concorrência frontal umas às outras — Apple e Google nos celulares, Amazon e Apple nos tablets, na música e no livro eletrônico, Amazon e Google no e-commerce e na cloud, Facebook e Google nas redes sociais, no vídeo e em fotos —, mas se unem para defender seus interesses. A cultura desmaterializada é um deles.

Para o grande público, a Amazon é antes de mais nada um site de venda de produtos materiais a partir de depósitos físicos. A empresa atua no setor "duro", ou, como se diz nos Estados Unidos, no retail e no brick & motar (tijolo e argamassa). A partir dos livros, e, mais adiante, dos CDs e DVDs, a plataforma de Jeff Bezos diversificou suas atividades, comercializando games, aparelhos eletrônicos e mais adiante roupas, móveis e até brinquedos e joias — ou ainda vinhos e obras de arte originais. A Amazon deve seu sucesso à quantidade impressionante de produtos disponíveis, à sua rapidez na entrega (e na verdade, a Amazon não se estabelece em países e regiões de comunicações geográficas difíceis), ao seu buscador impressionantemente eficaz e à sua plataforma de pagamento, das mais eficientes da web. E, por sinal, cabe temer que a carteira eletrônica da Amazon venha a constituir no futuro, em concorrência com as da Google, do iTunes e do Facebook (o Facebook Credit), uma ferramenta obrigatória para o pagamento on-line. O login do Facebook já representa um meio de verificação da identidade na internet para milhares de sites, sobretudo porque a empresa insiste para que o usuário forneça seu verdadeiro nome. Por sua vez, o PayPal, que pertence ao eBay, tem como modelo econômico facilitar transações financeiras e vendas por leilão na internet. A Amazon também avançou muito em relação aos demais nesse setor financeiro grandemente promissor, no qual a confiança em determinada marca e a confiabilidade técnica do back office constituem trunfos importantes. Essa eficiência permitiu-lhe desenvolver-se paralelamente no B2B (o business to business, comércio entre empresas), tornando-se uma plataforma de revenda de produtos de ocasião. Então, o modelo Amazon, baseado principalmente no novo, é combinado com o do eBay, abrindo-se para os objetos de segunda mão. Essa dupla dimensão não deve ser subestimada, pois deu à Amazon uma base de apoio decisiva entre livreiros, revendedores e outros pequenos comerciantes que dela dependem atualmente. Na famosa expressão de Jack Dorsey, o fundador do Twitter que justamente lançou seu site de pagamento on-line (uma carteira eletrônica chamada Square), o comércio seria antes de mais nada uma "conversa".

Entrepostos e armazéns, mas também cliques. Líder na venda on-line, a Amazon está se transformando num gigante dos conteúdos digitais. Com o seu Kindle, ela vende ebooks e faz concorrência aos tablets da Apple; com o Amazon Prime Instant Video, a empresa de Seattle tenta enfrentar a Netflix no vídeo on demand por streaming; com a Kindle Owner's Lending Library, empresta livros eletrônicos, como numa autêntica biblioteca; com o Amazon Cloud Player, oferece uma interface semelhante à do iTunes para estocagem gratuita ou compra de música, e propôs mesmo, com o Kindle Music, o acesso ilimitado a um catálogo por streaming, modelo Spotify.

E há ainda a cloud, no qual a Amazon tornou-se, como quem não quer nada, líder incontornável. Por sinal, foi a empresa de Jeff Bezos que contribuiu para popularizar a palavra, ao lançar seu Elastic Compute Cloud (EC2) em 2006. Hoje, sua capacidade de estocagem de dados em torno de dez milhões de servidores conectados entre si e em tempo real é propriamente assustadora. Qualquer pessoa tem acesso gratuito ao Amazon Cloud Drive para estocar documentos, imagens, sons e vídeos (o serviço é pago acima de 5 Gb). Já os que fazem uso profissional utilizam uma capacidade ilimitada de estocagem, de tal maneira que a Netflix e o Dropbox, apesar de concorrentes, recorrem aos servidores da Amazon Web Services. Todo o back office da Amazon foi transferido para a cloud. E até a agência americana de segurança, a famosa National Security Agency (NSA), passou a utilizar a Amazon para estocar certos dados, como revelou uma obra sobre a empresa de Jeff Bezos publicada recentemente.

Essas infraestruturas espetaculares da Amazon, associadas às da Google ou da Apple, deixam transparecer uma das características principais da cultura que está por vir. Como vimos, os "produtos" culturais estão desaparecendo e sendo substituídos por "serviços" culturais: a Amazon antecipa essa evolução, tendo desenvolvido as plataformas a partir das quais eles serão acessíveis em tempo real na cloud. O declínio da venda de CDs e DVDs e a estagnação do mercado de livros físicos não passaram despercebidos à multinacional do e-commerce, sobretudo por constituírem seu modelo econômico a partir de 1995. Se os usuários votam pela locação, no lugar da compra, a Amazon estará pronta.

Plataformas como Spotify, Pandora, Deezer, Apple Music e Google Play, entre muitos outros serviços que vão de vento em popa, investem maciçamente nesse mercado da música por streaming. A Netflix oferece o equivalente no caso do cinema; e o setor do livro certamente terá a sua Netflix, permitindo a assinatura ilimitada de todos os livros (Scribd, Oyster e Entitle já ensaiam isso e a Amazon provavelmente será a líder do setor). Com o tempo, portanto, os GAFA, considerando-se seu poder de ataque, sua fenomenal capacidade de estocagem e o número de usuários, podem vir a ser os únicos verdadeiramente capazes de oferecer um serviço global de assinatura ilimitada para toda a cultura — música, cinema, video games e livros. Uma hipótese para a qual devemos estar preparados.

Mas não seria possível pôr em dúvida o conjunto dessas hipóteses "tecno-otimistas"? Nossas bibliotecas literárias, nossas coleções de discos e DVDs estariam realmente condenadas? O modelo Amazon acabará por se impor? Para tentar responder a essas perguntas, a pesquisa de campo e a comparação internacional proporcionam algumas pistas. Em quatro países que visitei, a Amazon chama-se Flipkart, Ozon, Alibaba e Rakuten. E assim descobrimos — boa notícia — que a Amazon não é a única. E que — má notícia — representa um modelo que pode generalizar-se no mundo inteiro.

SEXTA-FEIRA NA ÍNDIA É CASUAL FRIDAY. Como nas empresas americanas, os empregados de informática em Mumbai, Nova Délhi ou Bengalooru se vestem descontraidamente. Amod Malvia usa uma kurta branca.

Aos 32 anos, Malvia é vice-presidente da Flipkart, uma das maiores empresas indianas de e-commerce, espécie de Amazon local. Usando essa camisa longa, muito popular entre os hindus, e que reflete, senão a filiação a uma casta, pelo menos certo senso da tradição, ele não aprecia muito minha comparação com a empresa de Seattle. "Nós somos muito diferentes da Amazon. Não somos de modo algum um clone. Nosso vínculo com os fornecedores, os produtos que vendemos, inclusive uma variedade muito grande de kurtas na seção 'roupas étnicas', e a maneira como fazemos a entrega das encomendas realmente representam um diferencial."

Como na China e na Rússia, a Flipkart funciona com base no sistema de pagamento em dinheiro na entrega (conhecido como cash on delivery). O baixo percentual de indianos que têm cartão bancário — apenas 20% —, o alto índice de desconfiança em relação ao comércio on-line e as difíceis condições de entrega explicam essa preferência dos consumidores. Outra diferença: as condições problemáticas do B2B (business to business). As empresas não sabem cooperar entre si, o que torna impossível, por exemplo, interligar os sistemas de informática dos fornecedores com o da Flipkart, o que a Amazon soube operacionalizar de maneira tão eficaz.

A Flipkart começou, como a Amazon, vendendo livros, CDs, DVDs e video games, em seguida ampliando suas atividades para produtos de informática e roupas. Amod Malvia não tira os olhos dos concorrentes americanos — a Amazon, naturalmente, mas também o Facebook e o eBay, embora também tente entender as expectativas específicas do público indiano. As regras do e-commerce valem em qualquer lugar ou seriam próprias deste ou daquele país? Para Malvia, não resta dúvida de que o fracasso da Amazon na Índia, onde não foi capaz de se adaptar às especificidades do mercado, confirma a territorialização das vendas on-line.

Inspirando-se nas redes sociais, o site Flipkart também inova com a criação de uma espécie de social commerce (ou s-commerce), que se escora nas redes sociais preferidas dos indianos, embora sejam essencialmente americanas, para vender produtos. Entre o local e o global, assim, a Índia vai fazendo complexas viagens de ida e volta.

"No momento, estamos tentando diversificar nossos produtos e atender bem aos consumidores, em vez de ampliar nossa rede de distribuição", conclui Malvia. Com cerca de 33 mil empregados e oito milhões de remessalistairas por mês em 2015, a Flipkart é um gigante indiano, em forte crescimento. Entretanto, e aqui temos outra especificidade nacional, só é capaz de entregar seus produtos em 130 cidades, e quase nunca, em virtude das condições desastrosas da rede postal, nas seiscentas mil aldeias que formam o país.

"A ECONOMIA RUSSA É UMA ECONOMIA com muito dinheiro", comenta Maëlle Gavet em tom factual. Ela é diretora presidente do Ozon.ru, principal site de e-commerce, uma Amazon russa. "Durante muito tempo, o e-commerce não foi confiável para os russos. Eles viam os produtos na internet... e iam comprá-los nas lojas! Foi necessário criar um clima de confiança. Começamos com livros e CDs, e depois chegamos aos produtos domésticos, brinquedos, produtos de beleza. Aos poucos, nos tornamos confiáveis."

Gavet observa, contudo, três singularidades que fazem do Ozon um site característico do mundo do alfabeto cirílico. Em primeiro lugar, o pagamento em dinheiro, na grande maioria dos casos na entrega, e não por cartão de crédito no momento da compra (exceto no caso do site de viagem ozon.travel, algo semelhante ao Expedia). Depois, a entrega, que requereu a montagem de um modelo próprio de distribuição. "É impossível confiar nos Correios russos. Tivemos de criar nosso próprio sistema, 'Ocourier', uma espécie de Fedex." Finalmente, o serviço pós-venda é muito importante, exigindo particular atenção. "Os russos precisam se sentir seguros, temos de responder com precisão a todas as perguntas quando instalam um aparelho, quando o trocam, quando querem devolvê-lo porque não funciona", explica Gavet. Para ela, a Amazon não conseguiu se implantar na Rússia porque "seu site não soube se adaptar às regras locais em matéria de pagamento em dinheiro, distribuição e serviço pós-venda".

A Ozon é interessante em sua relação com a Amazon em virtude dessa dialética sutil entre o original e a cópia. Outros sites compartilham dessa esquizofrenia: o Kupivip é uma cópia idêntica do site francês Vente-privée, e o pinme.ru não poderia ser mais parecido com o Pinterest. Mas também existem verdadeiros líderes nacionais, como o exist.ru, que vende peças de reposição de automóveis (o maior site russo em termos de audiência) e o holodilnik.ru, especializado em produtos domésticos (que poderia ser traduzido como "geladeiras.ru").

Na Rússia, constatamos assim que os sites se territorializam. Um bom exemplo é o Vkontakte.ru (ou VK.com), originalmente uma espécie de clone do Facebook que hoje se distingue do original. Percorrendo essa rede social, cujo nome pode ser traduzido como "em contato", impressionam o design e as cores, semelhantes aos do Facebook. Mas existem diferenças, a começar por sua flexibilidade nas questões de copyright, que se traduziu durante muito tempo na possibilidade, senão no estímulo, do download ilegal maciço de conteúdos culturais. Esse Facebook russo, com 250 milhões de usuários, atualmente evolui para um modelo de streaming legal, investindo em parcerias com as indústrias criativas russas, e também para a assinatura on-line. À sua maneira, o Vkontakte avança pelo território do Ozon, que, ao contrário da Amazon, não foi capaz de avançar nessa direção. O Facebook russo pode se transformar na Amazon russa da assinatura e do streaming.

O Yandex, por sua vez, é o principal buscador russo, lembrando muito o Google. Mas a comparação para por aí. Primeiro, porque o Yandex foi desenvolvido muito antes do Google, inicialmente para buscar citações na Bíblia. O site líder também se emancipou do modelo americano acompanhando de perto as expectativas dos russos. Por exemplo, oferece um serviço de cartografia muito popular, totalmente voltado para o trânsito e os engarrafamentos (Yandex Traffic Jam). Finalmente, seu sucesso em termos de buscas — da ordem de 60% do mercado — supera em muito o do Google na Rússia (menos de 30%). E como a Amazon e o Vkontakte, ele pretende se diversificar na oferta cultural por streaming e assinatura.

A localização, assim, é indispensável, seja para as filiais russas dos gigantes americanos ou as cópias locais do Facebook ou da Amazon. No entanto, sites como Ozon na Rússia, Alibaba na China e Rakuten no Japão também confirmam que de fato existe um modelo Amazon encontrado em qualquer lugar. E se as variantes locais logo chamam a atenção de um olhar estrangeiro, servem simplesmente para atestar que a localização é sempre indispensável, seja na escolha dos produtos oferecidos ou dos métodos de entrega. Mais ainda que o resto da internet, o setor do comércio on-line permanece extremamente territorializado —

e assim continuará. Para se vestir ou se alimentar, para comprar produtos da vida cotidiana ou de conforto, é necessário poder recebê-los em casa. Nem os entrepostos nem os meios de transporte podem ser globais.

Essa territorialização não exclui tendências gerais. Muitas vezes, a matriz foi cultural, inicialmente os livros, CDs e DVDs, seguida de diversificação. Em toda parte, essas plataformas de produtos culturais estão evoluindo para serviços e assinaturas por streaming. Tendo investido precocemente no setor da música on-line, o Rakuten se desenvolve atualmente abrindo um imenso on-line video club no setor do cinema (o site japonês também é dono da plataforma britânica de download de música play.com). E como a Amazon, o Rakuten quer se escorar em seu buscador e seu algoritmo para oferecer recomendações mais pertinentes aos clientes. O objetivo dos sites de e-commerce é aproximar a prescrição da transação. Com o tempo, essa prescrição e toda a crítica passarão a ser feitas pelos próprios sites, segundo acreditam Vkontakte, Flipkart e Rakuten. Na era digital, os produtos culturais não são os únicos que estão desaparecendo: os jornalistas e críticos especializados também.

O crítico de cultura morreu! Viva a Smart Curation!

Na entrada da sede de Gawker em Nova York, vemos uma grande tela plana com as melhores audiências do site em tempo real. Os artigos são classificados pelo número de vezes que foram vistos, e, como as visitas estão constantemente evoluindo, esse Big Board, como é chamado aqui, não para de piscar o tempo todo. Os sites do grupo Gawker têm em média 100 milhões de visitantes únicos por mês. O equivalente a algo entre três e cinco milhões por dia!

"It's fucking high" (é realmente muito alto), comenta James Del quando o encontro no último andar de um prédio industrial na Elizabeth Street, no bairro de SoHo. Ele não está se referindo à audiência dos sites, mas à vertiginosa escada! A sua exagerada verticalidade, mesmo em comparação com os padrões nova-iorquinos. Estamos no terceiro andar apenas, mas, sem elevador, os degraus particularmente íngremes tornam a visita de certo modo esportiva.

Dentro dos escritórios, imensos e em open space, o clima é mais horizontal. Há um café, para fazer um break, e, naturalmente, uma mesa de pingue-pongue, símbolo já indispensável de qualquer startup americana. Os empregados usam fones de ouvido, para permanecer em sua bolha, e conversam via chat com os colegas através de boxes de mensagens instantâneas, para agir em coletividade. A no-hierarchy attitude é obrigatória, embora as áreas profissionais estejam cuidadosamente compartimentadas. Um andar é reservado aos jornalistas, aqui chamados de "editors" e às vezes "curators"; outro, ao pessoal do comercial; um terceiro, aos engenheiros, contadores, advogados e profissionais de apoio. Desse modo, os profissionais encarregados do "content" — aproximadamente metade da equipe de mais de trezentos empregados —, os de publicidade e os de dados não se encontram muito, exceto quando se dispõem a galgar os degraus íngremes e "passar o crachá", com um cartão magnético, na entrada dos outros andares. Já James Del, tendo acesso a todos os andares, sobe e desce constantemente as escadas, o que visivelmente não lhe agrada muito. Ele entrou para a Gawker com 20 anos, ao deixar a New York University, galgando posições, ano após ano, nessa startup hoje em dia incontornável. Aos 28 anos, é atualmente o vice-presidente da Gawker, encarregado da programação e do marketing.

"Nosso modelo é o da 'curation'. Lemos tudo que é encontrado na internet, e quando uma história nos parece interessante, pegamos uma ideia, uma informação ou um parágrafo, transformamos num artigo e promovemos o buzz", relata Del ingenuamente. Sentado numa das meeting rooms da Gawker, ele tem seu coffee-mug à frente, sobre uma mesa. Estou na sede de uma das principais mídias "people" dos Estados Unidos, um site divertido e cruel, periodicamente atacado pelos congêneres, que o consideram creepy, trashy, sketchy — repugnante, superficial, perverso e mesmo nojento! Mas o fato é que Del se expressa de maneira perfeitamente profissional, eficiente, sério, quase bem-comportado demais. Tem um jeito desconcertante de aceitar as críticas que chovem sobre a Gawker, seus excessos, sua futilidade, seu voyeurismo, seus ataques borderline contra a vida privada, seu cinismo. Ele já ouviu de tudo; não se abala mais. Um certo distanciamento, a preocupação com a ética editorial, a respeitabilidade, parece dizer... "well, a web não é exatamente isso!" Em compensação, a partilha, a participação, a curadoria, os algoritmos e a recomendação, tudo isso está no cerne da profissão. Del frisa que os próprios leitores do site podem participar de sua redação, graças a uma plataforma especializada, um metablog batizado de Kinja: "Qualquer um pode publicar nele. O que permite o surgimento de novos conteúdos, novos talentos, eliminando de vez a tradicional linha divisória entre autores de artigos e leitores."

Meio curadora de conteúdos produzidos por outros, meio criadora de artigos originais, tudo isso com muito algoritmo, a Gawker especializou-se no buzz, no cool, no hip, no media-gossip e outras fofocas. Sua base-line, orgulhosamente ostentada no site: Today's Gossip is Tomorrow's News. Quando não são meros robôs, seus redatores são cool-hunters, trend-setters e taste-makers: estão sempre em busca do cool, árbitros da moda e fiadores do gosto. "Nosso principal objetivo é testar a serviço da audiência", resume James Del.

Em 2002, Nick Denton, um jornalista inglês emigrado para Nova York, lança Gawker em seu apartamento no SoHo. À maneira de Bright Lights, Big City, o romance cult de Jay McInerney, Denton se deixa fascinar pela vida privada dos jornalistas do *New Yorker* e outras revistas do grupo Condé Nast — *Fair* e *Vogue*. Talvez por não conseguir entrar para essas redações de "veteranos", ele cria Gawker para contar o que acontece em seus bastidores. Seus primeiros relatos "confidenciais", visando seus personagens favoritos — Tina Brown, a dona de *Vanity Fair*, que também assumiu o comando da *New Yorker*, ou Anna Wintour, a editora estrela de *Vogue* — acertam na mosca. O tom já é cínico. Conseguindo infiltrar estagiários na torre Condé Nast, na 4 Times Square, o endereço do grupo na época, ele passa a contar as manias alimentares dos jornalistas, seus dress codes, relatando como usam óculos escuros até nos elevadores. A ênfase é nas intrigas que ocorrem na cafeteria do grupo, concebida pelo arquiteto Frank Gehry, e onde Meryl Streep almoça no filme *O diabo veste Prada*.

Gawker é desde o início um site cruel, mas se torna muito cruel ao começar a publicar fotos comprometedoras, tiradas em festas privadas, ou divulgando o valor de contratos mirabolantes da indústria do entretenimento. "Temos uma excelente equipe jurídica", comenta James Del, como quem não quer nada.

O establishment abomina essas práticas antiéticas, mas corre para ler o site. "Não vou dizer que me orgulho disso, mas toda manhã dou uma olhada no Gawker", reconheceu em entrevista Chris Anderson, fundador de Wired (também pertencente à Condé Nast). E no dia em que entrevistei Tina Brown em sua residência no Upper East Side, ela afirmou não se interessar por essas fofocas, zombando desse tipo de impostura com a expressão "New York fakery" (o lado falso, artificial e gossip de Nova York).

Em sua página oficial de apresentação, Gawker define-se hoje como um one-stop guide to media and pop culture. O site propõe-se a revelar ao grande público informações mais ou menos privadas, furos em off e informações confidenciais sobre as stars, as mídias e a indústria do divertimento. Mas Gawker foi além dessa missão inicial, tornando-se um grupo de mídia, uma rede de sites e mesmo uma verdadeira franquia. O modelo econômico está aí, ao mesmo tempo horizontal e vertical: cada nano site tem sua autonomia, sua identidade, sua verticalidade; mas todas essas audiências de nicho são agregadas horizontalmente quando se trata de vender publicidade. A partir do site principal (gawker.com), os internautas podem atingir uma dezena de subsites e sub-blogs, outros tantos nichos especializados em informação sobre celebridades de Hollywood (Defamer), dados confidenciais da política em Washington (Wonkette), bastidores de Silicon Valley (Valley Wag), segredos da indústria do esporte (Dead Spin) ou do pornô (Fleshbot), televisão (Morning After), jogos de vídeo (Kotaku), Exército (Fortress America), science-fiction, informativos geeks e gadgets eletrônicos (io9, Gizmodo e Lifehacker) ou ainda, em projeto, um míni site politicamente engajado contra o movimento tea-party (a extrema direita americana). Um sub-blog, batizado de Antiviral, especializou-se no fact-checking dos boatos que circulam na web. Um outro, Gawker Review of Books, é dedicado ao mundo editorial e à crítica de livros — como se fosse um autêntico suplemento literário do *New Yorker*!

E por sinal, a ambição de Nick Denton, o fundador de Gawker, seria, segundo um boato espirituoso, ter doze sites. Tantas quantas são as revistas do grupo Condé Nast.

Abundância. "Nós criamos on-line a cada 48 horas, tantos conteúdos quantos foram criados desde o começo da humanidade até 2003." Essa constatação, com frequência repetida por Eric Schmidt, o presidente executivo da Google, mostra que atualmente a abundância é uma das características principais da internet. Essa profusão se traduz em fluxo, correntes, streams, incorrendo em risco de verborragia. Quando a cultura, ainda ontem constituída essencialmente de "produtos culturais", passa do analógico ao digital e se torna uma soma de "serviços culturais", faz-se indispensável recorrer àqueles que recomendam. Caso contrário, como abrir caminho no catálogo do Spotify, com mais de vinte e cinco milhões de títulos? Como se achar em meio às trezentas horas de vídeos incluídos no YouTube a cada minuto? A oferta é de tal maneira ilimitada que chega a ser vertiginosa. A expressão all you can eat, usada às vezes, é sintomática. Como nos restaurantes chineses onde é oferecido esse tipo de cardápio, pode-se comer à vontade, à saciedade — e às vezes até a indigestão.

À sua maneira, os "curadores" do Gawker pretendem ajudar os internautas a se encontrar nessa massa abissal de informações. Esses new-media critics fazem a triagem, selecionam, orientam. No blog oficial do site, uma palavra aparece com frequência a respeito de Gawker, resumindo sua missão: recomendação. É bem verdade que seu jornalismo obedece a um prisma especial — os erros das mídias, as informações confidenciais, os boatos da cidade —, mas prenuncia, segundo James Del, o futuro da internet e da prescrição digital.

Gawker faz parte de uma nova geração de pure-players que pretende revolucionar o jornalismo, voltando-se em grande medida para a informação viral: Buzzfeed, Vox, Vice, The Daily Beast, Upworthy, Mediaite, Twitchy, Dose, GivesMeHope, OMG Facts, Reddit, Mashable ou, em outra escala, o Huffington Post e Slate. Como previra — com ou sem razão — Eric Schmidt, as mídias tornam-se agregadores, filtros, content providers, voltados mais para a curation e a validation, para garantir a credibilidade da informação, do que para a reportagem original. Muitas vezes, os jornalistas são substituídos por curadores, data analysts, data scientists ou Chief Aggregators of Viral Content e Chief Trend Hunters. Às vezes, são simplesmente os algoritmos que fazem o trabalho dos seres humanos. Em certos casos, como Dose, GivesMeHope e OMG Facts, três sites do serial-empreendedor Emerson Spartz, as principais inovações de mídia não dizem respeito tanto aos conteúdos reproduzidos, mas à maneira de selecioná-los entre os artigos escritos por outros, de "curadorializá-los" com nova embalagem, para em seguida promovê-los nas redes sociais. Essa "canibalização" também é a chave do sucesso de Gawker.

Bill Keller, ex-diretor do *New York Times*, fez esse comentário assassino a respeito das novas mídias em geral e do Huffington Post em particular, por ter "descoberto que, juntando fofocas sobre estrelas, vídeos de gatinhos fofos, blogs assinados por jornalistas trabalhando como voluntários e informações tiradas de outras publicações, com o acréscimo de uma certa tonalidade de esquerda, milhões de pessoas leriam esse site". Arianna Huffington, a "rainha da colagem", visada no comentário, respondeu indiretamente em seu próprio jornal, o *New York Times*: "Eu não matei os jornais, darling. Foram as novas tecnologias."

As técnicas de curadoria ou colagem variam, mas em geral visam a favorecer a viralidade, que condiciona a audiência e, logo, as receitas publicitárias. Os jornalistas do *New York Times*, não obstante as observações de Bill Keller, já absorveram esses impositivos da web: mudam os títulos das matérias para serem mais facilmente lidas pelos robôs da Google, integram links e palavras-chave a seus textos, para melhor cadastramento, e recorrem aos serviços de profissionais da viralidade para aumentar a circulação de suas mensagens nas redes sociais.

Em certas redações, os webjornalistas aprendem a escrever em frases curtas, usando cada vez mais pontos e cada vez menos vírgulas. Ponto e vírgula e dois pontos, explica Emerson Spartz, são praticamente proibidos! Os redatores em toda parte adotam as chamadas técnicas de SEO, ou Search Engine Optimization, para facilitar a leitura dos conteúdos pelos motores de busca. Um título que contenha palavras-chave (escolhidas com uma ferramenta de otimização de palavras-chave), por exemplo, é mais bem indexado pelos robôs, assim como um artigo com muitos links. Um título redigido em forma de hipérboles, com particípios passados e terminando em preposições, pode tornar-se viral mais rapidamente. Um título contando uma story é ainda melhor. No Dose, não faltam listas e títulos catchy; no Upworthy, recorre-se a títulos teasing, com hashtags que dão água na boca do leitor; no Gawker, os internautas são estimulados a compartilhar os conteúdos nas redes sociais; no Reddit, são destacadas fotos provocadoras. Todas essas técnicas destinam-se a agradar às linhas do Twitter, ao algoritmo do Google e ao newsfeed de Facebook. (O tráfego de sites como Gawker, MuggleNet, OMG Facts e GivesMeHope depende, em grande medida, do tráfego gerado pelo Facebook).

Esses segredinhos dos títulos e da indexação escoram-se no trabalho humano. Mas é possível ir ainda mais longe, confiando essas tarefas a robôs. No Mediaite, um algoritmo reúne os conteúdos de 1.500 mídias toda manhã, e uma vez "curadorializados" eles são oferecidos aos leitores. No Reddit, um algoritmo compila automaticamente as curtidas, os votos e as preferências dos internautas, determinando em consequência a página de abertura do site. No Gawker, explica-me James Del, os comentários dos internautas são selecionados por um novo algoritmo, graciosamente batizado de Powwow, que organiza a conversa sem a interferência humana. Às vezes, como acontece com OMG Facts e Dose, é usado inclusive um algoritmo de Headline Testing: ao ser escrito um artigo, ele é oferecido com diferentes títulos em cerca de vinte posts e plataformas, repartidos ao acaso. O algoritmo de Headline Testing compara então a viralidade dos artigos, o número de cliques e a rapidez de difusão. Depois de algumas horas, todos os títulos do artigo são automaticamente modificados em todos os posts, privilegiando o mais viral.

Esses importantes desdobramentos do webjornalismo afetam necessariamente a crítica cultural, que por sua vez também evolui na direção do "curtir", do blurb e do tweet. Mas existe alguma seriedade em dar opinião sobre um livro ou um filme em 140 caracteres? Quando a recomendação no Twitter torna-se uma espécie de blurb, as pequenas citações favoráveis de jornalistas utilizadas na promoção de um best-seller ou de um blockbuster, voltamos ao grau zero da crítica, consideram vários jornalistas por mim entrevistados. "Twitter de fato é uma mídia concisa", observa Antonio Martínez Velázquez, blogueiro, hacker e um dos fundadores do site Horizontal na Cidade do México, em seguida matizando: "É possível tuitar links que remetem a artigos longos."

Mas o fato é que, nas redes sociais, a crítica se aparenta cada vez mais a um slogan publicitário: "The Best Family Film This Year", "Holiday Classic", ""Wow!", "Absolutely Brilliant!", "Hilarious!" ou o muito frequente "★★★★". Na internet, é a vitória do "Two Thumbs Up!", o sistema de avaliação de filmes concebido pelos críticos de cinema Robert Ebert e Gene Siskel no programa *At the Movies*, da ABC. Eles avaliam os filmes com o polegar, dispondo no total de apenas três avaliações possíveis: dois polegares para cima se os dois gostam do filme; dois polegares para baixo se não gostam; e um polegar para cima, outro para baixo, quando estão divididos. Desse modo, o leitor sabe se se trata de um must-see film (um filme a ver obrigatoriamente) ou de um turkey (uma bomba). Depois da morte de Siskel e da aposentadoria de Ebert, o programa foi retomado por dois jornalistas consagrados, um dos quais é ninguém mais, ninguém menos que o crítico titular do *New York Times*, A. O. Scott. Que agora levanta ou baixa o polegar!

QUANDO APRESENTO meu crachá na entrada do World Trade Center One (WTC 1), lado Norte, na Vesey Street, o elevador me identifica, levando-me diretamente ao andar onde marquei encontro: "Floor 34". Para lá acaba de se mudar, na primavera de 2015, o *New Yorker*, acompanhado de todo o grupo Condé Nast (que inclui a *Vogue* e *Vanity Fair*, *GQ*, *Wired* e o site Reddit).

Para entrar na mais famosa revista nova-iorquina, não é preciso subir os degraus de uma escada, mas se identificar. Construído sobre as ruínas das torres gêmeas destruídas nos atentados de 11 de setembro, o World Trade Center One não está aberto ao público em geral. As obras ainda não foram concluídas. É preciso apresentar a própria identidade antecipadamente, passar por vários controles e ser minuciosamente fotografado.

"O problema das mídias é o da 'discoverability'", lança Henry Finder, sentado na sala nº 1, no 34º andar, com vista espetacular para o monumento às vítimas do World Trade Center, o Sul de Manhattan e, ao longe, a Estátua da Liberdade. Redator-chefe do *New Yorker*, Finder encarna essa revista de elite que defende uma crítica cultural "com princípios". Seus jornalistas entendem sua missão como a de um gate-keeper, espécie de intermediário ou árbitro. O próprio Finder é um intelectual meio inacessível, ao mesmo tempo sofisticado e low key, que faz da discrição uma arte de viver, mas podendo de repente dar mostra de um humor esfuziante e inesperado. Na gíria americana, poderíamos dizer que ele é book smart — inteligente e muito, muito, muito educado. Não tem conta no Twitter.

"Como dar a conhecer hoje em dia um bom artigo? É do que se trata quando falamos de 'discoverability'", repete Finder, usando uma palavra na moda. Ante a abundância de conteúdos na web, a questão do acesso e da seleção parece essencial. Naturalmente, pode-se confiar no acaso: é o que se costuma chamar de serendipidade, ou o fato de encontrar um conteúdo sem tê-lo buscado (a palavra, extraída de um conto persa reproduzido por Voltaire, significa "acaso feliz"). Em sentido inverso, quando se considera que o acaso dificilmente é feliz, é possível fiar-se nos algoritmos e em suas recomendações automáticas. Finalmente, de maneira mais tradicional, caso não se confie nos algoritmos arbitrários pautados pela lei da audiência, é possível confiar nas críticas tradicionais — como as do *New Yorker*.

O *New Yorker* de William Shawn, a partir da década de 1950, tinha como missão defender a "Arte" e proteger a "Cultura" — com maiúsculas —, vale dizer, fazer frente aos "bárbaros" que pretendiam abolir as hierarquias culturais entre a cultura "High" e a cultura "Low" e assim enfraquecer as fronteiras entre o gosto e a mediocridade, a elite e as massas, a cultura e o entretenimento. O *New Yorker* de Pauline Kael, sua célebre crítica de cinema das décadas de 1960 e 1970, preferiu mais adiante — segundo uma receita contraintuitiva que desde então foi responsável pelo sucesso da publicação — levar a sério a cultura popular e escrever de maneira popular sobre a "alta cultura". O *New Yorker* de Tina Brown, sua diretora na década de 1990, finalmente se convenceu do caráter suspeito das hierarquias culturais europeias, decidindo embaralhar definitivamente as cartas. A mistura de gêneros tornou-se a regra: foram criticados Metropolitan Museum e *Star Wars*, Shakespeare e Monty Python, os romances de John Updike e, ao longo de vinte páginas, a fusão AOL-Time Warner.

"Lancei uma crônica intitulada 'Anais da Comunicação', para acompanhar as grandes transformações dos estúdios, da televisão e particularmente das indústrias de entertainment", explicou Tina Brown, em entrevista para meu livro *Mainstream*. "O *New Yorker* tinha de falar do que as pessoas comentam", acrescentou, como se fosse uma evidência.

Para Henry Finder, que hoje encarna o *New Yorker* numa era de desestabilização digital, os bárbaros agora chamam-se click, blurb, algoritmo, recomendações da Amazon, Gawker e, talvez sobretudo, o Gawker Review of Books!

"Os sites com grande tráfego têm cada vez menos críticas. Os sites de baixa audiência limitam-se a críticas de nicho. Por isto é que o *New Yorker* mantém toda a sua pertinência", comenta Finder. Ele acredita num jornalismo durável, semelhante a uma long critical tail, uma crítica de tipo "longo curso", longe da aceleração e do buzz, uma recomendação inscrita na duração. O modelo do *New Yorker* é virtuoso, no plano editorial e jornalístico, mas na internet tem de enfrentar dois problemas, como qualquer mídia de papel: o primeiro é que as economias de "longo curso" — poucas vendas a curto prazo, mas vendas duráveis e estáveis a longo prazo — não rendem muito dinheiro no fim das contas; o segundo é que o custo de produção de um artigo do *New Yorker* é astronomicamente maior que um post do Gawker, embora, na melhor das hipóteses, ambos tenham a mesma audiência na internet, gerando receitas publicitárias equivalentes. (Segundo informações confidenciais, os "editores" do Gawker trabalham com frequência como freelancers, com remuneração de uma dezena de dólares por post e acréscimo de eventual bônus em função da audiência do artigo.)

"É cada vez menor o número de críticos, de suplementos literários", lamenta Finder. "Devemos, portanto, apostar cada vez mais na crítica." E acrescenta: "Temos de continuar sendo o que somos: é o que nossos leitores esperam e valorizam. Nossos artigos mais lidos muitas vezes são os mais longos. Mas também temos de participar da conversa geral, o que significa estar presentes em todas as plataformas digitais. Em toda parte, mas continuando a ser o *New Yorker.*"

Os grandes editores tradicionais têm o mesmo sentimento. "Não tenho medo de algoritmo nenhum! Estou disposto a enfrentar qualquer um deles em duelo a qualquer momento!", garante-me, com vontade de brigar, Jonathan Karp, diretor-presidente da Simon & Schuster, uma das principais editoras americanas. Em seu vasto escritório no n° 1.230 da Avenue of the Americas, em Nova York, Karp se gaba, mostrando os músculos. Mas acabou confessando, pouco mais tarde, ter recomendado a seus editores e autores que intensificassem sua presença nas redes sociais. "Constatamos que o Facebook é uma ferramenta muito eficaz para o boca a boca de um livro", maravilha-se Karp, como se tivesse descoberto a pólvora! E menciona romances de sua própria editora lançados quase exclusivamente nas redes sociais (por exemplo, *We Are Not Ourselves*, de Matthew Thomas). No site da Simon & Schuster, os botões para compartilhar, curtir ou retuitar as informações sobre os livros são tão visíveis como no site do Gawker. Quanto ao YouTube, Jonathan Karp confessa que uma equipe especializada da sua editora já está cuidando da questão. A Simon & Schuster está preparada para o "duelo" com a internet.

A crise da função crítica

SE O *New Yorker*, ATUALMENTE COM 1,1 MILHÃO DE ASSINANTES, não parece muito ameaçado a curto prazo, nem pelos blogs e pelas redes sociais, nem, naturalmente, por sites como Gawker, a crise da função crítica é real.

A recomendação tradicional não desapareceu, mas todos os jornalistas que entrevistei reconhecem que "alguma coisa está acontecendo". A internet por sua própria natureza induz o fim das hierarquias, a desintermediação, a descentralização, o desaparecimento das legitimidades elitistas — desdobramentos que inevitavelmente afetam a crítica. Entramos numa cultura que se caracteriza por "conversas", e não mais por argumentos de autoridade, uma cultura na qual a recomendação tornou-se central, mas que ao mesmo tempo fez multiplicar aqueles que recomendam, infinitamente. Na internet, a legitimidade já não depende apenas da condição social, dos diplomas ou conhecimentos adquiridos, como no universo do papel, passando a integrar novos critérios, como a e-reputação, a popularidade, a "comunidade" à qual se pertence, ou a que alguém reúne ao seu redor. O modelo hierárquico top-down da crítica cultural tradicional perdeu o fôlego em toda parte. É a grande disruption das hierarquias.

Uma evolução saudada pelo blogueiro Antonio Martínez Velázquez, entrevistado na Cidade do México: "As mídias tradicionais se afastaram de sua missão e de seu papel social. Deixaram de falar aos cidadãos. A crítica tornou-se cínica, distante e opaca, quase mortífera. Mas a informação realmente quer ser livre! E a explosão das redes sociais, a crescente influência da cultura hacker e os whistleblowers, aqueles que denunciam em nome do bem público, estão redistribuindo as cartas. Uma nova crítica está surgindo, e ela vai questionar o sistema das mídias no seu conjunto." Entrevistado em Montreal, o diretor geral da Rádio Canadá, Patrick Beauduin, é menos radical, mas também considera que o futuro da crítica vai depender da recomendação: "Um grupo audiovisual como o nosso, daqui a pouco, não será mais um meio de difusão, mas de prescrição. Aquele que aconselha e dá uma opinião. Seremos curadores." Antonio Martínez Velázquez acredita inclusive que "o novo prescritor cultural é o hacker". Segundo ele, o hacker passou a desempenhar na cultura web o mesmo papel que ontem era desempenhado pelo black kid ou o gay cool na música disco ou na cultura pop. Ele inventa uma nova cybercultura de ruptura, por ele mesmo fabricada em código — para em seguida derrubar os códigos. O hacker torna-se alguém que influencia e prescreve. Numa palavra: um hipster.

As críticas de filmes não parecem ter hoje a mesma influência que antes na bilheteria, e os suplementos literários já não contribuem necessariamente para aumentar as vendas de livros (diferentes estudos qualitativos sobre a leitura da imprensa mostram que entre 85% e 90% dos leitores sequer abrem o suplemento literário de um diário). Nos Estados Unidos, esses cadernos críticos tendem inclusive a desaparecer, por falta de apoio dos editores, que publicam pouca publicidade, privilegiando acordos financeiros com a Amazon, ditos cooperative agreements. Se os suplementos literários do *New York Times* e do *Wall Street Journal* continuam prescrevendo, o mesmo não acontece com as outras publicações. "Book World", o suplemento do *Washington Post*, lançado em 1967, deixou de ser um suplemento autônomo do fim de semana em 2009 (sendo incorporado pela seção "Style & Arts" do jornal de papel); "Book Review Section" do *Los Angeles Times* também foi fundida com a edição normal do jornal em 2007; quanto ao suplemento do *San Francisco Chronicle*, foi reduzido, em 2006, de seis para quatro páginas.

Na internet e nas redes sociais, "o populismo é o novo modelo do cool; os elitistas são os novos ultrapassados", previu a jornalista Alexandra Molotkow num artigo do *New York Times*. Mas o problema é mais profundo, e de certa maneira mais grave. Uma série de mutações fundamentais em andamento pode transformar duradouramente a função crítica: a consagração de uma cultura visual que atenua a força do escrito; o desenvolvimento de medidas precisas de avaliação da audiência que põem a nu a invisibilidade dos críticos; a abundância de internet, requerendo um "filtro"; o "long click", que força uma redistribuição das cartas; e por fim, as assinaturas culturais ilimitadas, possibilitadas pela ascensão da cloud.

A primeira mutação é a atenuação da distinção entre mídias, o embaralhamento das fronteiras. A aceleração digital traduz-se numa mudança da forma, dos formatos e da temporalidade. Alistair Fairweather, que dirige o site da revista sul-africana *Mail & Guardian*, explicou-me essa transformação com uma só frase, quando o entrevistei em Johannesburgo: "O engraçado é que somos um semanário, mas na internet nos transformamos num diário." Qualquer um pode ver também que essa mutação e essa aceleração das mídias têm efeitos múltiplos e contraditórios: os livros transformam-se em breves ensaios; os ensaios, em tribunas livres; as tribunas, em posts de blogs; e os blogs, em tuítes. Na imagem e no som, o rádio transforma-se em podcast, e o podcast, em streaming; a televisão evolui para a tela conectada, a SVOD ou Netflix; e a MTV, por sua vez, é hoje em dia o YouTube!

Alistair Fairweather também constata que os sites das redes de televisão, das estações de rádio e dos jornais são muito parecidos na web: têm texto, imagens e vídeos. "É como se todas as mídias se fundissem em sua forma na internet", resume Fairweather. No smartphone, a aproximação é ainda mais perceptível, sinal de uma cultura "que se torna cada vez mais visual". Segundo Fairweather, que durante muito tempo foi crítico de cinema, esses desdobramentos têm consequências importantes para a crítica cultural. Para começar, o artigo "acabado" está desaparecendo: é constantemente atualizado e corrigido. Depois, se os títulos e as marcas de referência permanecem, os leitores se interessam mais por artigos do que por um jornal inteiro. "O principal é que eles escolhem. Ainda confiam nas marcas, como o *Mail & Guardian*, mas já não querem ler apenas um jornal." A força do escrito se desgasta na internet, onde entra em concorrência com outras mídias, outros modos de expressão, outras legitimidades.

A segunda grande mutação é a possibilidade, agora, de conhecer a exata audiência dos artigos. "A mudança mais considerável gerada pela internet nas mídias não é o caráter imediato, nem a queda dos custos, mas a 'measurability'. O que, na verdade, é assustador para um jornalista tradicional", explicava Nick Denton, fundador do Gawker (num longo perfil a ele dedicado pelo... *New Yorker*). Acontece que essas avaliações exatas da audiência tendem a confirmar o que já se pressentia, sem que fosse possível comprová-lo: a pequena quantidade de leitores interessados nas críticas. Agora, cada artigo tendo suas estatísticas de leitura e seu número de páginas vistos, constata-se com perplexidade nas redações a audiência infinitesimal das críticas de dança ou de ópera, e, de maneira mais genérica, das críticas culturais, raramente lidas. Estabelece-se toda uma nova hierarquização da informação, alijando as críticas das páginas de abertura, por sua impopularidade, e tornando-as assim ainda mais invisíveis. (No Gawker e em muitos outros sites, os leitores podem constatar o número de vezes que um artigo foi visto.)

A terceira mutação em andamento, ligada à abundância ilimitada da web, à saturação e às vezes à frustração por ela gerada é a necessidade de "filtros". No antigo mundo crítico, os jornalistas lidavam com produtos culturais relativamente raros. Eram poucos artistas, poucas novidades, sendo necessário "encontrá-las". Os lançamentos de filmes e documentários eram limitados a poucas dezenas por mês. Acontece que hoje em dia seu número é decuplicado no YouTube, para não falar das séries de televisão e dos jogos de vídeo, que estão no cerne da inovação criativa. As novidades em música são literalmente infinitas em Spotify, Deezer, iTunes, Apple Music, Music Key (YouTube), Prime Music (Amazon) ou Soundcloud, e ainda em Taringa (Argentina), Xiami (China), MelOn (Coreia), Saavn (Índia), Anghami (países árabes) e o que resta de MySpace (em declínio desde que foi comprado por Rupert Murdoch e depois por Justin Timberlake). Os programas de televisão multiplicaram-se exponencialmente, e qualquer um pode difundir os próprios vídeos diretamente em streaming por Meerkat ou Periscope (que pertence ao Twitter). E cabe esperar que surjam novos autores, autopublicados, em plataformas como Scribd ou o Kindle da Amazon — que talvez sejam o futuro YouTube do livro. Antes mesmo de exercer sua função de recomendação, o crítico precisa, assim, fazer uma triagem nessa oferta ilimitada.

Naturalmente, ele pode optar por ficar fora da cultura digital, mas a maioria das obras atuais e do futuro pode, assim, escapar ao seu alcance. Atendo-se ao "cânone" ocidental, elitista ou acadêmico, ele se privaria de comentar manifestações essenciais da cultura contemporânea. E se decidir resvalar para o digital, recorrerá a funções de "filtragem" antes mesmo de poder exercer sua missão de "recomendação". Sem tecnologias, não há possibilidade de encontrar — nem possível escolha. Mas recorrer às máquinas já significa resvalar para a nova função crítica.

The Long Click ou o fim da crítica como a conhecemos

A MAIORIA DOS GIGANTES DA NET RECORRE ATUALMENTE a algoritmos de recomendação para a filtragem da web: Amazon (com Amazon Prime), Facebook (com seu newsfeed pilotado pelo algoritmo EdgeRank), Apple (com iTunes Radio e Apple Music) e Google (com Google Play e Music Key). O algoritmo de recomendação também está no centro dos modelos de serviços culturais ilimitados por streaming, como Netflix no cinema, Spotify, Deezer e Pandora na música, Steam e Twitch nos jogos de vídeo e Scribd ou Oyster no caso do livro. (Cabe notar que esses serviços ilimitados e "independentes" por streaming se escoram na cloud e, o mais das vezes, no Amazon Web Services, a principal cloud, o que popularizou a expressão já em 2006 e democratizou seu uso, solução escolhida, por exemplo, por Netflix... apesar de ser concorrente da Amazon.)

Graças a algoritmos poderosos e constantemente aperfeiçoados pelo comportamento dos usuários — o que se costuma chamar de collaborative filtering —, os sites e aplicativos oferecem aos assinantes sugestões baseadas nas vendas gerais e nas tendências do mercado, mas também nos hábitos personalizados de consumo (é o famoso "Você também vai gostar de" da Amazon).

Ante a mutação anunciada do crítico tradicional, há quem considere que os algoritmos, associados aos big data, serão amanhã os responsáveis pelas recomendações culturais. Poderão inclusive fornecer aos internautas, pelos prognósticos mais otimistas, recomendações que os seres humanos não eram capazes de fazer sem software nem potência de cálculo. Os movimentos de opinião podem ser percebidos, os artistas que começam a despontar são destacados, nichos particulares são descobertos.

Essa revolução foi possibilitada pela invenção do cookie, um miniprograma que permite reconhecer um usuário: os sites usam esse "delator" para guardar na memória o histórico de suas atividades. Essa inovação decisiva, desenvolvida em 1994 por um engenheiro da Nescape, Lou Montulli, permite hoje alimentar a maioria dos algoritmos de personalização. Fala-se de Long Click para resumir essa mutação: ao surfar na internet, simplesmente clicando num conteúdo, curtindo um artigo ou retuitando uma mensagem, estamos contribuindo, sem saber, para alimentar diferentes algoritmos. Estes, por sua vez, conservam os dados do internauta, podendo deduzir seus centros de interesse ou suas preferências de compras on-line. Em troca, os algoritmos permitem uma customization das respostas (sua personalização) e um planejamento publicitário seguro, o que abriu caminho para as recentes e espetaculares inovações da publicidade on-line, do social marketing e dos modelos de real-time bidding.

A publicidade passa atualmente por várias revoluções importantes, que vêm cruzar com o debate sobre a curation: no caso do Google, o anunciante só remunera o motor de busca quando um usuário clica num anúncio ou numa imagem publicitária, do tipo AdSense, AdWords ou DoubleClick. No YouTube, o modelo oscila entre spots conhecidos como pre-rolls, difundidos antes do vídeo gratuito, e stream ads, quando os anúncios são misturados aos conteúdos. Os modelos de tipo RTB ou real-time bidding são leilões publicitários automatizados em tempo real, por exemplo, com Metamarkets ou MoPub, que pertencem ao Twitter. Paralelamente, a publicidade aumenta sua pertinência nas redes sociais, sendo ao mesmo tempo sincrônica, personalizada, contextualizada e "customizada". Um anunciante pode "comprar" espaço publicitário, mas também — o que é uma novidade — "difundir" ele próprio seu anúncio ou "criá-lo". Fala-se então das três formas de publicidade: Ads you buy; Ads you spread; Ads you create. A geolocalização acentua essas mutações, podendo transformar o cookie num espião ainda mais temível, com desempenho decuplicado pela associação com a mobilidade e os aplicativos, dispondo cada smartphone de um identificador perene baseado no número de telefone. Por fim, toda uma corrente da publicidade e dos Native Ads tenta entrar em "conversa" com o internauta. O novo mantra do Twitter, por exemplo, passa a ser: Think content, not advertising. É o modelo típico dos Tweets sponsorized e Promoted tweets. Na publicidade da era numérica, não se deve pensar apenas em termos de anúncios, como na época de *Mad Men*, mas também em termos de conteúdos e de conversa. Estamos caminhando para uma autêntica publicidade "da conversa".

Mas os algoritmos de recomendação não são infalíveis. Tampouco são necessariamente "justos", pois de fato existem distorções de recomendação.

Existe, para começar, o problema de sua manipulação para fins comerciais. Não é muito divulgado, mas, como revelou uma investigação de George Packer no *New Yorker*, o gigante americano Amazon utiliza no seu site um sistema de destaque batizado — belo eufemismo — de Co-Op. Esses famosos cooperative advertising agreements se traduzem em "recomendações" apresentadas como resultado de critérios objetivos de um algoritmo, quando na realidade não passam de publicidade financiada pelos editores. Essa forma de manipulação, desconhecida dos clientes, talvez explique em parte a relativa ineficácia das sugestões da Amazon, que resultam menos em atos de compra do que se costuma afirmar. (A Amazon não propõe esse sistema de pay-for-display em forma de publicidade, mas negocia duramente com os editores, à margem das leis sobre a concorrência, um percentual adicional sobre as vendas assim realizadas — de 3 a 5% —, podendo o total chegar, num caso como o da Random House, por exemplo, a 53% do preço de um livro.)

Um segundo tipo de distorção da recomendação decorre dos próprios limites da algoritmia. As "máquinas" se saem muito bem em todas as formas de mensuração e agregação, nas estatísticas habituais, no recenseamento dos históricos de consumo, na avaliação da satisfação, no tratamento dos dados de massa etc., mas encontram dificuldades para prever comportamentos e gostos, escolher ou, mais ainda, julgar emoções e sensibilidades. Imbatíveis quando se trata de encontrar o melhor preço de uma passagem de avião ou de um quarto de hotel, elas não são capazes de planejar bem, ao contrário do que às vezes se acredita, a indicação cultural.

Quem ainda não constatou, em Pandora, Spotify ou Deezer, que, tendo ouvido durante muito tempo determinado tipo de música — soul, por exemplo, no meu caso —, o algoritmo tendia a recomendar indefinidamente o mesmo gênero musical (para mim, títulos ininterruptos da Motown, da Atlantic ou de Stax, sem possibilidade de variar na direção do pop ou da música clássica)? O algoritmo não inova, não se aventura, não imagina, não faz associações de ideias, o que o leva inexoravelmente a recomendações cada vez mais acanhadas. (Esse fenômeno de usura, bem conhecido dos econometristas com o nome de "atrito", tende a reduzir as opções, sobretudo quando o usuário não dá a conhecer sua opinião. Para restabelecer a diversidade, os engenheiros de vez em quando incorporam artificialmente propostas musicais aleatórias, defasadas, para provocar a reação do usuário e permitir ao algoritmo renovar-se.)

De maneira geral, os algoritmos não conseguem perceber as expectativas dos usuários que têm gostos ecléticos, chamados multigêneros, ou daqueles que evoluem constantemente. Assim é que alguém pode querer ouvir determinada música, hip hop, por exemplo, de manhã ao acordar, mas preferir pop no trabalho, salsa no volante do carro e por fim "smooth jazz" no quarto, ao se deitar — diferentes situações, sensibilidades, estados de espírito que o algoritmo não sabe avaliar.

O caso da música clássica é ainda mais revelador. Spotify e Deezer são criticados antes de mais nada por sua apresentação caótica dos títulos: é muito difícil ouvir os trechos de uma ópera na ordem certa, as sinfonias de Beethoven em sucessão cronológica. E escolher a interpretação desejada, o solista ou o maestro — Martha Argerich ou Sviatoslav Richter no piano, Furtwängler ou Karajan regendo Wagner —, é uma verdadeira mão de obra. A culpa é dos metadados, não raro apresentados de maneira muito insuficiente, mas também dos algoritmos, que ainda não sabem classificar direito a música clássica ou avaliá-la. "Esses algoritmos não funcionam. Não tratam quantidade suficiente de dados, funcionam por amostragem ou formas de serendipidade. Seus programadores não entendem a singularidade do clássico. E sobretudo, não há curadoria suficiente", explica-me Klaus Heymann, fundador do portal internacional de música clássica e jazz Naxos (entrevistado em Hong Kong). No caso dos nichos específicos, afirma Heymann, a curadoria será decisiva. E será necessária para a música clássica, como para os outros gêneros, na frase do crítico musical do *New Yorker*, Alex Ross, uma autêntica "estética e ética do streaming".

Essas distorções da recomendação também são encontradas no Netflix e na Amazon. Mesmo quando os critérios são refinados, a técnica se aperfeiçoa e os algoritmos começam a "aprender", os resultados continuam sendo quantitativos, e não qualitativos, e no fim das contas impessoais. Produzem o que costuma ser chamado no jargão de "ruído", vale dizer, dados e conteúdos não pertinentes. Por um lado, isso decorre do fato de que o data mining — a arte da coleta de dados — funciona com base em amostras, à falta da necessária potência de cálculo para tratar todos os dados coletados. Os resultados são constantemente submetidos a correções. O que torna as recomendações, de proposição já por si complexa, ainda mais precárias. Os "filtros" se aperfeiçoam, as palavras-chave e os metadados são refinados, a agregação automática faz progressos, mas os resultados continuam igualmente decepcionantes, e no fim das contas pouco personalizados — sem carne nem "aura".

Vem somar-se aqui um outro problema, referente aos limites dos "filtros". Mesmo quando são deliberadamente escolhidos pelos usuários, os filtros produzem "ruído". Isto explica, por um lado, o fracasso dos fluxos RSS, como no caso do Google Reader, e futuramente o provável esgotamento dos podcasts. Nesses três casos, as recomendações se chocam com a profusão. Por falta de tempo, não é mais humanamente possível consultar todos os conteúdos listados pelos fluxos RSS ou oferecidos pelo Google Reader. Os podcasts correm o risco de ter o mesmo destino: qualquer um pode assiná-los gratuitamente, mas ninguém tem mais tempo de ouvi-los à medida que se vão acumulando num iPod ou num smartphone. Seria necessário, assim, acrescentar ao "filtro" original uma nova camada de "recomendação".

"O problema do Google Reader e dos fluxos RSS é a massa de informações", explica Alistair Fairweather. "No início, parecia muito bom, mas não demorou para sermos afogados pela quantidade. A pertinência diminuía e a abundância tornava-se insuportável. A recomendação permite melhor sair da avalanche de conteúdos. E, paradoxalmente, volta a conferir aos internautas uma função ativa: fazer escolhas, não ser mais passivos. A recomendação pode alimentar as conversas e ajudar a fazer escolhas."

Resta o imenso campo de análise das distorções de recomendações nas redes sociais. O caso do Facebook, aqui, é revelador. Ao contrário da

Google, da Apple e da Amazon, o Facebook é o único dos gigantes da net que não quer vender diretamente conteúdos culturais. Em vez disso, os assinantes do Facebook podem fazer "recomendações" aos "amigos", e seus parceiros comerciais, "sugestões" baseadas em acordos de marketing (Facebook tem Netflix como cliente privilegiado em matéria de vídeo, Spotify na música, Zynga nos jogos de vídeo, os estúdios Warner, Miramax e Lions Gate no cinema, o *Washington Post* e Yahoo na informação, Ticketmaster nos concertos e várias outras marcas em matéria de viagens ou restaurantes). Se não verificarem bem seus parâmetros de confidencialidade no Facebook — complexos, numerosos, variáveis, elásticos e infelizmente não raro incompreensíveis —, os usuários de Spotify ou Netflix podem surpreender-se vendo suas playlists musicais ou suas opções de cinéfilo automaticamente postadas em sua conta Facebook, quase à sua revelia. No fim das contas, as redes sociais podem contribuir para recomendar conteúdos ligados a acordos comerciais, já agora com o risco de uma certa confusão entre prescrição e marketing.

Outros desdobramentos recentes no Facebook provocam distorções de recomendação. A exemplo do Google, com seu algoritmo PageRank, o Facebook desenvolveu a partir de 2006 um newsfeed gerenciado pelo algoritmo EdgeRank, que inicialmente utilizava três critérios: a afinidade do usuário, a importância do conteúdo e um fator de tempo. Posteriormente, EdgeRank foi aperfeiçoado, passando a combinar múltiplos critérios, até 100.000 parâmetros constantemente renovados e atualizados. Entre eles, a mobilidade e a geolocalização são cada vez mais levadas em conta, pois metade do bilhão de usuários acessa atualmente o Facebook pelo celular (e metade do seu faturamento também provém da publicidade móvel).

Mais recentemente, o Facebook optou por "editorializar" os conteúdos dos usuários, especialmente as publicações das "Páginas" (geridas por mídias, marcas ou personalidades, com número de seguidores ilimitado), mas também, em certa medida, contas pessoais (limitadas a 5.000 amigos). Agora, quando uma mídia, uma empresa ou um artista posta uma mensagem na sua "Página" do Facebook, o algoritmo só lhe permite atingir um percentual ínfimo dos próprios seguidores (em torno de 5 a 7%). Desse modo, o Facebook limita deliberadamente o alcance dos posts, e, através do seu algoritmo, condiciona a difusão de um conteúdo, seja ao seu buzz inicial (se a mensagem é curtida, compartilhada ou comentada, o algoritmo amplia sua publicação), seja à compra de espaços "patrocinados". Em outras palavras: para atingir os amigos de sua própria "Página", alguém que recorra ao Facebook precisa agora comprar publicidade. (Por sua vez, quando os usuários do Facebook "curtem" uma "Página", acham inocentemente que estão fazendo uma assinatura, quando na verdade estão basicamente alimentando o algoritmo da rede social e seu modelo publicitário, mas não recebem na sua "Timeline" as mensagens da "Página" que curtiram.)

Existe um algoritmo semelhante para YouTube, Google+ e LinkedIn. Em compensação, o Twitter preserva o sistema de publicação que fez o seu sucesso: os tuítes são publicados sem algoritmo, linearmente, em ordem cronológica invertida e em tempo real, mas por quanto tempo?

Essa técnica comercial do Facebook chama a atenção para a insegurança que caracteriza as redes sociais. De que adianta, por exemplo, a um escritor, um editor ou um produtor de cinema construir sua comunidade no Facebook se a empresa de Menlo Park pode, sem aviso prévio, reduzir esse investimento a nada e exigir que ele comece a comprar publicidade para poder atingir os seguidores de sua própria "Página"? O mesmo risco se coloca a médio prazo no que diz respeito à publicação de conteúdos em Instagram, Pinterest, Path, Tumblr, Snapchat, Meerkat, Periscope, Vine etc. No fim das contas, as mídias, as indústrias culturais, as empresas e todo aquele que quiser aumentar a visibilidade de seus conteúdos e críticas no Facebook são apanhados na própria armadilha da "lei do clique": tendo apostado tudo na visibilidade nas redes sociais, eles precisam agora pagar para atingir sua própria comunidade. Com isso, as informações e recomendações que se tornam virais nas redes sociais não são mais necessariamente as que se beneficiaram de um autêntico buzz, das melhores ideias ou de maior criatividade, nem sequer as que são mais bem localizadas pelos algoritmos: às vezes, são apenas as mensagens mais patrocinadas pela compra de espaço.

E há mais. Não é muito divulgado, mas as redes sociais, especialmente o Facebook e o Twitter, usam sistematicamente conteúdos e recomendações dos assinantes para seus estudos, em seguida comercializando-os. Fala-se por exemplo de F-commerce a respeito desse desdobramento de marketing do Facebook. A coisa funciona em duas etapas: por um lado, os algoritmos das redes sociais analisam minuciosamente as conversas dos assinantes, as fotos postadas e os vídeos vistos, a eles incorporando publicidade personalizada, "contextual" e "nativa". Misturados ao fio das conversas, sorrateiros e também enganadores em sua camuflagem 2.0, às vezes à beira da mistura de gêneros, esses native ads, "tuítes patrocinados" e promoted trends parecem menos intrusivos, ao mesmo tempo rendendo muito dinheiro (várias centenas de milhares de dólares para vinte e quatro horas de exposição no conjunto das contas Twitter nos Estados Unidos, por exemplo). Em seguida, as redes sociais vendem os dados de recomendação dos milhões de mensagens trocadas diariamente pelos usuários. Os anunciantes, assim como os diretores das indústrias criativas, das mídias e das agências de assessoria e avaliação de audiência, estão em busca de dados precisos, em tempo real, sobre os centros de interesse dos consumidores, seus hábitos, os movimentos da opinião pública, muito além dos meros trending topics tornados públicos. No fim das contas, as indústrias culturais, as empresas e as mídias que publicam conteúdos em sua "Página" Facebook devem agora comprar publicidade para atingir sua própria comunidade, para em seguida ser convidadas a pagar de novo, e a preço alto, para obter os resultados dos estudos que elas próprias contribuíram para gerar.

Cabe pensar, creio eu, que as redes sociais vão desempenhar futuramente um papel decisivo na prescrição e na disseminação das informações relativas à cultura, mas é preciso guardar na lembrança todas estas distorções da recomendação.

Smart curation

SE OS CRÍTICOS TRADICIONAIS DE CULTURA são uma espécie em extinção, se os algoritmos podem ser distorcidos e de qualquer maneira encontram dificuldade para propor recomendações realmente pertinentes, torna-se necessário inventar uma nova forma de prescrição. É o que decidi chamar, neste livro, de "smart curation".

Ante o calcanhar de Aquiles da internet — a abundância —, a volta ao modelo tradicional de crítica não é mais pertinente. Feito de seres de carne e osso, intrinsecamente ligado à cultura analógica ou impressa clássica, esse modelo torna-se obsoleto por seu elitismo e sua incapacidade de "filtrar" eficaz e rapidamente a massa de conteúdos acessíveis. E sobretudo, ele propõe uma visão única do "bom gosto", leva em conta uma quantidade reduzida de critérios e é incapaz de fornecer recomendações variadas em função dos percursos, situações, nichos e "comunidades" culturais. Acontece que hoje em dia, na era da internet e da fragmentação cultural, não pode mais haver uma só crítica universal válida para todos. Existem esferas de gosto; é necessária, assim, uma pluralidade de recomendações.

As internets são descentralizadas, "des-centradas", plurais, caracterizadas pela desintermediação. E é pouco provável que se possa voltar atrás, e, a um modelo elitista no qual o julgamento é confiado exclusivamente a um pequeno número de críticos, o que já indignava Lucien de Rubempré, em Balzac.

Nesse sentido, a segunda solução, a solução das "máquinas", estritamente matemática, consistindo em delegar essa prescrição a algoritmos automáticos, tampouco parece eficaz. É por demais imperfeita para ser eficiente.

Já a smart curation representa uma solução alternativa: é uma combinação dos dois modelos, o algoritmo, por um lado, e por outro a curadoria. Trata-se de um "duplo filtro" que permite somar a potência do big data e a intervenção humana, associar máquinas e homens, engenheiros e saltimbancos. Essa curadoria por algoritmos será feita ao mesmo tempo pelos que utilizam as palavras e pelos que se servem dos números.

"O algoritmo pode ajudar a identificar o que é popular, mas não é capaz de dizer por que é popular", resume Alistair Fairweather. "Ele se fia na massa, na média ou na oposição 'Gosto/Não gosto'. Na melhor das hipóteses, essa técnica tenta prever que 'as pessoas que gostaram de tal conteúdo podem gostar de tal outro' — uma proposição valiosa mas insuficiente." Para Fairweather, é, portanto, indispensável "ter ao mesmo tempo a 'big picture', o quadro apresentado pelas estatísticas, e a 'small picture', de uma pessoa informada, com certo nível de conhecimento, que faz escolhas, filtra as informações e dá sua opinião. Não podemos nos contentar com as cinco estrelas de uma boa recomendação da Amazon."

A smart curation é uma forma de editorialização inteligente, que permite fazer uma triagem, escolher e depois recomendar conteúdos aos leitores. Pode assumir formas variadas, mas eu a definiria essencialmente a partir de três elementos. Trata-se antes de mais nada de uma recomendação que se vale ao mesmo tempo da força da internet e dos algoritmos, mas também do tratamento humano e de uma prescrição personalizada feita por "curadores". Essa função de duplo filtro é indispensável.

Donde — e temos aqui o segundo ponto — a necessidade de recorrer, para esse segundo filtro de curadoria, a um filtro humano, a um intermediário, uma terceira pessoa. Esse filtro não pode ser ele próprio o produtor do conteúdo, nem o consumidor. Um autor, por exemplo, não pode fazer ele mesmo a sua "curadoria" (embora um autor possa fazer sua promoção e um leitor possa ter seu próprio julgamento). O segundo filtro de curation é portanto uma mediação que precisa de um intermediário.

Aqui, a própria palavra "curadoria" é interessante. Ambivalente, é verdade, ela ainda tem na Europa, assim como nos Estados Unidos, uma conotação elitista que a vincula à museologia e aos museus de arte. No MET, no MOMA ou na National Gallery, um curator é um conservador que apresenta e organiza uma exposição num museu de belas-artes. Nos últimos anos, a palavra foi levada também às cinematecas, aos museus de arte contemporânea e às bibliotecas, sendo afinal retomada pela cultura digital, que a está transformando numa das suas buzz-words.

Por fim, o terceiro elemento, a smart curation faz parte de uma "conversa". Não se trata de recriar um julgamento hierárquico top-down, pretensamente universal, mas quase sempre arbitrário ou peremptório. Ela deve ser um diálogo que possibilite trocas, idas e vindas, pluralidade de gostos, elaborando-se em diferentes "esferas julgamento".

Decididamente, a simples "curadoria" é o contrário da agregação proposta pelos algoritmos. Mas seria preciso escolher entre curadoria e agregação? E se as duas fossem combinadas? É preciso defender a exceção cultural*, mas com a força da matemática.

SE A EXPRESSÃO "SMART CURATION" É NOVA, TENDO sido concebida para este livro, já tem por outro lado muitas ilustrações. Tomemos por exemplo as "curtidas" do Facebook, os "retuítes" do Twitter, os "pins" do Pinterest, os "little hearts" no dashboard do Tumblr ou os "+1" do Google+: todas essas ferramentas características das redes sociais já fazem parte de uma abordagem do tipo smart curation.

Quando uma pessoa posta uma recomendação cultural no Facebook e ela é "curtida" por seus amigos, o algoritmo leva em conta essas indicações e potencializa a visibilidade do post inicial (o algoritmo utilizado nas "Páginas", mais ainda que nas contas pessoais, é pautado pelo número de "curtidas" e pelos comentários). A força da matemática interfere, mas no início foi um ser humano que recomendou aos "amigos" um conteúdo cultural que apreciou. Temos portanto uma mistura de "smart" (o algoritmo) e "curadoria" (a apreciação singular de uma pessoa com sua "curtida" ou seu comentário). A "peer recommendation" é decuplicada pela potência matemática.

O social listening e as curated playlists são outro exemplo de smart curation. A técnica existe no Spotify, no Deezer e na Pandora, por exemplo. Os algoritmos dessas plataformas de música por assinatura ilimitada são, como vimos, pouco pertinentes, mais se aparentando

* Conceito inicialmente desenvolvido na França para se referir ao tratamento diferenciado que a cultura e os bens culturais devem merecer, nas políticas públicas e nas trocas internacionais, para não serem equiparados aos bens mercantes e de consumo. (*N. do T.*)

a algo "smart", sem "curation". Em compensação, quando esses sites mostram on-line as playlists de outros assinantes, já estão fazendo, com esse social listening, uma smart curation. (Spotify foi mais longe ao introduzir no fim de 2014 a função Top Tracks in Your Network, exibindo as playlists dos "amigos" seguidos, constantemente atualizadas.)

James Iovine, fundador, com o rapper Dr. Dre, dos fones de ouvido Beats, promoveu uma refundação do iTunes e da Beats Music e lançou o Apple Music, com base num modelo de smart curation (a Apple comprou a Beats Electronics em 2014 e consultou Iovine para seu novo serviço de música por streaming). Ele estava convencido, com efeito, de que a recomendação por algoritmos, como acontece no Pandora ou Spotify, é insuficiente, sendo necessário combinar os dados recolhidos pelos algoritmos com os julgamentos produzidos por seres humanos, para alcançar resultados mais pertinentes. Donde a criação de uma rede social musical paralelamente à Apple Music.

No setor do rádio, a National Public Radio (NPR) também foi capaz de inovar nesse sentido. O network da rádio americana, independente e sem fins lucrativos (mas não público, ao contrário do que seu nome pode dar a entender), apostou precocemente no digital, para rejuvenescer sua audiência. A NPR tem hoje 20 milhões de visitantes únicos no seu site e 27 milhões de podcasts baixados por mês. Resultado: a idade média dos ouvintes da NPR por ondas hertzianas é de 52 anos; os que se conectam pela internet ou por podcast têm em média 36 anos — quase vinte anos de diferença! Um aplicativo específico em smartphone oferece uma experiência original de smart curation: o rádio se personaliza inteiramente, seja através dos seus programas, das suas estações locais ou das suas playlists. Poderosos algoritmos, ferramentas de "conversa" e um sistema de "geo-targeting" para as informações locais garantem uma grande fluidez dos programas, sua "customization" e partilha nas redes sociais. A recomendação, no caso, é central, chave do sucesso dos programas difundidos em "syndication" (e até das conferências TED disponíveis no aplicativo). Com isto, a NPR também mostra que o podcast é uma tecnologia de transição, e que o streaming móvel, associado a um poderoso aplicativo, a técnicas de recomendação e a algoritmos pertinentes, pode ser o futuro do rádio.

Harry Potter e os Booktubers

LAUREN BIRD GOSTA DE HARRY POTTER E DE WAFFLES. Com seu físico de adolescente e seus óculos engraçados, ela me lembra os personagens femininos dos romances de J. K. Rowling ou Suzanne Collins. E mal parece ter saído da infância.

Lauren Bird marcou encontro comigo ao lado da nova sede da Google em Nova York, na esquina da 9th Avenue com a 16th Street, em Chelsea. Nas horas vagas, ela pode ser encontrada, não longe dali, nos escritórios do YouTube (que pertence à Google), onde tem acesso a estúdios de montagem para os seus vídeos. Para chegar, é preciso localizar um elevador bem discreto, escondido em frente a um engraxate, dentro do Chelsea Market, entre a 9th e 10th Avenue, e subir ao quinto andar. Lá, quando fazem algum sucesso através do YouTube, muitos blogueiros, como Lauren Bird, podem usar gratuitamente um ecossistema hospitaleiro. Vejo geeks sentados em sofás de couro, uma pequena exposição de arte contemporânea e um grande cartaz de promoção de um livro publicado por um Booktuber. Bird é uma "booktuber": fala de Harry Potter em breves sequências postadas no YouTube. Num outro espaço, ela se especializou em "Waffle Irons" (máquinas de fazer waffles). Assim como outros podem testar iPhones ou a solidez dos skateboards, Lauren Bird testa essas Waffle Irons para ver se são tão resistentes quanto afirmam seus promotores. Em sua estação, ela tenta cozinhar assim ovos, sushis, pepinos, snickers e até uma abóbora nessa máquina de fazer waffles! O resultado às vezes é surpreendente, e sempre hilariante.

Mais recentemente, Bird, diplomada em cinema pela New York University, entrou para a Harry Potter Alliance, associação de fãs de Harry Potter que se comprometem a melhorar as condições de trabalho dos empregados americanos, como os do McDonald's ou do Walmart. Os vídeos que ela posta sobre o assunto já tiveram vários milhões de vistas no YouTube.

Também Emerson Spartz, como Lauren Bird, iniciou sua carreira como simples fã de Harry Potter. Aos 12 anos, ele o lançou o MuggleNet, seu primeiro site — hoje uma das principais plataformas para os admiradores dos romances de J. K. Rowling. A célebre romancista convidou Spartz a sua propriedade privada na Escócia, e também apoiou as iniciativas de Lauren Bird e sua Harry Potter Alliance.

O fenômeno dos booktubers, surgido inicialmente na Argentina, na Espanha e no Reino Unido, faz parte claramente da smart curation: jovens leitores ou estudantes falam do seu entusiasmo depois da leitura de um livro, diante da câmera. Com a ajuda de um smartphone, de uma câmera GoPro e, mais recentemente, de Periscope, eles compartilham sua paixão com maior ou menor grau de encenação, simplicidade — e talento.

Existem tantos formatos e gêneros quantos forem os booktubers: seus vídeos podem ser sérios ou pirados, arty ou mais mainstream, como podemos constatar, por exemplo, nas estações YouTube de Christine Riccio, Jesse, Raeleen, Ariel Bissett, Priscilla, Kat O'Keeffe ou Regan.

Às vezes, esses booktubers começam a escrever, sonhando em se tornar também escritores. Os editores, como confirma Jonathan Karp, diretor-presidente da Simon & Schuster, acompanham então suas estações na esperança de descobrir novos talentos. O algoritmo do YouTube também localiza esses vídeos, podendo eventualmente torná-los virais na internet. Ainda que não seja consagrado como "grande escritor", o booktuber pode de qualquer maneira tornar-se um "brand content".

Existem ainda outros modelos de smart curation. Podem ser redes sociais voltadas para a leitura e a fan-fiction: Wattpad, por exemplo, é uma espécie de Facebook da literatura. Sediada no Canadá, essa rede social já tem mais de 45 milhões de membros e cerca de 100 milhões de histórias em upload (nela é que a jovem romancista Anne Todd publicou *After*, uma fan-fiction escrita em smartphone e já lida por doze milhões de pessoas). Além de ser uma interface de publicação para todos, Wattpad, autêntico clube de leitura on-line, também é um espaço de comentários, partilha e, logo, "curadoria". O algoritmo garante a midiatização das histórias mais populares.

Num outro estilo, um site como The Conversation, desenvolvido na Austrália e no Reino Unido, tem por objetivo, como indica o próprio nome, recriar uma "conversa" escorando-se numa ampla rede de professores universitários e intelectuais. Tendo como baseline Academic rigour, journalistic flair, The Conversation pretende contribuir para o debate de ideias com análises e pontos de vista de pesquisadores. Com isto, permite-lhes conquistar nova visibilidade e, ajudados pelas redes sociais, tornar-se populares.

Por fim, o site GoodReads, comprado pela Amazon em 2013, mistura pesquisas por algoritmo, listas automatizadas de leitura e críticas de livros personalizadas. Nele, os internautas podem formar sua própria biblioteca, anotar seus livros e os dos amigos, enquanto o GoodReads faz suas próprias recomendações. É uma espécie de rede social dedicada aos livros, com 20 milhões de membros que podem ligá-lo ao Facebook ou ao Twitter para aumentar sua "sociabilidade". (É interessante notar aqui esse novo interesse da Amazon pela curadoria, tanto mais que podemos observá-lo, paralelamente, com a compra de IMDb, no cinema, e de Twitch, nos jogos de vídeo, dois sites baseados em avaliações e recomendações. Inicialmente, em 1995-2000, a Amazon desenvolvera suas próprias ferramentas internamente. Uma equipe de cerca de vinte jornalistas, escritores e editores assalariados, provenientes do *Village Voice* ou do *New York Review of Books*, redigia notas, fazia entrevistas ou difundia suas recomendações. Mas em 2002 esse departamento "editorial" da Amazon foi fechado, sendo os editores "humanos" definitivamente substituídos pelos algoritmos.)

Na sede da Gawker em Nova York, James Del, o vice-presidente encarregado da programação e do marketing, fala-me do Gawker Review of Books (review.gawker.com). Esse site veio juntar-se à família dos "sub-blogs" lançados a partir do portal principal, tendo por objetivo publicar trechos de novos livros, fazer entrevistas com autores e oferecer recomendações literárias. Embora seja um pure-player digital, chegando às vezes à arrogância nesse sentido, Gawker também sabe apostar numa "velha mídia" como a edição de livros. O volume de negócios do setor — da ordem de trinta bilhões de dólares por ano — não escapou à atenção dos fundadores do site, fascinados pela indústria dos best-sellers. Mas o Gawker Review of Books trata dos "livros" à sua maneira! Para gerar buzz, revela certos deals secretos do mundo editorial, fala de processos por difamação, estende-se sobre a morte deste ou daquele escritor famoso. Os posts procuram criar audiência: "As 50 melhores primeiras frases de romances"; "Como a Harlequin tornou-se a editora mais famosa de romances água com açúcar"; ou ainda, recentemente, um ataque contra o *New York Times* e sua lista de best-sellers, considerada demasiado "caucasiana" (vale dizer, excessivamente "branca", sem negros nem latinos). Outras vezes, os artigos do *Gawker Review of Books*, especialmente as longas entrevistas com autores sendo promovidos, podem ser sérios, pertinentes e de boa feitura. É um dos segredos do Gawker: recrutar os melhores estudantes quando saem dos cursos de creative writing ou das escolas de jornalismo de maior prestígio. E toda semana o site publica sua "Gawker Review Weekend Reading List" como se fosse um respeitável diário à antiga.

Gawker espera criar uma nova "conversa" em torno dos livros, exatamente como Emerson Spartz quis criar uma conversa em torno de Harry Potter ao lançar seu site MuggleNet. Eles já não são os únicos.

Outros pure-players generalistas se interessam pela crítica cultural em geral, e em particular a de livros — o que também representa uma maneira de não deixar esse mercado de nichos entregue aos recém-chegados. É o caso de Slate, que criou em 2014 um suplemento digital de crítica de livros. Por sua vez, sites como o Vice e Politico lançaram recentemente versões em papel, nas quais se fala de livros. No caso de Buzzfeed, conhecido por seus formatos breves e seus posts virais, o site optou por valorizar os formatos longos e as críticas de livros numa seção especializada. "O site Buzzfeed também publica artigos muito longos", insiste Henry Finder, redator-chefe do *New Yorker*, como querendo se tranquilizar.

Pois a concorrência é forte. Em toda parte, proliferam sites e novas experiências são concebidas. Nos Estados Unidos, o interessante Literary Hub seleciona diariamente novidades literárias e publica trechos escolhidos de livros. Na Alemanha, Perlentaucher aposta na recomendação, assim como Enobii no Reino Unido. Na França, sites como EntréeLivre, Booknode, Sens Critique e NonFiction se especializaram na crítica on-line, ao passo que BdGest/Bedetheque se concentra nas histórias em quadrinhos. Quanto ao site alemão voltado para o teatro, NachtKritik, é realizado coletivamente à noite, para informar já ao amanhecer sobre as peças vistas na véspera.

As novas revistas literárias "de papel" não ficam para trás, tentando inventar modelos bimídia. Nos Estados Unidos, formatos interessantes foram imaginados por *n+1*, *McSweeney's*, *The Believer* e *Tin House*. Publicadas três ou quatro vezes por ano, essas revistas híbridas desenvolveram um modelo econômico baseado na filantropia, na edição de livros e na venda de produtos derivados. Em grande medida, elas acreditam no jornalismo de qualidade, e não apostam nos "cliques", mas nos "Pulitzers" (para usar a expressão da pesquisadora Angèle Christin). O que não as impede de ter um presença inovadora e original na web.

Existem outros exemplos, para além da esfera cultural. Um site como Techmeme (techmeme.com), especializado em informação tecnológica, consegue muito bem misturar essas abordagens quantitativas e qualitativas. Ele identifica automaticamente conteúdos e hot stories e em seguida, com a ajuda de editores "humanos", os valida, hierarquiza e reformata. Pearltrees, ferramenta on-line de "curadoria colaborativa", tem um objetivo semelhante. Outros serviços, como Storyful, Vocativ, Dataminr e ReCode, oferecem modelos mistos associando jornalismo "de dados" e recomendação, com intervenção, ao lado dos redatores tradicionais, de analistas de dados chamados de data analysts ou Chief Content Officers. Quanto à startup especializada Outbrain, oferece aos clientes de mídias em "B2B" (business de empresas a empresas) soluções adaptadas aos sites para localizar os melhores artigos, vale dizer, os que sejam capazes de lhes proporcionar maior audiência, mas acrescentando uma dimensão linguística e geográfica.

Por fim, numa dimensão mais anedótica, podemos citar a iniciativa de Mark Zuckerberg, o dono do Facebook, que lançou em 2015 uma Page voltada para suas leituras. Ele tomou a decisão de ler um livro de duas em duas semanas e postar sua opinião nessa conta Facebook. O Gawker Review of Books, constatando que a página em questão era pouco atualizada, censurou seu diletantismo num post insidiosamente intitulado "Mark Zuckerberg Is Not Oprah". Entramos na "era das mini-Oprah", comentou por sua vez o *New Yorker*, referindo-se a esses pequenos militantes da recomendação, em comparação com a grande sacerdotisa literária que Oprah Winfrey foi por muito tempo nos Estados Unidos. Uma bela frase feita, que talvez ressoe como o espírito da época.

A era das mini-Oprah

A RECEPÇÃO É DO TIPO INVITATION ONLY. Henry Finder recebe em seu belo apartamento em Tribeca para uma Book Party. Estão presentes alguns dos maiores jornalistas nova-iorquinos, intelectuais e editores. Os hipsters, startupers e "barbares" estão pouco representados. Houve quem dissesse que os salgadinhos foram feitos por um chef com estrelas no Guia Michelin; que as garçonetes vão concorrer ao título de Miss América; que o livro lançado nessa oportunidade, assinado por um professor da Universidade de Princeton, é o melhor do ano. Ao erguer sua taça de Mojito, temperada com pimenta vermelha fresca, em homenagem ao autor, Finder faz um discurso, sutil e irônico, cheio de referências a Henry James! Uma Book Party sofisticada, mas me parecendo de outras épocas. Todo sorridente, Finder explica-me: nessa noite, o livro em questão — um Note Book — é "uma curiosa coleção de poemas e miniensaios inicialmente postados no Facebook!"

Editores, jornalistas, autores: são muitos, nos Estados Unidos, os que não têm medo da internet nem ficam impressionados com os algoritmos ou as redes sociais. Eles já fazem parte de sua vida, mesmo quando dão a entender o contrário e não falam muito do assunto. "Com certeza teremos na internet muitas vozes novas falando de livros, fazendo críticas, dando sua opinião. É simplesmente formidável", diz-me Ken Auletta, o famoso crítico de mídia do *New Yorker*, acrescentando: "Antes, tínhamos o boca a boca, e agora temos as 'curtidas' e os 'links'. O que é ótimo!"

Uma volta atrás é impossível: Ken Auletta e Henry Finder o sabem perfeitamente. Auletta apenas acrescenta uma ressalva quando o entrevisto sobre a curadoria e os algoritmos: "Não existe fórmula mágica para ter sucesso na internet." Com seus artigos de dezenas de páginas e outras tantas entrevistas sobre a indústria da mídia, do entretenimento e da internet, Ken Auletta é um dos veteranos do jornalismo americano. Sabe que não precisa provar mais nada. Pois se se trata de algoritmos, ele também está disposto a fazer apostas e enfrentar a modernidade em duelo. Ao deixar seu grande apartamento no Upper East Side, como eu lhe pergunte, por provocação, se acha que pode acabar surgindo "um algoritmo Auletta", ele responde sem hesitar: "Não!" Mas acaba reconhecendo que, a longo prazo, não sabe... e que, de qualquer maneira, estará morto.

New Yorker versus Gawker: poderia resumir-se assim o combate de titãs que se trava ante nossos olhos. A crítica cultural, preocupada com o futuro da imprensa e do livro de papel, prepara-se para novas batalhas. "A revolução digital das mídias é uma guerra de cem anos. Estamos apenas no começo", prognostica James Del, do Gawker. Ele considera que as interseções entre as mídias e seu público, entre os autores e os leitores, vão mudar fundamentalmente nos próximos anos. As conversas, o "envolvimento", os curadores serão essenciais. E o algoritmo vai-se tornar a pedra angular desse futuro. (Para não insultar o futuro e conquistar uma espécie de respeitabilidade compatível com as expectativas dos anunciantes, a direção do Gawker deixou em compasso de espera alguns dos seus sites: Wonkette, de mídia política, foi revendido, assim como o site pornô Fleshbot; o subsite Oddjack, de jogos e apostas on-line, foi desconectado.)

Compartilho o ponto de vista do diretor do Gawker sobre os algoritmos. Ao contrário da visão dos tecnocéticos a respeito, não acredito que as máquinas uniformizem ou empobreçam a web. Um erro frequente da análise superficial das mutações na internet consiste em ver nos big data e na algoritmia fenômenos de uniformização, homogeneização e "mainstreamização". As máquinas invariavelmente conduziriam os internautas para os blockbusters, os best-sellers e os hits, para a cultura de massa e o entertainment. Fala-se então de "algoritmos de confinamento" ou "algoritmos viciantes".

Pode ser verdade, mas não é sistemático. Os algoritmos são ferramentas que dependem de sua programação. Podem levar ao mainstream; podem estar vinculados a contratos publicitários; podem, em sentido inverso, conduzir a nichos, à world music, ao cinema mundial, à literatura de vanguarda ou à arte mais contemporânea. Depende dos critérios e parâmetros estabelecidos.

E sobretudo, com os progressos da algoritmia, as máquinas poderão aperfeiçoar seu desempenho, especializar-se e se adaptar aos centros de interesse mais complexos dos consumidores. Levarão em conta as diferentes sensibilidades, as nuances. O verdadeiro risco, portanto, não é tanto o mainstream, mas a compartimentalização em nichos herméticos, sem interseções nem interações. Em vez de impor o gosto das massas, as máquinas tendem a enfeixar o usuário na sua "bolha", a fornecer-lhe apenas o que ele já consome e a fortalecer o vínculo com uma comunidade a que já pertença. Não se trata tanto, assim, de um processo de uniformização, mas, pelo contrário, de distinção e diferenciação. O que pode levar, na pior das hipóteses, à atomização e à proliferação de nichos herméticos; e, na melhor das hipóteses, à fragmentação feliz ou à diversidade. O algoritmo não é inimigo da exceção cultural, podendo inclusive ser uma de suas ferramentas.

Com a recomendação, a assinatura, o algoritmo, o crowdfunding e as novas formas de copyright, a necessidade de uma "smart curation" de fato surge como um dos desdobramentos de fundo da cultura na era da digital. A cultura, que era um "produto cultural", está se transformando num "serviço" em que o "content" pode ser reproduzido em todos os suportes e todas as plataformas. Resta apenas criar a conversa para que se fale dele.

É o que fazem os jovens do Gawker, os Booktubers e inúmeras novas mini-Oprah. E, como eles, não acredito que seja possível escapar aos algoritmos, voltar atrás e se enfeixar no mundo da crítica à antiga.

Entretanto, como Henry Finder, Ken Auletta e Jonathan Karp, tampouco acredito que fosse possível satisfazer-se com um mundo em que todos os conteúdos culturais dependessem dos algoritmos. Os robôs não tomarão o poder aos jornalistas. A máquina não será o futuro da crítica.

A "smart curation" pode permitir a reconciliação desses dois mundos. Pode até tornar-se uma das novas batalhas da internet e um meio de promover a "disrupção dos disruptores". Muitas mídias novas ou tradicionais já estão interessadas na questão, experimentando ferramentas de algoritmo incríveis e até inverossímeis, que combinam a potência matemática com o julgamento humano. Na esfera acadêmica, programas de pesquisa sobre a "smart curation" vão reunir pesquisadores de ciências sociais, engenheiros de algoritmia e críticos culturais universitários. Finalmente, inúmeras startups também trabalham nesses "duplos filtros", recolhendo investimentos e recrutando sem parar.

Uma delas está para se instalar na 5th Avenue, um dos endereços mais prestigiados em Nova York. Seu nome: Gawker. "Vamos nos mudar neste verão: The Fifth Avenue! Yeah!", exclama James Del, feliz com a força simbólica da iniciativa. É David a ponto de vencer Golias. O outsider feliz por entrar para o establishment. E para deixar bem claras a ambição e a success story de sua startup, agora adulta, ele acrescenta: "E dessa vez teremos um elevador."

10. Social TV

Com camiseta colorida, meias brancas, Roberto Irineu Marinho preside o conselho de administração de tênis. Na sede da TV Globo no Rio de Janeiro, assisto à reunião do board desse tentacular conglomerado de mídia que tem o monopólio da televisão no Brasil. E sou o único de paletó. Esperava encontrar um chairman posudo, seguido de uma comitiva, e me deparo com um CEO de camiseta. É significativo que os ricos gostem às vezes de fugir às regras, vestindo-se de forma casual, como se quisessem afirmar sua liberdade ou sua superioridade. Multimilionário de temperamento que dizem altamente combustível, Roberto Irineu Marinho lidera esse grupo dominante. Tem, ao que dizem, a inteligência das relações de força. E seu prestigioso conselho administrativo é conhecido pelo nome de blue man group (pois três dos seus membros têm o sobrenome "marinho").

No décimo andar, os administradores acomodam-se em poltronas de couro ao redor de uma mesa em U. No meio de seus colaboradores, Roberto Irineu Marinho preside como um verdadeiro nababo. Uma esplêndida orquídea violeta repousa sobre uma estante baixa. Uma tela gigante permite projetar telenovelas em som HD a partir de minúsculas caixas Bose ou ver apresentações de PowerPoint — o software que, segundo muitos, deixa as pessoas burras.

Das janelas da sofisticada sala de reuniões é possível apreciar o Jardim Botânico, o Parque Nacional da Floresta da Tijuca e seu pico de granito, o Corcovado, no alto do qual se encontra o celebérrimo Cristo Redentor, símbolo mundial do Rio.

Na agenda, Roberto Irineu Marinho incluiu a discussão da Smart TV e da televisão conectada. Ele abre os debates com uma voz grave. Está interessado, sobretudo, diz, na Social TV, expressão que está na moda para designar as novas práticas dos telespectadores, que comentam ao vivo pelas redes sociais os programas que estão vendo. Um fenômeno inesperado. Mas o chairman da TV Globo não está preocupado. Considera que tem tempo, tão impressionantes são os lucros do seu grupo. Esse homem intuitivo, que é pago para saber que a televisão jamais deve parar de se renovar, quer, no entanto, entender. As redes sociais estariam revolucionando o setor? A social TV é o futuro da televisão? Seu complemento? Acaso prenuncia o fim da era de ouro da televisão mainstream gratuita? Ele tem o faro, o instinto, talvez o pressentimento de que, se perder o bonde da etapa da internet, logo terá dificuldades para controlar suas ondas de choque. E então, passando por cima da desconfiança inicial, diz-se disposto a mergulhar, se necessário, no digital — ou seja, no vazio.

FOI EM 2009 QUE O CONSELHO DE ADMINISTRAÇÃO da TV Globo decidiu formar um comitê digital. "A questão inicial era saber se devíamos criar uma direção digital na Globo ou se o digital devia se espalhar transversalmente. Lembro que o debate não tinha mais fim. Acabamos decidindo privilegiar o transversal. Todos os diretores do grupo participavam desse comitê. As reuniões eram às segundas-feiras, às 17 horas. Éramos uns doze, mas também consultamos especialistas do próprio grupo e de fora", relata Luiz Claudio Latgé, um dos diretores da TV Globo. Conheço Latgé há vários anos e sempre o reencontro com prazer, fiel a si mesmo, comunicativo, de fala franca, com um otimismo perfeitamente brasileiro. Só a barba cresceu.

Uma das consequências mais palpáveis da criação do comitê digital foi a promoção do seu diretor, Carlos Schroder, a diretor-geral da TV

Globo, por decisão de Roberto Irineu Marinho, no exato momento em que eu assistia a essa reunião do board. Durante vários meses, ele pudera se preparar e observar todas as divisões da rede sob o prisma digital. "No início, o conselho de administração tinha medo da concorrência da internet. Seus membros se espantavam com o fato de não sermos o número um da net no Brasil, já que o éramos na televisão. Olhavam as estatísticas dos buscadores e não nos encontravam entre os dez primeiros. Ficavam loucos com isso!", recorda-se Luiz Claudio Latgé.

O comitê digital teve assim um papel pedagógico tanto para a rede quanto para sua direção. "Nós fazíamos reuniões temáticas", prossegue Latgé, "tratando, por exemplo, das redes sociais, dos aplicativos móveis ou do que se devia ou não divulgar no YouTube. Era ao mesmo tempo muito preocupante e muito estimulante. A gente tentava descobrir se seria melhor desenvolver um aplicativo próprio ou usar o do Facebook. Queríamos saber se valia a pena mostrar na tela hashtags do Twitter: estaríamos fazendo promoção gratuita para eles com essas palavras-chave ou eles é que estariam fazendo publicidade para nós? A pergunta estava no ar. Queríamos saber como fazer para que um programa tivesse 'ressonância' na web. Era um período de grandes experimentações."

A TV Globo acabou optando pelo lançamento de um leitor próprio, por streaming: os telespectadores podem interagir a partir desse player, mandar mensagens por Facebook ou Twitter e até atualizar seu status, mas permanecendo no universo Globo. "Lembro muito bem", conta Latgé, "que os diretores das redes não gostavam nada que os brasileiros comentassem suas novelas ao vivo, pelas redes sociais. Queriam impedir! Queriam proibir as redes sociais de falar das nossas novelas! Agora, acham que as redes sociais podem aumentar nossa audiência, promover nossos conteúdos... e sua prioridade é que se fale das nossas novelas no Facebook!"

No comitê digital da TV Globo, a filosofia do grupo se delineou aos poucos: privilegiar conteúdos sobre tecnologias. "Somos um dos cinco maiores produtores mundiais de conteúdos. Não faz sentido ficar impressionado com a técnica. O conteúdo é que deve orientar nossas decisões. Foi o que entendemos aos poucos", comenta Latgé. "Até que um dia", prossegue ele, "tivemos uma reunião sobre smartphones e saímos todos pensando: está aí a televisão de amanhã." (Para que essa previsão se concretize no Brasil, contudo, será necessário que o smartphone decole no país, o que ainda não é o caso, que o 3G e o 4G se generalizem e que os telefones pré-pagos sejam substituídos por assinaturas ilimitadas em matéria de dados, indispensáveis para o acesso regular à televisão.)

No cerne do sucesso da Globo estão as novelas. Esses programas seriados latinos estão baseados num modelo econômico bem-azeitado. A partir de sua primeira difusão hertziana num horário de grande audiência da TV Globo, elas fazem um percurso invariável que vai do mainstream aos nichos, passando pelos canais especializados e os canais privados regionais, que as retransmitem exaustivamente. Mas agora é preciso levar em conta também a internet. A web veio revolucionar completamente esse modelo.

"No início, achávamos que a internet era o inimigo da televisão. Depois nos demos conta de que não era bem o caso. Mas com uma condição: que nossos conteúdos sejam preservados em nossos sites. Nossa estratégia consiste, portanto, em fazer que a porta de entrada para os nossos conteúdos seja o nosso site, e não outra empresa, como YouTube ou Facebook", argumenta Juarez Campos, diretor da globo.com e membro influente do board. "Todas as nossas novelas estão no site 25 minutos depois da transmissão. São postadas em pequenas sequências, retalhadas. O episódio completo pode ser visto aproximadamente duas horas depois. Tudo pode ser acessado gratuitamente, com publicidade", prossegue Campos. Nos seus sites, a Globo também oferece os mais variados complementos, as canções das novelas e histórias anteriores e posteriores aos episódios transmitidos. É o que se costuma chamar, no jargão, de bridge content, vale dizer, conteúdos entre dois episódios. Às vezes, os produtores criam até cenas mais específicas destacando um personagem secundário, que tem assim a oportunidade de ter uma vida de verdade, como que ampliada. "A novela não é mais um produto linear, tornou-se líquido!", diz Jorge Nobrega, vice-presidente da Globo, e sorri, diante da bela expressão.

O grupo foi mais longe. Começou surfando no sucesso do cabo no Brasil, multiplicando canais pagos, modelo muito remunerador (com quinze milhões de assinantes em 2012, contra cinco milhões em 2010, os dez canais pagos da Globo geram atualmente 45% do faturamento do grupo, um aumento espetacular em três anos). Embora exista uma tendência a ver a internet como uma uniformização de conteúdos, os nichos surgiram como a revelação da época. Quando uma novela se concentra em determinada temática — jogging, culinária, medicina ou religião, por exemplo — ou quando visa alguma categoria social, como os gays ou as donas de casa, como na telenovela *Cheias de charme*, então a Globo cria um site sobre o tema. Eu atleta, por exemplo, é o site da Globo dedicado a esportes, um prolongamento de um quadro de TV homônimo, no qual, naturalmente, o site é promovido). Cheias de charme por sua vez é o site voltado para as donas de casa que querem melhorar sua condição social, criado para acompanhar a novela homônima. Já Ego é o site de informações sobre os artistas da Globo, centrado na vida das celebridades das novelas.

"A TV Globo soube muito bem antecipar as expectativas da classe média brasileira. Ter uma assinatura de uma rede a cabo paga, por exemplo, era um forte sinal de prestígio. Os dirigentes do grupo souberam captar o desejo de ascensão social da maioria dos brasileiros e acompanhar sua vontade de consumir. E então passaram a expor nas novelas todas essas características de identidade social. A TV Globo fala aos brasileiros e antecipa seus desejos, e é isso que explica seu sucesso", comenta o especialista em mídia Andrés Bruzzone, entrevistado em São Paulo.

Até mesmo o modelo de produção foi afetado. Não se trata mais de produzir simplesmente um programa, mas de criar um content que possa então ser explorado nos diferentes canais e sites do grupo. Por exemplo, um formato internacional como *Big Brother* foi adaptado localmente pela Globo com o título de *Big Brother Brasil* (e em outros países como *Loft Story* ou *Secret Story*). A transmissão inicial se dá na rede mainstream da Globo, que se reserva o direito de exclusividade sobre as cenas principais. Um canal pago do grupo transmite paralelamente as competições, enquanto outro canal pago da Globo fica com os direitos sobre as cenas ao vivo, podendo transmiti-las 24 horas por dia. Por fim, o site globo.com permite rever as cenas mais importantes a qualquer momento, on demand. O buzz é cuidadosamente explorado de um canal a outro pelo site da Globo e suas redes sociais, que permitem comentar, votar e jogar. "Imagine que esse tipo de telerrealidade gera centenas de milhões de votos na internet! Eu disse centenas de milhões!", extasia-se Juarez Campos. "Para a imprensa, a música ou o livro, a internet é uma ameaça. Mas para a televisão é uma oportunidade", conclui Jorge Nobrega.

A Globo desenvolveu paralelamente o G1. É o site de informação da rede, e em vez de ser nacional, é completamente local. "Não existe um só G1, mas 32. Em cada região, a página inicial do G1 é diferente. E em cada cidade pode ser ainda mais específica", explica Marcia Menezes, diretora do G1. Cabe lembrar que há anos a Globo vem sendo construída segundo um princípio de syndication extremamente descentralizado, como nos Estados Unidos: o grupo transmite conteúdos a 122 filiadas independentes espalhadas por todo o país. É o segredo do modelo econômico e jornalístico da Globo. "Sempre fomos ao mesmo tempo muito nacionais e muito locais", confirma Luiz Claudio Latgé.

O site de informação G1 adotou essa lógica dupla para ser forte na informação nacional e ao mesmo tempo privilegiar a proximidade geográfica, num país que é o quinto maior e mais populoso do mundo. "Cada site local é realizado pelas equipes das nossas filiadas, de modo que globalmente podemos ter até trezentos jornalistas totalmente dedicados à web", afirma Renata Franzini, redatora-chefe do site. Passeando pelo G1, constato que a equipe transmite on-line grande quantidade de vídeos originais. Sua vocação não é ser um prolongamento dos canais da Globo, sendo essa a missão de outro site, globo.com, mas difundir conteúdos próprios e fortemente locais. E funciona: o G1 tem mais de vinte milhões de visitantes únicos por mês. Como se vê, a Globo ganhou sua aposta de se dirigir a todos os brasileiros adaptando-se a cada território, e a internet permite consolidar ainda mais sua estratégia, tornando-se não mais global, porém, mais local.

Arab Idol

TUVALU. Ninguém conhecia esse pequeno arquipélago da Polinésia, com seus nove atóis de corais em pleno oceano Pacífico, até que lhe fosse atribuído um domínio nacional de internet. E assim como a Alemanha tem na web o seu ".de" e o Canadá, o seu ".ca", Tuvalu ganhou seu próprio domínio nacional, calcado no seu nome, o que acabou sendo ".tv". Que sorte! Desde então, os nomes de domínio depositados em Tuvalu são objeto de disputa desenfreada por parte de inúmeras redes — um bom resumo da grande virada digital da televisão.

Mundo afora, as dezenas de dirigentes das redes de televisão que encontrei — na Star TV de Hong Kong, na CCTV em Beijing, na Al Jazeera ou na Televisa, por exemplo — sabem que a mídia televisão está em mutação. Eles têm consciência dos riscos dessa transição, mas em sua maioria acreditam, sobretudo, nas novas oportunidades que estão se abrindo. Especialmente nos países emergentes, acredita-se no futuro digital da televisão. E se aposta na batalha mundial das imagens.

Mazen Hayek é um desses. Urbano, articulado, ele é o porta-voz do grupo MBC, conglomerado saudita de dezoito redes pan-árabes de televisão por satélite que tem proprietário em Riyad, sede em Dubai e estúdios em Beirute e no Cairo. Eu já conhecia esse libanês caloroso, tendo-o entrevistado para escrever *Mainstream* na Media City de Dubai, onde tem seu escritório, e volto a encontrá-lo com prazer, desta vez no Four Seasons do Cairo, um suntuoso palácio à beira do Nilo onde ele se hospeda por dois dias. Cercado de assessores de imprensa atentos ao que diz, ele bebe um café atrás do outro e ocupa o espaço com grandes gestos: seu bom humor é comunicativo, e a expressão, livre e natural. Ao passo que dois anos antes falávamos basicamente de televisão (e do sucesso da Al Arabiya, a rede de informação da MBC), nossa conversa limita-se desta vez à internet, como se as indústrias do audiovisual tivessem subitamente mergulhado no digital. A MBC pode ser a líder da televisão árabe por satélite em 21 países, mas Mazen Hayek só pensa agora na internet, mostrando-me como o digital está afetando todas as dimensões do seu grupo.

Há muito tempo a MBC entrou no terreno da web. O site mbc.net oferece inúmeros conteúdos digitais, e as equipes foram reorganizadas em torno de um novo Brand Department Management, criado para dar coerência à marca MBC em todos os suportes. Mas a verdadeira novidade chama-se Shahid. A palavra árabe significa "olhar", "ser testemunha", "espectador". Esse portal, lançado em 2012, é um site de vídeo on demand que lembra a Netflix. Doze milhões de visitantes únicos conectam-se a ele por mês, e mais de 180 milhões de vídeos já foram vistos em seu espaço. Esse sucesso é explicado pelo fato de o shahid.net ser não apenas um site de VOD clássico, no qual é possível ver todos os filmes árabes ou americanos disponíveis, mas também um site que oferece conteúdos originais produzidos pela MBC ou comprados de outras redes, além de conteúdos fornecidos pelos usuários (UGC, ou user-generated content). Uma assinatura Premium permite monetizar o site, já hoje mais rentável que certas redes por satélite do grupo MBC. Tudo disponível em muitos suportes, especialmente num aplicativo para tablets que foi baixado setecentas mil vezes. "O sucesso do Shahid foi espetacular. Fomos os primeiros surpreendidos. E as redes sociais acompanham. Temos 95 milhões de fãs no Facebook, 24 milhões no Twitter e uma rede YouTube imensamente popular. Nem dá para imaginar. Mas o que realmente nos fez entender que estamos mudando de época foram programas como *The Voice*, *Arabs Got Talent* e, sobretudo, *Arab Idol*", frisa Mazen Hayek.

No fim de junho de 2013, na final do *Arab Idol* — concurso baseado no formato britânico do *Pop Idol*, transmitido pela MBC 1 ao vivo de Beirute —, mais de 68 milhões de votos foram mandados por SMS. O ganhador, um palestino de Gaza de 23 anos, Mohamed Assaf — que interpretou *Raise the Kufiya*, maldisfarçada homenagem ao keffiyeh de Yasser Arafat —, teria recebido cinco milhões de votos só da Faixa de Gaza.

"Cinco milhões de SMS!", extasia-se Atef Abuseif, escritor e professor universitário entrevistado na Faixa de Gaza. Em uma noite, Assaf transformou-se no símbolo do mundo árabe em geral, e da Palestina em particular. Ao retornar a Gaza dias depois, foi aclamado por cerca de dez mil palestinos eufóricos no posto fronteiriço de Rafah. E diante do Hotel Mövenpick de Gaza, nessa mesma semana, vi uma multidão se acotovelar para tentar vê-lo de perto. "Pela primeira vez um homem uniu todos os palestinos", afirma Abuseif. "Foi o maior ajuntamento da população de Gaza desde a volta de Arafat em 1994", confirmaria por sua vez o jovem escritor e blogueiro palestino Mahmoud Omar.

Os próprios membros do júri do *Arab Idol* não se eximiam de mandar tuítes durante o concurso, e suas mensagens apareciam na tela. Os comentários postados no Facebook e no Twitter também chegavam às dezenas de milhões. Para a MBC, essa final de audiência recorde provou que as redes sociais e os votos por SMS representavam um complemento indispensável para a difusão por satélite. "Tivemos a confirmação de que a Social TV era uma realidade incontornável", resume Hayek, que acompanhou de perto a produção do *Arab Idol*, com constantes idas e vindas entre Dubai e Beirute para garantir o bom desenrolar do evento. (Um sucesso como esse não é inédito: o Twitter também se tornou um companheiro crucial da difusão do *The Voice*, criado na Holanda e popularizado pela NBC nos Estados Unidos a partir de abril de 2011. A Social TV decuplicou o sucesso desse programa em muitos países e inclusive na região árabe, onde o formato também é explorado pela MBC.)

PALESTINA DA JORDÂNIA criada nos Estados Unidos, Samar Akrout é diretora de programação da MBC. Quando a entrevisto em Beirute, ela me descreve as consequências da internet na produção e na regionalização dos programas. A MBC, que costumava gerar o máximo de conteúdos in-house (internamente), tende hoje a externalizar mais sua produção. Empresas independentes especializadas em vídeos on-line produzem formatos de programas ou das "novelas do Ramadã", como costumam ser chamadas as séries árabes de televisão. E, sobretudo, esses programas se regionalizam.

"Antes", explica Samar Akrout, "gerávamos conteúdos pan-árabes mainstream que então eram transmitidos para todos os países por satélite. Havia apenas um programa da MBC1, por exemplo. Aos poucos, com a ajuda das revoluções árabes e da aceleração do processo, determinada pelas redes sociais, começamos a fazer programas diferentes para cada mercado árabe." Segundo ela, esses mercados são pelo menos cinco: o Egito, hoje um mercado viável por si só; o Golfo, ou seja, especialmente a Arábia Saudita; o Magreb, ainda unido, "mas por quanto tempo?"; o Líbano, que com o tempo pode vir a incluir a Síria; e finalmente o Iraque. "Mantemos programas transversais, como *Arab Idol*, porque põem em competição vários países, mas quase sempre localizamos." Sentada no Paul, um café no bairro intelectual chique e cristão de Gemmayze, em Beirute, Samar Akrout demonstra ter perfeita noção da revolução que está descrevendo. Sedutora e elegante, ela prossegue: "Todas essas zonas no interior da própria região árabe constituem agora mercados publicitários separados. Antes, a Pepsi-Cola fazia a mesma publicidade para os países árabes; agora, faz cinco! Lançamos um canal no Cairo, o MBC Masr, e o mercado publicitário tornou-se suficientemente grande no Egito para que ele tenha autonomia financeira. Talvez ainda possamos ir mais longe, inclusive abrindo canais para cada país do Magreb e do Golfo. A virada digital e a globalização não se traduzem numa uniformização, mas em fenômenos muito mais complexos de regionalização e relocalização."

Mazen Hayek compartilha esse ponto de vista. "Quando decidimos lançar a MBC Masr, queríamos antes de tudo fazer parte do novo Egito, depois da revolução. O próprio nome o diz: Masr significa 'Egito' em dialeto árabe. Era este o ponto de partida. Mas o movimento de base é a regionalização dos nossos programas."

A questão da língua é central. As redes pan-árabes, como Al Jazeera e Al Arabiya (que pertencem ao grupo MBC), privilegiavam um árabe padrão, clássico e gramatical, que chegou a ser chamado de "árabe Al Jazeera". Mas a maioria dos árabes se expressa em seus dialetos, que variam de um país e às vezes de uma cidade a outra. No Magreb, por exemplo, nem sempre se entende essa língua. As redes locais transmitem, assim, em árabe dialetal, que é uma chave do seu sucesso de público.

Para Hayek, a publicidade também está no cerne desse processo. Acontece que o mercado publicitário on-line explodiu de forma impressionante. Segundo várias agências de compra de espaço consultadas, o faturamento publicitário árabe na zona mena — Oriente Médio e África do Norte — é estimado atualmente em torno de um bilhão de dólares por ano na televisão e 250 milhões por ano na internet (abrangendo todos os suportes, inclusive smartphones, SMS, MMS e vídeos on-line). Metade desse mercado publicitário estaria concentrado em Dubai. E, por fim, seu crescimento é significativo, ao excepcional ritmo de 25% ao ano.

Mas Mazen Hayek relativiza o próprio entusiasmo: "Será que os anunciantes estão dispostos a pagar mais caro pela publicidade on-line? A resposta agora é 'sim'. Para eles, contudo, isso ainda está *além* do que conseguem em matéria de difusão publicitária nas redes por satélite, que continuam sendo sua prioridade."

A Social TV acelera ainda mais esse movimento, pois induz as redes a organizar o diálogo com seu público, e embora as redes sociais sejam globais, essa conversa se estabelece quase sempre — se excetuarmos as grandes finais esportivas e os programas pan-árabes — em bases nacionais. O idioma, as hashtags, a geolocalização, a comunidade seguida, tudo contribui para manter fronteiras. E a Social TV conquista mais terreno ainda à medida que os usuários do Facebook começam a ver televisão diretamente em sua página pessoal, o que é possível desde 2009, quando engenheiros desenvolveram uma ferramenta que permite ligar os status do Facebook a um player de vídeo. (Em 2012, o Congresso americano validou a operação, a despeito de críticas de atentado à vida privada, aprovando o Video Privacy Act e aquela que ficou conhecida como "emenda Netflix".) O Twitter, por sua vez, só em 2010-2011 descobriria uma de suas vocações: o live tweet, durante programas de televisão. Essa prática contribuiu para o seu crescimento, pois o Twitter tem hoje mais de 300 milhões de usuários (o que, no entanto, ainda é pouco em relação ao Facebook, que tem mais de um bilhão). A Social TV tornou-se, assim, onipresente.

Naturalmente, a pobreza e o analfabetismo, especialmente no Egito, a pouca penetração dos computadores e smartphones, a ausência de banda larga e, sobretudo, a precariedade dos conteúdos disponíveis em árabe ainda podem frear essa evolução no Oriente Médio e no Magreb. Mas por quanto tempo?

A internet acelera a globalização dos conteúdos ou contribui para relocalizá-los? A questão recebe respostas diferentes de acordo com os interlocutores e as experiências em andamento. Assim, a Al Jazeera, o grupo globalizado do Qatar, lançou uma experiência híbrida que consiste em transmitir diariamente um programa, The Stream, que combina talk-show tradicional e fontes on-line, para gerar uma conversa global. Propondo debates por Skype, tuítes, mensagens via Facebook, Instagram pelo agregador Storify, The Stream é um programa completamente bimídia. A experiência por enquanto está reservada apenas ao público anglófono da rede, pois é transmitida pela Al Jazeera English a partir de Washington, e não de Doha.

Seja como for, o digital tornou-se central para as redes, embora ainda estivesse na periferia de suas atividades há apenas três ou quatro anos. Enquanto isso, sobrevieram os primeiros sucessos da "televisão conectada", que dá acesso aos conteúdos da internet, além de filmes e vídeos, em sua tela grande de televisão (as soluções tecnológicas variam: Apple TV, Roku 3, Google TV ou sua versão light via Chromecast, a 35 dólares, lançada pela Google em 2013). Houve também o lançamento do iPad em 3 de abril de 2010: nesse dia, a televisão de fato tornou-se móvel. Outros momentos simbólicos causaram sensação. Oprah Winfrey, por exemplo, começou a tuitar no dia 17 de abril de 2009, entrando no século XXI com esta mensagem: Hi Twitters. Thank you for a warm welcome. Feeling really 21st century. E, como se sabe, Beyoncé revelou em 2011, acariciando ostensivamente a barriga — seu famoso baby bump — ao acabar de interpretar *Love on Top* na cerimônia do MTV Video Music Awards, que estava grávida do rapper Jay-Z. Nesse exato momento, o Twitter se incendiou. A exibição deu frutos: cerca de nove mil tuítes por segundo foram registrados nos minutos seguintes. Um recorde.

Em todo o mundo, a evolução da televisão americana é assim observada com atenção, auscultada, copiada. E o inverso também ocorre, quando experiências estrangeiras são estudadas pelos americanos — foi o caso em 2013 com Bassem Youssef.

Cinco policiais, escolhidos a dedo, estão na lista de convidados de Bassem Youssef. "Esta noite, estamos aqui como civis, só para nos divertir", diz-me um deles. Exageradamente musculosos, eles fazem parte das forças especiais antiterroristas, e, vestidos de forma casual, parecem perfeitamente à vontade no estúdio do programa satírico.

O *Al Bernameg* (literalmente, "o programa", em árabe) é gravado toda quarta-feira à noite no Radio Theatre, na rua Talaat Harb, entre uma sapataria popular e uma loja de biscoitos, a dois passos do célebre prédio Yacoubian, perto da praça Tahrir, no Cairo. Fui convidado a assistir à gravação, e aqui estão cerca de cem pessoas esperando o laureado Bassem Youssef, 39 anos, hoje uma das figuras mais conhecidas do mundo árabe. Na entrada do teatro há um retrato na parede em que ele aparece, sorridente, numa pose que lembra o ex-ditador Mubarak e seu efêmero sucessor, Mohamed Morsi: a imagem não poderia ser mais clara: Bassem Youssef vai zombar de Mubarak-Morsi. Uma vez registrado, o programa é transmitido dois dias depois, ligeiramente montado, pela televisão egípcia CBC. "É um dos programas satíricos mais vistos no mundo árabe e um dos mais seguidos nas redes sociais", diz-me Amr Ismail, seu produtor executivo, entrevistado nos bastidores pouco antes da gravação. Ismail teve a ideia do programa inspirando-se livremente num formato americano, *The Daily Show*, de Jon Stewart.

Trata-se na verdade de um late night show que começa com um monólogo de Bassem Youssef (em formato semelhante ao de Jon Stewart) e inclui "segmentos" com colunistas e correspondentes, trechos de programas de noticiário, muitas vezes satirizados ou tornados absurdos, e uma boa dose de humor entrelaçado com informações manipuladas. Tudo isso é pré-roteirizado, muito "escrito", com a colaboração de toda uma equipe de roteiristas; resta pouco lugar para a improvisação. A caricatura, a paródia musical e a má-fé são a regra. E as caretas do apresentador, insólitas, senão extravagantes, são sua assinatura. Ouvindo-o falar, pensamos: é Mefistófeles; vendo-o, pensamos: é Iago. O humorista lembra que foi cirurgião, o que aumenta ainda mais o tom de deboche do seu programa faustiano. Na mira de Bassem Youssef: a Irmandade Muçulmana, o presidente islamista Mohamed Morsi (contribuindo para a sua queda), os salafistas, mas também os políticos "mentirosos" e os atos de violência militar. Como se vê, Bassem Youssef é um apóstata — e seu programa nada tem de halal.

Originalmente, o *Al Bernameg* foi lançado na web como um programa do YouTube. Tratava-se na época de vídeos de oito minutos montados na casa de Bassem Youssef e postados na internet. "Formávamos uma pequena operação de vídeo on-line que atingia alguns milhares de pessoas, e agora somos uma produtora de TV com dezenas de milhões de telespectadores", conta-me Ahmed Abbas, o diretor de operações da QSoft, a empresa que produz o programa. Este representa um exemplo interessante da bem-sucedida passagem da web para a televisão mainstream. "Somos o principal parceiro do YouTube no Oriente Médio, mas, embora tenhamos agora um sucesso de público considerável na televisão, não esquecemos nossas raízes, que estão na internet", prossegue Abbas. E com certeza o *Al Bernameg* conserva traços de sua origem digital: esquetes humorísticos, cenas filmadas com a câmera de um computador portátil e, no dia em que assisti, a presença, na tela, do próprio produtor Amr Ismail, imitando um guarda-costas de Bassem Youssef. Na tela e no estúdio, o nome do site do programa (albernameg.com) e o endereço de sua versão no YouTube são onipresentes.

"Ao contrário do que se poderia imaginar, a passagem para a telinha não diminuiu o interesse do público pelo programa no YouTube. Pelo contrário, aumentou ainda mais. Hoje, é o programa mais visto no YouTube em todo o Oriente Médio e no Magreb, com mais de um milhão de assinantes e 85 milhões de visualizações acumuladas", confirma por sua vez Maha Abouelenein, porta-voz da Google no Oriente Médio. Sua discreta presença no estúdio em nome da Google (proprietário do YouTube) confirma o interesse da empresa americana pelo fenômeno Bassem Youssef, observado bem de perto. Pois o programa permite à rede social de vídeo se regionalizar com um espetáculo para o grande público. "O *Al Bernameg* é fortemente local. O tipo de humor, as gírias usadas, as referências ao noticiário egípcio, à cultura muçulmana, os nomes próprios, nada disso pode ser transposto para fora do mundo árabe, nem mesmo para fora do Egito", pondera Abouelenein.

O YouTube tem grandes expectativas em relação a esse tipo de programa, e se a criação de Bassem Youssef conduzir a um modelo econômico durável, a empresa americana tentará repetir o sucesso em outros países. "Houve quem nos advertisse, considerando que os jovens, que começaram a ver o programa no YouTube, podiam deixar de lado a internet e migrar definitivamente para a telinha. Mas não vemos as coisas assim. Para nós, o YouTube e a Google são o futuro da televisão", acrescenta Maha Abouelenein. Na entrada do local de gravação, leio num cartaz publicitário: How to make money & built a business on YouTube: content is king. (Como ganhar dinheiro e construir um negócio no YouTube: o conteúdo é rei.)

Nada parecia predestinar Bassem Youssef a uma carreira tão fulgurante. Cardiologista na vida civil (ele operou algumas vítimas da repressão na praça Tahrir), Youssef é produto da revolução egípcia de 2011. Na ditadura de Mubarak, teria sido inconcebível simplesmente imaginar um programa dessa natureza. Depois da revolução, ele lança o *Al Bernameg* com os colegas da QSoft através do YouTube, sem sequer pedir autorização à Google. Um posicionamento liberal, uma linguagem extremamente livre e com muitas mensagens políticas e às vezes sexuais subentendidas rapidamente levam ao sucesso. "O interessante, na QSoft, é que eles inverteram completamente o modelo. Em princípio, a televisão produz conteúdos que depois são transmitidos também na web. Em sentido inverso, a QSoft gera para a web conteúdos originais que então são retomados pela televisão. Isto lhes confere uma liberdade que não temos necessariamente — nós somos mais controlados, mais halal, de certa maneira —, o que lhes permite assumir mais riscos", comenta Samar Akrout, diretora de programação da MBC, admiradora do fenômeno, apesar de transmitido por uma rede concorrente.

Em 2012-2013, Youssef foi ameaçado pela Irmandade Muçulmana, então no poder, chegando a ser processado pelo ex-presidente Mohamed Morsi (e foi libertado, após pagamento de fiança de cerca de 1.700 euros, em março de 2013). Resultado: sua audiência, que já era excepcional, decuplicou — da ordem de trinta milhões em todo o Oriente Médio nas noites de sexta-feira. Numa espécie de preâmbulo do que viria a acontecer com a "revolução" de junho-julho de 2013 — considerada um "golpe de Estado" pela Irmandade Muçulmana —, Bassem Youssef foi apoiado pela juventude anti-Morsi e protegido, em seu julgamento, pelas forças especiais da polícia egípcia. Durante a gravação, um dos policiais acrescenta, ao ser entrevistado: "Bassem simplesmente exerceu sua profissão de humorista. Nós o protegemos durante o julgamento e agora nos orgulhamos de estar entre seus amigos. Por isso é que nos convidou e estamos aqui esta noite." (O *Al Bernameg* foi suspenso em julho de 2013 e retomado por breve período pela CBC em outubro, quando Bassem Youssef criticou fortemente o Exército, afinal sendo censurado pelo novo regime militar. O programa voltou ao ar em fevereiro de 2014 na MBC Masr antes de ser definitivamente censurado, sobre pressão do governo, no verão daquele mesmo ano.)

EM TODAS AS REDES ÁRABES VISITADAS, encontrei diretores voltados para a estratégia digital. Esse cargo, pouco valorizado e inicialmente ocupado por jovens profissionais — quando não estagiários — passou a ser muito cobiçado. Estava na periferia do organograma; hoje, tem como titular um membro do estado-maior da rede. É o caso de Mofeed Saad Alnowaisir, que todo ano é promovido. Esse jovem saudita é diretor de "novas mídias" na sede da MBC em Riyad. Quando me recebe, veste uma longa túnica branca, o traje tradicional saudita, e um magnífico keffiyeh, embora seu paletó FCUK esteja perfeitamente visível no encosto da cadeira. Ele me explica como o digital está reconfigurando completamente o mapa das mídias na região. "Somos o maior grupo de mídia do mundo árabe. Até o momento, nossa visão era pan-árabe e regional. Mas estamos pensando no lançamento de redes locais em cada país árabe. Aqui em Riyad, estamos num processo de transformação para nos tornarmos MBC KSA."

As iniciais KSA são de Kingdom of Saudi Arabia, o reino da Arábia Saudita, que forma com o Egito e Dubai o maior mercado árabe. Qual o objetivo dessa inesperada relocalização? "A dinâmica sem dúvida alguma parte das redes sociais. Aos poucos, a conversa que estabelecemos, o feedback, a interatividade transformam nossa audiência." Mofeed

Saad está convencido de que consideráveis fontes de faturamento podem ser encontradas no móvel e na interatividade, especialmente em forma de concursos e jogos on-line. "Caminhamos na direção de mais possibilidades de interatividade. E teremos êxito no nosso business plan e nos nossos objetivos graças ao digital", conclui. Com seu vocabulário de empreendedor, ele me lembra um diretor-presidente de startup trintão do Vale do Silício.

Também na Rotana, grupo de redes concorrentes na Arábia Saudita, a internet passou a ser levada muito a sério. A Rotana tem sede em Riyad, e seu dono não é outro senão o príncipe Al Waleed, um bilionário "liberal" que faz parte da família real. Ele investiu milhões de dólares em sites ultramodernos e na IPTV, a televisão por internet. "Achamos que a cultura e a informação, a música, os filmes, a televisão e os livros vão tornar-se digitais. Tudo vai mudar completamente. É o que eu chamo de 'telecotainment', mistura de telecomunicações e entretenimento. Não haverá mais discos, nem livros, nem jornais, nem televisões, e sim apenas telas ligadas à internet. Para nós, isso não é uma ameaça, mas uma oportunidade. Vamos abraçar todas as oportunidades, temos recursos para isso. Temos os direitos de todos os nossos conteúdos e vamos difundi-los em todas as plataformas, em todos os países. Estamos preparando o futuro", afirma Youssef Mugharbil, diretor a cargo das novas mídias. Eu o entrevisto na sede da Rotana, no 58º andar da espetacular Kingdom Tower, no centro de Riyad, na Arábia Saudita. E ele acrescenta: "Aqui, eu sou o homem da cultura árabe de amanhã."

Uma evolução semelhante é palpável na MTV em Beirute. A rede pertence à família Murr, da qual provém o nome (sem qualquer vínculo com a rede musical americana). Visitando os enormes estúdios de produção da MTV no norte de Beirute, onde eu já entrevistara, em 2009, Michel El Murr, o diretor-presidente do grupo, fico impressionado, quatro anos depois, com a onipresença da internet. Enquanto assisto à transmissão ao vivo do talk-show, uma segunda equipe de produção web trabalha no estúdio. Uma receita de cozinha é apresentada no ar; imediatamente, aparece na página do programa no Facebook. Algo transcorre nos bastidores; imediatamente, a equipe web que o filmou o posta no site do programa. Os internautas fazem comentários ou transmitem informações, que, depois de filtrados, são imediatamente retransmitidos na sequência You Report. No site, vemos os apresentadores serem maquiados, a chegada dos convidados, a reação do público pelo Skype. "No Líbano, os programas de televisão, sejam talk-shows, news shows ou reality shows, passaram a ser completamente bimídia. E tudo é decupado de novo em pequenas sequências para ser postado no site", frisa Jad Yammine, senior master web da MTV — um júnior que, apesar do cargo pomposo, nem 30 anos tem. Yammine considera que os canais de televisão por satélite, hoje dominantes nos países árabes, estão fadados a desaparecer, assim como o TNT. "A televisão conectada vai tomar completamente o seu lugar", diz. Ele também avalia que a televisão "linear", vista em função de um horário definido pela rede, "está desaparecendo", para dar lugar a televisão à la carte.

A televisão de amanhã

SECOND SCREEN. A expressão está na moda. A "segunda tela" é aquela que o telespectador utiliza ao mesmo tempo que olha para sua tela de televisão: pode ser um smartphone, um tablet ou um laptop, por exemplo. Fala-se também de companion television e às vezes de third & fourth screens, com a proliferação de telas utilizáveis. (Um levantamento da Forrester Research mostrava já em 2011 que 48% dos americanos viam televisão ao mesmo tempo que usavam uma segunda tela; outro estudo, feito pela Nielsen/Yahoo no mesmo ano, constatou que 86% utilizavam o celular enquanto viam o programa.)

Na Televisa, gigante da televisão mexicana, participo de uma reunião com três dirigentes da rede na sede do grupo na avenida Chapultepec, Cidade do México. E embora eu supostamente devesse fazer-lhes perguntas, surpreendo-me quando os diretores começam a debater entre eles. Ele se contradizem, se corrigem, quase chegando a discutir, tudo amigavelmente. Manuel Gilardi, vice-presidente digital e de novas mídias da Televisa, afirma: "A tela da televisão continua sendo a mais importante, mas é verdade que se pode ter ao lado até quatro telas concorrentes. O principal, claro, é a mobilidade. O fato de alguém estar vendo televisão na tela tradicional e mandar comentários por Twitter a partir do smartphone é uma coisa; outra muito diferente é começar a ver televisão exclusivamente no tablet." Ricardo Cortina González, diretor-geral da Televisa Interactive, que participa da reunião, acrescenta: "Realmente, se começarem a ver televisão apenas no tablet ou em suportes móveis, isso será um problema. Se os hábitos evoluírem para o que se costuma chamar de TV everywhere, ou seja, uma televisão disponível com todos os seus conteúdos, o tempo todo, em qualquer lugar, em todos os suportes, e gratuitamente, será uma história muito diferente. Por enquanto, fala-se de Social TV e de second screen, mas se a segunda tela se tornar a primeira..." (Nos Estados Unidos, um estudo recente confirma que o tablet tornou-se a 'primeira tela' das crianças pequenas.)

Inicialmente, a Televisa concentrou suas atividades digitais num site próprio, o Es Mas; o site televisa.com, mais corporate, era reservado à empresa. "Foi um erro. As pessoas achavam normal que os vídeos, os replays e as redes sociais ficassem disponíveis no site televisa.com, e não num site específico. Percebemos então que o digital não estava na periferia da televisão, mas no seu centro. Rapidamente tratamos então de transferir os nossos conteúdos para o site principal, televisa.com", comenta Antonio Alonso López, planning director da Televisa. Os três diretores à minha frente começam a debater sobre second screen, Social TV, publicidade, e eu acompanho as opiniões contraditórias. Eles discutem sobre os melhores aplicativos da second screen especializados (Miso, IntoNow ou Yahoo Connected TV). Um dos diretores faz uma apresentação em PowerPoint, outro usa um estudo próprio para desmenti-lo. Um emprega a palavra "telespectador", e o outro o corta, afirmando que "agora se deve falar de 'usuários', pois os programas são transmitidos em várias plataformas". Um insiste no fato de que "tudo isso custa realmente muito dinheiro", enquanto o outro corrige, sustentando que se trata de investimentos indispensáveis para o futuro. E um deles explica que os americanos é que entenderam: a partir da terceira temporada, a série americana *Glee* passou a ser acompanhada de uma plataforma voltada para a "segunda tela" que se concentra nas apresentações musicais.

Segundo meus interlocutores, o site da Televisa já teria 17% de sua audiência por smartphone ("20%", corrige outro). "Mas a televisão não vai se tornar móvel: passará a ser vista em aparelhos móveis, mas numa posição estável, e não em mobilidade", especifica Lopez. Um dos diretores se refere à última Copa do Mundo como uma Internet World Cup, e outro insiste em que a próxima será a Smartphone World Cup. Sou informado de estatísticas de todos os tipos e tamanhos. Visivelmente, os dados são contraditórios. "A televisão mainstream ainda não combina bem com a Social TV. Ainda estamos muito no início. Avançamos às apalpadelas. Estamos nos buscando. Ninguém ainda encontrou a solução", comenta Manuel Gilardi, todo sorridente, como se quisesse se desculpar.

TODO MUNDO ESTÁ PERFEITAMENTE CONSCIENTE de que a etapa seguinte é a personalização dos programas de televisão, a desintermediação das recomendações e sua generalização nas redes sociais de maneira interativa (os chamados Social TV Guides e interactive programming guides). Nos Estados Unidos, essa evolução já vem ocorrendo. A primeira etapa foi a exibição dos programas de televisão na tela principal, on screen. Aos poucos, a tela inicial do aparelho de TV tornou-se uma tela de recomendação, transformada num espaço publicitário de alto custo. Entretanto, como a exibição on screen atingiu seus limites, em termos de simplicidade de navegação e quantidade de conteúdos disponíveis, há agora uma nova tendência, que consiste em utilizar serviços próprios para dar sugestões de conteúdo valendo-se da força das redes sociais. É o caso de aplicativos como SocialGuide, yap.tv, fav.tv e BuddyTV, os quais fornecem no smartphone ou no tablet recomendações de conteúdos televisionados. Para abrir caminho na selva de programas oferecidos por centenas de redes, esses serviços apostam na personalização. É uma sofisticada mistura de estudos de comportamento de massa, de análises "sob medida" e resultados gerados por algoritmos. Com a informação da localização e do nome do operador de cabo (ou do provedor de acesso à internet), os aplicativos oferecem conteúdos ao usuário em função das tendências gerais do público, em tempo real.

Podemos ir mais longe. O Social TV rating consiste em avaliar os programas ao vivo e, com isso, fornecer preciosas informações às redes e aos anunciantes (SocialGuide, Trendrr etc.). Uma rede social como a GetGlue, totalmente geolocalizada, aperfeiçoa ainda mais essas recomendações: seus usuários registram o momento em que começam a assistir a um programa de televisão (diz-se que fazem um check-in, como se estivessem se registrando num quarto de hotel). Essa informação, automaticamente postada no Facebook ou no Twitter, revela-se na verdade valiosa em termos de recomendação e divulgação do programa. Por fim, para se localizar nessa massa de programas, um aplicativo de reconhecimento musical instantâneo como o Shazam, que já conta mais de duzentos milhões de usuários em todo o mundo (ganhando em média mais um milhão por semana), está se diversificando no setor da televisão e permite, com bilhões de imagens disponíveis a qualquer momento, identificar, com o smartphone, o programa em andamento e avaliá-lo.

O que todas essas novidades têm em comum são as estatísticas. Na era digital, a televisão descobre a força da matemática e dos algoritmos. A Social TV tem a imensa vantagem de gerar dados e números, o que permite a realização de inúmeros levantamentos. O que me é confirmado na sede do grupo Viacom, em Nova York, por Matthew Anderson, vice-presidente da rede musical MTV: "Com as redes sociais e a Social TV, conhecemos nossa audiência muito melhor que antes. Trabalhamos minuciosamente com esses dados quantitativos e qualitativos. A dimensão da pesquisa a partir dessas estatísticas tornou-se central na nossa profissão." Anderson, que se considera um propagador das redes sociais, resume as mudanças em andamento: o móvel, o social, os algoritmos e a participação. "Desde que entendemos que nosso público está nas redes sociais, fazemos de tudo para conversar com ele. A participação é essencial. E nossos fãs acham simpático que a gente entre em campo, seja através do Twitter, Facebook, Google+ ou Tumblr." Segundo Anderson, que dirige especialmente as mídias digitais, a MTV está verdadeiramente "na vanguarda da pop culture", sendo indispensável que a rede musical se antecipe às tendências do mercado e às expectativas dos jovens. A Social TV ajuda a MTV a decifrar, antes da concorrência, o que será cool.

"Nossos fãs realmente fazem parte do show, discutindo a roupa desta ou daquela celebridade, fazendo recomendações. E nós aproveitamos suas hashtags no Twitter e suas ideias. Na verdade, nossos fãs é que vão aos poucos nos evangelizando!", resume Anderson. E como se trata de uma rede mainstream global, o vice-presidente da MTV reconhece que sua estratégia digital consiste em dar ênfase antes de mais nada aos vídeos, e não aos textos, para contribuir para um buzz mundial.

A batalha perdida de Hollywood

"A NETFLIX É COMO O CABO — mas sem publicidade", resume Christopher Libertelli. O vice-presidente da Netflix, a cargo da Global Public Policy, assume ares pedagógicos quando o entrevisto em Washington, na sede do grupo (a empresa tem sua sede principal no Vale do Silício, mas as questões públicas são geridas a partir da capital federal). O gigante americano do cinema e do vídeo por streaming decidiu enfrentar os canais de televisão, as Cable TV e Pay TV em seu próprio terreno. Com essa nova etapa, a televisão de fato se torna smart e, inteiramente conectada à internet, possibilita a convergência entre a tela inicial e a página inicial — da televisão e da internet.

Fundada em 1997 na Califórnia, a Netflix especializou-se inicialmente na entrega de filmes em DVD por correspondência, em envelopes vermelhos que ficaram famosos. Aos poucos, disponibilizou ofertas digitais, mas só em 2011 a Netflix entrou definitivamente para a internet, oferecendo milhões de séries, vídeos e filmes on demand, por assinatura e sem necessidade de download. Uma ruptura de modelo econômico que inicialmente foi considerada radical demais para se sustentar. Ninguém dava muito pela Netflix.

Hoje, a plataforma de streaming tornou-se uma espécie de rede premium na internet. "Trata-se com efeito de um novo modelo de syndication, muito inovador", insiste Christopher Libertelli. A partir de uma assinatura mensal de 7,99 dólares, os assinantes da Netflix podem ver qualquer filme ou série de televisão de um imenso catálogo on-line. "Em compensação, não temos nada a ver com informação, talk-shows, esportes, reality shows, programas ao vivo", especifica Libertelli. Para difundir seus conteúdos, a Netflix escola-se num algoritmo muito sofisticado que permite fazer recomendações aos assinantes — o segredo de seu sucesso. "Não é apenas um algoritmo, são vários", corrige Libertelli, revelando de passagem que "mais de seiscentos engenheiros trabalham o tempo todo nesses algoritmos" (eles são conhecidos como data scientists). Outra proeza técnica: a plataforma é compatível e disponível em mais de 450 devices (aparelhos) de marcas e modelos diferentes. E também começa a produzir seus próprios conteúdos, como demonstra a web-série *House of Cards*.

O sucesso desse novo modelo não demorou a aparecer: a Netflix tem hoje mais de sessenta milhões de assinantes (dos quais, 25 milhões estão fora dos Estados Unidos). Tendo prometido "invadir o mundo", a empresa começou a crescer internacionalmente há três anos. No Brasil, por exemplo, implantou-se diretamente com o vídeo on demand, sem passar pela etapa do DVD. "A Netflix visou apenas as classes abastadas com acesso à internet banda larga", comenta Sabrina Nebuli, que dirige uma concorrente brasileira de VOD. "Em grande medida, a Netflix aposta na condição social. Ter uma conta Netflix é fazer parte da elite", prossegue Nebuli, observando, na conversa comigo em São Paulo, que no fim das contas a assinatura é barata, a quinze reais por mês (cerca de cinco euros). Como a pirataria é muito disseminada no Brasil, onde as classes médias e populares fazem maciçamente download ilegal de conteúdos audiovisuais, era necessário oferecer uma assinatura premium barata, voltada exclusivamente para as classes abastadas.

Nos Estados Unidos como em outros países, o mercado de serviços do tipo Netflix, os chamados serviços over-the-top, vai de vento em popa. Essas plataformas difundem conteúdos audiovisuais na internet operando um curto-circuito nas operadoras de cabo tradicionais, embora façam uso de sua banda de internet (já que uma quantidade considerável de americanos tem acesso à internet por cabo). Isso criou uma batalha entre fornecedores de acesso à internet e fornecedores de conteúdos, exigindo aqueles um pagamento pelo custo de seu tráfego de vídeo, enquanto estes se refugiam por trás da sacrossanta neutralidade da net para tentar se desonerar dessa obrigação — doravante o suporte dos reguladores americanos. De qualquer maneira, toda a economia da televisão gratuita, da televisão paga e do cinema está afetada por essa evolução e essas regulações. Por enquanto, o tráfego de vídeo gerado pela Netflix à noite representa 30% de toda a faixa de frequência da internet nos Estados Unidos.

Se no Vale do Silício se considera que a Netflix, a segunda tela e os serviços over-the-top anunciam o futuro da televisão e do cinema, em Los Angeles esses elementos são vistos, sobretudo, como uma ameaça. O norte da Califórnia vê a internet com otimismo; o sul, com pessimismo. As grandes networks e os estúdios de Hollywood estão organizando a resistência. Mostraram-se, inclusive, precoces, ao lançar em 2007 o site Hulu, quando a Netflix ainda não havia concluído sua mutação digital. O Hulu pretende ser uma espécie de iTunes para filmes e séries, mas um iTunes que não pertença à Apple, e sim aos estúdios! Os três principais conglomerados de mídia americanos, NBC-Universal (Comcast), Fox Entertainment (Newscorp) e ABC (Disney), entram para o capital do Hulu, deixando apenas uma rede, a CBS, à beira da estrada. Como a Netflix, trata-se de um serviço de conteúdos audiovisuais on demand e por streaming, mas por assinatura e com publicidade (foi lançada também uma versão paga, o Hulu Plus, a oito dólares por mês, com menos anúncios). E os filmes também são uma das prioridades. Na linha de mira: o modelo econômico do cinema.

O FATO É QUE HOLLYWOOD, que observou com ansiedade os problemas da indústria do disco na era digital e o desmoronamento das vendas de música, não quer ter o mesmo destino. A televisão paga e o cabo continuam no cerne do seu modelo econômico, e seria arriscado abrir mão desse esquema para se entregar à Netflix. Por enquanto, as cifras do cinema nos Estados Unidos continuam boas e em progressão — 36,4 bilhões de dólares em bilheteria global em 2014, representando um aumento de 1% em relação a 2013: elas foram vitaminadas pelo desenvolvimento internacional, com uma parte do mercado global que chega perto dos 55% (contra 25% da União Europeia). Seja em casa ou no exterior, a exploração dos filmes americanos nos multiplex vai bem, obrigado, prova da singularidade da experiência "em sala" em relação à que é oferecida pela internet. Ainda se vai em massa ao cinema: em família, com os filhos pequenos, ou na adolescência, para se divertir com os amigos, sair com a namorada e se emancipar da família. Com isso, a bilheteria global de Hollywood para os 136 filmes produzidos pelos estúdios em 2014 não para de crescer, com receitas que já hoje são mais internacionais (quase 70%) que nacionais (em torno de 30%). Em menos de cinco anos, por sinal, as cartas foram em grande medida redistribuídas, com a entrada da China (aumento de 34% da bilheteria dos filmes americanos, em dólares, entre 2013 e 2014), da Índia, da Coreia do Sul, da Rússia e do Brasil numa economia em que os países europeus, o Japão e o México dominavam sozinhos até então. "Hollywood transforma-se num mercado global. É uma mudança considerável: nossas possibilidades de crescimento estão na Ásia, e particularmente na China", comemora Chris Dodd, ex-senador democrata americano e presidente da Motion Picture Association, o influente lobby dos estúdios de Hollywood.

É a oferta que sustenta o mercado. O número de salas de multiplex literalmente explode nos países emergentes: aproximadamente quinze telas são inauguradas diariamente na China — número fenomenal, considerando-se o aumento anual médio de três mil telas e oitocentos novos multiplex. "Imagine só que a China representava 120 milhões de dólares no box-office de Hollywood em 2005; em 2014, representou 3,7 bilhões! Em dez anos, a China corresponde ao dobro da Europa! Passou de 1.800 telas a 18.000 em poucos anos — e ainda não acabou!", confirma Chris Dodd.

Sem chegar a esse recorde, o número de telas aumenta em ritmo constante na Índia, no Brasil e no México (entre uma e três novas salas de exibição por dia). O representante de Hollywood também frisa que o gosto do público "está evoluindo", vale dizer, se americanizando, na Índia: o monopólio de Bollywood começa a ser corroído lentamente, multiplicando-se as oportunidades para os blockbusters made in EUA em toda a Ásia, inclusive no Vietnã e na Indonésia. Ainda ontem pouco significativa, a América do Sul torna-se um mercado importante para

Hollywood, que aposta no Brasil, na Argentina, no Chile e na Colômbia, enquanto o México confirma sua importância. "Em termos de bilheteria, a América Latina apresenta atualmente um aumento da ordem de 78%. O que é a formidável", resume Chris Dodd.

É assim que certo otimismo prevalece hoje em dia em Los Angeles: Disney, Universal e Paramount anunciaram que em breve vão aumentar o número e o tamanho de seus estúdios, enquanto Sony, Fox e Warner já aumentaram, cada um, o seu lot — como são chamadas em Hollywood as principais instalações de filmagem. Os orçamentos aumentam, e também o marketing dos projetos, nos quais passou a ser necessário ter em conta uma dimensão global.

Se as bilheterias estão em alta e as perspectivas de desenvolvimento internacional são cada vez mais consideráveis, Hollywood não deixa de se preocupar com seu modelo econômico no home entertainment. Acontece que é aí que está o segredo da indústria cinematográfica americana: os filmes consumidos em casa. Pois se todo mundo fala dos números de bilheteria no telão, a indústria na verdade apura seus lucros na telinha. Nos Estados Unidos e na Europa, prevaleceu durante muito tempo uma "cronologia" do cinema pela qual um filme, depois de uma "janela" de três meses nos cinemas, era lançado em DVD, em vídeo on demand e em hotéis e aviões (o que é chamado DVD Window), de nove a doze meses mais tarde, nos canais a cabo e, dois anos depois, nos abertos. Essa cronologia foi radicalmente afetada pela transição digital. As vendas de DVDs desmoronaram nos últimos cinco anos, devendo rumar para definitivo declínio: em sua maioria, os interlocutores da indústria do cinema que consultei em todo o mundo consideram inevitável o desaparecimento progressivo do DVD, assim como do Blu-ray. É verdade que a distribuição on-line de filmes está em forte alta, mas ela não é suficiente para compensar as perdas do DVD. Como a distribuição digital é feita por novos atores, que não são os estúdios nem os habituais exibidores em sala, nem mesmo as operadoras de cabo, toda a cadeia econômica tradicional é perturbada. Sem querer reconhecê-lo, Hollywood, já agora em modo de sobrevivência, prepara-se para um longo declínio do home entertainment. É aí que se situa o problema Netflix. "É verdade que essa recém-chegada por enquanto respeita a cronologia das mídias nos Estados Unidos, operando no pós-DVD Window, como foi dito, difundindo filmes, em média, entre quatro e doze meses — e às vezes até 36 meses — depois do lançamento nos cinemas. Mas certos contratos de exclusividade negociados a preço forte pelos estúdios já lhe permitem acelerar a data de lançamento de um filme. Se Hollywood acabou adotando a Netflix, depois de certa desconfiança, foi precisamente por lhe abrir, oportunamente, novas fontes de renda. "Trabalhamos com a Netflix porque eles pagam os direitos dos filmes!", comenta Chris Dodd, o chefão do lobby dos estúdios hollywoodianos, acrescentando: "A Netflix respeita a cronologia das mídias. Não se trata de uma oferta pirata!" (a Netflix negocia os direitos de cada filme com uma comissão fixa, ou flat fee, ao passo que o YouTube, por exemplo, oferece apenas uma divisão da renda publicitária, de muito menor remuneração).

E, paralelamente, há o problema colocado pelos recém-chegados ao setor do vídeo on demand por streaming e assinatura, como Amazon (Prime Instant Video), Apple (iTunes) e Google (YouTube). Todos os gigantes da net investiram maciçamente nesses setores, e estão lançando suas ofertas. Todos estão em concorrência, mesmo quando compartilham infraestruturas. (Descobri na Amazon, em Washington, que a Netflix, assim como o Dropbox, usa os serviços de cloud da Amazon. Fala-se nesses casos de coopetition, neologismo para designar o caso dessas cooperative competitions.)

Nessa batalha de gigantes, Hollywood afia suas armas. Essa já foi uma guerra de posições; tornou-se agora uma guerra de movimento. Uma nova estratégia foi minuciosamente elaborada para enfrentar a internet, indo de encontro às intuições iniciais. Tal revolução copernicana resume-se em três fórmulas: diversidade da oferta, proteção do copyright, territorialização. Durante muito tempo, Hollywood quis empreender uma guerra total à internet e aos internautas que pirateavam filmes. Em toda parte, nos Estados Unidos e na Europa, essa estratégia baseada nos indivíduos e em sanções desproporcionais ao uso fracassou. Quando mais de 115 mil sites suspenderam suas atividades para denunciar as leis Stop Online Piracy Act (SOPA) ou Protect IP Act (PIPA) e o presidente Obama recuou em sua luta contra a pirataria, os estúdios de cinema e os majors da música entenderam que a batalha estava perdida por muito tempo. O espírito da internet e o modelo do Vale do Silício não vão tolerar a regulação dos conteúdos web. Hollywood então mudou de estratégia. Agora, a indústria se concentra na pirataria comercial de massa, e não nas trocas individuais não comerciais. "No início, a ideia era apanhar os indivíduos que baixavam filmes ilegalmente. Mas era um erro, pois quase sempre se tratava de jovens apaixonados pelo cinema, e não de piratas profissionais. A imagem de Hollywood foi profundamente afetada com isso. Hoje, mudamos de tática. A pirataria ainda é uma das nossas grandes preocupações, mas não mandamos mais a polícia prender adolescentes! Procuramos educá-los, mostrar-lhes por que o copyright é importante. Pode parecer que se vai contra o bom senso, mas hoje consideramos que as tecnologias não são inimigas de Hollywood. Quanto mais um jovem for geek, mais verá filmes nos cinemas! Temos de lutar contra a pirataria através da oferta legal. E além do mais, é claro, nos concentramos nos verdadeiros bad guys, os sites de pirataria em massa, que ganham dinheiro à custa dos detentores de direitos. E tratamos de bloquear seus sites!", reconhece Chris Dodd, o chefão da Motion Picture Association.

Segunda frente: a oferta legal. A ideia agora é secar a pirataria pela oferta, e não pela sanção. Hollywood demorou, mas aprendeu que, sem uma oferta de qualidade a baixo preço, vai perder a batalha da pirataria. Deve então garantir uma oferta legal ampla, em todos os suportes. Desse ponto de vista, a Netflix representa uma solução legal para as séries de televisão. Para não cair nas mãos de um distribuidor único, o que custou caro à indústria do disco, com o quase monopólio do iTunes sobre as vendas de música on-line, Hollywood montou uma tática de diversificação da oferta, multiplicando parcerias e apostando na competição entre os atores. O fato de a Google não ter conseguido transformar o YouTube em Netflix foi considerado uma boa notícia: o YouTube tenta agora corrigir o tiro com a multiplicação de redes especializadas, mas o fato é que o segundo buscador global depois do Google — pois hoje o YouTube é antes de mais nada um motor de busca de vídeos — poderia ter se tornado a

Netflix, o que não aconteceu. O Hulu, por sua vez, tampouco mostrou exatamente a que veio, embora pudesse ter sido uma arma decisiva nessa batalha de mercado. Para Hollywood, nenhum fornecedor deve ter o monopólio da distribuição digital de filmes, sendo necessário repartir a oferta entre Netflix, Amazon, iTunes, YouTube, Hulu e muitos outros atores, inclusive o Facebook, pois agora é possível ver Netflix ou Hulu diretamente na rede social, sem precisar sair. É também o que explica que Hollywood estimule as ofertas nacionais, como FindAnyFilm no Reino Unido, mappadeicontenuti.it na Itália e Mesiento de cine na Espanha. A diversidade da oferta é o novo lema de Hollywood.

A isso se soma a importância das disputadas negociações sobre direitos digitais — ou seja, sobre o controle do futuro. Seria o caso de entregá-los à Netflix, correndo o risco de enfraquecer as operadoras de cabo? E deixar de fazê-lo seria perder milhões de dólares de copyright e se jogar nos braços da Amazon, do iTunes e do YouTube, para os quais os conteúdos pouco importam? Seria o caso de complexificar os direitos, com novas janelas na cronologia das mídias? As hipóteses são infinitas, e os tipos de acertos, extremamente variados, se superpõem, às vezes no interior de um mesmo grupo. Sem querer reconhecê-lo, Hollywood tenta impedir que esses recém-chegados se tornem realmente produtores de conteúdos originais, como a Netflix foi capaz de experimentar com as séries *House of Cards* (premiada com três Emmy Awards) e *Orange is the New Black*, assim como a Amazon com *Alpha House*, *Betas* ou *Transparent*.

No entanto, o fato de milhões de dólares terem sido investidos nesses episódios agrada ao ecossistema do cinema, e parcerias exclusivas acabaram sendo firmadas entre a Netflix e os estúdios Columbia (Sony), Marvel (Disney) e DreamWorks para a produção de novas séries. Também foram inaugurados os estúdios Amazon. Já as operadoras de cabo, como Comcast e Time Warner Cable, que não são as menos afetadas por esses serviços de vídeo on demand — que lhes custam bandas de frequência e as privam de seu modelo econômico — também passaram à ofensiva: a Comcast comprou a NBC-Universal exatamente por esse motivo, e participou do lançamento do Hulu com a Fox e a Disney para fazer frente à Netflix. Contudo, esse tipo de parceria entre rivais não dura muito. O Hulu tem dificuldade de encontrar seu lugar, e a Netflix tornou-se incontornável. A Comcast tentou comprar novamente sua concorrente, a Time Warner Cable, para consolidar seu monopólio. Muitos na Califórnia, tanto ao Norte quanto ao Sul, prognosticam que a televisão mudará mais nos próximos cinco anos do que mudou nos últimos cinquenta anos.

Por fim, Hollywood passou por uma mutação, mais uma vez em sentido inverso ao de sua história, ao se "relocalizar". Em vez de continuar tentando uniformizar o mundo, empenho no qual Google, Apple e Amazon necessariamente sairão vencedores, Hollywood quer agora adaptar-se aos territórios. Diante da uniformidade de ontem, os estúdios apostam hoje em maior diversidade local. A Motion Picture Association não combate mais as cotas, os incentivos nacionais ao cinema ou a "exceção cultural"; passou a adotá-los! E abre escritórios em muitos países. Ontem, os estúdios combatiam as especificidades locais; agora, tratam de cultivá-las. "Aceitamos a especificidade cultural da Europa", reconhece Chris Marcich, representante da Motion Pictures Association em Bruxelas. Diante da Netflix e da Google, Hollywood quer proteger o cinema. Se a oferta for única e global, os gigantes da internet a asfixiarão; se as indústrias criativas nacionais forem debilitadas, os gigantes da net sairão fortalecidos. Assim, em vez de negociar em bloco, Hollywood optou pelo caso a caso, sob medida, país por país. Hollywood se sabia americana, mas se pretendia global; hoje, quer ser universal, mas se pensa local. "Nós combatemos a ideologia de Bruxelas, a ideologia do ultraliberalismo e do mercado único. A mesma que favorece a Google", afirma Chris Marcich na Bélgica — e semelhante declaração do representante de Hollywood na Europa teria sido inimaginável há apenas dez anos.

Mas não vamos exagerar. Hollywood é um símbolo da América. E os estúdios continuarão a ser uma arma do soft power dos Estados Unidos. Mas o fato é que a batalha mudou de natureza. A Google parece ser hoje muito mais perigosa que as cotas do cinema sul-coreano. Os lobbies cinematográficos da União Europeia assustam menos os estúdios de Los Angeles que a Netflix, instalada perto de São Francisco. O home cinema e a televisão de fluxo, na qual o público tem de se adaptar à hora da transmissão dos programas, estão em risco, ameaçados pelo vídeo e a televisão on demand. A batalha do digital entre a Califórnia do Norte e a Califórnia do Sul se desenrola ante nossos olhos. No Vale do Silício, aprendeu-se aos poucos, igualmente indo de encontro às instituições originais, que o copyright existe e que será necessário pagar um preço por ele. Já os estúdios entenderam que na internet o consumidor sempre terá última palavra.

A TELEVISÃO CONECTADA, A SOCIAL TV E OS VÍDEOS ON DEMAND acaso prenunciariam uma nova batalha das imagens? Sem dúvida. Mas essa batalha não se situa necessariamente no nível global, como se considera às vezes — o que pode ser ilustrado por um último exemplo, num outro contexto geográfico e em escala diferente: o exemplo chinês do Youku.

Jean Shao é a porta-voz do principal site chinês de compartilhamento de vídeos, um equivalente do YouTube: Youku. Converso com ela na sede do grupo no bairro digital de Zhong Guancun, em Beijing. Ela confirma uma de minhas hipóteses, a saber, que os conteúdos audiovisuais continuam sendo fortemente locais, difundidos tanto de maneira tradicional, pelas redes de televisão hertzianas e por satélite, quanto por recém-chegados, via internet. "Aqui, tudo é fragmentado em termos de mídias. Os consumidores de Xangai não se interessam pelos vídeos de Beijing. Somos obrigados a regionalizar tudo", explica Jean Shao. A China tem cerca de dois mil canais de televisão, e, por exemplo, a da CCTV, a televisão oficial de Estado, tem tantas sub-redes diferentes quanto são os territórios chineses.

Inicialmente o Youku, nome que significa em chinês "excelente e cool", era um site de partilha de vídeos comunitários livremente postados pelos internautas, segundo o modelo YouTube. A partir de 2007, o site passou a incluir os conteúdos oficiais fornecidos pelas redes de televisão chinesas. Hoje, esse modelo inicialmente híbrido evoluiu para uma oferta essencialmente legal, com mais de 70% de conteúdos "clean". E por sinal Shao insiste nessa prioridade da oferta legal, que, segundo ela, diferenciaria fundamentalmente o Youku do YouTube.

"O governo chinês é indulgente com esses conteúdos postados e compartilhados pelos internautas, mas fica também muito nervoso com a situação, sem saber o que fazer a respeito", lembra Jean Shao, com falsa ingenuidade. A solução depende, assim, de contratos de filiação com os majors do disco, os estúdios e as redes de televisão, e também de conteúdos próprios, em forte crescimento (embora por enquanto representem apenas cerca de 10% da oferta no Youku). Outro site chinês de vídeo on-line, Tudou, sediado em Xangai, começou a seguir a mesma lógica de "normalização" dos conteúdos (o Tudou foi comprado pelo Youku em 2012, mas os dois sites, com suas sensibilidades geográficas diferentes, continuam coexistindo, com uma mesma lógica de defesa do copyright).

Etapa seguinte: o desenvolvimento de uma oferta Youku Premium que permitisse ver séries de televisão, talk-shows, esportes e filmes por streaming em assinatura (trinta iuanes por mês, o equivalente a quatro euros). *Grosso modo*, trata-se de um clone da Netflix na China. Jean Shao não faz a comparação, mas comemora o sucesso do projeto, que "está crescendo mesmo muito rapidamente". Sub-repticiamente, contudo, as cotas de filmes americanos — atualmente limitados a vinte por ano na China — explodem na internet, pois o Youku Premium dá acesso aos filmes que bem se quiser, a partir da oferta "legal" autorizada pelo Ministério da Informação. O primeiro longa-metragem oferecido foi *A origem*.

Como se percebe, o favorecimento dos conteúdos "autorizados" e a marginalização dos conteúdos produzidos pelos próprios usuários correspondem a uma dupla lógica econômica e política. No primeiro caso, trata-se de passar do modelo YouTube ao modelo Netflix. No segundo, estreitamente ligado, a intenção é, sob a capa de defender o direito autoral, atender aos ditames da censura. Em princípio, os chineses não dão grande importância ao copyright, exceto se os riscos de uma plataforma "livre", aberta aos internautas e sempre suscetível de difundir vídeos virais contra o regime, representar uma ameaça maior. Temos aí uma evolução paradoxal de um modelo singular. E não importa que o futuro do YouTube ou da Netflix chinês dependa dela.

A China confirma paradoxalmente que a televisão continua muito territorializada, mesmo quando resvala para a internet. A Social TV, a televisão conectada e os intermediários do tipo Netflix inclusive acentuam esses fenômenos de regionalização e, às vezes, localização. Ao se tornar algo novo, mais complexo e talvez até mais interessante, ao se libertar do aparelho tradicional e dos horários de difusão, a televisão muda, mas continua ancorada num território. E se o belo slogan do Youku é The world is watching, a verdade, no fim das contas, e paradoxalmente, é que o mundo não está realmente vendo.

11. Game over

DISRUPTION. Essa palavra passou a ser muito usada para resumir a grande ruptura, a perturbação provocada pela transição digital. Todos os setores culturais têm sido afetados, mas as indústrias criativas sofrem o mais forte abalo. A música, o livro, a televisão e o cinema precisam repensar seu modelo econômico. Apesar de digital por natureza, o video game tampouco escapa a esse questionamento. Esse setor, com efeito, é desequilibrado por três mutações concomitantes: a internet, os smart-phones e as redes sociais. No Japão, o modelo anterior de video games foi atingido em cheio, de tal maneira que já é o caso de "fazer um reboot do Japão". Para entender o alcance dessa grande mutação e a maneira como o setor se transforma, visitei a Índia, a China, a Colômbia e o Canadá antes de voltar ao Japão.

A disruption da indústria dos video games

NO GIGANTESCO CAMPUS onde fica a sede indiana da Technicolor, em Bengalooru, percebemos o maior problema dos video games: a relocalização. Nessa nova terra de pioneiros, cada prédio tem um nome: Navigator, Innovator, Explorer, Inventor etc. Na frente dos prédios, vejo centenas de mobiletes dos empregados, em sua maioria desenvolvedores, impecavelmente alinhadas: poucos anos atrás, eles ainda viriam trabalhar de bicicleta.

Em todos os andares, o conceito é o do open space. Em grupos, geralmente vestidos com short e camiseta, eles fazem programas de computador, às vezes 24 horas por dia. São 1.300 pessoas trabalhando para a Technicolor, principalmente rapazes (mas também moças, e não é raro que se formem casais no campus). Em sua maioria, vieram do interior, de uma aldeia; sem raízes, são formados in loco e vão permanecer nos estúdios entre os 19 e os 27 anos de idade, nunca saindo antes disso, e raramente mais tarde. O filme de animação *Madagascar*, da DreamWorks, foi concebido aqui; *Kung Fu Panda* também. E durante a minha visita estava em produção o *Kung Fu Panda 3*, para lançamento em 2016. Mas ninguém sabe disso. "Não falamos dos projetos em andamento, temos de observar regras muito estritas de confidencialidade", confirma Sri Hari, o relações-públicas da Technicolor, confirmando que os empregados são obrigados a manter o mais rigoroso sigilo profissional.

Um andar acima está o espaço reservado aos games. Vejo um imenso Shrek verde, e, na entrada, Ganesh, o deus hindu que aparentemente todo mundo venera neste campus. Aqui, os jovens desenvolvedores trabalham nos projetos dos principais estúdios americanos, Rockstar, Electronic Arts, Marvel ou Activision (*Call of Duty* foi em parte realizado nas salas de trabalho que estou visitando). "Há cerca de dez anos, um campus como o nosso limitava-se a funcionar na base do outsourcing. Diziam o que devíamos fazer, e nós produzíamos códigos informáticos o dia inteiro, sem qualquer valor acrescido. Hoje, temos muito mais liberdade. Desenvolvemos certos video games do início ao fim e também interferimos no conceito, fazemos o story-board e o design. Estamos muito mais na criação", afirma Manoj A. Menon, diretor artístico do estúdio Animation & Gaming da Technicolor. A Índia soube usar como trampolim os seus trunfos: engenheiros de alto nível que falam inglês, e baixo custo da mão de obra. A partir desse avanço no desenvolvimento informático, Bengalooru está passando para a etapa seguinte: a criatividade. Caminho clássico da tecnologia ao conhecimento, que pode ser resumido pela seguinte frase de Menon: "Estamos passando do setor de TI ao smart power."

Ao apostar na inovação e se tornar criativa, a Índia passa pelo que poderia ser chamado de uma nova fase da globalização. É um fenômeno que pude constatar em toda a Ásia, na Indonésia ou em Hong Kong, em Taiwan ou Cingapura. "Na Indonésia, somos uma base de retaguarda para a produção dos games americanos. Às vezes os Estados Unidos deslocam sua produção para Cingapura, que reloca para nós! É uma espécie de duplo outsourcing", explica Hari Sungkari, presidente da mikti, a agência oficial de promoção das indústrias criativas e do digital, entrevistado em Jacarta. Por quê? "Porque os americanos não confiam em nós. Estão acostumados a trabalhar com Cingapura, seus bancos, seu mercado, suas infraestruturas. Para eles, nós parecemos muito distantes. Não entendem nossos valores. É o fator muçulmano!"

A CRIATIVIDADE NÃO FAZ TUDO. O tamanho do mercado também desempenha um papel, especialmente quando associado a avanços tecnológicos importantes. A ascensão da China nos video games é explicada por esses dois fatores, simultaneamente: "A China foi durante muito tempo uma anomalia nos video games, como se fosse diferente do resto do mundo. Ela estava isolada, era diferente, pouco inovadora. Todos os consoles — PlayStation 3, Wii, Xbox 360 — eram ilegais aqui", lembra Aurélien Palasse, um dos diretores do estúdio Ubisoft em Xangai, onde o entrevisto. Segundo ele, estava fora de questão para os chineses autorizar aparelhos americanos (Microsoft) ou japoneses (Nintendo e Sony). Só eram tolerados os jogos em PC, tratando-se sobretudo de jogos gratuitos, conhecidos no jargão como Free To Play ou F2P. Os cibercafés eram particularmente importantes e muito controlados, e acredita-se que ainda existam mais de quatrocentos mil desses estabelecimentos na China, às vezes totalmente dedicados aos video games. Pude ver em Nanjing (Nanquim), Hangzhou e Shenzhen esse tipo de salas de games, muitas vezes misturadas a salas de jogos comuns, superlotadas, com máquinas caça-níqueis eletrônicas ou de alavancas, com rolos multicoloridos e consoles em torno dos quais se juntam desde o alvorecer jovens desocupados, aposentados e pessoas modestas. Realmente desconcertante.

Mas o fato é que esses jogos não eram necessariamente chineses. Os jogos de pura propaganda cultivados pelo regime foram um fracasso: é o caso de um game "vermelho" chamado *Resistance War*, desenvolvido pela Liga da Juventude Comunista, no qual os jogadores podem se identificar com um soldado do Exército do Povo e matar invasores japoneses. Outra singularidade: os jogos de RPG sempre tiveram um mercado importante na China, a partir de um modelo freemium (os jogos — por exemplo, os do portal Gree — são gratuitos, mas o usuário tem de comprar items ou add-ons para desfrutar de potência, funções e mesmo "vidas" adicionais). Esses micropagamentos constituem um sistema de financiamento cultural original, e o modelo é basicamente chinês, "na medida em que um jogador pode comprar potência em vez de merecê-la, o que não faz parte da mentalidade mais meritocrática dos jogadores ocidentais", comenta Palasse. Esses jogos eram de difícil exportação, tanto mais que em geral se situavam num contexto histórico tipicamente chinês: os impérios, os reinos, as dinastias, os jogos de kung-fu antigos. Claro que existia uma oferta no mercado negro, com consoles americanos ou japoneses que transitavam por Hong Kong, mas não era suficiente para atender à demanda.

Há cerca de dez anos, a China promoveu a evolução do seu modelo. Enquanto na década de 1990 a propaganda chinesa não se cansava de atacar os video games em nome da proteção da juventude, deixou completamente de fazê-lo quando empresas chinesas começaram a produzir os próprios games. E à medida que jogos chineses foram desenvolvidos para consoles domésticos, estes por sua vez começaram a ser autorizados. Transformados em "produtos culturais", os jogos chineses foram protegidos, no exato momento em que a censura contra os jogos japoneses e americanos era intensificada (*World of Warcraft* é constantemente censurado). Naturalmente, Beijing também mudou as regras do jogo: a produção na China continental foi minuciosamente enquadrada, e, para limitar o acesso do capital não chinês, o video game passou a ser incluído no setor das mídias, uma forma cômoda de garantir a retomada do controle. Como no caso do cinema, a China confirmou com o video game uma de suas regras intangíveis: o controle político e a censura dos conteúdos são menos importantes para o poder comunista que o patriotismo econômico.

"Alguém que não seja chinês não pode ser editor de games ou distribuidor na China", lamenta Aurélien Palasse. O estúdio da Ubisoft em Xangai, onde trabalham quatrocentas pessoas (90% chinesas), concentra-se assim no desenvolvimento de jogos destinados a outros mercados. Também começou a desenvolver coproduções com um parceiro nacional, para tentar penetrar no mercado chinês. Outsourcing também? "Os custos são mais altos aqui que na Índia, e somos pouco competitivos", frisa Palasse. "De modo que nos concentramos mais na experimentação em Xangai e transferimos o desenvolvimento para Bengalooru. Hoje, nos dedicamos aqui, sobretudo, à pesquisa e à experimentação em jogos on-line, observando os novos hábitos chineses."

A China é um bom laboratório para a indústria dos video games. O setor está rapidamente aderindo à internet, aos smartphones e tablets, e também às redes sociais. Impressionados com o sucesso de jogos em celulares, como foi o caso de *Angry Birds*, *Clash of Clans* e *Temple Run*, e também do *FarmVille* no Facebook, todos por sinal produzidos por estúdios ocidentais independentes, os chineses entenderam a vantagem que teriam em aproveitar essa brecha. Esse novo modelo pareceu-lhes capaz de fazê-los passar à frente de japoneses, europeus e americanos, que os tinham deixado para trás nos consoles. Seu ponto forte: a existência de redes sociais poderosas na China, ainda que nacionais e controladas, como Weibo (um equivalente do Twitter), Renren (Facebook), Youku (YouTube) e QQ (MSN). Embora essas empresas continuem limitadas ao território chinês, estando seus usuários pouco ligados às conversas globais, o setor nem por isso deixa de ser muito inovador. Inúmeras experiências são testadas, com novas ofertas de jogos em redes sociais, por streaming, ou de cloud gaming (o jogo não fica mais no console, mas virtualmente na cloud). "Os países desenvolvidos muitas vezes valorizam jogos caros em consoles caros; nos países emergentes, a preferência é por jogos gratuitos em smartphones. É aí que está o futuro, e é o que será feito na China", comenta simplesmente Veronica Huang, administradora da Tencent, gigante chinesa da internet, proprietária das célebres mensagens instantâneas WeChat (entrevistada em Shenzhen, no sul da China).

O copyright seria um problema? Sim e não. De acordo com vários interlocutores entrevistados em oito cidades chinesas, o governo faria vista grossa à pirataria quando não há jogos chineses envolvidos; e se preocuparia com direitos autorais apenas no caso de jogos desenvolvidos por empresas chinesas. Assim, nas plataformas chinesas Youku, Tencent e Weibo, que distribuem maciçamente video games nacionais, o copyright é particularmente controlado. E Aurélien Palasse, o porta-voz da Ubisoft em Xangai, conclui: "O setor dos video games se renova constantemente. Quando surgiu a web, nós imediatamente adotamos a dimensão internet. Fizemos exatamente o contrário da indústria americana do disco e a de video games no Japão, que se recusaram a se adaptar. Em vez de querer evitar a desmaterialização, nós a adotamos. Por isso o setor dos video games vai bem, ao passo que o da música desmoronou e os japoneses ficaram para trás. E o que estamos vendo atualmente na China confirma nossa análise: em 2015, 50% dos jogos serão desmaterializados."

Essa virada digital dos games pode ser observada em toda parte. Na América do Norte, existe agora uma distinção entre video games e computer games (jogos em PC e outros tipos de computadores); às vezes se acrescenta a categoria social games, para incluir os jogos específicos das redes sociais. Globalmente, o mercado dos video games, em todos os suportes, supera atualmente o da música e o do cinema em salas. Mas o mercado evolui. E não deixa de ser atentamente acompanhado pelos estúdios em todo o mundo.

NA SEDE DA UBISOFT, NO QUEBEC, os estúdios são impressionantes. Foram montados numa antiga fábrica têxtil, esplêndida com seus tijolos vermelhos, no norte do boulevard Saint-Laurent, no bairro de Plateau, em Montreal. Dois mil e quatrocentos empregados trabalham nas instalações, sobretudo homens, de mais de 55 nacionalidades. Produzem alguns dos blockbusters dos video games mais famosos mundialmente, como *Assassin's Creed*, *Watch Dogs* e *Far Cry*, e, em coprodução com outros estúdios da Ubisoft, *Avatar The Game*, *Prince of Persia* e jogos de tipo techno-thriller inspirados no imaginário do escritor Tom Clancy (*Rainbow Six*, *Splinter Cell*, *The Division*). Esses video games são da categoria AAA, segundo o jargão da indústria, ou seja, os mais mainstream: têm orçamentos de muitos milhões de dólares e suas vendas são globalizadas (o desenvolvimento de *Call of Duty — Modern Warfare 3* teria custado mais de cem milhões de dólares, e já teriam sido vendidos 27 milhões de exemplares). Os jogos em consoles continuam dominando, mas até quando?

"Nosso mercado ainda é, por enquanto, o mercado do console. Seria o caso de mudar de modelo estratégico e econômico e entrar para o móvel?", questiona Cédric Orvoine, vice-presidente da Ubisoft em Montreal. E acrescenta: "A indústria está mudando. Mas ela sempre mudou." Por enquanto, o estúdio lançou-se no companion gaming, ou seja, nos aplicativos complementares que interagem com os consoles — por exemplo, no Facebook ou nos smartphones. "A ideia não é reproduzir a mesma experiência em todas as plataformas existentes. Cada experiência de gaming é diferente. Não dá para jogar *Assassin's Creed* no celular, pois são necessárias uma tela grande e alta definição", lembra Orvoine. Paralelamente, foi estabelecida uma importante parceria com um desenvolvedor francês, Gameloft, próximo da família de acionistas da Ubisoft, ao qual foi delegada com exclusividade a adaptação de todos os jogos da Ubisoft para ambiente móvel.

Esse tipo de terceirização é frequente em todas as indústrias de conteúdos: estúdios de cinema ou de video games, majors da música e grupos editoriais fazem contratos constantemente com produtoras externas hoje em dia. O que oferece várias vantagens: diminui custos; alivia a cadeia de trabalho em caso de sobrecarga de encomendas; permite recorrer a competências técnicas específicas, e, quase sempre, inovar e aumentar a criatividade. Esses terceirizados podem ser startups totalmente independentes ou pequenas empresas semi-independentes, com capital total ou parcialmente nas mãos da empresa-mãe. Seja na forma de specialized units, como no cinema (Focus Features na Universal ou Fox Searchlight Pictures na 20th Century Fox), de compras estratégicas de empresas (Pixar e Marvel pela Disney), de selos na música ou de imprints na edição de livros, o fato é que o modelo se generalizou para o conjunto das indústrias criativas.

Nos video games, a Ubisoft é uma boa ilustração dessa tendência básica. "Uma indústria de conteúdos não existe por si só. Ela se desenvolve com diferentes serviços e talentos. Aqui, ao redor de Montreal, existe todo um ecossistema de empresas grandes, pequenas e médias e de startups que interagem constantemente conosco", confirma Cédric Orvoine. A virada digital acelerou a importância e a quantidade dessas operações de terceirização. Seja nos efeitos visuais especiais ou nas técnicas de captura de movimento, seja no som ou no cloud gaming, nas adaptações para o cinema ou na produção em 3D, os estúdios de video games delegam com frequência cada vez maior uma parte de suas atividades a essas empresas externas. E quando o jogo se destina a diferentes tipos de consoles (PlayStation, Wii, Xbox etc.), não é raro que um estúdio que desenvolveu seu jogo para um primeiro console delegue a outros estúdios especializados as variações de outros modelos.

Se o nome Ubisoft tem sua reputação, poucos são os que conhecem os de seus prestadores, chamados Hybride, GameOn Audio, Wave Generation, Quazal e tantos outros. Quando a dependência se torna grande demais, a Ubisoft compra a empresa em questão (como foi o caso com Quazal e Hybride) e, tomando o cuidado de preservar sua independência criativa, transforma-a em filial integrada ao grupo. *Call of Duty*, por exemplo, foi desenvolvido por uma dúzia de estúdios sob o controle do editor Activision; *Halo*, por uma dezena, para o estúdio Bungie; *Diablo*, desenvolvido por Blizzard em PC, foi entregue a outros desenvolvedores para a adaptação para PlayStation.

Com frequência cada vez maior nas indústrias criativas, o estúdio ou o major transforma-se assim num "banco" que delega a outros sua produção, financia-os, conserva o controle da marca e do marketing e recupera o copyright final do content assim criado. É esse o modelo atual do entretenimento mainstream. E com certeza, na era digital, o seu futuro.

A ESSES DESDOBRAMENTOS EM TERMOS DE CRIATIVIDADE e terceirização soma-se a questão dos financiamentos públicos — outro fator decisivo para os video games. Em La Castellana, bairro de tecnologia no norte de Bogotá, Colômbia, encontro toda uma comunidade de hardcore gamers, obcecados em video games. Há um salão especializado em todo um ecossistema, com mais de quarenta startups especializadas em video games espalhadas em três clusters (Castellana, Chapinero, Soacha). Fico impressionado com a importância das subvenções de Estado. "O governo transformou as indústrias criativas numa de suas prioridades, e hoje constituímos uma base de apoio da indústria americana dos video games", reconhece Sandra Rozo, uma das diretoras da revista *Gamers On*. Por um lado, a Colômbia, mas também o Chile, o Uruguai e o México entram em concorrência com a Índia e a Ásia no setor do desenvolvimento e da criatividade dos video games. "Geograficamente, estamos mais próximos da costa oeste dos Estados Unidos que a Índia. E em termos de defasagem horária, não é como em relação à China e ao Vietnã! Mas o importante é a cultura: a Colômbia está mais sintonizada com a cultura norte-americana que a Ásia, e nós somos mais criativos. O que é essencial para os video games", prossegue Rozo. E o idioma? "Na verdade, nós falamos espanhol... como muitos americanos", acrescenta ela.

A Efecto Studios é dessas empresas offshore típicas que colaboram com os Estados Unidos no desenvolvimento de games. "Nós não somos offshore, somos uma empresa near-shore, bem próxima", corrige Eivar Arlex Rojas Castro, diretor da Efecto. Ele também acredita que os Estados Unidos e a Colômbia têm em comum muitas "referências culturais, como o cinema, as séries de televisão, os valores sociais e até os estereótipos". E que essa dimensão conta muito nos video games. Segundo ele, essa proximidade cultural não existe em relação à Ásia.

Alejandro Gonzales, criador da Brainz, uma empresa de social games, mostra-se mais cético quando conversamos em Bogotá. "Trabalhamos com os estúdios norte-americanos, mas continuamos a usar as temáticas deles", diz. "Bem que tentamos criar video games 'latinos', mas não deu certo. O 'toque' latino não funciona. O conceito não cola nesse setor. Infelizmente, um game latino é algo que não existe." Mas é possível encontrar contraexemplos, como o famoso jogo para telefone celular *Taco Master*: um empregado mexicano tem de produzir o maior número possível de tacos, enfiando carne de boi e de porco, chorizo, cebola e diferentes molhos nas tortillas a um ritmo infernal, sob o olhar implacável de um capataz feroz. O sucesso global evidencia que esse jogo hilariante mexeu com a imaginação nas mais diferentes latitudes, muito além dos mexicanos apenas, refletindo certa realidade social dos fast-foods.

Cool Japan

NO JAPÃO, A NOVA RELAÇÃO de forças e a batalha mundial em andamento nos video games foram bem analisadas. "O país precisa recuperar sua criatividade nos video games, vale dizer, nos conteúdos, e não apenas nos consoles", explica-me, em Tóquio, Keisuke Murakami, um dos diretores do METI. O famoso Ministério da Economia, do Comércio e da Indústria do Japão reconheceu pela primeira vez em 2003 a importância das indústrias criativas e digitais para a economia do país. O Japão passou a se orgulhar do sucesso do jogo *Pokémon*, da Nintendo, e do filme *A viagem de Chihiro*, de Miyazaki, no exato momento em que perdia a dianteira nos conteúdos. Para o METI, assim, a prioridade agora é redinamizar a indústria do software e dos serviços digitais, e então reforçar o dinamismo que o Japão preservou no hardware (telas, computadores, consoles, aparelhos Sony). "Queremos reassumir a liderança nos conteúdos, especialmente no terreno dos video games", afirma Keisuke Murakami. "Nos conteúdos, nosso primeiro objetivo é a Ásia, e nosso objetivo final, a China. São nossas novas prioridades." Dita por um alto funcionário do governo chinês, essa fala não podia ter uma mensagem mais clara.

Pois *Mario* e *Super Mario* — os heróis e jogos da Nintendo — não são mais o que eram. Essa onda ficou para trás, e o atraso que o Japão acumulou nos conteúdos de video games é por isso mesmo ainda mais impressionante, sobretudo se comparado com o avanço de que o país continua a desfrutar na produção de consoles, com a Sony e a Nintendo. De fato existem atores nipônicos poderosos que continuam a produzir jogos, como Konami, Square Enix e Sega Sammy, mas os tempos mudaram. Os Estados Unidos são hoje o líder mundial do setor, com os estúdios Electronic Arts, Rockstar, Activision e Blizzard; a França (Ubisoft) e o Canadá vêm em seguida; ao passo que a Índia, a China e certos países da América Latina tornaram-se os países mais atraentes para o desenvolvimento técnico desses jogos. À frente da França e do Canadá, mas muito depois dos Estados Unidos, como foi que o Japão pôde ficar tão para trás?

Se o diagnóstico é fácil de fazer — economia em estagnação, poucas startups, criatividade tolhida, falta de inovação, número insuficiente de business angels e venture capitalists, envelhecimento da população —, as possibilidades de sair da crise são limitadas. A opção indiana ou sul-americana de terceirização está fora de questão: o custo do trabalho é elevado demais no Japão e o orgulho nipônico não aceitaria semelhante humilhação. Mais vale a decadência ou o declínio que ceder no orgulho cultivado pela insularidade. A alternativa autoritária à chinesa também é afastada, embora um pouco de nacionalismo não faça mal a ninguém. Resta a opção da criatividade, à americana, e também a do financiamento público, à europeia.

Essa ideia de subvencionar a indústria dos video games não é própria do Japão: pude observá-la em todos os challengers, na Europa e na Ásia — por exemplo, na Coreia do Sul, na Indonésia, em Hong Kong e Taiwan ou Cingapura. Entretanto, de maneira ainda mais surpreendente, encontrei-a também nos Estados Unidos, embora lá estejam os líderes incontestáveis no setor. Todos esses países defendem seus empreendedores, inclusive mediante subvenções públicas diretas ou indiretas.

O Japão quer ir mais longe. Tem como projeto reconstruir completamente suas indústrias de conteúdos nacionais. O METI está em ação. O fato de os americanos subvencionarem maciçamente, ainda que indiretamente, o setor de video games não passou despercebido a Keisuke Murakami. Ele parece perfeitamente informado das técnicas fiscais empregadas. Em 2011, a Suprema Corte americana, Murakami observa, reconheceu os video games como uma arte, permitindo que o setor se valesse de uma proteção sobre a liberdade de expressão prevista na primeira emenda da Constituição. Cabe, portanto, ao Japão fazer o mesmo, recorrendo a todo um sistema de isenções fiscais, deduções e créditos para permitir que os video games se recuperem. E, se for necessário, ele será um dos setores mais subvencionados de toda a cultura japonesa.

Hoje, o que não falta são subvenções públicas. Murakami me mostra o plano nacional de desenvolvimento econômico, com suas 21 prioridades, duas delas dizendo respeito ao digital e uma terceira voltada para a valorização de uma nova criatividade, com o estratégico nome de código de Cool Japan. Zonas francas estão sendo criadas no país, onde as startups poderão se beneficiar de isenções fiscais e facilidades de investimento por parte dos bancos e de venture capitalists. O objetivo do METI é recriar um ecossistema virtuoso, a partir de um modelo semelhante ao do Vale do Silício, e duplicar o número de startups japonesas até 2020. Para estimular a criatividade, a ideia é apoiar o talento, o que passa pela proliferação de escolas e o estímulo — contrariando a mentalidade japonesa — à originalidade e singularidade dos estudantes. E, naturalmente, o digital deve ser reconhecido como arte.

HIROSHI TAKAHASHI É DIRETOR-PRESIDENTE DA TOEI ANIMATION. Converso com ele na sede do grupo, no bairro de Shinjuku-ku, em Tóquio. No mundo inteiro, o estúdio é conhecido por ter produzido *Goldorak*, *Candy*, *Dragon Ball*, *One Piece* e *Albator*, entre outros. "Com marcas globais como essas, poderíamos estar repousando sobre nossos louros", comenta Takahashi. "Mas muito cedo optamos por investir no digital, assumir riscos, mesmo quando ainda não havia um modelo econômico." A aposta foi ganha. Hoje, o grupo Toei não produz apenas desenhos animados, mas content. "Antes, o cerne do nosso trabalho estava na televisão, mas hoje criamos conteúdos que podem ser usados em todos os suportes. Passamos dos produtos culturais aos contents, aos serviços, aos fluxos." Hiroshi Takahashi prossegue: "O produto tele continua sendo importante, pois permite divulgar nossos personagens e nossas histórias. Entretanto, considerando-se os custos de produção, que decuplicaram, nós acabamos perdendo dinheiro. Só recuperaremos nossos investimentos concedendo licenças sobre esse content para o cabo, a televisão conectada, o telefone celular e os video games. Passamos do animation-business ao content-business e mesmo ao licensing-business." Takahashi frisa também que o número de canais de televisão para crianças, que ainda era limitado na década de 1980, aumentou muito: "É uma consequência da digitalização." Ao nosso redor, vejo centenas de estatuetas, mascotes de pelúcia e outros brinquedos. E reconheço facilmente vários personagens que embalaram a infância dos jovens europeus.

Hiroshi Takahashi não fala inglês. O que diz é traduzido por seu assessor Kazutomo Yamashita, em cujo cartão posso ler, justamente: Manager, Global Licensing Division. Takahashi insiste nessa questão dos acordos de licenciamento, que está ligada à questão do copyright. "Nós nos transformamos numa espécie de banco de copyrights. Em qualquer hipótese, mesmo quando cedemos nossas licenças para que um crie um produto, continuamos sempre detentores do copyright sobre nossos conteúdos." Depois de duas longas entrevistas com Takahashi, pergunto-lhe finalmente se ele se sente otimista em relação à animação e à cultura na era digital. Sua resposta é clara e imediata: "Não." Por quê? Ele hesita. Sua reação fora intuitiva, ele não sabe muito bem como explicá-la. Mas acaba soltando: "É difícil ganhar a vida com a internet e o celular. Podemos conseguir mais audiência, mas nossos custos de produção são elevados demais para serem rentabilizados. Além do mais, o digital permite que as pessoas escolham." Ele esclarece: "Antes, nos bons e velhos tempos, as pessoas eram obrigadas a consumir o que a televisão oferecia. Hoje, temos uma proliferação de redes, tablets, aplicativos. Elas podem escolher. Se querem um mangá, temos de dar um mangá. Se querem um jogo de vídeo, também temos de dar. Se querem um smartphone, temos de nos adaptar mais uma vez. É o consumidor que nos impõe suas escolhas. O consumidor tornou-se rei."

Eu ouviria respostas equivalentes ao visitar os estúdios Ghibli nos subúrbios a oeste de Tóquio — os estúdios do genial Hayao Miyazaki, realizador de *Princesa Mononoke* e *Vidas ao vento*. E, no entanto, mais uma vez, fica parecendo que, por difícil que seja a transição digital, o artístico e o digital não são opostos. "Para nós, o artístico e o digital estão juntos. Não podemos separar um do outro. Da mesma forma, sempre quisemos estar ao mesmo tempo no qualitativo e no quantitativo. Fazer filmes de qualidade, mas que também agradem a um amplo público. Sempre quisemos fazer longas-metragens para em seguida adaptá-los para os video games e poder exibi-los na internet", esclarece Junichi Nishioka, um dos diretores da Ghibli. E por sinal ele me mostra os trailers de dois video games para PlayStation 3 e Nintendo DS. No caso de alguns desses jogos, estabeleceu-se uma parceria com o estúdio Level-5, um independente ligado por contrato à Sony.

Quanto aos talentos, o Japão descobriu que tem outra fraqueza: falta de agências. Em Hollywood, na Broadway e na indústria americana do disco, são agências como William Morris Endeavor, CAA e United Talent Agency que organizam o mercado dos "talentos", aproveitando para ficar com 10% dos contratos. Mas à medida que a indústria dos video games se aproxima de Hollywood — um dos autores de *Batman — The Dark Knight Rises* participou da criação dos jogos *Call of Duty*, e o intérprete das canções de *The Social Network* fez a música do mesmo jogo —, as agências de talentos devolveram a gentileza, aproximando-se da indústria dos video games. Há alguns anos, essas agências começaram a contratar artistas, sejam autores, diretores, desenvolvedores, criadores, designers ou músicos, como se fossem estrelas de cinema. A CAA abriu uma video game division, a William Morris investiu em Droga5, especializada na produção digital, e a United Talent Agency lançou UTA Online. Também existem agências especializadas no gaming, espécies de pure players, como Digital Development Management.

Como ocorrem processos em questões de copyright, a exemplo do que acontece na indústria do cinema, essas agências e seus batalhões de advogados se tornam cada vez mais indispensáveis. (Os desenvolvedores iniciais de *Call of Duty* processaram o Activision, editor do jogo, por uma questão de copyright e bônus financeiros, e por sua vez o estúdio os processou quando eles passaram para a concorrência, contratados pelo Electronic Arts.) Acontece que não existem agências de talentos de alto nível no Japão. Nenhuma tem uma presença global, nenhuma se especializou em video games ou no digital. Resultado: os criadores de maior prestígio do país assinam contratos americanos, contribuindo para um lento ressecamento da criatividade.

Na sede da Sony Computer Entertainment em Tóquio, as coisas não são vistas bem assim. "Temos aqui um ecossistema muito original que se nutre da cultura dos mangás, da animação, dos brinquedos infantis: essas três indústrias estão muito ligadas", frisa Shuhei Yoshida, diretor do estúdio. Segundo ele, está fora de questão imitar os americanos, pois os gamers sempre tenderão a preferir "o original à cópia": o Japão precisa fazer o que sabe fazer e continuar por um caminho que deu tão certo com os mangás. Mas Yoshida reconhece que faltam talentos e que "não existe uma interconexão suficiente entre o mundo da indústria e a criatividade japonesa".

Mas a maioria dos interlocutores com quem conversei no Japão considera que a solução para redinamizar os video games, à parte as subvenções e a criatividade, depende fundamentalmente da indústria digital. O mercado aposta atualmente nos consoles de nova geração, fortemente nipônicos, que acabam de sair: PlayStation 4 da Sony e Wii U da Nintendo (embora o Xbox One tenha sido lançado pela americana Microsoft). Essa gama de consoles domésticos deve permitir que o mercado dos video games se recupere, evoluindo para verdadeiras plataformas globais de entretenimento e inclusive para a televisão conectada.

Por enquanto, todavia, o Wii U da Nintendo decepcionou. Entre os motivos mencionados para explicar as vendas abaixo do que se esperava estão a ascensão dos jogos on-line e a falta de jogos disponíveis para esse novo console. No Japão, por mais que se vire o problema em todas as direções, ele é sempre o mesmo: a criatividade e o digital.

O PARADOXO JAPONÊS está aí mesmo, particularmente visível nessa questão determinante da internet e das novas tecnologias. Um país muito avançado, mas também muito voltado sobre si mesmo.

Quando tal cultura autárquica é acompanhada de uma espécie de autismo em relação ao empreendimento, o Japão fica para trás. Todos os interlocutores com quem conversei no país, inclusive no METI, apontam o fraco número de startups como um dos elementos mais problemáticos. Por falta de espírito de empreendimento e de investidores, o país que produziu Sony, Toyota, Honda e Nintendo não consegue encontrar sucessores para esses gigantes. Fechado numa cultura hierárquica e conformista, com um management idoso, ele carece de inovação. O Japão tem menos startups que Israel — país com uma população quinze vezes menor. A humildade, a recusa da ambição e dos egos visíveis demais parecem entrar em contradição com o advento de jovens capitães de empresa que assumem riscos.

E, no entanto, se as startups encontram dificuldade para se desenvolver, o fato é que o Japão dispõe de poderosos grupos de internet. Líderes como Rakuten no e-commerce e Recruit nos anúncios de busca de emprego e viagens on-line atingiram dimensões críticas. Embora não se preocupem muito em estimular os pequenos empreendedores — dessa maneira comprometendo seu futuro —, esses gigantes de vastos domínios foram capazes de tecer sua teia mundo afora. O Rakuten comprou vários sites sul-coreanos, taiwaneses, britânicos e até o francês *PriceMinister*. Ao mesmo tempo, essa internet japonesa é muito singular, quase fechada sobre si mesma, o que deixa perplexos os estrangeiros, já que não existe nenhuma barreira ou censura, como na China.

"No Japão existe a preocupação de conservar uma identidade japonesa. Não podemos existir sem nossa singularidade. Gostamos de viver entre nós, na calma, em paz, e de certa maneira temos nossa própria internet, só para nós", comenta, com certa ironia benevolente, Yoshiharu Fukuhara, presidente da célebre marca Shiseido (fundada por seu avô), enquanto almoça comigo na sede mundial do grupo, no bairro ultrachique de Ginza, em Tóquio. Em japonês, traduzido por um assistente, ele também fala do shiseido.co.jp: "O site da Shiseido é fiel a nossa identidade. No Japão, é um site completamente japonês. Ele permite reafirmar a identidade japonesa da marca, e é essa a minha estratégia. O site permite manter uma conversa específica com nossos clientes japoneses, através das nossas conselheiras de produtos de beleza. Mas é claro que também fazemos sites em todas as línguas, mais abertos para o mundo." A Shiseido e a Rakuter são com efeito grupos globais.

O Yahoo Japan é outro exemplo interessante. Inicialmente, o Yahoo era um portal americanizado no Japão, como em qualquer lugar do mundo. O site era gerado nos Estados Unidos, antes da criação do Yahoo Japan. Quando essa filial local foi lançada, o Yahoo optou por uma joint-venture com a operadora de telefonia móvel japonesa SoftBank, que entrou com 35% do capital. A prioridade do investidor foi "japonizar" o Yahoo, o que o fez ser rapidamente adotado por grande número de japoneses. Desde então, o Yahoo Japan, diferente em relação aos demais Yahoo, supera o Google no Japão, o que é cada vez mais raro no resto do mundo. "Os japoneses continuam vivendo mais ou menos autarquicamente na internet. Estão voltados para o próprio mercado, suficientemente vasto para atender a suas demandas. Sua internet é muito fechada, antiglobal, ao contrário, por exemplo, dos sul-coreanos, cuja internet está sempre se abrindo mais para a Ásia", explica-me, em Tóquio, um especialista nas indústrias criativas, Stéphane Chapuis.

Até os sites puramente americanos, como Facebook e Twitter, são obrigados a se enraizar localmente e levar em conta usos específicos. O índice de penetração do Facebook no país é relativamente fraco em comparação com o resto do mundo, e, em média, seja por temperança ou frugalidade, os japoneses têm menos amigos que os usuários de outros países. Esse resultado apenas mediano também se explica pela supremacia local do Mixi, espécie de Facebook japonês, que tem quinze milhões de usuários locais (que o utilizam para compartilhar músicas e fazer recomendações culturais). Nos últimos meses, o Facebook começou a recuperar o atraso, e, com 22 milhões de usuários no fim de 2012, já supera o Mixi. Já o Twitter, muito em voga atualmente no Japão, só decolou de fato depois da catástrofe de Fukushima, pois a rede social americana é uma das únicas infraestruturas de mídia que não foram interrompidas pelo terremoto.

"Os comentários nas redes sociais se contam aos bilhões. Existe no Japão uma tradição segundo a qual, quando alguém posta uma mensagem, a pessoa se sente obrigada a 'curtir' ou 'retuitar'. É uma reação normal na família e na empresa, embora também seja sinal de uma sociedade paternalista e hierárquica", comenta Ken Yamada, porta-voz de um site japonês de tradução chamado Gengo.

Duas inovações ainda devem ser mencionadas, por sua influência. Primeiro, o Nico Nico, uma espécie de YouTube japonês: adaptado ao karaokê, o site permite a aplicação de textos nos vídeos. Depois, o aplicativo Line, para envio gratuito de mensagens instantâneas entre smartphones, que já conta mais de 350 milhões de usuários na Ásia. "O Line puxa o conjunto do mercado para o alto, seja nas redes sociais ou no jogo social", comenta Junko Yoshida, jornalista no grande diário *Asahi Shimbun* (o Line, desenvolvido pela NHN Japan, o braço japonês da empresa sul-coreana Naver, desenvolve-se muito no momento na esfera internacional). De maneira geral, o Japão lidera o mercado de aplicativos: em escala mundial, o país está à frente dos Estados Unidos e da Coreia do Sul, em matéria de download de apps nas plataformas Google Play e na App Store da Apple, particularmente jogos para suportes móveis. E também é o líder na leitura de e-books em celular.

Por fim, o consumo de música também tem suas características. No Japão, mais que em qualquer outro país, ela é ouvida no telefone celular, sendo maciçamente comprada por unidade. Num país onde cerca de 50% do tráfego na web passa pelo celular, e onde os sites são formatados para serem lidos em suportes móveis, uma parte do futuro das indústrias criativas depende do smartphone.

CABE LEVANTAR A HIPÓTESE de que, ao contrário de outros conteúdos na era digital — e da tese deste livro —, os video games vão continuar globalizados. É uma exceção ao caráter "territorializado" do content digital, sendo certamente um dos motivos profundos da atual fragilidade do Japão no setor. Mas a atual mutação dessa indústria criativa específica pode abrir novos segmentos, ainda que marginalmente. Por um lado, as lojas de venda física de jogos estão condenadas a desaparecer à medida que eles passarem a ser baixados ou se tornarem acessíveis por streaming. A diferença entre jogos em PC ou Mac também deverá desaparecer. E a assinatura de video games, pelo modelo de uma Netflix ou de um Spotify, também será desenvolvida (ela já está no cerne de jogos on-line "maciçamente multijogadores" como *World of Warcraft*, do estúdio americano Blizzard). Também cabe supor que os distribuidores de video games, preciosos intermediários na época analógica, perderão a utilidade na era digital: será a vitória das plataformas desmaterializadas, como App Store, Google Play, Amazon e sobretudo Steam — todas americanas. Quanto ao mercado dos video games em consoles domésticos, deverá continuar em declínio: se representava quase 60% do mercado em 2008, caiu para menos de 40% em 2013. As projeções a médio prazo já o posicionam aquém de 30%. À medida que a qualidade de gaming aumentar no smartphone, por streaming na internet e via cloud gaming, a experiência dos consoles domésticos deixará de ser atraente. E a mobilidade e as redes sociais avançarão sobre parte do seu mercado (mais de 15% do volume de negócios do Facebook já dizem respeito aos video games).

São tendências de peso que fragilizam o modelo atual dos video games e o sistema de produção japonês, cabendo ainda acrescentar o preço excessivo dos consoles e sua oferta insuficiente de conteúdos na época das app stores. Os novos consoles domésticos podem ser a última geração desse tipo, a oitava, precedendo uma mutação fundamental de todo o setor. Com o tempo, e a exemplo das indústrias criativas em geral, o video game não será mais um produto, mas um serviço. Um content e um fluxo.

Em termos de produção e distribuição, isso abre espaço para os video games não americanos e para os independentes. É possível que gere diversidade, como já é o caso no smartphone; já podemos até ver nichos específicos se desenvolvendo em torno de conteúdos específicos e cada vez mais locais. Mas é evidente que, com seus orçamentos — dezenas de milhões de dólares de custo de desenvolvimento —, e diante do privilégio de que desfrutam os americanos, em sua posição dominante, os video games continuarão muito americanizados. Perspectiva que entristece Shuhei Yoshida, o diretor do estúdio da Sony Computer Entertainment, que encerra nossa conversa em Tóquio com estas palavras, como se quisesse tranquilizar a si mesmo: "Ainda não demos nossa última palavra. O Japão ainda não disse sua última palavra."

12. ".EU"

QUATRO MIL E DUZENTAS LETRAS de diferentes alfabetos estão gravadas na espetacular abóbada de 32 metros de altura da "nova" Biblioteca de Alexandria. Biblioteca que infelizmente só se interessa hoje em dia por uma língua.

O projeto faraônico foi inaugurado em 2002. Objetivo: recriar a célebre Biblioteca de Alexandria, uma das principais da Antiguidade, que pegou fogo, foi reconstruída e destruída várias vezes pelos romanos, os coptas ortodoxos, os cristãos, os muçulmanos e os otomanos, de acordo com as versões diferentes dos historiadores. Ou, quem sabe, por um terremoto.

Hoje, a nova Biblioteca de Alexandria ocupa um lugar privilegiado à beira do Mediterrâneo, na segunda cidade egípcia. A construção original teria sido erguida a uma centena de metros, mas sua exata localização nunca foi comprovada por escavações. Uma estátua da dinastia dos Ptolomeus, à qual se deve a fundação da biblioteca, foi descoberta no porto de Alexandria em 1995: com seus 13 metros de altura e suas 63 toneladas, ela foi instalada na entrada da biblioteca (mas me surpreendo ao constatar que o púbis da estátua foi encoberto, como se a nudez antiga fosse insustentável para os partidários de um islã radical contemporâneo). "Não! É um homem! Era o faraó! Torso nu, é verdade, mas uma estátua masculina", corta Ismail Serageldin, diretor da biblioteca.

Entra-se na nova biblioteca por uma passarela de vidro. Lá dentro, há vários museus, um centro de conferências, um planetário e em especial "uma sala de leitura que comporta duas mil pessoas, construída em onze níveis", segundo me informa a porta-voz do projeto, Sherine Gaafar. A biblioteca pode abrigar oito milhões de livros (mas tem apenas 1,5 milhão por enquanto, em oitenta línguas).

Pois o fato é que o projeto está parado. Inicialmente, faltaram dinheiro e liderança. O Egito não teve os recursos nem a vontade política de ir até o fim de uma bela ideia que defendeu com ardor. Muito ligada à era Mubarak (a mulher do ditador era presidente do conselho de administração da biblioteca), novamente ameaçada de destruição durante a revolução de 2011, criticada por diferentes formas de censura política ou moral, a biblioteca não se mostrou à altura de sua missão, afinal bem ambiciosa. Com o desenvolvimento do digital, principalmente, o projeto perdeu o sentido: para que juntar num único lugar todos os livros impressos publicados, quando é possível fazê-lo em qualquer lugar, digitalmente? Para que pensar na criação de uma nova enciclopédia universal, quando a Wikipédia existe em todos os idiomas?

"A ideia de juntar a maior quantidade possível de livros, que era o projeto inicial, não faz mais sentido na era digital", reconhece Ismail Serageldin, num francês perfeito. "Hoje", acrescenta, "não precisamos mais de livros de papel. O principal é fazer escolhas, sermos curators."

Iniciativa singular e original, a nova Biblioteca de Alexandria logo se viu em concorrência com projetos com financiamentos melhores e muito mais sólidos do ponto de vista tecnológico. Viu-se assim forçada a se juntar a parceiros americanos e europeus, com o apoio da Unesco e da Google, para participar da criação da Biblioteca Digital Mundial (World Digital Library, wdl.org), projeto no qual desempenha apenas um papel modesto. Da mesma forma, tentou se reposicionar transformando-se na memória da internet ao arquivar em caráter permanente tudo que é encontrado na web, mas o projeto Internet Archive (archive.org), lançado em São Francisco em 1996, acabou por marginalizá-la. Ela se tornou então seu simples anexo para a língua árabe, e acabou deixando de "arquivar" a web a partir de 2007. Comparada hoje a projetos digitais de grande alcance, promovidos pela Universidade Harvard, pela Biblioteca do Congresso americano, Europeana e, naturalmente, pelo Google Books, a Biblioteca de Alexandria ficou irremediavelmente para trás. E quando percorro suas salas de leitura, que supostamente deveriam receber 2.500 visitantes por dia, deparo-me apenas com uma magra dezena.

No quarto subsolo, contudo, é intensa a atividade no Digital Lab. Sua diretora adjunta, Rasha Shabandar, sem véu — como também a maioria das funcionárias —, descreve para mim o processo de digitalização dos livros antigos. A partir de um manuscrito original, faz-se inicialmente um escaneamento em imagem, em seguida transformado em texto para ser corrigido. "Tudo é automatizado, mas na passagem da imagem para o texto aparecem muitos erros, e os empregados que você está vendo aqui os corrigem, palavra por palavra", explica Shabandar. Encerrada a operação, o manuscrito escaneado e corrigido é novamente transformado em imagem, num formato de direito livre, DjVu, concorrente do PDF, que permite comprimir mais as imagens, ao mesmo tempo oferecendo funções de cópia e busca. Shabandar quer me mostrar o resultado num texto-modelo, mas no dia da minha visita a Alexandria o sistema de informática estava fora de serviço, e a demonstração prevista fracassa, por falta de computadores em funcionamento. Shabandar se desculpa e seus colegas se desdobram em gentilezas; mas um deles me diria depois, off the records, que os computadores constantemente param. Na parede, um quadro com versículos do Corão.

"Nossa missão mudou aos poucos. Em vez de pretender juntar todos os livros de todos os idiomas e arquivar a totalidade da web, ficamos apenas com a língua árabe. Agora é esse o nosso objetivo. Temos como meta aumentar a presença do árabe na web e preservar a memória da internet árabe. Queremos patrocinar conteúdos árabes na web", explica Mariam Nagui Edward, uma das diretoras digitais da Nova Biblioteca de Alexandria. Numa óptica mais nacionalista, mas ainda assim pan-árabe, o projeto multicultural foi assim reduzido a uma única língua.

Se a ambição diminuiu, as dificuldades persistem. Digitalizar o árabe não é tão fácil quanto se poderia pensar. Primeiro, porque existem muitas línguas árabes, embora exista apenas um árabe clássico, o do Corão. Árabes dialetais dominam em vários países muçulmanos, para não falar do berbere e do curdo. Como os vídeos são cada vez mais centrais na internet, é difícil "conservar" a web árabe sem levar em conta essas diferenças linguísticas essenciais. Mesmo em suas formas escritas clássica ou standard, o árabe apresenta uma quantidade infinita de problemas. "Quando se faz uma pesquisa digital de uma palavra com caracteres árabes, percebe-se que é muito mais difícil do que com uma palavra latina", prossegue Mariam Nagui. Segundo ela, as letras são escritas de maneiras muito diversas, a maneira de ligar umas às outras difere muito conforme as pessoas, e, além disso, os pontos e outros sinais que figuram acima ou abaixo das letras tampouco apresentam muita unidade. Com isso, os softwares de transcrição de textos ou busca de uma palavra ou frase podem confundir tudo, quando não tomam esses sinais como "ruído" e os ignoram (assim é chamado aquilo que, no processo de digitalização, deve ser deixado de lado, como as manchas e sujeiras num manuscrito). "Estamos trabalhando com esse software há anos e o aperfeiçoamos aos poucos, graças à massa de obras que digitalizamos. Hoje, atingimos uma pertinência de 99,8% na pesquisa em língua árabe", garante Mariam Nagui, acrescentando: "Mas não chegaremos a 100%." (A técnica usada chama-se Optical Character Recognition, ou OCR, sendo obtida com softwares adaptados ao árabe, como Sakhr e Novoverus.)

Outra evolução: a Nova Biblioteca de Alexandria passou a se especializar na história do Egito. Tem a guarda dos importantes acervos Nasser e Sadat, uma coleção única de documentos sobre o canal de Suez e digitaliza o Arquivo Nacional do Cairo. Também optou por conservar todos os documentos relativos à queda de Mubarak. Observando as relíquias, fico impressionado. Com cliques do mouse, temos acesso a todos os artigos, tuítes, páginas do Facebook, fotografias postadas em Flickr, Picasa ou Instagram da revolução de 2011. "No total, há mais de trinta milhões de documentos relativos à revolução", comemora

Mariam Nagui. No fim das contas, a Biblioteca de Alexandria talvez tenha acabado de encontrar sua missão.

A BATALHA DAS LÍNGUAS NA INTERNET está apenas começando. Nos países onde conduzi essa investigação, constatei que a língua muitas vezes é um combate, a partir do momento em que se aborda a questão digital. No México, no Quebec, na China, na Índia, no Brasil, na Rússia são frequentes os motivos de tensão em torno das línguas nacionais ou dialetos, as polêmicas em nome da diversidade ou do nacionalismo. E, invariavelmente, o inimigo é o mesmo: o globish norte-americano.

O termo "globish" foi inventado por um francês que trabalhava para a IBM. Pejorativo, refere-se ao americano globalizado, básico, que todo mundo pratica mais ou menos, e que parece muito empobrecido em relação ao inglês tradicional. Não é uma língua, e sim apenas um inglês americano utilitário. Os ingleses são os primeiros a zombar dele, e, orgulhosos, gostam de lembrar esta citação do escritor britânico Oscar Wilde: "Hoje em dia, realmente temos tudo em comum com a América, exceto, claro, a língua."

Para complicar as coisas, não existe um globish só. Ele próprio é usado em vários estilos de broken English. Em Cingapura, é o "Singlish"; entre os hispânicos dos Estados Unidos, o "Spanglish"; na China, o "Chinglish"; entre os tamis da Índia, é conhecido como "Tanglish".

Mas é difícil negar o desenvolvimento rápido do inglês sob o duplo efeito da globalização e da generalização da internet. Segundo os estudos disponíveis — inclusive os publicados pela Organização Internacional da Francofonia, que não pode ser acusada de americanofilia —, o inglês de fato se tornou a língua "veicular" da web. É, diria eu, a língua por default da web. À sua maneira, é a língua mainstream da internet, uma língua utilitária, user-friendly, a única que pode ser considerada uma espécie de língua franca e que permite a comunicação entre locutores diferentes, inclusive, por exemplo, na própria União Europeia. O fraquíssimo índice de plurilinguismo na internet é outro dado importante.

Mas tudo isso não quer dizer que a internet está ligada a uma uniformização linguística crescente. Pelo contrário. Se o inglês muitas vezes representa a única língua de troca entre pessoas que não falam a mesma língua (embora o árabe standard, o mandarim, o russo e o francês também possam desempenhar esse papel), a maioria dos internautas consulta sites e faz trocas nas redes sociais na própria língua. Os sites americanos globalizados existem, sua audiência é forte, mas representam apenas uma pequena parte dos visitantes únicos mundo afora. O Facebook pode ser americano, mas seus usuários se expressam majoritariamente na própria língua, que não é o inglês. O mesmo em relação à Wikipédia. E cabe esperar que a tendência se intensifique nos próximos anos, à medida que milhões de pessoas que não falam inglês entrarem para a internet.

É UMA CONSTRUÇÃO DISCRETA, sem qualquer indicação externa, na New Montgomery Street, centro de São Francisco. Chegando um pouco cedo para o encontro, encontro um guarda todo amarrotado, de rosto vincado, que me segura calorosamente pelo ombro: "Eu saio às 18 horas, e se o senhor voltar mais tarde corre o risco de encontrar a porta fechada. Mas pode esperar aqui." Ele parece feliz em ter a minha companhia por alguns momentos, antes de subir ao sexto andar: a sede mundial da Wikipédia.

Um dos dez sites mais visitados da web em todo o mundo ocupa um espaço modesto. Não há qualquer sinal exterior de riqueza. Nada de cartaz no elevador. Nem controle de identidade na recepção. Apesar de seus dezenove bilhões de páginas visualizados por mês, não encontramos a abundância de engenheiros vista no Facebook, nem um grande cartaz luminoso em neon na rua, como no Twitter — cuja sede, na Market Street, fica a poucos quarteirões.

E por sinal a enciclopédia on-line Wikipédia não é oficialmente controlada por ninguém, senão por seus membros. A fundação Wikimédia que a administra, e onde me encontro, limita-se a resolver os problemas jurídicos e arbitrar questões técnicas, deixando que os internautas debatam democraticamente os conteúdos, obedecendo a complexos procedimentos. Em cada país, o site Wikipédia local é independente. "Na verdade, não funcionamos muito por país, mas por língua. No início, houve um intenso debate a respeito, e os internautas decidiram privilegiar a língua em detrimento da geografia", informa Matthew Roth, porta-voz da fundação Wikimédia. Afável, ele responde às minhas perguntas como bom profissional, fornecendo todos os números de que preciso, sem a cultura do segredo onipresente no Vale do Silício. Mas o fato é que ele próprio me parece um tanto desatualizado quanto ao alcance do sucesso que está descrevendo. E um pouco espantado com a audácia, senão a loucura, de Jimmy Wales, o fundador desinteressado que hoje vive em Londres, o homem que apostou que uma enciclopédia coletiva gerida um pouco pelas massas e muito pelos pares não mergulharia no caos.

Aposta ganha. A Wikipédia tem hoje 35 milhões de artigos de acesso livre (e em Creative Commons). Nunca uma enciclopédia alcançou semelhante amplitude ou equivalente reatividade. De tal maneira que seu efeito revolucionário funcionou plenamente: em poucos anos, a Wikipédia eliminou a quase totalidade das enciclopédias existentes, chegando a criar um wiki para os "Erros da Enciclopédia Britannica que foram corrigidos pela Wikipédia".

Acima de tudo, a Wikipédia existe atualmente em 287 línguas. "O inglês continua sendo nossa principal língua, mas uma língua minoritária", acrescenta Roth, que fala como se escreve na Wikipédia: em Neutral Point of View (NPOV no jargão wikipediano). O número de artigos em inglês — juntando todos os países de fala inglesa — é de aproximadamente 4,4 milhões, muito à frente do alemão e do holandês, que contam 1,6 milhão cada um, do francês, com 1,4, ou do espanhol, do italiano e do russo, com cerca de um milhão cada um.

O número de línguas usadas é de cair o queixo. Línguas regionais, como o bretão, o occitano e o corso, línguas de indígenas da América do Norte, como o cherokee e o cheyenne, línguas de minorias étnicas, como o cabila e o berbere, e, naturalmente, inúmeros dialetos — e até o esperanto — têm existência real nessa enciclopédia, com milhares de verbetes e leitores. "A Wikipédia é usada por grupos regionalistas que são mais ativos devido à raridade das suas línguas", constata Roth, tomando o cuidado de se eximir de qualquer julgamento de valor sobre esses fenômenos minoritários. Ele também sabe que as 287 línguas disponíveis na enciclopédia ainda representam um pequeno número, diante das seis mil que existem atualmente em todo o mundo.

Essa constatação é compartilhada por Nishant Sham, diretor do Center for Internet & Society na Índia, entrevistado em Bengalooru: "Verifico que a enciclopédia Wikipédia é cada vez mais traduzida para línguas regionais e dialetos na Índia. Acontece que somos um país com 22 línguas oficiais e mais de 1.600 línguas locais. É uma evolução muito interessante: a internet se localiza." A versão lusófona da Wikipédia também é muito desenvolvida, como me confirma, em São Paulo, Régis Andaku, porta-voz do portal brasileiro UOL: "A Wikipédia cresce numa velocidade fulgurante, basicamente graças aos brasileiros, e muito menos por contribuição dos portugueses: a língua tem primazia sobre o país."

Matthew Roth comemora essa dinâmica global: "Ainda estamos no início da Wikipédia. Mas isso já acarreta que certos países que não dispunham de uma enciclopédia agora tenham uma, e, com nossos Wiktionários, também um dicionário, pela primeira vez em sua história." Na sede da fundação Wikimédia em São Francisco, constato que cada sala de reunião tem o nome de um enciclopedista famoso, dos cinco continentes.

No fim das contas, a presença das línguas na internet é muitas vezes indexada pelo número de locutores. À parte o inglês, que tem uma singularidade própria e representa por si só a língua de 27% dos usuários da web, abarcando todos os sites, uma dezena de línguas dominam hoje em dia a web. Em 2011, tínhamos, por número de usuários: mandarim (25%), espanhol (8%), japonês (5%), português (4%), alemão (4%), árabe (3%), francês (3%), russo (3%) e coreano (2%). (O hindi é fraco porque na Índia o uso da internet é feito em grande medida em inglês; o bengali, o urdu e o malaio, apesar de serem línguas muito usadas, também são fracos em virtude do estado de desenvolvimento da Índia, do Paquistão e da Indonésia; esses dados devem ser modificados em breve, à medida que a penetração da internet e dos smartphones aumentar.)

Em compensação, quando examinamos a língua utilizada pelos sites, constatamos que 55% deles ainda privilegiam o inglês em sua página inicial. Muito à frente de todas as outras. Vêm em seguida, por ordem de importância: o russo (6%), o alemão (5%), o espanhol (5%), o chinês (4%), o francês (4%), o japonês (4%), o árabe (3%), o português (2%), o polonês (2%), o italiano (1,5%), o turco (1%), o holandês (1%) e o farsi (1%). (Também aqui, os resultados podem ser falseados por vários fatores, a começar pelo fato de que essas estatísticas levam em conta apenas a página inicial.)

Ñ

"A LETRA Ñ existe apenas em uma língua: o espanhol", entusiasma-se, no México, Manuel Gilardi. Mas ele logo acrescenta: "O problema é que essa letra não está na internet."

E por pouco ela não desapareceu completamente! No início da década de 1990, houve na Espanha uma polêmica tão inflamada quanto o debate sobre a proibição das touradas: a letra "ñ" não sobreviveria à era da informática. Estavam em questão os computadores, que não faziam justiça a esse sinal de hispanidade: os teclados eram comercializados sem a famosa tecla "ñ". Polêmica que se intensificou quando a Comunidade Europeia, sempre chegada a uma provocação liberal, intimou oficialmente o governo espanhol, em maio de 1991, a revogar os novos artigos de lei impedindo a venda em território espanhol de qualquer computador cujos teclados não comportassem a letra "ñ". Aos olhos da Comissão, eram regras protecionistas disfarçadas para favorecer a indústria de informática local e impedir a livre-concorrência; para os espanhóis, contudo, tratava-se, antes de mais nada, de uma séria questão de identidade nacional. "A consequência dessa exigência era clara: 'España' tornava-se 'Espanya' em todos os suportes tecnológicos", explica Tom C. Avendaño, jovem cronista digital do *El País* e famoso blogueiro, em conversa comigo em Madri. A resposta oficial do governo espanhol não se fez esperar. No dia seguinte ao decreto europeu, a Espanha informou que rejeitava a exigência. Estava fora de questão sacrificar a letra "ñ"! Antes perder o reino que o "ñ"!

Tendo acalmado por um tempo, o debate voltou a surgir alguns anos depois, com a internet. Um grupo de intelectuais, entre eles o Prêmio

Nobel peruano Mario Vargas Llosa, organizou um protesto nas ruas para proteger a letra “ñ”, já agora ameaçada de desaparecer na web! O linguista espanhol Lázaro Carreter chegou a fazer uma declaração solene propondo que a Espanha deixasse a União Europeia para não sacrificar o seu “ñ”. Felizmente as negociações levaram a uma solução, e os sistemas de informática acabaram se adaptando ao “ñ”, como a todos os caracteres singulares. “É uma anedota meio ridícula, mas que diz muito do medo dos espanhóis diante da globalização, mais ainda que do seu medo da internet. No fim das contas, é uma bela história”, resume Tom Avendaño, sem esquecer de me pedir que não omitisse o ñ do seu sobrenome.

“NA INTERNET, a letra ‘ñ’ continua com baixa visibilidade”, insiste Manuel Gilardi, vice-presidente da Televisa, a maior da rede hispânica e de língua hispânica do mundo.

Estou na Cidade do México, na sede da Televisa, e Gilardi, que dirige o setor digital do maior grupo de mídia mexicano, me mostra num PowerPoint as projeções do número de falantes de espanhol para dez e vinte anos. Os números são impressionantes. O mapa inclui a quase totalidade da América Latina — excetuado o Brasil —, o Caribe, a Espanha, naturalmente, a pequena Guiné Equatorial, uma parte do Saara Ocidental e o norte do Marrocos (ao redor de Tânger), mas principalmente os Estados Unidos, onde o avanço do espanhol é fulgurante. Por sinal, uma das concorrentes da Televisa, a rede americana CNN, colocou um til sobre o Ñ em sua versão latina: CÑN. Altamente significativo.

Estima-se em 53 milhões o número de hispânicos que vivem nos Estados Unidos. São essencialmente mexicanos — mais de 32 milhões —, aos quais se somam cinco milhões de porto-riquenhos, 2 milhões de cubanos, 1,7 milhão de salvadorenhos, 1,5 milhão de dominicanos, um milhão de guatemaltecos e quase tantos colombianos. E esses números refletem apenas os hispânicos “legais”: se fossem incluídos os undocumented — os sem documentos —, seria o caso de somar mais dez a quinze milhões de pessoas. (Os “ilegais” são basicamente mexicanos.)

"Hoje, graças à internet, a Televisa pode ser vista em qualquer lugar. Mas nossa ambição não é nos limitarmos ao México apenas, nem conquistar o mundo inteiro. Só queremos atingir todo mundo que fale espanhol", explica Manuel Gilardi. Na verdade, a prioridade do poderoso grupo mexicano de mídia se concentra nos "USH", como o vice-presidente da Televisa se refere ao mercado hispânico nos Estados Unidos (US Hispanic).

"A televisão em espanhol é um mercado que tem hoje, nos Estados Unidos, um crescimento de dois dígitos", explica-me, em Miami, Bert Medina, ex-diretor da Univision e hoje diretor-geral de uma das principais televisões hispano-americanas de Miami, a WPLG-TV, filiada à ABC. Ela tem dois canais digitais, MeTV e Live Well, e vários sites e aplicativos móveis. Quanto à Univision, também baseada na Flórida e líder da televisão voltada para os latinos, assinou uma parceria exclusiva com a Televisa (que detém uma minoria do seu capital), ao mesmo tempo se mantendo independente. "A maioria dos programas da Univision e todos os seus prime times se dedicam a retransmitir as novelas da Televisa", acrescenta Medina.

Para não correr o risco de passar ao largo da revolução digital, a Univision acaba de lançar o UVideos. Essa plataforma oferece vídeos on-line, conteúdos musicais e também webséries, vale dizer, mininovelas originais. No plano financeiro, a questão é atender à demanda dos anunciantes, muito interessados em vídeos publicitários on-line (um mercado avaliado em cerca de três bilhões de dólares nos Estados Unidos em 2012, e que deverá avançar mais de 40%, chegando, segundo as previsões, a mais de quatro bilhões em 2014). No terreno dos conteúdos, a Univision quer promover suas novelas, ao mesmo tempo começando a produzir conteúdos próprios na web. Segundo um estudo da Nielsen, o poder aquisitivo dos hispânicos nos Estados Unidos está em forte elevação, e 72% deles possuem hoje um smartphone; também são grandes consumidores de video games, e costumam assistir a mais vídeos on-line — em média, uma vez e meia mais que os não hispânicos. A Univision não pode ficar de fora desse mercado.

Se bastasse transmitir as novelas pela web, a mutação teria sido fácil para a líder dos canais latinos. Mas ao investir na internet, a Univision se deparou com dois problemas que bem refletem suas contradições. O primeiro é a demografia. Ao se concentrar essencialmente numa produção gerada pela Televisa na Cidade do México, a Univision continuou atraindo um público mexicano-americano, mas começou a desagradar às outras minorias latino-americanas (a começar pelos porto-riquenhos e os cubanos). Na web, onde a oferta hispânica é prolífica, a Univision perdeu, assim, seu monopólio. E a Telemundo, sua principal concorrente em território americano, uma rede que pertence à gigante NBC-Universal, aproveitou a brecha, decuplicando sua oferta digital. Foi lançado um canal web, o mun2.tv, simultaneamente com um site voltado para os jovens gamers de fala hispânica.

O segundo problema é cultural. Os hispânicos, especialmente as novas gerações nascidas em solo americano, demandam cada vez mais programas que lhes falem de sua situação in loco, em seu próprio país, os Estados Unidos. Querem novelas abordando a questão do racismo anti-hispânico, a diabetes e a obesidade, os custos exorbitantes dos estudos universitários, a imigração ilegal ou as tensões entre os hispânicos emigrados e os que nasceram no país. Querem canções e músicas em espanhol, mas por grupos americanos. Com frequência cada vez maior, as gírias são diferentes; os referenciais socioprofissionais se distinguem; a cozinha, o estilo de vida e a cultura se diferenciam. Aos poucos, os jovens hispânicos dos Estados Unidos querem acompanhar as séries e os talk-shows em inglês, e a Univision é obrigada a legendar alguns dos seus programas no idioma. "À medida que os hispânicos se integram nos Estados Unidos, o uso do inglês tende a aumentar na televisão, no cabo, como nas práticas da internet", frisa Bert Medina.

Todas essas questões estiveram no cerne das tensões experimentadas pelo site UVideos, que existe em inglês e em espanhol. São também o motivo do lançamento, no fim de 2013, de uma nova rede a cabo, Fusion, empreendimento conjunto entre a Univision e a ABC/Disney, voltada para as novas gerações de latinos em inglês. O site correspondente (fusion.net) também lhes fala de sua cultura, de suas personalidades e de notícias que lhes dizem respeito. Outros gigantes da net americana também lançaram sites para os hispânicos que vivem nos Estados Unidos: a Netflix tem uma versão espanhola; o Hulu lançou o Hulu Latino; a CBS Interactive concebeu uma versão hispânica do seu site de informação e consumo tecnológico, o CNET (e trabalha numa versão espanhola do seu site de video games *GameSpot*). Esses exemplos confirmam que as línguas continuam sendo importantes na web e que a geografia ainda desempenha um papel. As indústrias de conteúdos não se globalizaram muito; continuam presas a um território e a uma língua. O exemplo latino-americano prova inclusive que os dois critérios — o lugar e a língua —, em vez de amainarem as diferenças, servem para reforçá-las. A internet não abole os limites geográficos e linguísticos tradicionais, mas os consagra.

SE O QUE ESTÁ EM QUESTÃO NA BATALHA é complexo visto dos Estados Unidos, já parece simples do ponto de vista do México. Lá, são questões demográficas e culturais que estão em jogo; aqui, elas são culturais e linguísticas. Consuelo Sáizar Guerrero, a ex-ministra da Cultura do México, que foi editora de grandes escritores, como Carlos Fuentes, Octavio Paz e Jorge Luis Borges, não acredita num combate comum pela língua espanhola. Em nossa conversa na Cidade do México, ela diz que quer defender a "língua mexicana", com sua gíria, suas particularidades, e não o espanhol em geral. Receia a contaminação linguística e cultural dos hispânicos que vivem nos Estados Unidos. E também lembra que 10% dos mexicanos não falam o espanhol, mas uma das cinquenta principais línguas indígenas do país, como o maia, e várias centenas de línguas secundárias. Vestindo terninho preto e camisa branca, os cabelos cacheados um tanto longos, o rosto redondo, usando um capacete de obra na cabeça (visitamos juntos um monumento histórico em restauração na capital mexicana), Consuelo Sáizar nunca larga seu smartphone e tuíta sem parar (já mandou 23 mil tuítes para seus cinquenta mil seguidores). Pega então uma caneta e desenha num pedaço de papel duas grandes esferas, explicando: "Aqui, temos Gutenberg, e ali, a Apple.

São as duas datas-chave da história do livro." Satisfeita com sua frase de efeito, ela acrescenta, depois de um silêncio, que pensa nas futuras batalhas para salvar o livro, a edição e a bela língua espanhola, todos igualmente ameaçados.

Mais explícito ainda é Mony de Swaan, diretor da Cofetel, o órgão de regulação das telecomunicações e da internet no México: "O espanhol não está em perigo. Pelo contrário. Exceto talvez por causa da rede Televisa, que empobrece consideravelmente nossa língua! Não é a internet que destrói a língua, mas a televisão de massa." (De Swaan lutou durante muito tempo contra o duopólio mexicano, no qual a Televisa é um dos atores dominantes no terreno da televisão.)

Como se vê, não existem tensões apenas entre o inglês e as outras línguas, mas também das línguas entre si. A internet redistribui completamente os papéis linguísticos.

Internet em cirílico

Na sede social da Яндекс (Yandex, no alfabeto latino), prédio novinho em folha na rua Tolstoi em Moscou, me deparo com um clima californiano deliberadamente cultivado. A cor verde predomina em toda parte, o wi-fi não falta nunca e em diferentes pontos qualquer um pode se servir de frutas livremente — como no Facebook. Duas mil pessoas trabalham no local (num contingente total de quatro mil). Os empregados podem praticar esportes in loco, jogar flechas e até fazer pichações livremente nas paredes, como se fossem gangstas rappers americanos. Por todo lado, vejo citações famosas de slogans contraculturais escritos em inglês ou em alfabeto cirílico.

"A língua é essencial na internet. O futuro da web é uma questão de linguagem", comenta Elena Kolmanovskaya, uma das fundadoras da Yandex — e uma mulher, o que é raro na indústria digital em geral, e mais ainda na Rússia. Ela prossegue: "A partir da Rússia, conseguimos nos tornar populares na maioria dos países da antiga URSS graças ao cirílico." O alfabeto cirílico seria portanto um dos motores do desenvolvimento da Yandex. Para isso existe outra explicação, segundo Kolmanovskaya:

"A pertinência das buscas é maior com um algoritmo pensado para o cirílico do que com um motor como o Google, que é americano."

A Yandex é apenas uma entre muitas outras ilustrações do Runet A expressão, muito frequente na Rússia, remete ao conjunto da web de língua russa, essencialmente a internet em cirílico. A maioria dos sites tem o domínio ".ru", origem do nome; mas alguns utilizam ".com" (por exemplo, VK.com, equivalente ao Facebook). Dois outros domínios também são muito usados na Rússia: ".da" e ".net", pois permitem trocadilhos locais quando associados a outra palavra ("da" significa "sim" e "net" quer dizer "não" em russo). Já ".me" é muito usado no país por sites de conteúdos ilegais, seja em termos de direitos autorais ou para produtos ilícitos.

Analisando a difusão de conteúdos em cirílico de um país a outro, descobrimos no entanto que as fronteiras linguísticas tornam a situação mais complexa. Para a Yandex e os outros portais russos, as coisas não foram simples. Nas antigas repúblicas soviéticas e também na Ásia central, a influência russa vai e vem em função de fatores paradoxais. A Bielorrússia, a Ucrânia e o Cazaquistão se inserem na linha pós-soviética, mas neoautoritária, desenhada pela Rússia. E por sinal esses países pretendem criar juntos uma moeda única escorada no rublo para eliminar barreiras alfandegárias. Uma internet filtrada já funciona.

Na Geórgia, em compensação, onde os russos são detestados, a web é nutrida por outras influências e tenta resistir à invasão de Moscou e a suas censuras digitais. Paradoxalmente, o inglês pode ser uma alternativa para evitar a perda de identidade. No Turcomenistão, no Uzbequistão, no Tajiquistão, no Azerbaijão e na Armênia, por outro lado, a Rússia é um modelo a ser seguido, entre outros. Nesses países, a proximidade com a Turquia e o Irã pode desempenhar um papel; em alguns, o islã entra com outras influências; no Turcomenistão, sob o domínio do ditador Berdimuhamedow, prevalece um modelo de censura pura e simples, à chinesa. O "mundo cirílico" está, portanto, longe de se mostrar unido na internet, através de um único alfabeto. Na Ásia central se assiste inclusive a uma guerra de influência entre a Rússia, o Irã e a Turquia, e quando nos aproximamos da Mongólia, o jogo se abre para a China, que também participa dessa batalha regional. Em Istambul e Teerã, em Moscou e Beijing, os atores do digital descreveram para mim suas estratégias de conquista, uma batalha pelo soft power que se estende às séries de televisão, à música, às redes de informação, e já agora se concentra especialmente na internet.

Foi o que entendeu a Yandex.ru, que hoje tenta se implantar fora de sua zona linguística natural, especialmente na Turquia. Com sucesso apenas relativo. Em visita ao andar turco da Yandex em Moscou, surpreendo-me ao ver um retrato de Ataturk e uma bandeira da Turquia, como se estivesse em Ancara. "Escolhemos um mercado nos confins da Europa, um país onde a Google domina, mas no qual ainda não existe outro concorrente sério. Para nós, é mais fácil entender sua língua que muitas outras. Mas é claro que na Turquia a Yandex optou por ser completamente turca. A tecnologia é global, mas os sites são locais. Não pretendemos ser globais, como a Google; queremos ser locais na Rússia, locais na Turquia, locais em qualquer lugar. Queremos ser translocais", analisa Elena Kolmanovskaya. Mas ela não comenta o evidente interesse estratégico da Rússia, em termos de soft power, em se implantar na Turquia, um grande mercado asiático.

Nessa altura de nossa conversa, quando já se levanta para encerrá-la, Kolmanovskaya volta a se sentar bruscamente, pois quer me contar uma anedota. Lembra-se de uma conferência europeia em Paris, "de alto nível", na qual "todo mundo falava das aplicações do Facebook e das ferramentas de promoção no Twitter", o que visivelmente a deixou irritada. "Aqui na Rússia a gente não pensa a internet dessa maneira. Não tomamos como exemplo as redes sociais americanas, tentando nos posicionar em relação a elas. Queremos criar o nosso Facebook e o nosso Twitter. E por sinal, foi o que fizemos."

.quebec

Os FRANCÓFONOS NÃO SÃO DIFERENTES dos russófonos ou dos hispanófonos: também querem que seus sites estejam em sua própria língua, ou seja, em francês. É pelo menos o que não se cansa de repetir o escritor

Jean-François Lisée em nosso encontro, em Montreal. Ele assina um blogue diário no qual defende a língua francesa e mostra sua preocupação com a ascensão do inglês da internet.

Somos convidados para participar de um debate — em francês — num dos principais programas da Rádio Canadá, em Montreal, e quando pontuo, em tom de simples constatação, é verdade que triste, mas ainda assim uma constatação, que uma das forças do inglês é parecer cool aos jovens franceses, seu sangue ferve! Ele se lança num violento ataque contra a americanização da cultura e a dominação do inglês na internet. Por provocação, acrescento que "falar inglês com forte sotaque francês, italiano ou espanhol é de certa maneira ser europeu", o que serve apenas para triplicar sua indignação! Mas ele entende que estou brincando, pois fala inglês sem sotaque, ao contrário de mim.

Passamos em revista a situação da francofonia desde o Marrocos até a Romênia, passando pela Argentina e o Maine, nos Estados Unidos, terras ainda ontem de fala francesa nas quais o francês hoje recua. Fora do estúdio, quando já deixamos a Rádio Canadá e ele parou de se expressar como um porta-voz, observo que no Líbano, por exemplo, terra tradicionalmente francófona, as rádios e os sites voltados para um público jovem não são mais em árabe ou em francês, mas 100% em inglês: a NRJ Lebanon e seu site nrjlebanon.com nem têm mais uma versão árabe! Para encontrar um site na língua de Molière, é preciso se contentar com o da Radio Nostalgie (nostalgie.com.lb), inteiramente em francês — nem em árabe, nem em inglês. Jean-François Lisée sente o golpe, e percebo que está sinceramente triste. Naturalmente, ele tem consciência dessa evolução em escala mundial, mas não pretende cruzar os braços, e inclusive redobra sua energia. Quer lutar. E embora me parecesse responsabilizar a internet por essa americanização do mundo quando estava no ar, diz-me agora que "a web representa uma segunda chance para o francês, e é preciso aproveitá-la". (Depois do nosso encontro, Lisée entrou para o governo do Quebec como ministro de Relações Internacionais, da Francofonia e do Comércio Exterior.)

Em Montreal, a fronteira linguística que divide sub-repticiamente a cidade é acompanhada de uma fronteira digital. No Canadá, as pessoas gostam da web, e a maioria dos cafés, restaurantes e muitas lojas exibe o nome de seu site na vitrine. O wi-fi é gratuito em quase todo lugar. Mas enquanto os sites de comerciantes ainda eram terminados em ".qc. ca" a leste, verifico que a partir do momento em que atravessamos o boulevard Saint-Laurent, na direção oeste, eles terminam em sua maioria em ".ca". De um lado da famosa avenida, verdadeira linha de separação implícita entre francófonos e anglófonos, as pessoas se orgulham de ser quebequenses, enquanto do outro lado se identificam com o Canadá e falam inglês. "O 'qc" é uma identidade", comenta Jean-François Lisée.

Diante da dominação da língua de Shakespeare — e de Leonard Cohen — na internet, os francófonos se organizaram. Tratava-se ao mesmo tempo de reforçar a oferta de conteúdos digitais em francês e lutar por símbolos. Entre eles, o nome de domínio de primeiro nível tem toda a sua importância. Os quebequenses se mobilizaram, assim, pela criação de domínios em ".qc", e não apenas em ".qc.ca", pois lamentam que o ".qc" não possa viver sem o ".ca"!

Mas não é essa a opinião do organismo incumbido dos nomes de domínio no Canadá, a Canadian Internet Registration Authority (CIRA, ou, em francês, ACEI). Essa agência sem fins lucrativos transformou o ".ca" em sua prioridade, e defende no seu site — em francês — o fato de ser essa "a única extensão de nome de domínio exclusivamente reservada aos canadenses", "fazendo as vezes de estandarte canadense". Os quebequenses agradecem. Mas a CIRA foi mais longe, proibindo desde 2010 as duplas extensões que tinham sido autorizadas para cada província. Motivo invocado: a simplificação e uma melhor remissão dos buscadores. Assim, não é mais possível criar um site, por exemplo, com um ".qc.ca" (Quebec), nem um ".on.ca" (Ontário). Esse detalhe não escapou ao Parlamento do Quebec, que se rebelou contra essa decisão unilateral, por enquanto sem sucesso.

A batalha prossegue, sobretudo sabendo-se que o anúncio da abertura de novas extensões genéricas para nomes próprios ou nomes de cidades não escapou ao governo quebequense. Até 2013, com efeito, havia apenas

22 extensões genéricas de primeiro nível (".com", ".edu", ".org"), além das 240 extensões nacionais (".uk", ".de", ".it"). Mas a associação americana que administra os nomes de domínio, a ICANN, lançou em meados da década de 2000 uma vasta consulta que conduziu a uma licitação para criar cerca de mil novas extensões. Como a Google terá o seu ".google", a música, o seu ".music", os parisienses, o seu ".paris" e os hotéis, o seu ".hotel", os quebequenses naturalmente quiseram registrar o domínio exclusivo ".quebec". Uma maneira hábil, mas não necessariamente muito discreta, de passar ao largo da decisão canadense de autorizar apenas o ".ca".

"Não estamos mais lutando pelo '.qc', nem mesmo pelo '.qc.ca', pois agora queremos o '.quebec' inteiro!", frisa Jean-Philippe Cipriani, jornalista na Télé Québec e na Rádio Canadá, conversando comigo em Montreal. Oficialmente, o governo não está na linha de frente. O pedido foi feito já em 2008 por uma associação muito naturalmente chamada PointQuebec (pointquebec.org), que pretende promover "uma nova identidade quebequense na rede". Mas seria preciso juntar os recursos necessários, da ordem de 185 mil dólares, para apresentar uma candidatura. A Assembleia Nacional do Quebec decidiu então apoiar o projeto, aprovando inicialmente uma resolução em seu favor, passando a fazer lobbying sobre a ICANN e finalmente concedendo um empréstimo de 2,4 milhões de dólares canadenses à associação PointQuebec.

"Um endereço próprio para o Quebec representa para o local a oportunidade de exibir sua identidade na internet. No plano cultural e turístico, esse endereço contribuirá para a irradiação do Quebec na rede. Assim, será mais fácil para os internautas quebequenses distinguir as empresas quebequenses das companhias francesas nos resultados dos buscadores", frisou o ministério num comunicado. Mas os puristas não ficaram totalmente satisfeitos. Esse novo nome de domínio genérico seria escrito no "ordiphone" (smartphone, em quebequense) como ".quebec" ou com um "é" acentuado, como ".québec"? Escolher a primeira opção seria trair o francês; escolher a segunda seria marginalizar os quebequenses não francófonos! Encerrou-se o debate decidindo que seriam solicitados à ICANN os dois nomes de domínio! E foi o que aconteceu.

Paralelamente, para acalmar as coisas, a CIRA faz atualmente um jogo de sedução para induzir os francófonos a adotar o ".ca". Chega inclusive a lhes oferecer, depois de ter impedido, que utilizem letras acentuadas, características do francês e ausentes do inglês, nos nomes de domínio terminando em ".ca": "é", "è", "û", "à", "ç", "ë" e até "œ". A CIRA dispôs-se inclusive a fazer a promoção desse avanço no seu site: "O acento muda tudo. Acentue sua empresa com um '.ca' em francês autêntico." Na verdade, o número de sites que solicitavam inscrição com domínio ".qc.ca" era muito pequeno antes da proibição, frisam os especialistas. Muitos quebequenses que resistiam ao ".ca" optaram há muito tempo pelo ".com", o ".net" e mesmo o ".fr". Será que adotarão o ".quebec"? That is the question.

Resta saber de que maneira os buscadores e outros fornecedores de acesso à internet se comportarão diante desses caracteres acentuados. A CIRA parece ter encontrado a solução, de acordo com as regras internacionais: todas as versões de um nome de domínio em ".ca" que sejam registradas com diferentes caracteres franceses serão automaticamente agrupadas num lot administrativo único. Não será possível, assim, comprá-las separadamente. Desse modo, quem adquirir os direitos, por exemplo, do nome de domínio "cira.ca" será o único com direito a registrar também todas as variantes, como "cirà.ca", "çira.ca", "cîra.ca" etc. No caso dos buscadores internacionais, haverá apenas um "cira", sem acento. Mas qualquer pessoa poderá escrever o endereço do site como quiser na sua URL e promovê-lo como desejar. Como dizem os belgas, com humor, "isso não vai nos devolver o Congo" — nome de um programa famoso da radio televisão belga —, mas de qualquer maneira mantém vivo o combate pela francofonia.

Por trás dessas batalhas, aparentemente inofensivas, é possível perceber a importância que a internet tem agora na identidade de um país, de uma região ou de uma comunidade, e o caráter central da língua. O que no fim das contas é uma boa notícia: as línguas estão bem vivas na internet.

O ADVENTO DOS ACENTOS NOS NOMES DE DOMÍNIO e nos endereços de e-mail é uma briga que se espalha hoje pelo mundo. Pois não se trata apenas das letras latinas acentuadas, que a internet de dominação anglo-saxônica pretendia privar de existência digital. Trata-se também do "ñ" espanhol, do til, da cedilha, do trema e ainda, é claro, dos alfabetos russo, árabe, hebraico, dos caracteres chineses, dos kanjis e hiraganas japoneses. Essa batalha está em andamento. Wikipédia, Google e Facebook — a rede social de um bilhão de membros existe em setenta línguas — deram o exemplo. Oferecem seus sites em muitas línguas, e cabe pensar que é esse um dos motivos do seu sucesso.

Por que se teve de esperar tanto para que a internet começasse a falar línguas estrangeiras? À parte a boa vontade das autoridades internacionais de regulação sob influência americana — é basicamente uma agência californiana, a ICANN, que administra essas questões —, a generalização das línguas na internet encontra reais dificuldades técnicas. Por exemplo, foi necessário esperar uma nova geração de navegadores capazes de ler os caracteres acentuados nos nomes de domínio (Internet Explorer a partir da versão 7.0, Firefox desde a versão 2.0, Safari desde a versão 1.2 etc.). Os futuros aperfeiçoamentos da internet deverão resolver em parte essas limitações. "Tecnicamente, é complexo, uma questão de protocolo internacional, mas estamos trabalhando nisso. Por enquanto, é possível ter letras acentuadas ou caracteres especiais na parte esquerda do nome de domínio, mas não se pode mexer no domínio de primeiro nível", comenta Jamie Hedlund, assessor especial do presidente da ICANN, entrevistado em Washington (o chamado nome de domínio de primeiro nível é o que fica à direita do ".", também conhecido como top-level domain ou TLD). Grosso modo, será possível escrever, em francês, "école.edu", e não "école.édu". Mas já existem exceções para os nomes de domínio de primeiro nível quando se referem a países.

No caso do alfabeto árabe, as coisas se complicam ainda mais. É preciso não só criar as letras como permitir sua leitura da direita para a esquerda. Mas o Egito foi um dos primeiros países a obter um nome de domínio nacional: "مصر.." (literalmente, "Egito", escrito da direita para a esquerda). Desde 2012, a Argélia também tem o seu nome de domínio, que não é mais apenas “.dz”, como anteriormente, mas “الجزائر.”. Esses novos nomes de domínio localizam fortemente a internet.

No caso do chinês, a tarefa é dificultada por outro motivo: o grande número de caracteres. Para não falar dos problemas políticos quanto à oportunidade de usar o pinyin (a transcrição fonética do chinês em caracteres latinos), privilegiar os ideogramas simplificados (China continental) ou os complexos tradicionais (Taiwan, Cingapura, Macau e Hong Kong, usando-se nos dois últimos casos, na esfera oral, a língua cantonesa no lugar do mandarim). “Na década de 1990, quando a revolução digital começou, tínhamos medo de precisar latinizar os caracteres chineses para poder navegar na web. Mas rapidamente conseguimos resolver o problema. Desenvolvemos um programa intuitivo que permite uma rápida utilização dos caracteres chineses, e esse programa é usado hoje por 800 milhões de pessoas”, explica-me, em Beijing, Zihui Wang, a porta-voz do Sohu, importante portal e buscador chinês.

À parte as dificuldades, que não são insuperáveis, esse combate pareceu essencial a muitos atores da internet no que dizia respeito a sua identidade, sua cultura e, naturalmente, sua língua. Durante esta investigação, pude constatar in loco, nos cibercafés chineses, russos, sul-coreanos, africanos, iranianos ou árabes, como era difícil para uma pessoa que não lê o alfabeto latino acessar um endereço na web. Pequenos programas foram desenvolvidos há vários anos para permitir que os clientes desses cafés com internet usassem os caracteres em sua própria língua, automaticamente transformados em endereços da web, mas essa era uma solução limitada, requerendo um aperfeiçoamento de maior alcance. O slogan do Quillpad, um conversor automático do hindi que pude ver em funcionamento em Nova Délhi, continua sendo, simplesmente, “Porque o inglês não basta”.

Hoje, o processo de internacionalização da web está em andamento, e todo ano são validados novos nomes de domínio em caracteres não latinos. “A questão dos URL em caracteres não latinos está sendo resolvida”, confirma, em Genebra, Hamadoun Touré, secretário-geral da UIT, a agência das Nações Unidas encarregada das telecomunicações. Com o tempo, a internet deverá falar todas as línguas, e os URL estarão disponíveis nos principais alfabetos.

"To Gengo"

No Vale do Silício, essa revolução está sendo antecipada. Os gurus da internet e os gigantes da net acharam durante muito tempo que poderiam continuar difundindo seus conteúdos americanizados e desmaterializados para o mundo inteiro. Mas agora já sabem que o digital não funciona assim. Precisam levar em conta a diversidade das culturas e, antes de mais nada, das línguas. Precisam se adaptar aos contextos locais.

A alguns blocks da sede da Google em Mountain View, no coração do Vale do Silício, a Khan Academy dispõe de esplêndidas instalações em open space. Os escritórios são alugados da Google? É o que me garantem. Seja como for, o YouTube (que pertence à Google) não pode deixar de comemorar o êxito dessa iniciativa sem fins lucrativos que gera em sua plataforma milhões de visualizações por mês. "A Google nos financia, seu diretor-presidente é membro do nosso conselho de administração, e a Google também nos hospeda, e nós difundimos nossos vídeos exclusivamente pelo YouTube", reconhece Minli Virdone, diretora de conteúdos e estratégia da Khan Academy. Numa tela, na entrada da sede dessa "academia" muito especial, observo o número de exercícios efetuados e de "microleituras" consultadas: quase cinco milhões. O número aumenta a cada segundo. E o contador volta para o zero toda manhã.

Salman Khan, um americano de Nova Orleans, cujo pai nasceu em Bangladesh, e a mãe, na Índia, com vários diplomas universitários pelo MIT e a Harvard Business School, lançou a Khan Academy para dar a todas as crianças do mundo acesso a uma escola. Concebeu um programa de curtos vídeos didáticos e gratuitos no YouTube — mais de 4.500 já são oferecidos com livre acesso. Eles permitem resolver um problema de álgebra, entender as frações ou aprender o teorema de Pitágoras. O programa pedagógico é completado por exercícios práticos automatizados. "Militamos por uma educação gratuita, e temos apenas um objetivo: resolver problemas", explica Minli Virdone. Como tantas vezes acontece no Vale do Silício, ela usa a expressão milagrosa dos empreendedores digitais: problem solver. Enumerando as características do projeto, insiste: "A educação é um direito. Deve ser gratuita. Somos uma startup tecnológica sem fins lucrativos, não temos publicidade, nossos vídeos são em Creative Commons para serem compartilhados livremente, e não comercializamos os dados dos nossos alunos."

Charlotte Koeniger, porta-voz da Khan Academy, me acompanha numa visita às instalações. Cerca de cinquenta desenvolvedores e content managers convivem de bom humor, em clima de intensa dedicação ao trabalho. Alguns fizeram bolos, que se amontoam em uma grande mesa coletiva de cozinha: nessa noite, como costuma acontecer às quintas-feiras, está programada uma game party no escritório, uma tradição no Vale do Silício.

"Nosso sucesso vem da personalização. Cada aluno é diferente, e nossos vídeos devem ser adaptados a essa singularidade. Temos de levar o conteúdo certo no momento certo ao aluno certo. Conseguimos chegar a isso graças aos nossos algoritmos e porque nossos vídeos são acessíveis em mais de trinta línguas. Cada aluno tem acesso ao site por uma página inicial personalizada. E nós fazemos as recomendações que cabem no seu caso", congratula-se Minli Virdone, fazendo uma pausa e percorrendo com o olhar, num longo travelling à frente, o amplo open space que se descortina diante de nós. E acrescenta: "Graças à tecnologia, conseguimos nos dirigir a cada aluno pessoalmente. E a cada vez, são de fato conversas específicas." Em cada país onde se implanta, a Khan Academy faz uma parceria com uma instituição ou uma associação local, para adaptar seus conteúdos e traduzi-los.

Uma evolução semelhante está em andamento no setor em forte desenvolvimento dos MOOCS, os Massive Online Open Courses que constituem autênticas formações oferecidas on-line pelas universidades. Concebidas nos Estados Unidos, elas ainda são dominadas pelos quatro líderes americanos: EdX (consórcio sem fins lucrativos administrado por Harvard e MIT), Open Yale (lançado pela Universidade Yale), Coursera (uma centena de universidades por trás dessa empresa californiana com fins lucrativos) e Udacity (também for-profit, sediada em São Francisco).

Se os MOOCS ainda estão em busca de seu modelo econômico, o fato é que podem, com o tempo, remodelar completamente o sistema universitário. É pelo menos o que prevê Aron Rodrigue, professor de história em Stanford, que observa desse lugar privilegiado do Vale do Silício as mutações do ensino superior. Vestido descontraidamente, com um pulôver de gola em V, Rodrigue dirigiu durante muito tempo o departamento de História e depois o Humanities Center de Stanford, e constata, preocupado, o crescente isolamento desses campi das "letras" diante daqueles das "ciências", juntamente com o enorme interesse pelas tecnologias da educação: "Hoje, em Stanford, um professor não pode mais dispensar o Facebook. Ele se comunica com os alunos pelas redes sociais. E os MOOCS já contribuíram para a evolução do modelo, com a flipped classroom: o curso é dado on-line, pois de qualquer maneira os alunos não o seguem em sala de aula, onde passam o tempo todo nas redes sociais. Assim, vão consultar as aulas por iniciativa própria, na internet. Em compensação, o curso in real life será reservado aos debates e à troca. A única maneira de fazer com que eles prestem atenção a um ensinamento é o diálogo. Na Universidade Stanford, as aulas magistrais vão desaparecer."

Duas das principais plataformas de MOOCS, Coursera e Udacity, foram fundadas por ex-alunos de Stanford. Depois dos vídeos virais, estaria a internet prenunciando os cursos universitários virais? Talvez, mas, para as universidades, o modelo é problemático. "A quem pertence o curso que é posto on-line? Seria um curso ou uma conferência? É propriedade da universidade ou foi pronunciado? Pertence ao professor? Às plataformas que o divulgam? Os questionamentos são infinitos, especialmente quando os professores são contratados fora da instituição", preocupa-se Bruce Vincent, diretor tecnológico (CTO) de Stanford. Ele também me confirma que muito dinheiro está em jogo nas atuais negociações em torno do copyright dos MOOCS. Outro problema que não escapou aos administradores das universidades americanas: como continuar cobrando matrículas caras dos estudantes se todos os cursos são gratuitos on-line? Todo o ecossistema do ensino superior americano está em risco. "Os MOOCS também são um sintoma dos problemas da universidade americana e de seus custos exorbitantes para a maioria das famílias", frisa Chris Saden, que trabalha para a Udacity, uma das principais empresas especializadas na difusão dos MOOCS, em conversa comigo em São Francisco.

Os riscos são reais, mas as oportunidades também. Certos analistas acreditam que os MOOCS serão realmente decisivos na educação permanente e na formação contínua. Outros acham que eles permitirão aos Estados Unidos afirmar sua supremacia internacional no ensino superior, divulgando seus conteúdos em toda parte. "Com os MOOCS é que as universidades americanas realmente consolidarão sua liderança global", prevê William Miller, professor emérito em Stanford, entrevistado no Vale do Silício. O Departamento de Estado, por sinal, não se enganou: acaba de firmar um acordo com a Coursera para a difusão de centenas de MOOCS em cerca de quarenta países.

Mais uma vez, contudo, impõe-se aqui a questão da língua. "Os MOOCS só têm futuro se forem capazes de se adaptar aos alunos, a sua cultura e sua língua. A língua é o que fará a diferença", prognostica Ken Yamada.

É UM CAFÉ STARBUCKS como milhares de outros espalhados pelo mundo. Urbano e uniforme. O wi-fi é gratuito, como em qualquer lugar de São Francisco, o café, medíocre, e os comestíveis, abusivamente calóricos. E, no entanto, Ken Yamada gosta do lugar. Adora os lattes. E sorri ao ver os clientes se acotovelando em torno das tomadas para recarregar o celular. Nipo-americano, tendo crescido em Los Angeles e Cingapura, ele dirigiu o site da marca Gap em Tóquio. Hoje, é o porta-voz da Gengo (pronuncia-se Guain-go).

A startup foi fundada no Japão em 2008, mas atualmente tem seu principal escritório em San Mateo, Vale do Silício. Ken Yamada, que não gosta muito de perder tempo nos transportes, prefere marcar encontros nesse café Starbucks perto da Market Street, em São Francisco. "Sou o asiático com um casaco azul", avisou-me ele por SMS, para que pudesse reconhecê-lo. E com efeito o encontro. "Sinto-me bem aqui. Temos de estar em São Francisco se quisermos nos desenvolver na internet e existir em escala internacional. Mas o meu país é o Japão. Eu sinto falta do Japão." Yamada acaba de se casar com uma americana de Pittsburgh com quem teve um filho, que ainda pensa educar em Tóquio. "Eu falo japonês com ele em casa", acrescenta, como se quisesse se tranquilizar.

A especialidade da Gengo é justamente a tradução. Em vez de usar um algoritmo como o Google Translate, com resultados sempre variáveis, a startup oferece traduções on-line realizadas por um exército de semiprofissionais. Já são mais de dez mil os tradutores que colaboram mensalmente para o site, que se desenvolve a uma grande velocidade. "Um algoritmo não pode fazer uma boa tradução; só um ser humano é capaz disso. Nós então colocamos pessoas que precisam de tradução em contato com tradutores", explica Ken Yamada com simplicidade. O presidente da Google, Eric Schmidt, deu a entender que o problema das traduções seria aos poucos resolvido pelos algoritmos, mas a equipe da Gengo não concorda com o prognóstico. Como tampouco os venture capitalists do Vale do Silício: a startup acaba de reunir fundos de uma dezena de milhões de dólares.

Por enquanto disponível apenas em inglês, japonês e tailandês, a Gengo pretende multiplicar línguas para se desenvolver. "Para crescer, precisamos traduzir mais línguas. E é o que vamos fazer." Os tradutores são recrutados on-line, não sendo exigido nenhum diploma. Os candidatos fazem testes sumários e são avaliados pelos clientes em função da qualidade do serviço. Uma tradução de base custa seis centavos de euro por palavra (0,06 dólar), uma tradução comercial, doze centavos, e uma tradução revisada por um profissional, quinze centavos. "Nosso modelo consiste em tornar simples um problema complexo", acrescenta Yamada, também afeito às frases feitas habituais no Vale do Silício.

Em São Francisco, a Gengo é a hot startup do momento. Todo mundo comenta. A ideia de tradutores funcionando em rede é original, mas há outro motivo para esse persistente buzz: trata-se de um modelo econômico original. Sem que tivesse propriamente previsto — outra tendência no Vale do Silício, onde primeiro a startup é criada em torno de uma boa ideia, para só então sair em busca do seu business plan —, a Gengo de fato atende a uma crucial necessidade dos sites de e-commerce. Antes da chegada da Gengo, a Amazon, o Expedia, o TripAdvisor, as redes comerciais do YouTube e da japonesa Rakuten tinham grande dificuldade de traduzir os comunicados de seus produtos e os melhores comentários dos internautas. Agora, recorrem a seus serviços. Traduzir as mensagens publicitárias do Facebook ou do Twitter para aumentar seu potencial global pode ser a etapa seguinte.

Yamada quase terminou seu latte. O Starbucks já está vazio. Ele confere no smartphone a hora do seu próximo encontro. Seu tempo é contado. Ele se desculpa várias vezes, à japonesa. E ao se despedir diz, com um grande sorriso: "Sabe o que mais? Está até virando um verbo! As pessoas dizem: 'To gengo.' Aqui em São Francisco, já começam a usar 'gengo' no lugar da palavra 'traduzir'."

O mosaico digital europeu

É UM PRÉDIO perfeitamente insignificante, batizado de Parc Station. Mais banal, impossível. Fica situado num business parc em Diegem, subúrbio de Machelen, cidade flamenga ao norte de Bruxelas. Entre as autoestradas e o aeroporto internacional, é possível ver os prédios vizinhos da Cisco, da Microsoft, da Sanofi. Para entrar no Parc Station, são necessárias várias senhas, além dos crachás pendurados no pescoço, tomando o cuidado de não nos enganar de elevadores — que não atendem aos mesmos andares.

Na entrada dos escritórios da associação EURid, vejo um cartaz com a informação: .EU: Your European identity. Se a identidade europeia tem alguma coisa a ver com esse lugar sem alma, a Europa está em maus lençóis. "Aqui, nós administramos o '.eu', é a nossa função", diz Marc van Wesemael, presidente dessa associação sem fins lucrativos que gerencia os nomes de domínio europeus na internet.

Desde a sua criação em 2005, a EURid está subordinada à Comissão Europeia. Depois de uma licitação, ela recebeu uma concessão de dez anos, renováveis, para a atribuição dos endereços na web. "No início, o

'.eu' era limitado às empresas, marcas e aos governos. Nós simplesmente validávamos as solicitações. A partir de 2006, o acesso tornou-se livre para todos, inclusive particulares, desde que domiciliados na Europa", frisa Van Wesemael. Hoje, já são 3,7 milhões os nomes de domínio ".eu", o que ainda é pouco em comparação com o ".com" (110 milhões) e os nomes de domínio nacionais, como ".de" no caso da Alemanha e ".fr" no da França. Mas o pior é que esse número vem estagnando desde 2012. "Tínhamos um crescimento de aproximadamente 10 a 14% ao ano, e agora, caímos para 2 ou 3%. Não passa disso", reconhece Van Wesemael.

Pelo nome e o sotaque, meu anfitrião parece-me um flamengo francófono. "Não, eu sou belga de fala holandesa", corrige ele, num francês perfeito, e sorri. "Não me sinto flamengo. Politicamente, não sou favorável à divisão do país. Sou belga e me orgulho disso." Os colaboradores da EURid trabalham nas 23 línguas oficiais da União Europeia, e o site está disponível em todas elas.

O ".eu" seria um bom resumo da identidade europeia? Um sintoma de sua fragilidade? De sua visão econômica "liberal"? De qualquer maneira, o domínio ".eu" é considerado um "código de país", o que não deixa de ser um paradoxo. Pode ser atribuído a membros da União Europeia, mas, outro paradoxo, também à Noruega, à Islândia e não à Suíça. Mais significativo ainda: é majoritariamente adotado por empresas, em 65% dos casos, contra apenas 35% de indivíduos. "O '.eu' tem uma imagem de qualidade, uma imagem internacional. O '.com', comparativamente, não tem nenhuma identidade. Quem quiser sair do anonimato do '.com', quem quiser se destacar, pode optar pelo '.eu' para ultrapassar as fronteiras, ao mesmo tempo privilegiando uma identidade europeia. Mas é verdade que a Europa ainda é jovem", reconhece Van Wesemael. Seus argumentos são fortes e sua paixão pela Europa parece sincera, mas o domínio ".eu" ainda não convenceu os europeus. Ele talvez permita "ultrapassar as fronteiras", mas não parece encarnar muito um território. De tal maneira que os alemães em geral preferem o ".de" (quinze milhões de nomes de domínio registrados), os ingleses, o ".uk" (dez milhões), os holandeses, o ".nl" (cinco milhões), enquanto os franceses e os italianos igualmente privilegiam o ".fr" e o ".it" (2,6 milhões cada). Isso significa que os europeus se identificam antes de mais nada com o país onde vivem, para só então se definirem como europeus? É possível. E se os alemães estão à frente em matéria de adoção do ".eu", seguidos pelos ingleses, já os franceses, os espanhóis e os italianos resistem, ficando para trás. Para todos eles, trata-se muitas vezes de um endereço complementar que é comprado para proteger uma marca e redirecionar para um endereço principal, e raramente para usar e divulgar por si mesmo. Mais inquietante ainda é que a fragilidade do ".eu" também reflete a escassez de "conversas" europeias.

ATRAVÉS DO DESINTERESSE RELATIVO PELO DOMÍNIO ".EU", vêm à tona todos os males da Europa: uma bela ideia que tem dificuldade de se concretizar; um território que não é unido por uma língua, nem sequer por uma cultura comum; as consideráveis diferenças entre o Norte e o Sul, entre a Europa ocidental e a oriental; a cultura americana, com sua tendência a se tornar a cultura comum dos europeus. Além disso, a Europa ainda não soube construir uma política digital comum eficaz. Ela de fato tentou regular a transferência de dados e proteger a vida privada de seus habitantes, o que no entanto ainda fica em grande medida na esfera ineficiente e limitada a uma declaração de intenção. Também apressou as investigações contra os abusos de posição dominante da Microsoft (com sucesso), da Google e da Apple (em curso). A Europa quer agora regular a cloud e acabar com as taxas de roaming no terreno da telefonia móvel no território, o que já não era sem tempo.

No terreno das telecomunicações, a Europa deixou de inovar, e suas previsões de crescimento são fracas; no setor dos buscadores, o Google domina 86% do mercado nos 28 países integrantes; quanto aos grandes sites, se às vezes continuam na esfera europeia, o fato é que alguns passaram ao controle americano (Meetic, Skype, Nokia), russo (Deezer, com 30%) ou japonês (PriceMinister, Alpha Direct Services, Supercell, Play.com ou o robô Nao da Aldebaran). O Francês Dailymotion, os Suecos Spotify e SoundCloud irão sobreviver? A resposta à pergunta — "o digital europeu poderia estar mais dividido?" — não deixa margem a dúvidas.

Em questão, instituições bloqueadas e uma vontade política inexistente. "O Parlamento europeu cada vez mais se parece com a ONU: avanço lento, pouco teor técnico, alcance genérico e dificuldade para formar maiorias. A Comissão cada vez mais se assemelha a Washington: juristas, poderes técnicos, contrapoderes, lobbies. E o Conselho é que decide, o que significa que a escolha cabe aos Estados-membros", resume Yvon Thiec, delegado geral da EuroCinema. Os resultados se fazem esperar. E para cada Viviane Reding ontem voluntarista, quantos comissários europeus prudentes, senão acomodados, a exemplo de Joaquín Almunia ou Karel de Gucht, apesar de incumbidos até 2014 da concorrência e do comércio? Evasão fiscal? As soluções são ponto morto e dependem mais concretamente do G20. A distorção da concorrência e manipulação dos resultados de busca? A Google ganhou tempo, enquanto as empresas europeias sofriam danos irremediáveis. Violação da vida privada? Normatização da transferência de dados para os Estados Unidos? A impotência é total. (Estima-se, no entanto, que os dados pessoais dos europeus representem um tesouro de 315 bilhões de dólares.)

No início de 2014, o Parlamento europeu finalmente votou, por ampla maioria, uma lei de proteção dos dados. Mas sua adoção e sua aplicação dependem da boa vontade da Comissão e do novo Parlamento. Os lobbies já entraram em cena; manifestam-se oposições. Os dados pertenceriam decididamente aos indivíduos, ou seriam bens públicos coletivos? Sua utilização pelos gigantes da net é legítima em virtude da gratuidade dos serviços oferecidos? E se, por um lado, ninguém contempla realmente a "relocalização" dos dados no nível de cada país, por outro, há quem pense que ela deve ser pelo menos contemplada no nível da Europa dos 28. "Em vez de relocalizar os dados na Europa, a boa estratégia é a criação de um novo cabo de fibra óptica submarino ligando diretamente o Brasil à Europa, sem passar pelos Estados Unidos. É mais 'clever' e mais 'sioux'", relativiza Ryan Heath, porta-voz de Neelie Kroes, a antiga comissária encarregada do digital.

José Manuel Barroso, então presidente da Comissão (por mim entrevistado em três ocasiões, entre 2012 e 2014, em Bruxelas, Varsóvia e Berlim), insistiu no "voluntarismo" da Comissão Europeia no sentido de "reforçar a identidade da Europa e imaginar a new narrative for Europe" (uma nova narrativa para a Europa). Para Barroso, a Europa não deve ter medo da globalização nem do digital, e, acrescenta, "precisa participar das trocas mundiais sem se fechar sobre si mesma nem descambar para formas de antiglobalização". Insistente, o presidente Barroso denuncia "o populismo, a xenofobia, esses velhos demônios que estavam adormecidos mas voltaram a aparecer"; ele milita por "uma ideia de abertura", contra "o chauvinismo europeu", e espera "derrubar muros e construir pontes". "Na Europa", responde-me ele, "temos a capacidade intelectual, a criatividade e o conhecimento para sermos líderes do setor tecnológico. Cabe, portanto, perguntar, já que dispomos dos talentos, muitos dos quais partem para os Estados Unidos, por que chegamos a essa situação. Por que não somos líderes no setor digital, embora sejamos em outros." E Barroso acrescenta, antes em forma de diagnóstico que de proposta: "Se a Europa perder sua vantagem tecnológica e sua capacidade de inovar, isto terá efeitos em todos os setores da economia, em todas as nossas indústrias, e não apenas no setor digital." Mas de que maneira a Europa pode lutar com armas iguais frente a gigantes americanos da net? Como assegurar regras equânimes, se os abusos de posição dominante dos americanos não são regulados? Mas como é que ela pode lutar com armas iguais frente a gigantes americanos da net?

Ouvindo o ex-presidente Barroso e seus comissários, tive a impressão de que, para eles, a própria expressão "regulação" tornara-se um palavrão.

Uma nova Comissão, presidida pelo luxemburguês Jean-Claude Juncker, foi empossada para um período de cinco anos (2014-2019). As questões digitais estão a cargo de três comissários europeus: o estoniano Andrus Ansip, vice-presidente encarregado do Mercado Digital Único; o alemão Günther Oettinger, comissário incumbido de Economia e Sociedade Digitais; e a dinamarquesa Margrethe Vestager, comissária encarregada da Concorrência. A prioridade, já anunciada pela Comissão anterior, consiste em criar um "mercado digital único" europeu, projeto abarcando dezesseis iniciativas fortes voltadas tanto para o apoio à economia digital quanto para a modernização do setor de telecomunicações e dos direitos autorais, ou ainda a proteção de dados pessoais e da vida privada dos cidadãos europeus na internet.

A harmonização fiscal também faz parte do projeto, embora seja paradoxal que ela venha a ser aplicada por Jean-Claude Juncker, ex-primeiro-ministro de Luxemburgo que não se cansava de promover, quando estava à frente de seu país — onde as taxas de TVA são baixas e os gigantes da net estabeleceram suas sedes —, exatamente o que hoje denuncia. Luxemburgo e Irlanda tornaram-se nos últimos anos as portas de entrada na Europa da cultura desregulada. Isto acaso poderia mudar? É uma anedota — e certamente um acaso —, mas a representação permanente da Irlanda em Bruxelas fica num prédio ao lado da sede europeia da Google...

Apple, Facebook, Google, Microsoft e Twitter se estabeleceram na Irlanda, onde o índice fiscal sobre os lucros é de apenas 12,5%, ao passo que Amazon e eBay optaram por Luxemburgo, onde o imposto sobre empresas é de 21,8% (contra 34,3% na França, por exemplo). Para evitar essa "otimização fiscal", uma primeira etapa foi vencida com a harmonização da TVA, em vigor desde janeiro de 2015, especialmente com sua aplicação nos países de destino das compras, e não mais onde os grupos de e-commerce têm sede social. Seria suficiente? Os progressos são lentos nesse terreno, pois é necessária a unanimidade dos 28 membros da União para alcançar qualquer acordo.

Por outro lado, a Comissão parece disposta a avançar na regulação da transferência de dados (sendo contemplado um projeto de regulamentação mais coercitivo) e na atualização do chamado acordo de Safe Harbor com os americanos, envolvendo a criação de um guichê único para as empresas obrigadas a respeitar a proteção de dados pessoais. Outro projeto-chave: o direito de esquecimento. Uma possibilidade de "descatalogação" foi validada depois da sentença judicial contra a Google na Espanha, a 13 de maio de 2014, embora se aplique apenas aos sufixos europeus, e não aos sites terminando em ".com" — prova de que o grau de proteção jurídica depende de certa maneira da territorialização na internet.

No que diz respeito aos direitos autorais, a Comissão exige uma "harmonização" que vem provocando calorado debate. Para os detratores, o que se pretende é privilegiar, insidiosamente, não o "direito autoral" à francesa, mas o modelo americano de copyright, sem "direito moral" do artista e com menos proteção para os criadores. "Se o objetivo é ajudar Spotify, Deezer ou Dailymotion, que se acabe com as vinte e oito licenças de direitos autorais diferentes que eles precisam negociar em cada país", relativiza Ryan Heath, entrevistado em Bruxelas. Mais globalmente, a Comissão quer promover uma ampla "modernização" das indústrias criativas, tendo como objetivo, a médio prazo, a limitação das cotas culturais nacionais, o fim da cobrança sobre aparelhos por "cópia privada" e a diminuição das subvenções ao cinema e outros "arcaísmos". "Maior harmonização não pode fazer mal algum; certas exceções culturais poderiam ser atualizadas", comenta, em Bruxelas, Lorena Boix Alonso, que dirige a Unidade de Convergência de Mídias e Conteúdos da Comissão Europeia. Isto acaso favorecerá a formação de "campeões" europeus das indústrias criativas e digitais? É o que se pretende, mas será que basta?

Por fim, é contra os abusos de posição dominante dos gigantes da net que a nova Comissão quer agir prioritariamente. Em sentido inverso das hesitações de seu antecessor, o espanhol Joaquín Almunia, que tentou negociar um acordo amistoso com a Google, a nova comissária encarregada da Concorrência, Margrethe Vestager, optou por uma abordagem diferente. A ex-ministra da Economia e do Interior da Dinamarca reabriu espetacularmente a investigação contra a Google, enviando-lhe um "comunicado de queixa" — vale dizer, apresentando nada menos que uma queixa formal! Objeto do litígio: o motor de busca favoreceria sistematicamente seus próprios produtos e parceiros nos resultados de busca. Se o delito fosse comprovado, a Google estaria sujeita a uma penalidade de seis bilhões de euros... Aquela que na Dinamarca é conhecida como "dama de ferro", com fama de não temer nada, entrou assim numa "queda de braço" com a Google. "Não temos nenhum ressentimento, não estamos em briga com a Google", comentou a sra. Vestager em entrevista à imprensa, acrescentando que "os consumidores [europeus] depositam sua confiança em nós, no sentido de que a concorrência seja justa e equânime". Esse gesto espetacular prenuncia outros: a Google pode ser interpelado por suas técnicas publicitárias anticoncorrenciais e os abusos de posição dominante do seu sistema Android para smartphones. A Amazon e a Apple podem vir em seguida, sendo visadas por outras infrações.

A influência dos lobbies dos gigantes americanos da net em Bruxelas explica em parte essa lentidão e essas tergiversações. Google, Apple, Facebook e Amazon contrataram a peso de ouro os melhores lobistas, muitas vezes ex-parlamentares europeus ou altos funcionários experimentados na tecnoestrutura de Bruxelas. Eles promovem hábeis campanhas de persuasão, prometendo incessantemente mundos e fundos, convidando para jantar e financiando indiretamente os atores de boa vontade, ou então promovendo a contestação política e, se necessário, a batalha jurídica com um exército de advogados contratados pelos maiores escritórios de negócios anglo-saxônicos. Várias associações de nomes aparentemente neutros, como a Industry Coalition for Data Protection, a European Digital Media Association e a DigitalEurope, são indiretamente financiadas pelos gigantes da net ou os fornecedores de equipamentos de telecomunicações. Todas sabem jogar habilmente com as vinte e oito diferentes políticas digitais de cada país, uma fragmentação europeia que lhes permite impor sua agenda e seus pontos de vista. "Nossos membros não gostam muito que seu business seja complicado", frisa Patrick Chazerand, do lobby DigitalEurope. E acrescenta, como um lema: "No taxation, No regulation." A Câmara Americana de Comércio também participa desse movimento de conjunto, que em caso de necessidade pode contar com o apoio do embaixador dos Estados Unidos em Bruxelas. Na entrevista que tive com ele, William Kennard confirmou laconicamente que estava ali para "explicar as posições americanas, de seu governo e de seus atores econômicos". O simples fato de Barack Obama ter nomeado como embaixador em Bruxelas Kennard, advogado e reconhecido especialista na internet e nas telecomunicações que também foi presidente da Federal Communications Commission, é um sinal que não deixa margem a dúvidas.

E, no entanto, a Europa não é um anão digital. Paradoxalmente, é inclusive um gigante na internet, dispondo de uma "massa crítica" decisiva, e que constitui, com vinte e oito países e 500 milhões de habitantes, a maior zona econômica do mundo — um mercado crucial para os americanos. Cabe assim levantar a hipótese de que, nos próximos anos, será intensificado o diálogo em matéria de regulação digital, estabelecendo-se necessariamente um eixo forte entre as agências americanas e europeias a respeito dessas questões. "Estamos nos informando, e não negociando. Mas já conversamos com os americanos o tempo todo, e mesmo diariamente", confirma em conversa comigo Joaquín Almunia, antigo comissário da concorrência. Sozinhos, os americanos não serão mais capazes de impor suas normas e "condições de utilização" digitais ao resto do mundo; negociando com a Europa, sua aliada inevitável, poderão conter as reivindicações de regulação dos países emergentes — a começar pelos chineses.

Certamente, já é tarde demais para criar um motor de busca generalista europeu, para fazer concorrência ao Google; mas nada está decidido ainda em matéria de buscas especializadas e nichos (os chamados motores de busca "verticais", para "topical sites"). A Europa também está na frente no vídeo, na música por streamig, nos aplicativos móveis, e bem preparada para a cloud. Sobretudo, é um ator de peso quando se trata de conteúdos, na televisão, na música, na edição, nos jogos de vídeo e, de maneira geral, nas mídias. Paralelamente, contudo, a Europa terá de construir sua própria autoridade de regulação digital. Aos poucos, vai-se afirmar uma internet europeia.

Os povos europeus não constituem um único povo; menos ainda na internet. "Unida na diversidade", segundo o lema oficial, a Europa está desunida em sua diversidade na web. E, no entanto, os europeus se sentem profundamente europeus, e se hoje estão decepcionados com o caminho tomado pela construção comunitária (por bons ou maus motivos), não precisariam de muito para voltar a se sonhar europeus. Poderia o digital ser uma resposta entre outras para o renascimento da Europa? É o que acredito. Mas será necessário construir esse setor digital pacientemente, para não ter de aceitar passivamente a transição digital. A construção de uma política digital voluntarista parece ser uma das prioridades da nova Comissão Europeia. Seja como for, creio que não haverá "renascimento europeu", para retomar a expressão cara a José Manuel Barroso, o ex-presidente, sem "e-renascimento".

Essa internet europeia, se vier finalmente a se concretizar, não será um "Airbus do digital", segundo a expressão da moda, que não quer dizer grande coisa. Estará claramente situada no campo "ocidental", à margem das tensões passageiras, mas também trará para a luz do dia sua fragmentação em internets no plural. A União Europeia talvez consiga falar com uma voz só, mas continuará sendo um agregado de várias networks: um mosaico de 28 territórios digitais amplamente distintos, ligados por um destino e talvez determinada ideia da Europa, mais do que por um improvável ".eu".

Epílogo

SOB A ÓTICA DO VALE DO SILÍCIO, o digital e o global parecem sinônimos. Para os gigantes americanos da web, as fronteiras são um conceito ultrapassado na era digital. O mundo que nos prometem não conhece mais limites. Está inteiramente aberto, conectado, fora do solo. As redes sociais multiplicam amigos virtuais, amigos que não conhecemos, e pouco importa se isso pode gerar novas vulnerabilidades para os indivíduos, configurando ameaças inéditas para a vida privada. Intuitivamente, os gurus da internet associam a web à imagem que fazem da América: liberdade, grandes espaços, velocidade, "fronteira" sempre alargada. Ouvindo-os, parece que preferem a primeira emenda da Constituição americana, a que se refere à liberdade de expressão, à quarta, que diz respeito à privacidade: antes a liberdade de expressão que a proteção da vida privada. "Os antigos obstáculos para as interações humanas, como a geografia, as línguas ou o acesso limitado à informação, estão desmoronando", prevê Eric Schmidt, presidente da Google. O futuro on-line, segundo ele, não será mais "limitado pelas leis terrestres", e passaremos a "dialogar cada vez mais com pessoas fora de nossas fronteiras". Já Mark Zuckerberg, fundador do Facebook, deu a entender que as redes sociais poderiam resolver o problema do terrorismo, que "resulta de uma falta de comunicação e 'connectedness'". Eis, portanto, a solução: seria necessário gerar mais oportunidades de conexão. Afinados, os dirigentes do Facebook e da Google, cujo modelo econômico repousa amplamente na coleta de dados pessoais, deram a entender que a proteção da vida privada poderia no fim das contas ser uma "anomalia".

Bem-vindos a um mundo sem limites, a essa World Wide Web, onde tudo se torna possível e equidistante, com sua internet sem fronteiras e suas tecnologias boundless. Anuncia-se o fim das distâncias, das línguas e até "o fim da geografia", exatamente como ainda ontem se gostava de prever "o fim da História". A globalização virtual é a promessa ilimitada da nossa época. Um processo que, a darmos crédito aos chefões do digital, separa os indivíduos de sua história, de sua cultura, de sua língua. Ela vem acompanhada da aceleração da informação; da vacuidade das regulações estatais que "inibem a inovação"; da homogeneização das culturas, que se tornam todas mainstream, tudo isto sob a bandeira norte-americana.

A Google sonha com um mundo em que todas as vidas seriam vividas na web. Os indivíduos seriam privados de suas raízes e de sua identidade, constantemente sem amarras — o que seria um progresso. A escola também seria revolucionada, e a maneira de criar os filhos, irremediavelmente transformada. A própria universidade deixaria seu campus e seus anfiteatros para se transferir para os MOOCS, cujos resultados pedagógicos, certificados nos CV e automaticamente postados no LinkedIn, seriam assim vendidos a empresas e head hunters. Os mais otimistas chegam a imaginar a generalização da liberdade da informação, o fim da censura, o desmoronamento das ditaduras e até a reconstrução dos Budas da Antiguidade destruídos pelos talibãs, graças a impressoras 3D (este exemplo é real, igualmente sugerido pelo fundador da Google).

Não compartilho dessa visão esquemática do futuro. Uma outra geopolítica da internet já se esboça. Este livro, baseado numa longa investigação de campo, mostra, pelo contrário, que a revolução digital que estamos vivendo não se traduz, não pelo menos principalmente, numa globalização a todo custo. Longe de um mundialismo sem fronteiras, ela não significa necessariamente homogeneização. Não é preciso temer a uniformização cultural e linguística. A revolução digital revela-se, pelo contrário, uma territorialização: a internet é um "território".

Ao usar a expressão "território", não me refiro necessariamente a um espaço geográfico delimitado, embora também possa ser o caso. Um território não é obrigatoriamente um território nacional, podendo assumir a forma de um espaço físico determinado, mas também de um espaço abstrato, o espaço de uma comunidade ou de uma língua. Essa "territorialização" não significa necessariamente, portanto, que a web se torna country-specific: o espectro de ação pode ser mais amplo ou mais acanhado que um país. A web é hoje muito local, muito regional e às vezes nacional ou panregional, chegando eventualmente a transcender a geografia. Muitas vezes está ligada a uma "comunidade", e sabemos que na língua americana essa expressão, community, remete ao mesmo tempo a um grupo étnico, a uma minoria sexual, uma religião ou até ao bairro e à cidade onde se mora. Às vezes, esse "território" assume uma forma linguística ou cultural; reflete então uma comunidade unida por interesses, afinidades ou gostos. As trocas podem basear-se numa contiguidade de fronteira, numa língua ou num alfabeto comuns (o cirílico), numa subcultura próxima (os otakus, as femen, os bears), um movimento solidário internacional (#BringBackOurGirl #JeSuisCharlie) ou ainda numa zona de influência pós-colonial persistente (a Commonwealth ou o antigo Império Otomano). No fim das contas, as "conversas" pela internet são quase sempre delimitadas por esses "territórios", raramente se revelando globais. A própria palavra "internet" deve passar a ser considerada um nome comum, perdendo aos poucos sua matriz americana e sua maiúscula. Poderá ser levada ao plural. O advento dessas "internets" é a primeira conclusão da minha investigação.

TODAS ESSAS INTERNETS SÃO DIFERENTES, e também são diferentes de muitas maneiras. Intuitivamente, vemos o digital como um fenômeno global que acelera a globalização. Este livro contraintuitivo mostra o contrário. Nesta pesquisa de campo, descobri que a internet se fragmentava em função das culturas, línguas e regiões. Mas se a internet não é mais global, tampouco pode ser considerada nacional ou mesmo necessariamente local. Ela se insere num "território" ou numa "comunidade" que é própria a cada um de nós, um universo que podemos até certo ponto modelar, moldar com nossas "preferências" e as identidades plurais que cada um de nós possui ou escolhe valorizar. A internet é geolocalizada. Sob muitos aspectos, ela pode devolver poder aos indivíduos, em vez de privá-los dele; pode permitir-lhes ser mais senhores de sua própria história. Ao se adaptar a suas singularidades e seu território, ela é própria de cada um.

Mais de um bilhão de pessoas estão no Facebook. Intuitivamente, caberia, portanto, concluir que estamos todos conectados uns aos outros, que nossos conteúdos são cada vez mais homogêneos e, naturalmente, que estamos em vias de uma americanização acelerada. Foi o que eu mesmo cheguei a pensar. Contudo, minha investigação contradiz essa visão. Todas as contas do Facebook são diferentes: nelas, cada indivíduo tem seus próprios amigos, conversa em sua língua, e nenhuma página do Facebook se parece com outra. O social graph, como se costuma chamar a rede de amigos, é sempre único. Raramente um estudante do sul da Itália ou do norte da Polônia tem entre seus "amigos" um contato nos Estados Unidos. A língua, a cultura e a distância geográfica tornam essas conversas pouco frequentes. Um dos mantras do Facebook, segundo um dos fundadores, Chris Hughes, sempre foi: Keep it real. Keep it local. É a prova de que na própria visão de seus artesãos, a rede social devia permanecer concreta e local; não era global. E foi essa, como no caso de Google, Wikipédia e Twitter, a razão profunda do seu sucesso. Acompanhando de perto a realidade das vidas humanas, a diversidade das línguas e, antes de mais nada, os territórios é que a internet foi capaz de se desenvolver de maneira exponencial em todo o mundo.

No Facebook, portanto, como na maioria das redes sociais, as conversas não são globais — e nunca serão. A própria expressão "mídias sociais" remete à dimensão social, que, para a maioria das pessoas, é uma dimensão de proximidade ou comunidade. Os conteúdos não viajam com facilidade na internet, ao contrário do que se pode pensar. A multidão não existe! No Twitter, no Tumblr, no Path ou no Instagram, redes sociais igualmente americanas, cada usuário personaliza sua conta escolhendo as pessoas que "segue" (limitadas a um círculo mais restrito de menos de cinquenta amigos íntimos, no caso de Path). Em função dessas assinaturas ou das hashtags consultadas — e tudo isso está ligado às línguas faladas, aos centros de interesse e ao país onde se habita —, cada qual gera o próprio fio de informação. No fim, todas as conversas são singulares. São mais definidas por suas diferenças do que pela uniformidade, embora a ferramenta seja a mesma para todos — e apesar de ser americana.

Ao contrário do que se pode pensar espontaneamente, portanto, o digital é essencialmente territorializado. A chave do sucesso na web, inclusive para os gigantes da net, resume-se numa fórmula famosa: location, location, location (a frase, originalmente usada pelos agentes imobiliários americanos, significa que, para vender um apartamento, a prioridade é a localização). E por sinal os aplicativos Plans, da Apple, e Google Maps, assim como os mapas interativos das linhas de metrô e dos horários de ônibus no mundo inteiro, estão entre os mais baixados nos smartphones. E o Google Maps serve antes de mais nada para encontrar o caminho no próprio país e, não raro, na cidade onde se vive; e muito mais raramente no exterior, no mínimo por causa do custo de acesso aos dados em 3G, muitas vezes exorbitante. Da mesma forma, os sites e aplicativos de informações sobre a meteorologia ou a hora são usados principalmente de maneira local. Até os sites de partilha de apartamentos ou automóveis, como Airbnb, RelayRides, Buzzcar, WhipCar ou, num modelo diferente, TripAdvisor, permitem aos indivíduos ou viajantes se conectarem a um território. Eles são globais e americanos, mas se tornam úteis localmente, conectados a um espaço preciso. Grande parte da "economia colaborativa" é localizada quando se trata de compartilhar uma bicicleta, um barco ou entregar um animal doméstico aos cuidados de alguém nas férias (DogVacay é uma espécie de Airbnb para cães). Já Nextdoor é uma rede social comunitária, uma espécie de Facebook de vizinhança que consiste simplesmente em pôr em contato pessoas que vivem no mesmo bairro.

Essa dimensão de proximidade é mais evidente ainda no caso dos telefones, os smartwatches, dos objetos conectados e da internet móvel. Quando se redige um SMS — e em média cada dono de celular nos Estados Unidos envia 678 por mês —, o alvo é na maior parte das vezes um amigo, um parente próximo ou pelo menos um contato bem-identificado. E essa troca ocorre quase sempre na língua materna. É o caso também das conversas por mensagens instantâneas, os chats, e, naturalmente, das trocas por Bluetooth, que, por definição, em vista de seu pouco alcance, são muito localizadas. Os aplicativos que permitem conversar ou enviar mensagens gratuitamente, como Skype, Viber, WhatsApp, iMessage (entre iPhones), Yik Yak (geolocalizado e anonimizado) e SnapChat (cujos conteúdos são automaticamente destruídos depois de alguns segundos), também dependem, apesar de sua globalização, das problemáticas de língua e cultura. Às vezes, a pessoa com a qual trocamos está num outro país, mas persiste um vínculo específico, que nada tem de globalizado. As conversas podem ser tecnicamente globais, mas continuam dependendo de vínculos particulares.

Na Índia, por exemplo, fiquei impressionado com a enorme quantidade de trocas com a América, fosse através de aplicativos de telefonia móvel gratuita ou pelas redes sociais. As estatísticas oficiais confirmam esse fenômeno, e por sinal a Índia é, depois dos Estados Unidos e do Brasil, o terceiro mercado do Facebook em número de usuários. Entretanto, aprofundando a observação, percebemos que os indianos que vivem no subcontinente se comunicam essencialmente com NRI americanos, os famosos Non-Resident Indians, que são mais de 2,6 milhões nos Estados Unidos. Eles se comunicam numa das 22 línguas oficiais, às vezes por dialeto — são centenas — ou, se necessário, em inglês, quando não têm uma língua indiana em comum. Mas continua sendo uma conversa entre indianos. A conversa por Skype, Viber ou Facebook entre a Índia e os Estados Unidos pode ser globalizada, mas envolve principalmente indianos de um lado e de outro, o que confirma seu caráter territorializado e comunitarizado.

Podemos inclusive ir mais longe. Constatamos na Índia, com efeito, que, longe de terem sido questionados pela globalização e as tecnologias, as tradições, os sistemas de castas, os casamentos arranjados ganham nova vida na internet e nas redes sociais. Assim, o site de encontros matrimoniais bharatmatrimony.com, que afirma permitir o casamento de 50.000 indianos todo mês, reproduz na web as categorias tradicionais da sociedade indiana, em vez de enfraquecê-las. Lá estão as castas e subcastas, as hierarquias e as classes sociais e talvez até certos preconceitos da sociedade indiana. Ele favorece, portanto, a endogamia. Outro site de encontros muito influente, shaadi.com, mostra o papel ativo que os pais continuam desempenhando nos processos de seleção do parceiro, mesmo quando esses encontros ocorrem, através da internet, entre indianos, um vivendo na Índia, e o outro, nos Estados Unidos. Já os aplicativos para smartphone voltados para matched horoscopes permitem prever os bons casamentos em função das constelações. O mesmo fenômeno pode ser observado com os sites voltados para a superstição, o espiritualismo, as orações virtuais (serviço oferecido por certas comunidades hinduístas aos seus fiéis, ou e-darshan) ou ainda as técnicas de Vastu Shastra, para escolher a melhor disposição das peças numa casa e assim favorecer a circulação dos bons espíritos e o afastamento dos maus (moonastro.com/vastu). São numerosos os sites desse tipo hospedados, e não raro criados, nos Estados Unidos por indianos expatriados. A utilização das ferramentas digitais globalizadas não exclui os diálogos internos nem a preservação das tradições.

A Índia não é o único país onde os casais passaram a se formar na internet. Em toda parte, todavia, esses encontros são territorializados. Os líderes do setor, como Match.com e PlentyOfFish (POF), são norte-americanos, mas oferecem seus serviços se adaptando às línguas e aos códigos amorosos locais. Os sites de on-line dating, como Jiayuan na China, OkCupid na Rússia, Meetic na Europa e Badoo nas comunidades latinas, não conseguem desenvolver-se muito fora de certas regiões, em virtude das especificidades sentimentais locais. No Japão, esses aplicativos muitas vezes estão ligados ao Facebook: MatchAlarm, Omiai e Pairs, por exemplo, diariamente recomendam às oito horas da manhã uma pessoa que combina com sua personalidade, a partir da sua rede de amigos no Facebook ou além desse círculo. Os critérios decisivos são sua cidade de nascimento e aquela onde você reside.

No mundo árabe, o Al Asira especializou-se em encontros halal e se declara de acordo com a charia (embora esteja hospedado — nunca se sabe! — em Amsterdã). Também aqui, os encontros são classificados por país. Em outros casos, o critério pode ser a religião, a raça ou a orientação sexual, mas esses nichos sistematicamente se inserem numa dimensão territorial. Assim, o JDate está voltado basicamente para encontros entre judeus, ao passo que Gaydar, Gay Romeo e Manjam são dedicados aos homossexuais. Nesses casos, entra-se no site por uma abordagem comunitária, mas imediatamente depois se escolhe seu país ou sua cidade, para se posicionar num território específico. O aplicativo americano Grindr, de sucesso mundial, é por sua vez hipergeolocalizado: permite encontrar gays que estejam a apenas centenas de metros do lugar onde a pessoa se encontra. O enraizamento local por excelência. (Parece divertido observar aqui que os chineses acabam de lançar um clone de Grindr, batizado de Blued: com 15 milhões de usuários, esse aplicatico gay, também geolocalizado, já tem inserção tão grande quanto seu modelo americano.)

Cabe supor que a internet dos objetos, por definição muito localizada, e a generalização dos smartphones reforçarão essa tendência. Em comparação com o início da internet, quando sua utilização dependia de um computador fixo, o telefone móvel ligado à web paradoxalmente decuplica as possibilidades de utilização local, os serviços de nicho e as especificidades linguísticas. Uma palavra resume bem o que está acontecendo: geolocalização. Com frequência cada vez maior, os serviços de um smartphone são geolocalizados, assim como as redes sociais que dele dependem, o que confirma a importância do "lugar". Quando chegamos a um café ou um restaurante, por exemplo, podemos registrar e transmitir a informação no Foursquare ou no Gowalla, aplicativos geolocalizados de smartphone: estamos fazendo um check-in, como na chegada a um hotel. Os dados podem estar hospedados na cloud, mas nós estamos com os pés bem na terra.

No township de Soweto, nos guetos norte-americanos, nas favelas da Índia ou da América Latina, pude constatar que uma das funções mais populares de um telefone móvel básico e o aplicativo mais baixado em smartphones é a lanterna. Ela permite que o usuário se desloque, enxergue em caso de falta de luz e se sinta seguro no escuro: por definição, Smart Torch, Lampe-Torche, iLumiere, iTorche, Flamme ou Flashlight — há mais de setecentas opções nas app stores — são usados onde a pessoa se encontra. Às vezes, como vi na Índia, essas funções são acrescidas de um sistema de alerta em casos de agressão ou tentativa de estupro. Na era do smartphone, a batida expressão "autoestradas da informação" não reflete mais a realidade: a internet é constituída de autoestradas, é verdade, mas agora também de estradas estaduais e regionais, de caminhos vicinais e ruelas escuras nas quais, para enxergar a alguns metros de distância e se sentir seguro, se utiliza um aplicativo globalizado.

Todo o setor do e-commerce e da publicidade on-line se orienta na mesma direção. Como muitas vezes ainda é necessário entregar produtos físicos no local onde se encontram os clientes, os sites de e-commerce que descrevi neste livro muitas vezes são nacionais, seja Alibaba (China), Rakuten (Japão), Flipkart (Índia) ou Ozon (Rússia). E por sinal todos eles funcionam de maneiras diferentes, inclusive com a possibilidade de que o pagamento, por exemplo, seja feito em dinheiro no ato da entrega. E mesmo quando são americanizados e globalizados, a exemplo da Amazon, esses sites precisam oferecer produtos adaptados ao mercado doméstico, escorar-se em entrepostos físicos e recrutar empregados localmente: na Alemanha, são comprados principalmente livros em alemão (em amazon.de), o que raramente acontece na amazon.it (na Itália). Esse fenômeno não foi desmentido com os conteúdos desmaterializados; pelo contrário. À medida que o e-commerce se desenvolver, podemos inclusive levantar a hipótese de que esse enraizamento territorial se intensificará.

Essa tendência fundamental é ainda mais visível no setor da publicidade e do marketing, que sempre foram profundamente localizados e assim continuarão na era digital. Para ficar com um exemplo famoso, podemos dizer que a internet está passando pela mesma evolução que a Coca-Cola: a marca foi durante muito tempo global e uniforme, até mudar completamente de abordagem no início da década de 1980, tornando-se local na produção, no marketing e na publicidade. Hoje, na internet, não existe um mercado publicitário global. Na Europa, por exemplo, toda estratégia deve ser construída de maneira diferente de um país a outro. Na América Latina, as campanhas publicitárias são tão variadas quanto as telenovelas; e no mundo árabe existem atualmente pelo menos cinco mercados publicitários maduros, o que obriga as redes de televisão pan-árabes como Al Jazeera e MBC a se regionalizar. E aquilo que se aplica às mídias e à televisão mainstream é ainda mais claro nos sites da web. A Google abre agências publicitárias em toda parte, e os contratos são assinados com anunciantes locais (por sinal, os organismos fiscais de vários países europeus puderam valer-se dessa base para infligir pesadas penalidades ao buscador americano, por sonegação fiscal). As agências podem ser globalizadas — AdSense, AdWords, MoPub etc. —, mas a publicidade não. O que impõe um problema de regulação, a cujo respeito voltarei a falar, mas não de uniformização dos conteúdos. Quanto à educação e à saúde, os dois principais setores que deverão resvalar para a internet nos próximos anos são necessariamente muito localizados.

Definitivamente, esta investigação demonstra que o tempo de uma internet padronizada e de uma globalização digital sem fronteiras ficou para trás. A internet territorializada vai se impor. A localização, a comunidade, a customização e a diferenciação das conversas representam o seu futuro. Ser smart é ser ao mesmo tempo digital e territorializado.

As internets emergentes

No verão de 2012, a revista americana *Newsweek* anunciava na capa: The Digital 100. A grande maioria da centena de heróis digitais retratados na edição era de americanos. E na categoria "visionários", 100% viviam nos Estados Unidos. Para a *Time*, o "Homem do Ano" de 2010 foi Mark Zuckerberg, o dono do Facebook. Jeff Bezos, da Amazon, Bill e Melinda Gates e os fundadores da Intel também tiveram direito à sua capa. As capas e primeiras páginas do *New York Times Magazine*, do *The Economist* e do *Financial Times* também remetem a essa leitura americanizada da informática e do digital. Ao darmos crédito à story contada — em inglês — pelos grandes jornais globalizados, a internet seria assim constituída por empresas, serviços, inovações e empresários essencialmente made in USA. Essa americanização da web é historicamente verdadeira, mas não será mais necessariamente no futuro.

Investigando na maioria dos países "emergentes", descobri a importância de suas internets. Os países "de alto índice de crescimento" não emergem apenas com sua economia globalizada e sua demografia, mas também com sua cultura (essa era a tese do meu livro *Mainstream*), seus valores (uma das conclusões de *Global Gay*), mas também sua internet (é a tese de *Smart*). Podemos ir mais longe: a médio prazo, não será mais o caso de pensar a web como uma rede ocidental, saturada de informações em inglês e de serviços americanizados, ligando principalmente países ricos. Se no início a internet era percebida em toda parte numa relação frontal entre us e US — nós e os Estados Unidos —, cada país contratando suas relações em ligação direta com Vale do Silício, a internet que está por vir será multipolar, descentralizada, multiplicada. Esse diálogo bilateral e por sinal desigual com os Estados Unidos vai se atenuar, embora uma singularidade americana da internet deva persistir. A nova geopolítica da web não será mais constituída por uma corrente dominante única, um mainstream pilotado pela América, mas por uma infinidade de pequenos streams, de fluxos e trocas entre todos os países — e, para começar, no seu próprio interior. Na verdade, verifica-se atualmente uma "explosão" digital dos países "emergentes", e essa dimensão para mim foi uma descoberta. Mas será que se pode então falar de um digital próprio dos BRICs?

A sigla BRIC (de Brasil, Rússia, Índia e China) foi empregada desde sua criação para designar os mercados "emergentes". Posteriormente, um "S" foi acrescentado, para integrar a África do Sul (South Africa), em parte por motivos políticos, e às vezes um segundo "I", de Indonésia (BRIICs). Mas o conceito tornou-se cada vez menos operacional, e a questão digital está prestes a torná-lo obsoleto. Para começo de conversa, ele associa situações pouco comparáveis: a internet sul-africana ainda é modesta, ao passo que a da China está madura, e, sobretudo, específica, como pudemos analisar longamente neste livro. O Brasil é agora um ator importante, com um PIB por habitante duas vezes superior ao da China e sete vezes superior ao da Índia: já se trata de um líder da web. A Rússia é um caso à parte, economicamente pouco comparável, em virtude do seu problema demográfico e suas exportações frágeis: são cada vez menores as razões para incluí-la nesse grupo, muito embora seu setor digital seja importante e tenda, sob certos aspectos de nacionalismo e censura, a se aproximar ao da China. Na realidade, os BRIICs não se assemelham; e se parecem ainda menos em sua dimensão digital.

Depois, o problema com a expressão BRIC ou mesmo BRIICs é ignorar outros países que hoje em dia são claramente emergentes digitais. Se nos limitarmos à internet, pude descobrir in loco cerca de quinze outros países cujo dinamismo digital me impressionou: o México, a Colômbia, a Turquia, o Qatar, os Emirados Árabes Unidos, a Arábia Saudita e até países nos quais nem sempre pensamos, como o Vietnã, a Tailândia, o Quênia, o Marrocos, a Argélia, o Irã e o Egito. Podemos acrescentar pelo menos três países que não visitei para esta investigação, mas que também parecem adiantados no terreno digital: o Chile, a Birmânia e a Nigéria. A recuperação tecnológica desses países é impressionante, ao mesmo tempo alimentando ganhos de produtividade e acompanhando a ascensão das classes médias. No setor digital, portanto, não podemos mais falar de BRIICs: é preciso observar paralelamente cerca de vinte países emergentes e considerar cada um deles em sua singularidade. Em vez de pensar a internet globalmente, é preciso vê-la através de todas essas dimensões nacionais específicas.

No fim das contas, a palavra "emergente", paternalista e condescendente, já não reflete muito a realidade na era digital. Houve quem propusesse no seu lugar a expressão "países de alto índice de crescimento", mas quando o crescimento dos "emergentes" diminui, aumentando a sua instabilidade financeira, como aconteceu em 2013, já não é mais tão fácil usá-la. Definitivamente, essas expressões são transitórias e não descrevem uma situação estabilizada. No digital, o essencial é ter em mente que cerca de vinte países "do Sul" estão se tornando atores de pleno direito que terão de ser levados em conta. Inovadores e poderosos, não "ocidentais", eles não devem ser subestimados. Podem até, em certa medida, avançar mais rapidamente que os países "desenvolvidos", pois não são tolhidos pela difícil transição do analógico ao digital. E podem ainda, em certos casos, pular etapas tecnológicas: não faz sentido construir uma rede de telefonia por fio quando se pode passar diretamente ao móvel; não faz sentido investir na internet fixa ou no computador individual quando se pode ter acesso aos mesmos serviços em mobilidade, com um tablet ou um smartphone; não faz sentido armazenar dados em servidores, quando teoricamente custa menos fazê-lo na cloud (embora se coloque assim o problema da soberania nacional, ao qual retornarei). Para países como o Brasil e o Quênia, as tecnologias permitem passar diretamente do século

XIX ao século XXI, pulando a etapa do século XX — a do telefone fixo, do computador individual, do modem e da ADSL, dos recursos analógicos de informação e mesmo da rede a cabo. Esses países queimam etapas e podem chegar em menos de cinco anos ao que os países ocidentais levaram décadas para construir. E nas conversas com os atores do digital em Dubai, Xangai, Bengalooru, Johannesburgo, Nairóbi ou São Paulo, percebemos que as relações de força econômicas e culturais estão sendo questionadas. Há uma total redistribuição de cartas.

Essa conclusão sobre os emergentes digitais não corresponde a uma leitura ideológica nem a uma visão idealizada da web: resulta da minha observação de campo. Como prova, basta interessar-se de perto por como eram sites a exemplo de Yandex (uma espécie de Google na Rússia), Mxit (equivalente de WhatsApp para os celulares na África do Sul), VKontakte na Rússia e Cloob no Irã (semelhantes ao Facebook), Maktoob (Yahoo no mundo árabe) e mesmo Orkut no Brasil (também uma espécie de Facebook). Para não falar dos chineses, que literalmente clonaram os sites americanos e hoje estão voando com asas próprias: Baidu (espécie de Google chinês, que deve tornar-se o segundo buscador mundial), Alibaba (comparável ao eBay), Tmall (Amazon), Weibo (Twitter), Renren (Facebook), Hudong e Baidu Baike (Wikipédia), Youku (YouTube), Alipay (PayPal), Weixin (WhatsApp) ou QQ (MSN). Na China, teme-se menos os "GAFA" que o monopólio e os abusos de posição dominante dos "BAT" (Baidu, Alibaba, Tencent).

Podemos inclusive arriscar aqui uma provocação: o Baidu e a internet "fechada" chinesa não prenunciariam o futuro da internet? Não se trata justamente de uma internet territorializada, mais que de uma intranet? No fundo, a internet já é uma soma de intranets que se comunicam entre si. E se esse modelo chinês funciona, não é tanto por causa da censura, encarnada na Great Firewall, mas porque acompanha muito de perto a realidade dos hábitos na China. A internet chinesa não é uma intranet, mas uma internet controlada, de ambições expansionistas e vocação hegemônica — e logo o Baidu chegará a Cuba. O simples fato de a China ter se tornado o maior país em termos de registros de patentes, à frente dos Estados Unidos — 526 mil contra 503 mil —, confirma o projeto de dominação global; que por sinal deve se traduzir numa melhor proteção jurídica da propriedade intelectual em território chinês.

Considerando-se as especificidades da língua, da cultura, a natureza de seu comércio, a maioria dos usuários, contudo, não tem grande necessidade de "sair" da China. Os blogueiros e dissidentes denunciam justificadamente essa situação, exigindo a possibilidade de se comunicar com o resto do mundo. Lamentam que o conceito de "neutralidade da net" não exista em Beijing. Mas a grande maioria dos chineses pode perfeitamente se virar dentro dessa fronteira digital artificial. Essa hipótese permite entender por que a internet chinesa, sistema "proprietário" fechada e hipercensurada, não para de se desenvolver.

Todas essas internets "emergentes", portanto, são diferentes entre si, mas também muito diversas internamente. Com base numa investigação em quinze países muçulmanos, relatei longamente neste livro o nascimento de um "islã digital". Diferente das outras, essa internet por sua vez nada tem de homogênea. A unicidade do islã não existe na vida real, e tampouco na web. As variantes religiosas são consideráveis entre xiitas e sunitas, e mesmo entre sunitas, por exemplo, no Egito. A web reflete essas diferenças e lhes permite desabrochar plenamente. A internet árabe é ao mesmo tempo um espaço de cruzada para o islamismo, um contexto de defesa de um islã moderado, um lugar de construção de uma web halal e um ambiente de paquera entre gays muçulmanos.

A internet mainstream

ESTA LEITURA DA INTERNET como fenômeno que não seria essencialmente globalizado, esta grade de análise que transforma as conversas digitais em espaços singulares territorializados seria intangível? A dimensão global da internet não existe? Esta conclusão global não teria exceções? É claro que não é assim.

É verdade, para começar, que a internet foi concebida tecnicamente sem fronteiras. Enquanto os números de telefone, por exemplo, dependiam de códigos de país, os computadores são identificados na internet por um endereço IP teoricamente não geográfico; o caminho tomado pelos conteúdos em seu "roteamento" tampouco segue rotas em função da geopolítica; quanto aos sites da web, eles podem ou não ter em seu endereço um código de país, sendo hospedados em qualquer lugar. A arquitetura da web, portanto, não é geográfica. Contudo, se a ideia teórica de que todo mundo se comunica com todo mundo é justa tecnicamente, nem por isso deixa de ser falsa do ponto de vista econômico e sociológico.

Mas existem conteúdos globais na internet. Cerca de dois bilhões de pessoas viram no YouTube o vídeo de Psy, Gangnam Style; também relatei neste livro o caso dos iranianos, palestinos fascinados pelos vídeos de Lady Gaga, dos que baixam maciçamente, e no modo peer to peer, o último da Madonna ou o próximo da Shakira — símbolos perfeitos de uma internet mainstream localizada. Milhões de pessoas utilizam o iTunes, adotam a Netflix ou usavam o site pirata de Kim Dotcom, Megaupload. Os fóruns anônimos, do tipo 4chan, são por natureza globalizados, assim como suas conversas, seja o caso de Anonymous ou de Lolcats, de conteúdos comunitários otakus ou pornográficos hardcore. Ativistas ou hackers como Julian Assange, o artesão do Wikileaks; o soldado americano Bradley Manning, que transmitiu esses telegramas confidenciais (e que, com o desejo de mudar de sexo, passou a se chamar Chelsea Manning); o especialista em informática Edward Snowden, que revelou a existência de programas secretos de espionagem maciça da National Security Agency (NSA); e os jornalistas americanos Glenn Greenwald e Laura Poitras, que tornaram públicos esses documentos — todos esses "emissores de alerta" de fato participam de uma internet global. E o que dizer dos milhões de pessoas que assistiram à cerimônia de posse de Barack Obama ou à homenagem a Michael Jackson, para não falar dos nove mil tuítes enviados por segundo em todo o mundo durante o famoso baby bump de Beyoncé? Afirmar que a internet não é global frente a esses exemplos e números que falam por si mesmos parece um tanto presunçoso. Pois toda tese tem suas antíteses e suas exceções que confirmam a regra.

O melhor contraexemplo das minhas conclusões é o video game. Setor extremamente globalizado, ele está, além do mais, passando por uma mutação sem precedente por causa da internet. Vimos longamente neste livro que os video games "locais" ou independentes têm dificuldade para encontrar seu público. Os estúdios podem ser europeus ou japoneses, mas seus conteúdos nem por isto deixam de ser mainstream e americanizados. O Japão, que foi um grande protagonista dos conteúdos, encontra dificuldade para preservar essa influência, e hoje a nipônica Sony produz principalmente jogos americanizados, como a francesa Ubisoft. Trata-se, portanto, de um setor muito pouco territorializado, no qual os conteúdos viajam bem nesta época de globalização digital: no video game, as fronteiras quase não existem. É a antítese perfeita deste livro.

Há outros exemplos digitais desterritorializados, como também vimos: a pesquisa científica e uma parte das trocas universitárias, inclusive, até certo ponto, os MOOCS e quiz educativos como os que são produzidos pela Khan Academy. Nesses casos, todavia, o sucesso do e-learning dependerá de uma territorialização maior e da difusão de conteúdos na língua local, com uma contextualização pedagógica mínima in loco.

Outro contraexemplo é o do entretenimento em geral, especialmente o cinema, que é extraordinariamente concentrado e americanizado. Eu já analisei o fenômeno em *Mainstream*, mas é evidente que na internet a oferta cinematográfica made in EUA é difundida maciçamente. Se na música é possível acreditar no modelo da segmentação por gêneros, numa divisão por nichos na edição e na televisão e na hibridação em geral na internet, essa fragmentação não será encontrada nos video games ou no cinema. Paradoxalmente, a internet reforçou o cinema mainstream, em vez de fragilizá-lo; e se os produtos de nicho se proliferam na web, os blockbusters continuam encontrando crescente sucesso, inclusive — o que é uma novidade — nos países emergentes. A web decuplica esse fenômeno. No que diz respeito ao cinema, o mundo digital, mais ainda que o mundo analógico, é hit-driven: o sucesso reforça o sucesso. Esses desdobramentos certamente não estão estabilizados, e os prognósticos a médio prazo são difíceis. Mas acredito que no setor do entretenimento de massa e do cinema em particular a internet e o mainstream se completam: participam de um mesmo movimento de eliminação de fronteiras e globalização de conteúdos que falam a todo mundo, em qualquer parte do mundo. E sobretudo confirmam a predominância dos Estados Unidos, que abrigam na Califórnia, justamente, ao mesmo tempo Hollywood e Vale do Silício, as máquinas de produzir entertainment mainstream e as startups da internet globalizada. É uma exceção fundamental à minha tese da territorialização da internet.

E, no entanto, essa tendência americana própria ao cinema e aos video games, ao contrário do que se pensa às vezes, não é encontrada nos setores da televisão, das mídias, da música nem do livro. Quase sempre, portanto, a internet escapa em sua globalidade a tal uniformização, embora tenda a confirmar a pregação do fundador do Medialab do MIT, Nicholas Negroponte, de uma convergência dos mundos do entretenimento, da informação e do digital.

Decididamente, parece-me que essa "internet global", que vai perdurar até certo ponto, terá tendência a diminuir à medida que os smartphones se generalizarem e o número de pessoas conectadas à internet aumentar — devendo-se passar de 2,5 bilhões de internautas hoje a cinco bilhões em 2020 e quase sete bilhões em 2025 (a quase totalidade da população mundial, segundo previsões da UIT e o prognóstico dos chefões da Microsoft e da Google). Quanto mais progredir a digital literacy, como se chama a capacidade de ter acesso ao digital e dominá-lo, mais a internet irá se territorializar. A célebre frase profética de Marshall McLuhan sobre o advento de uma "aldeia global" continua pertinente, mas desde que não seja encarada como um mundo inteiramente conectado ou como sinal de uma globalização uniformizada até a última aldeia, mas, pelo contrário, como a persistência do território num mundo conectado e globalizado.

E É ESSA AFINAL A TESE PRINCIPAL DESTE LIVRO. Não se trata de negar a existência de uma internet mainstream global, abarcando uma "camada" de conteúdos padronizados e fluxos globalizados: de fato existe uniformidade nesse nível. Mas eu mostrei nesta investigação que esses conteúdos muitas vezes são superficiais e quantitativamente limitados. Além dos fluxos americanizados, existem numerosos outros streams. O essencial dos conteúdos que consumimos, a cultura que amamos, as conversas que mantemos, os vídeos que vemos na internet falam a nossa língua — e são territorializados. Entramos num mundo que de fato está "conectado", mas cujos conteúdos são desconectados ou, digamos, não conectados (no sentido americano de "sem relação recíproca", como se estivessem desplugados). Com nossos amigos no Facebook, nossos seguidores no Twitter, nossos antigos colegas de colégio num site temático, através dos SMS que enviamos, das conversas que iniciamos, dos sites de informação ou de encontros que consultamos regularmente em nossa língua, mantemo-nos ligados à nossa bolha, ao nosso mundo, a nossa comunidade e ao nosso território. O essencial dessas trocas não é global, mas separado e desconectado.

Em outras palavras, podemos lançar a ideia de que, se não existem borders na internet, há pelo menos frontiers — para retomar a clássica distinção americana entre a fronteira política legal e o limite abstrato e simbólico. A primeira representa um limite físico concreto, com suas alfândegas, seus impostos, seus passaportes e sua border patrol; o segundo tem um sentido mais figurado, do "mito da Fronteira" que distingue o mundo civilizado do mundo selvagem à New Frontier de John F. Kennedy, que se abria para o espaço sideral. Em inglês, Médicos sem Fronteiras são conhecidos como doctors without borders, e não doctors without frontiers — o que não significaria nada. A internet, portanto, não tem borders, mas frontiers, limites simbólicos ao mesmo tempo fortes e móveis, exatamente como as línguas, as regiões, as culturas.

Acrescentemos aqui outra dimensão da internet, inerente à sua gênese no coração da contracultura californiana: a natureza comunitária da web. A internet pode dar lugar então a uma subjetividade que é o contrário da uniformização. Essa dinâmica talvez não seja mais localizada, mas ainda é "territorializada" no sentido figurado, por seu aspecto "identitário". Essa identidade reúne e congrega; pode ser fonte de enriquecimento. Permite sentir-se mais forte junto, comunicar-se com pessoas próximas, desencadear a solidariedade. É uma dimensão "gregária" muito importante, no sentido de que os indivíduos se reúnem em grupo para formar essa comunidade porque têm desejos, gostos, comportamentos semelhantes. A internet torna-se assim uma federação de identidades, culturas ou nichos. Cada um fabrica uma internet à sua própria imagem, na sua medida, eu quase diria "com seu molho".

Tanto mais que, na maior parte das vezes, um indivíduo não tem uma única identidade, ao contrário do que pensam os que se aferram por demais à própria comunidade e os islamistas radicais. A pluralidade de identidades, as "filiações concorrentes" — para falar como o Prêmio Nobel Amartya Sen — convivem bem na internet. Os indivíduos não são produto de uma identidade que se impõe a eles; eles também têm escolha. A religião pode ser um fator decisivo, a cultura também, mas todos nós temos muitas outras identidades: somos um homem ou uma mulher, temos determinada raça, esta ou aquela origem ou classe social, falamos uma língua, moramos nesta cidade e neste país, temos uma profissão ou outra etc. Todas essas identidades estão "em concorrência", e reduzir um indivíduo a uma única identidade significa "miniaturizá-lo".

Na internet, essas identidades múltiplas e plurais se desdobram. A web é por excelência o território de uma "diversidade diversa", e — para retomar uma ideia que já usei em *Mainstream* — permite valorizar esse valor ainda mais fundamental que a diversidade: "a diversidade da diversidade". Pois às vezes as identidades se traduzem em intolerância, quando então se impõe aos membros de um grupo um sentido único da filiação, da fidelidade e da lealdade. A internet pode decuplicar esse comunitarismo no que tem de mais criticável, reforçando essas identidades congeladas e o voltar-se sobre si mesmo. Mas também pode estimular o diálogo, a abertura, a descoberta, pois a web nada tem de congelada: ela é dinâmica.

Para concluir, parece-me que podemos afirmar que se a infraestrutura da internet é global e desterritorializada, os conteúdos e as conversas são principalmente desconectados e territorializados. Ou, em outras palavras: a internet é territorializada com interações globais.

A singularidade americana

Se existe um país onde a internet é mais territorializada que nos demais, trata-se, paradoxalmente, dos Estados Unidos. Mundo afora, muitas vezes se considera que o Vale do Silício e a internet americana são um modelo que muitos países tentam reproduzir. Ecossistema particular, nascido num contexto tecnológico e histórico próprio, o "modelo" é na verdade de difícil duplicação. A proliferação de smart cities em todo o mundo e as cópias chinesas ilustram a força desse modelo, e ao mesmo tempo sua enorme singularidade.

Como explicar o milagre digital americano? As hipóteses são conhecidas: as origens militares da internet; a articulação específica entre financiamentos públicos, privados e, sobretudo, non-profit; a força do mercado dos Estados Unidos; a preexistência de indústrias criativas poderosas, especialmente em Hollywood; a influência da contracultura californiana; a grande quantidade de smart creatives, como lá são chamados os artistas; a diversidade étnica e cultural do país; ou ainda a atração global de talentos, graças aos muitos vistos concedidos a engenheiros asiáticos, israelenses, hispânicos e europeus. Esse "milagre" foi construído aos poucos: para encontrar sua gênese, devemos remontar às décadas de 1950 e 1960, com o desenvolvimento dos "multicampus" californianos, o "GI Bill", os interstates de Eisenhower, a expansão do aeroporto de São Francisco para transformá-lo num hub voltado para a Ásia e os financiamentos científicos federais impulsionados por Kennedy depois do Sputnik russo. Esse ecossistema está enraizado no território californiano, e em suas linhas gerais não pode ser reproduzido em outros lugares.

Frente a essa dominação sem equivalente dos Estados Unidos no terreno digital, haveria espaço para atores não americanos? Um concorrente local do Facebook e do Twitter seria capaz de sobreviver? O Brasil (Orkut) e a França (Skyblog) tenderiam a provar que não; mas a China (Renren, Tencent, Weibo) demonstra o contrário. Um portal local tem algum futuro, no lugar de um Yahoo, por exemplo? UOL no Brasil, Sohu e Sina na China representam verdadeiros êxitos; mas os franceses

Wanadoo e Orange não conseguiram abrir caminho nesse terreno. Seria possível fazer concorrência ao Google, ao iTunes ou ao YouTube? A China, com Baidu e Youku, é uma ilustração disto; a Europa também, com sites como Spotify ou Deezer, embora as coisas se mostrem mais difíceis para o buscador Quaero ou para o site de vídeo Dailymotion. No fim das contas, atores emergentes estão provando que uma internet não americana é possível e que, a médio prazo, a internet será muito mais aberta à concorrência. Por fim, o copyright, a propriedade intelectual e o número de patentes digitais certamente estarão mais equilibrados entre os diferentes países nos próximos anos, do que já dão testemunho a China e a Índia.

Quais são então os critérios decisivos capazes de dar origem a uma capital digital? Quais as chaves para criar uma smart city, segundo o modelo do Vale do Silício? Dezenas de países se lançam atualmente nessa busca, apostando na criação de novas cidades digitais, seja no deserto (uma Silicon Savannah em Konza City, no Quênia) ou no extremo frio (Skolkovo na Rússia), seja transformando uma velha zona portuária em capital digital (Porto Digital no Brasil) ou reorientando as indústrias para os serviços digitais (Bengalooru na Índia). O modelo israelense representa um caminho original, próximo do modelo californiano, e foi capaz de dar origem a uma verdadeira startup nation.

Para todas essas smart cities espalhadas pelo mundo, a Califórnia ainda é o exemplo a ser imitado. O que se busca é recriar a interação criativa entre o mundo da pesquisa universitária, o empreendimento e as subvenções públicas; tenta-se atrair uma universidade para agir da mesma forma que Stanford e Berkeley; procura-se alcançar a superioridade técnica e, mais ainda, a superioridade da *inovação* técnica; começa-se a falar inglês, pois seria indispensável, sendo esta a língua por default da internet; privilegia-se o sol, ainda que seja necessário recriá-lo artificialmente com um microclima; e por fim se tenta até atrair cafés Starbucks! À parte os mitos, existe a realidade, difícil de capturar em sua complexidade.

As cidades que conseguiram se tornar capitais digitais mundo afora não adotam necessariamente o modelo do Vale do Silício, ao contrário do que se imagina. Claro que se inspiram nele, mas também sabem emancipar-se para se adaptar ao contexto local ou se nutrir de outros modelos. Quais seriam os bons critérios? São muitos, e se sobrepõem. Essas smart cities geralmente estão enraizadas numa história: situam-se em encruzilhadas comerciais ou em hubs industriais antigos — prova, mais uma vez, de que o território conta. Oferecem certa proteção financeira e jurídica (Hong Kong em vez de Beijing, Miami em vez de Caracas, Cingapura em vez de Ho Chi Minh). Uma boa proteção das patentes, do copyright e dos dados é uma condição igualmente indispensável. Mais decisivo ainda: levar em conta os riscos econômicos e as facilidades de financiamento, sábia dosagem entre "menos" Estado e "mais" Estado, com tudo que isso pressupõe em matéria de valorização dos business angels e dos venture capitalists, de flexibilidade das regulamentações do direito trabalhista, vantagens fiscais e condições necessárias para favorecer o investimento. Essas cidades-capitais muitas vezes requerem infraestruturas de bom nível em matéria de acesso à internet (fibra óptica, banda muito larga) e um ecossistema preexistente no que diz respeito às indústrias criativas e à mão de obra altamente qualificada. Com frequência constituem cabeças de ponte para o mercado publicitário e dispõem de agências de compra de espaços (também aqui temos os modelos de Dubai, Miami e Hong Kong). A liberdade de imprensa, a liberdade de expressão e a proteção dos blogueiros representam igualmente critérios favoráveis para o desenvolvimento de tal ecossistema, para atrair talentos e smart creatives e suscitar um buzz mundial.

Para se tornar uma smart city, a diversidade é um critério decisivo, no plano cultural, linguístico e étnico. Essas cidades digitais muitas vezes são capitais de imigração: oferecem facilidades de obtenção de visto para engenheiros, empreendedores e talentos criativos — segundo o modelo americano dos vistos temporários H-1B (o Canadá, a Austrália, o Reino Unido e o Chile, engajados nessa batalha mundial de talentos, também facilitam a obtenção de visto para investidores e engenheiros). A diversidade cultural e a defesa das minorias religiosas e raciais também são essenciais, assim como a valorização dos direitos das mulheres e a tolerância em relação aos homossexuais — e bem conhecemos a influência do bairro de Castro, em São Francisco, na mentalidade do Vale do Silício.

Os smart creatives, os desenvolvedores e os engenheiros trabalham melhor na liberdade que na coerção: liberdade de estilo de vida, liberdade política, liberdade de empreendimento. A expressão das transgressões, a valorização da contracultura e das vanguardas são fatores favoráveis. E podemos acrescentar: a descentralização, certo sense of place, um clima antiautoritário, a menor presença possível do Estado, a fluidez, a mentalidade startup e, portanto, o modelo bottom-up americano, que favorece o surgimento de projetos "na base", permitindo que se encaminhem aos poucos para o topo da sociedade — o inverso, em suma, dos modelos top-down, nos quais tudo é decidido "de cima para baixo", de maneira hierárquica, centralizada e autoritária.

Em torno do conjunto desses fatores, imbricados e misturados, é que devemos buscar os motivos do sucesso do Vale do Silício e o que determina a capacidade de uma cidade de se tornar uma capital digital. Mais que qualquer outra região do mundo, São Francisco e o Vale acumulam esses elementos disparatados, o que torna ainda mais difícil sua reprodução. Mas não existe apenas um exemplo, como confirmam os modelos do Porto Digital no Brasil (um velho porto ancestral transformando em novo porto digital), de Israel (o "povo armado" que se transforma em "startup nation") e de Bengalooru na Índia (um ecossistema militar-tecnológico se transformando em uma mistura de sociedades de prestação de serviços na cloud e de offshore-outsourcing). Mas o fato é que os limites rapidamente se manifestam nos países que querem a todo custo construir sua smart city e seu hub digital e ao mesmo tempo pretendem preservar um estrito controle dos indivíduos criativos, de seus modos de vida e de seus conteúdos — sem se dar conta da contradição. A fragilidade dos projetos de cidades digitais como Skolkovo na Rússia e Konza City no Quênia é palpável porque essas smart cities não estão enraizadas num território ou numa história: são produto de decisões centralizadas e autoritárias. Em vez de conceber smart cities criadas do zero, mais vale dar um jeito de tornar cidades existentes simplesmente smarter — mais inteligentes.

Por dificultar tanto a réplica, a matriz do Vale do Silício, inserida numa história longa e num espaço específico, confirma paradoxalmente uma verdadeira exceção americana, que também é — mais talvez que em qualquer outro caso — territorializada.

A balcanização da internet

Nem realmente globalizada nem de fato uniformizada, a internet depende muito, portanto, das culturas, das línguas, dos contextos nacionais. Todas as conversas são diferentes na web. Entretanto, para que essas características muito descentralizadas da internet possam desabrochar, é necessário que aqueles que asseguram seu funcionamento técnico não abusem de suas posições dominantes. Por isso é que são necessárias regulações, não tanto da internet, que deve permanecer "aberta", mas de seus atores. Não se trata de impor à web uma nova soberania nacional — o patriotismo econômico digital é uma ideia obsoleta. Mas apesar de tudo são necessárias regras, e, se possível, alguma forma de justiça digital.

Meus interlocutores, nos cinco continentes, consideram que a situação atual de uma internet regulada principalmente pelos americanos não se sustenta mais. Mas as regulações internacionais imaginadas no contexto das Nações Unidas, por exemplo, através da União Internacional das Telecomunicações (UIT), não parecem muito mais satisfatórias. O que fazer? Vários interlocutores acreditam que deveríamos contemplar a hipótese de regulações por círculos concêntricos, entregando, por exemplo, a gestão dos nomes nacionais de primeiro nível aos Estados: é o caso por exemplo do ".ca" do Canadá ou do ".br" do Brasil. Outros também pensam que Google, Facebook e Twitter serão obrigados a permitir maior margem de manobra a suas versões nacionais, mais regidas por leis locais (google.com.br, assim, seria antes administrado pelo escritório brasileiro da Google, obedecendo às leis nacionais). Da mesma forma, as condições de utilização — o famoso Notice & Consent cuja aceitação mediante um clique é imposta pelos gigantes da net — deveriam tornar-se mais nacionais. Outra necessidade é a harmonização do regime fiscal do digital e a possibilidade de taxar os sites de e-commerce e as redes sociais nos países onde tenham faturamento. Em território americano, a Suprema Corte dos Estados Unidos acaba de autorizar, em 2013, essa fiscalização no nível dos estados; não há motivo para que o resto do mundo não faça o mesmo. É uma prioridade e uma questão de justiça digital. E se existem duas realidades contraditórias na era digital — Estados com leis e empresas de internet com regras de utilização —, será necessário que essas leis e essas regras venham a se articular e se aproximar. De uma forma ou de outra, certa soberania virtual deverá surgir aos poucos em escala nacional, desde que não prejudique a inovação e a criatividade nem se traduza numa regulamentação mundial e burocratizada, ou estatal, da internet, sob os auspícios das Nações Unidas.

Se a UIT não pode ser um bom órgão para coordenar a arquitetura da internet, cabe conceber novos contextos para isso. A ICANN pode continuar sendo um ator legítimo, por exemplo, na questão dos nomes de domínio genéricos, se os Estados Unidos deixarem definitivamente de exercer tutela sobre ela e sua sede social deixar o território americano, transferindo-se, por exemplo, para a Suíça; a Organização Mundial do Comércio também poderia ser uma alternativa. Por fim, e essa poderia ser a solução mais pragmática numa primeira etapa, é possível que venha a se instaurar um diálogo sobre a questão entre os Estados Unidos e a União Europeia — sobre a justa concorrência, a proteção dos dados, a valorização da inovação e da criatividade, o fim dos monopólios e dos abusos de posição dominante —, e que aos poucos surjam desse equilíbrio novas regulações da internet. Os chamados princípios de Safe Harbor, sobre as transferências de dados, já representavam um espaço de diálogo entre americanos e europeus; mas está na hora de renegociar drasticamente esse contexto jurídico comum, questionado, senão ridicularizado por Edward Snowden, para que possa impor a rastreabilidade dos dados e especificar o local de hospedagem. Sob muitos aspectos, contudo, estou convencido de que as regulações da internet não serão adotadas contra os Estados Unidos, mas com eles. Acredito, para começar, numa regulação americana articulada a uma regulação europeia; será necessário então abri-la para os países emergentes e o resto do mundo.

Seja como for, não devemos esquecer que essas regulações também encarnam um soft power. Os Estados Unidos, através de numerosas regulações federais e estaduais de grande complexidade — sejam impulsionadas pela Casa Branca, pelo Departamento do Comércio, o da Justiça, enquadradas pelo Congresso, definidas pela Federal Communications Commission e a Federal Trade Commission ou geradas em decisões judiciais dos tribunais ou da Suprema Corte —, modelam atualmente a internet global. Com isso, considerando-se que essas agências visam antes de mais nada a regular a concorrência, estão estimulando também um forte protecionismo em favor das indústrias nascidas em seu território.

Não seria o caso de sentir saudade da época em que essas agências federais, com seu espírito rooseveltiano, combatiam eficazmente a concorrência desleal e os abusos de posição dominante? Hoje, os gigantes da net seguem suas tendências monopolistas sem ser realmente incomodados pelos reguladores americanos. Se os conteúdos são cada vez mais territorializados, as ferramentas de internet, as plataformas, os dados continuam extremamente concentrados nos Estados Unidos. Esse poder exorbitante e anacrônico não se justifica mais.

Estaríamos caminhando para uma balcanização da internet? Na Casa Branca e nas principais agências de regulação do digital nos Estados Unidos, essa ameaça de fragmentação, de reterritorialização e até de nacionalização da internet é levada muito a sério. A própria Hilary Clinton falou do risco de uma "cortina de ferro eletrônica". Quanto aos gigantes da net, receberam com preocupação as previsões de tendência declinante da economia da cloud nos Estados Unidos: uma perda líquida de receita avaliada em 35 bilhões de dólares para o período 2014-2016, em decorrência das revelações de Edward Snowden sobre a espionagem generalizada da internet pela NSA. Seguros de si, audaciosos e arrogantes quando necessário, eis que os milionários se preocupam com o modelo econômico, com seus golden parachutes e seus planos 401(k) — as aposentadorias milionárias. Claro que não devemos exagerar. O fim da internet americana? Não é bem o caso.

Os Estados Unidos continuarão sendo um líder do digital, e muitos dos que criticam a espionagem americana temem mais, na verdade, que seus dados sejam interceptados pelos chineses ou os iranianos. Mas essas revelações de fato representam uma virada e uma data-chave na história ainda jovem da internet. Não resta dúvida de que haverá um antes e um depois de Snowden e de que o futuro da web será afetado pelo episódio. Para os Estados Unidos, o caso assinala o fim da inocência. Nos outros países, permitiu abrir os olhos para os riscos representados pela coleta de dados de massa. Por fim, para os europeus, o episódio pode revelar-se positivo, se der margem a uma conscientização da importância de criar um digital europeu e de inventar novas formas de regulação e controle. Por isso é que os europeus, e especialmente a França, poderiam conceder asilo político a Edward Snowden, não tanto para defender a priori os hackers ou os lançadores de alerta, mas para mandar uma mensagem clara aos americanos: se continuarem a abusar de suas posições tecnológicas dominantes, estarão correndo o risco de comprometer a rede internet em seu conjunto e de levar a uma balcanização da internet e a uma encriptagem generalizada da web, que por sinal não se cansam de denunciar. (A concessão de asilo a Snowden na Europa teria a vantagem adicional de impedir que continuasse dependendo do regime de Vladimir Putin, argumento que poderia sensibilizar os americanos.)

Uma "balcanização" da internet, então? É o que querem há vários anos países como a China e o Irã. Pouco antes de morrer, o presidente venezuelano Hugo Chávez afirmou: "A internet não pode ser algo livre onde se possa dizer e fazer qualquer coisa. Não! Cada país deve ser capaz de impor suas regras e regulações."

A força sentimental desse movimento de fundo, agregando o nacionalismo político ao patriotismo econômico, não pode ser questionada. O estabelecimento de uma soberania digital é uma aspiração profunda de todos os países, e o caso Snowden veio apenas torná-la mais urgente. No Brasil e na Indonésia, e mesmo na Noruega, na Hungria e na Grécia, os governos querem agora impor aos gigantes da net americana e aos sites nacionais a conservação dos dados de "seus" internautas no próprio território e a proteção radical de sua vida privada. Leis como o Marco Civil da Internet foram aprovadas em Brasília. Até em certos estados americanos esse movimento é perceptível, por exemplo, na Califórnia, onde se fala de data relocation (relocalização dos dados), o que permite pressionar o governo federal americano. Por fim, há quem considere que a "codificação generalizada" das comunicações e dos conteúdos da internet seria a solução para contornar ao mesmo tempo a espionagem da NSA e a censura chinesa. (A proposta foi feita pelo presidente do Google, Eric Schmidt: ela não resolve o problema do controle dos dados por parte dos gigantes da net; também traz à tona a questão da proibição dos conteúdos ilícitos e dos atentados ao direito autoral, que podem tornar-se completamente descontrolados no caso de uma criptografia generalizada da web.)

Mas uma "relocalização" dos dados tem poucas chances de funcionar a longo prazo, por vários motivos. Primeiro, porque é difícil determinar a nacionalidade de um internauta, e mais ainda dos seus dados: seria o caso de levar em conta sua cidadania? Ou o lugar onde se encontra fisicamente? Deve-se considerar a nacionalidade do provedor de acesso à internet, do hospedeiro ou do fornecedor de conteúdos? Quanto aos sites que funcionam a partir do cruzamento de dados de muitos países, seja para o transporte aéreo, a locação de hospedagem no exterior, o emprego ou as finanças, de Expedia a Airbnb, passando pelo LinkedIn, esse tipo de abordagem limitaria sua pertinência. Depois, ainda que os dados fossem "relocalizados", seria extremamente fácil reproduzi-los em outro lugar. Por fim, se uma medida dessa natureza fosse adotada, teria como efeito perverso privar as startups e as empresas nacionais mais frágeis de qualquer possibilidade de desenvolvimento no exterior; no fim das contas, a medida acabaria favorecendo mais uma vez os gigantes da net americana. A Amazon e a Google são as únicas capazes de espalhar data centers em muitos países, pois o segredo da Google, por exemplo, está menos no algoritmo do que na infraestrutura: há pelo menos cerca de dez milhões de servidores ligados em rede e espalhados por 32 pontos diferentes. Caberia exigir que os sites e aplicativos cumprissem estritamente as legislações nacionais? Nesse caso, eles teriam de se adequar a mais de 190 regulações estatais diferentes, não raro contraditórias, para não falar das legislações regionais ou locais. Não podemos correr o risco de caminhar na direção dessa "balcanização" da internet.

Da mesma forma, se a vida privada certamente merece ser mais bem defendida, sem dúvida será difícil lidar com qualquer radicalismo nesse terreno: Google, Facebook, Twitter, Netflix, Amazon e milhares de sites em todos os países não existiriam sem alguma utilização dos dados privados. Cabe inclusive supor que a web em seu conjunto dependa por natureza da exploração de dados. O que se aplica igualmente ao brasileiro Orkut, ao russo VKontakte, ao francês Dailymotion ou ao chinês Baidu.

Paralelamente, também se observa um movimento de endurecimento do controle da internet, inclusive nos países democráticos, como por exemplo Índia, África do Sul, Hungria e Turquia. Um relatório oficial do Senado francês teve como título, em 2013, "União Europeia — colônia do mundo digital" e um deputado alemão chegou a denunciar a "ocupação digital" dos americanos, depois da ocupação militar. Sem adotar afirmações caricaturais dessa natureza, a solução privilegiada por muitos é criar uma regulação da internet no nível das Nações Unidas.

Não acredito nessa proposta, defendida pela China, a Rússia e o Irã, de uma regulação da internet no nível da ONU. Esses regimes autoritários sonham que a web seja organizada como a rede telefônica, com padrões globais, mas com códigos nacionais e o controle e os custos das comunicações que os acompanham. É uma ideologia simplista que não reflete a realidade da internet em campo. Acredito, em compensação, que a web já é essencialmente territorializada. Ela deve manter-se aberta e global, mas seus usos não são essencialmente globais. Um risco de balcanização? Não. Um risco de indigenização da web? Uma internet autóctone? Não necessariamente. Porque a web já é territorializada e individualizada. Por uma curiosa reviravolta da situação, os americanos se preocupam com a perda de controle de uma internet "balcanizada", quando foram eles que a engendraram, num momento em que o resto do mundo exige mais governança global da web, apesar de pretender nacionalizá-la.

Sob muitos aspectos, essa tentativa de regular ou reterritorializar a internet também é um sinal de impotência. Os governos se mostram tanto mais vingativos contra os Estados Unidos na medida em que sua margem de manobra encolhe e eles perdem o controle sobre os próprios dados, não tanto por causa da América, mas da informática. Eles querem mais controle ao passo que os indivíduos exigem mais liberdade e as empresas querem mais lucros. Julgando que possam recuperar o poder perdido, na era dos dados de massa, eles estão contando uma história. Pois o impacto do big data (tal como evocado neste livro, por exemplo, com o documento único de identidade na Índia e suas consequências na abertura dos dados e na saúde pública) modifica fundamentalmente as abordagens sociais e econômicas. A cloud muda o digital; a smart city muda a cidade; os algoritmos transformam a informação, a cultura e o comércio on-line; a automatização da inteligência se acelera; os fluxos eletrônicos inteligentes tomam decisões no lugar dos políticos eleitos; a vida privada é totalmente revolucionada. Diante disso, os governos se veem muitas vezes de mãos atadas; os gigantes da net dispõem de mais dados e mais força de ataque que eles. A realidade das relações de força mudou. O governo dos algoritmos entra em competição com o governo dos Estados. A censura, a espionagem e a monetarização dos dados se deslocam dos governos para as multinacionais do digital. A isso se deve essa ilusória exortação à volta ao nacional.

Do ponto de vista geopolítico, contudo, essa territorialização não significa que as trocas internacionais voltarão a ser o que eram antes da internet ou que escaparemos das consideráveis mutações geradas pelo digital. Pelo contrário, a função de disruption da internet, uma soma de tecnologias múltiplas que acarreta profundas rupturas, será ainda maior, pois alcançará as dimensões mais locais da nossa ação, do nosso consumo, de nossos encontros. Uma internet territorializada é muito mais "disruptiva" que uma internet globalizada. O que não significa tampouco que amanhã todos os países estarão em situação de igualdade em matéria digital. Haverá hubs regionais fortes e alguns desertos digitais perdurarão. Os Estados Unidos em todo caso não serão mais os únicos, embora devam continuar afirmando sua liderança na economia digital e conservem uma relação singular com a internet. Quanto à Europa, a questão é saber se ela pode sair de sua atual fragilidade diante de um mundo que muda e se saberá se recompor ante a ascensão das internets dos países emergentes. Este livro mostrou as ameaças que surgem, mas também as oportunidades que a ela se apresentam. Por doente que possa parecer, a Europa se mantém decididamente como uma zona de riqueza, produção e consumo de primeiro plano, e um ator importante da internet.

É ONDE ESTAMOS. Bem no meio de uma revolução cujo resultado não conhecemos. A propósito da transição digital, o chefão da Google declarava recentemente: "Mal saímos dos starting blocks." Segundo ele, estaríamos apenas na fase "beta" da web! Ao fenômeno da economia globalizada, já de difícil decifração, a internet acrescenta a imprevisibilidade do futuro, o que aumenta o sentimento de perigo em uns e a vontade de tirar proveito dessas novas oportunidades em outros. É com efeito, na conclusão deste livro, o paradoxo que fica para mim das entrevistas de campo. As duas faces da internet através do mundo.

Por um lado, particularmente na Europa, a internet ainda dá medo. A transição digital parece uma situação desconfortável para muitos dos meus interlocutores. Um dos maiores, senão o maior empresário do cinema francês, cujo nome prefiro caritativamente não citar, chegou a afirmar, com incrível desprezo, quando o entrevistei: "Eu nunca entro na internet." Dando-se conta do absurdo que acabara de dizer, ele então se corrigiu, casmurro e mal-humorado, dizendo: "Nunca entro na internet *com prazer...*" Em compensação, entrevistando seus concorrentes em São Paulo ou na Cidade do México, em Mumbai ou Xangai, Jacarta ou Hong Kong, Seul, Johannesburgo ou Riyad, as respostas são diametralmente opostas. Aqui, a internet é fonte de preocupação e medo; mais adiante, é sinônimo de oportunidades e oferta de possibilidades incríveis de ação internacional. Aqui, na velha Europa, quer-se proteger a cultura do passado; lá, quer-se inventar a cultura de amanhã. Aqui, ainda se fala de "produtos" culturais a serem defendidos; lá, já se fala de fluxos e de "content", vale dizer, de "serviços" de cultura desmaterializada que precisam ser imaginados. Aqueles conservam os reflexos do velho mundo e ainda não apreenderam a pensar de um novo modo; ainda pensam o futuro em termos de posições, ao passo que talvez seja o caso de pensá-lo em termos de trajetórias. E se o mundo antigo desmorona, os jovens dirigentes das indústrias criativas dos países emergentes estão aí mesmo, dispostos a construir o novo mundo, que, conforme não se cansaram de me repetir, não se fará sem eles.

Essa diferença de ponto de vista me impressionou; parece-me anunciar o mundo no qual estamos entrando. Na Índia, na África do Sul ou no Brasil, há muito tempo se adivinhou que o DVD, o CD e mesmo o Blu-ray estão condenados. Constata-se também a atenuação, em virtude da internet, da tradicional distinção entre a televisão generalista de massa (o broadcast) e os canais especializados (o narrow cast), no exato momento em que a televisão por satélite, a TNT e o cabo se veem ameaçados pela televisão conectada. A audiência das networks diminui; e a da internet aumenta. Antecipa-se o fim do download e a perda de fôlego da venda de conteúdos culturais pelo modelo iTunes; e se acredita — suprema vitória da conexão ilimitada e da internet móvel — que o streaming por assinatura vai se generalizar. Uma economia da locação e da assinatura sucederá a uma economia da propriedade.

Para entender a internet e a cultura que estão por vir, basta observar — segundo meus interlocutores árabes, asiáticos ou hispânicos — as novas ferramentas decisivas que surgiram nos últimos anos: as redes sociais, que oferecem novas formas de conversa; os aplicativos, um fenômeno importante que vem tomar o lugar dos sites no smartphone; o "curtir" do Facebook, que serve para a recomendação, como também os "retuítes" do Twitter; a hashtag, o dashboard, os feeds de notícias e as linhas do tempo das redes sociais, que permitem se localizar; a Social TV, que permite a proliferação dos diálogos etc. Em grande medida, essas ferramentas caminham no sentido de uma territorialização crescente, em virtude das línguas e dos centros de interesse que promovem. O endereço IP por definição localiza; a Social TV e o móvel também territorializam. Entretanto, cabe perguntar qual será o efeito das outras ferramentas que já nos permitem entrever a web de amanhã: os algoritmos de recomendação, cada vez mais poderosos; os programas de tradução automática, que se aperfeiçoam; a serendipidade; a hibridação cultural; a contextualização dos buscadores; a agregação de conteúdos; a internet dos objetos e as impressoras 3D; a desintermediação (mas às vezes também a reintermediação, com a chegada de novos intermediários); a cultura do compartilhamento, a participação e a cultura da mobilidade. Esses desdobramentos haverão de encaminhar uma internet globalizada e uniformizada ou será que, pelo contrário, alimentarão conversas descentralizadas? As profundas mutações atuais — social, cloud, móvel — acabarão pendendo para um lado ou para o outro? Tenho para mim que poderão se disseminar tanto melhor na medida em que estiverem articuladas a uma língua, uma cultura, uma comunidade e um território.

Seja como for, é possível entender por que essas mutações sem precedente são sentidas como uma ameaça. O medo do digital é compreensível; é, inclusive, legítimo. A web é ansiogênica. É o que fica claro nas reações de muitos. Sejam os tecnocéticos, os rebeldes culturais que defendem a tradição ou os arautos da antiglobalização, esses pesquisadores e escritores — o peruano Mario Vargas Llosa, o francês Alain Finkielkraut, o linguista italiano Raffaele Simone, o bielorrusso Evgeny Morozov, por exemplo — fazem parte desse grande concerto angustiado anti-internet. Suas críticas às vezes são de boa-fé, pois o digital provoca neles uma ansiedade mais natural na medida em que não entendem necessariamente seu funcionamento ou suas finalidades. Eles não acreditam muito na emancipação dos indivíduos graças à internet; julgam estar assistindo, desamparados, ao desmoronamento de um mundo. Ficam justificadamente apavorados ante a perspectiva de que a cultura elitista clássica ou de qualidade, a cultura do livro e das bibliotecas, corra o risco de cair nas mãos de fornecedores de acesso à internet ou de operadores de telecomunicações — e por sinal, cada vez menos dos primeiros e mais destes. Esses antimodernos não reagem bem à atenuação das hierarquias, à aceleração da informação e ao lento desaparecimento do elitismo e do catecismo cultural no qual cresceram. Têm medo do desaparecimento do "livro acabado", aquele que está definitivamente concluído e não pode mais ser modificado, substituído pela "obra aberta" cara a Umberto

Eco. O futuro da cultura? Um serviço em rede social! No celular! Na cloud! Essa perspectiva os assusta, o que é compreensível.

Eles têm razão, inclusive, em insistir na dimensão humana e até humanista que a internet precisa ter. Escolados nas lições da história, também nos alertam para os atentados à vida privada e os riscos de coleta de dados de massa, muito além da simples questão da National Security Agency. A Google conhece melhor nossas vidas pessoais que a NSA, e os riscos serão ainda maiores em termos de saúde e educação — os novos setores que vão em breve resvalar para o digital. Eles têm razão em querer proteger os direitos autorais e a propriedade intelectual na internet; e razão, também, em temer os juggernauts americanizados, as dependências que criam e os abusos de posição dominante que nos impõem. Para todos eles, o risco não é tanto surfar na internet, mas que internet surfe sobre nós.

Mais uma vez, essas preocupações são legítimas, muito embora proteger o mundo de ontem não impeça de preparar o de amanhã. E no dia em que entenderem que a internet é uma mutação tão decisiva quanto a eletricidade, talvez sejam capazes de atualizar suas análises.

Mas nem todos seguem pelos mesmos caminhos ou atuam necessariamente com boa-fé. Agindo por reflexos retrógrados, outros intelectuais e partidos políticos fazem uma crítica interessada da transição digital. Exigem o fechamento de fronteiras, esperam o ensimesmamento, participam de certa intolerância. Exortam à "resistência" contra processos de "descivilização". Preferem ver seu país declinar e "encolher" ao invés de imaginá-lo abrindo-se para o mundo e ver sua identidade dissolver-se na globalização virtual. O malthusianismo seria a solução: restringir voluntariamente o acesso à internet. Proteger-se, balcanizar--se. O medo do digital transforma-se então em febre obsessiva, e eles se acreditam assediados, perseguidos. Brincando de sentir medo sozinhos, esses espantalhos zombam da modernidade digital, o que os dispensa de compreendê-la.

Estou convencido de que essas soluções constituem um impasse. Ceder a elas seria aceitar o encolhimento do próprio país. Sem se abrir para a internet, assume-se o risco de estimular uma economia acanhada, conversas limitadas, um nacionalismo atrofiado, um desenvolvimento miudinho: o mal-humorado e o emburrado não fazem parte das opções. Pois, como demonstrou este livro, a globalização digital não é um fenômeno de aculturação nem de desenraizamento, muito pelo contrário. Se existem riscos, se não devemos subestimá-los, minha investigação atesta que uma visão mais positiva da internet é possível. Sim, podemos olhar com olhos não cínicos a transição digital. Sim, estamos passando da era da informação à sociedade do saber. Sim, depois de uma internet que dava acesso à informação (IT) e de uma internet das trocas, do compartilhamento e da comunicação (ICT), entramos na internet do conhecimento, do smart.

E para os que estão ansiosos, justificadamente, com o futuro de sua cultura e de sua identidade na era digital, este livro mostra que o mundo real — IRL — não é necessariamente uma esfera separada do mundo digital. A internet é algo americano que nos é imposto? Não: é algo territorial que devemos dominar.

Decididamente, a internet não é hostil à cultura, às línguas, às comunidades, aos territórios; a web é compatível com a diversidade cultural e mesmo com a "exceção cultural". A internet não é um "tube", mas um enigma. O mundo não se torna "chato" à medida que se amplia, mas se aprofunda. Não horizontalmente, mas verticalmente. A internet não aplaina as diferenças, mas as consagra. Como não é global, não apaga as identidades, mas as valoriza. Nossas conversas são territorializadas e assim continuarão. O contexto é essencial. A geografia conta.

Recusando-se a entender essa internet que está chegando, os adversários da internet a rejeitam, ao passo que seria o caso de agir sobre ela. Em vez de cruzar os braços e entoar a ladainha do pessimismo, este livro mostrou que é necessário abrir-se para o mundo e agir, assumindo uma atitude protagonista. A internet não é um fenômeno neutro. Mas tampouco é boa nem ruim em si mesma. E dependerá do que — passivos ou ativos diante das tecnologias — formos capazes de fazer, juntos. Pois "Internet" não existe mais. Precisamos agora falar dela no plural e sem maiúscula: as internets.

Glossário

Este glossário propõe uma definição das principais palavras e expressões usadas neste livro e que ainda não foram totalmente incorporadas ao português.

Alumni. Ex-alunos de uma universidade.

B2B, B2C (Business to Business ou Business to Consumer). Comércio entre empresas ou com particulares.

Backbone. Literalmente: coluna vertebral ou espinha dorsal. A arquitetura principal da internet, a "autoestrada" que liga a rede global às redes locais.

Back office. Funções de suporte numa empresa (serviços gerais, secretaria administrativa ou jurídica, recursos humanos etc.).

BAT. Acrônimo de Baidu, Alibaba e Tencent (os gigantes da net chinesa).

Board. Conselho de administração.

Bottom-up. Diz-se de uma cultura, ação ou política que parte da base e evolui para a cúpula da sociedade. O contrário de uma ação centralizada, dita top-down (de baixo para cima).

BRIC, BRIIC, BRIICS. Sigla para Brasil, Rússia, Índia e China, os principais países emergentes (aos quais se acrescenta agora a Indonésia, ou Briic, e a África do Sul, Briics). Certos economistas contestam essa classificação, acrescentando cerca de quinze países, entre os quais o México, a Colômbia, a Turquia, o Vietnã, o Chile etc. A palavra "emergente" às vezes é trocada pela expressão "país de alto índice de crescimento".

Broadband ou *Broadband Internet Access*. Acesso à internet em banda larga. Seja por linha fixa: telefone (ADSL), cabo, fibra óptica; seja sem fio (Wireless Broadband): em wi-fi, 3G ou 4G (smartphones), WiMax, LTE ou por satélite.

Business angel. Pessoa que investe seu dinheiro numa startup [No Brasil, investidor anjo.] (*ver* Venture capital).

Business Process Outsourcing (BPO). Atividades que uma empresa realiza em regime de outsourcing, ou terceirização. Com frequência, a contabilidade, os recursos humanos, a informática etc. Às vezes se trata de BPO offshore, no exterior.

Chairman. Presidente do conselho de administração, cargo em geral não executivo.

Chief Executive Officer (CEO). Diretor-presidente. Também se diz Chief Financial Officer (CFO) no caso do diretor financeiro; Chief Information Officer (CIO), diretor de informação e conteúdos; Chief Operating Officer (COO), diretor de operações executivas; e Chief Technology Officer (CTO), diretor de tecnologia. (Nos Estados Unidos, cargos oficiais de CIO e CTO foram criados por Barack Obama para supervisionar a política digital do governo federal.)

Cloud ou *Cloud computing*. Hospedagem a distância, em servidores instalados em outros territórios, de dados, programas ou aplicativos, que assim não são mais conservados no computador do usuário. Amazon Web Services, Cisco, Dropbox, Google e muitas outras empresas comercializam esses serviços de estocagem na cloud.

Cluster. Agrupamento. Diz-se às vezes technopole ou tech city.

Community manager (CM). Gestor de comunidade(s) na internet.

Content. Literalmente, "conteúdo". Fala-se de "indústrias de conteúdo" para designar as indústrias criativas.

Content Delivery Network (CDN). Servidores que permitem tornar conteúdos acessíveis de maneira mais rápida, duplicando-os, mediante um sistema de caches, de maneira a ficarem mais próximos do usuário. Esquematicamente: o vídeo de Lady Gaga visto maciçamente no YouTube na Itália foi duplicado em servidores italianos, em vez de circular a partir dos Estados Unidos a cada solicitação de usuário.

Crowdfunding. Financiamento de um projeto pela "multidão", quase sempre a partir de solicitações de fundos participativos, particularmente pela internet. Pode tratar-se de uma coleta de doações ou de investimentos.

Customer Relationship Management (CRM). Gestão das relações com os clientes.

Customization. Personalização em função do cliente.

Device. Aparelho (telefone, tablet, computador, mas também console de jogos etc.).

Dial-up e *Dial-up Internet*. Acesso à web por linha telefônica clássica (par trançado de fio de cobre), através de um modem e não em banda larga.

Digital divide. Exclusão digital.

Digital literacy. Alfabetização digital ou capacidade de aprender a "ler" a web e adquirir uma cultura digital (sabendo usar um computador e ter acesso à internet, por exemplo).

Disruption. Disrupção, perturbação. Efeito desestabilizador da internet na economia.

Domain Name System (DNS). Protocolo de conversão dos nomes de domínio atribuídos pela ICANN em endereço IP.

Empowerment. Empoderar. Ação de restituir poder aos indivíduos.

Exurb, Exurbia. Segundo círculo de subúrbios ao redor das grandes cidades e, de maneira mais ampla, subúrbios distantes cujos habitantes não transitam mais pelas cidades. Fica depois do suburb. Também se diz edge city e às vezes technopole.

Fairness doctrine. Regra estabelecida pela Federal Communications Commission (FCC) nos Estados Unidos entre 1949 e em 1987, impondo certo pluralismo às estações de rádio e televisão.

Feature phone. Telefone básico, distinto de um smartphone.

GAFA. Sigla para Google, Apple, Facebook e Amazon.

Hackathon. Atividade intensiva de colaboração entre vários desenvolvedores, para produzir novos softwares ou aplicativos.

Hardware. Os aparelhos, como computadores e consoles de jogos, em oposição ao software, ou seja, o jogo em si mesmo, ou o programa.

Hashtag. Palavra-chave antecedida do símbolo # no Twitter (mas também em outras redes sociais: Weibo, Facebook, Tumblr, Orkut etc.).

ICANN (Internet Corporation for Assigned Names and Numbers). Organismo de direito americano sediado em Los Angeles, que atribui os nomes de domínio e controla uma parte da arquitetura da internet.

In-house. Pessoa ou operação presente ou realizada dentro de um estúdio ou de uma empresa, em oposição à terceirização ou outsourcing.

Information Communication Technologies (ICT). Expressão corrente para se referir às tecnologias da informação e da comunicação.

In Real Life (IRL). Na vida real, em oposição a on-line.
Intellectual Property (IP). Propriedade intelectual ou copyright.
Internet Protocol (IP). Protocolo da internet, que atribui uma identificação, conhecida como endereço IP, aos servidores e sites, para que se comuniquem entre eles.
Internet TV, *Internet Protocol Television* (IPTV). Televisão conectada à internet. O sinal de televisão é transmitido, por exemplo, pela caixa do fornecedor de acesso à internet. Diz-se também: internet-connected TV, televisão conectada ou Smart TV.
Internet Service Provider (ISP). Fornecedor de acesso à internet.
Local Area Network (LAN). Rede local que utiliza ou não o protocolo da internet.
Mainstream. Literalmente, "dominante" ou para o "grande público". Diz-se, por exemplo, de um produto cultural voltado para ampla audiência. *Mainstream culture* pode ter uma conotação positiva, no sentido de "cultura para todos", ou negativa, no sentido de "cultura dominante".
Massive Open Online Course (MOOC). Curso on-line, geralmente universitário.
Media Conglomerate. Grande grupo de mídia reunindo várias empresas e atuando em várias indústrias de maneira internacional. Por exemplo: Time Warner, Disney ou Sony. Diz-se também conglomerate, parent company e às vezes major ou studio.
Monitoring. Ato de observar, vigiar, seguir de perto uma situação ou um país.
Multi-stakeholders. Governança coletiva.
Net neutrality. Neutralidade da net. Ideia segundo a qual todos os conteúdos devem circular livremente na internet, na mesma velocidade e nas mesmas condições.
Non-Profit. Não comercial ou sem fins lucrativos. Diz-se também non-profit sector, *non commercial* ou 501c3 (relativo à lei americana de 1901).
Non-Resident Indians (NRI). Indianos expatriados, especialmente nos Estados Unidos, na Europa e no Oriente Médio.
Offshoring. Transferência da atividade e dos empregos para o exterior (muitas vezes um país emergente onde a mão de obra é menos cara). O offshoring pode ocorrer no interior de uma empresa que se transfere, por exemplo, com a abertura de uma nova fábrica (Google na China), ou em regime de offshore outsourcing, através de uma outra companhia estrangeira (a Wipro trabalhando para o Yahoo na Índia).

Open source. Sistema de exploração, linguagem de programação, ferramenta da web ou software livre, cujo código-fonte de desenvolvimento é aberto, o que permite sua distribuição, modificação e reutilização gratuitamente (Linux, Apache, PHP, Firefox, VLC media player, Audacity etc.).

Outreach. *To reach out* significa alcançar ou estender o braço para alguém. Por extensão, toda ação que vise à participação do público.

Outsourcing. Terceirização ou subcontratação. Ação de confiar uma atividade, que era efetuada por uma empresa internamente, a uma companhia externa. Por exemplo: a General Motors terceiriza seu serviço de informática na Wipro, na Índia. (*Ver* Offshoring, quando essa transferência é feita para o exterior.)

Over-the-top service, *Over-the-top content* (OTT). Plataforma de difusão de conteúdos audiovisuais mediante curto-circuito dos fornecedores de acesso à internet e das operadoras de cabo tradicionais, mas com sua faixa de frequência. Por exemplo: Netflix, Hulu, NowTV ou MyTV.

Parent company. Empresa-mãe. Por exemplo, a Sony Corporation é a *parent company* do estúdio Columbia. A Columbia é uma subsidiary, uma filial. (*Ver também*: Media conglomerate.)

PR. Iniciais de Public Relations. Os "PR people" são as pessoas incumbidas da comunicação e das relações com a imprensa. Relações públicas.

Pure player. Empresa que se concentra em sua atividade principal (usa-se às vezes a expressão core business). Aplica-se também a uma mídia que está exclusivamente na internet.

*Research and Development (*R&D*)*. Pesquisa e desenvolvimento (P&D.).

Scripted TV. Programa de televisão com roteiro (para distinguir em particular dos reality shows e dos talk-shows unscripted).

Second Screen. Segunda tela. Quase sempre uma "nova" mídia usada simultaneamente a uma mídia tradicional: por exemplo, alguém comenta um talk-show na tela do smartphone.

Slum. Favela, gueto.

Smart TV. Televisão conectada à internet. Fala-se também, com variantes, de televisão conectada, Internet TV ou ainda IP TV.

Smart grid. Rede "inteligente" de distribuição de energia, com o objetivo de economizar gás ou eletricidade.

Smartphone. Telefone dotado de um sistema de exploração e capacidades que lhe dão acesso à internet e às redes sociais (iPhone, Samsung Galaxy etc.). Diferente dos telefones básicos ou feature phones.

Smart power. Mistura de influência pela força (hard power) e pela suavidade (soft power). (*Ver* Soft power.)

Social network. Rede social. Por exemplo: Facebook, Twitter, Nextdoor, SnapChat, Instagram, Foursquare etc.

Social TV. No sentido estrito, convergência da televisão com as redes sociais. Por exemplo: o ato de tuitar um programa de televisão em andamento.

Social TV *Guide* ou a *Social Programming Guide* (SPG). Aplicativo para smart-phone, tablet ou internet que dá acesso às informações nos programas de televisão e oferece recomendações, ao mesmo tempo permitindo comentários. Por exemplo: SocialGuide, yap.tv, BuddyTV, Fav.TV, TVGuide etc.

Soft power. Poder suave, poder ameno, especialmente pela influência, a cultura ou o digital, em oposição ao hard power, coercitivo ou militar. (*Ver* Smart power.)

Software. Programas de informática que permitem o funcionamento do computador ou do device, os quais constituem o hardware.

Streaming. Ouvir música ou assistir a um filme em transmissão ininterrupta num aparelho conectado à internet, sem baixar.

Subscription Video On Demand (SVOD). Vídeo por solicitação e assinatura.

Suffixe. O termo é utilizado para definir um nome de domínio de primeiro nível (".com", ".org" etc.). Também se diz, em inglês, top-level domain (TLD). Atribuídos pela ICANN, eles são atualmente cerca de trezentos, aproximadamente vinte de caráter genérico e uns 260 para os países. Está em andamento uma licitação para aumentar significativamente seu número.

Syndication. Programa de rádio ou televisão produzido por uma rede e difundido por outra sob licença.

Talent Agency, *Talent Agent*. Agência ou agente artístico.

Telemedicina. Medicina a distância. Hoje, frequentemente por internet ou no smartphone.

Unicorn. Diz-se de uma empresa não cotada na bolsa mas cuja valorização supera um bilhão de dólares (por exemplo: Uber, Airbnb, Snapchat, Pinterest, Dropbox, Square etc.).

Venture capital, *Venture capitalist*. Capital de risco. Investimento numa jovem empresa ou numa startup com dinheiro de um fundo (ao contrário do business angel, que investe o próprio dinheiro).

Web 2.0. Web colaborativa ou participativa. Os internautas participam da criação de conteúdos.

Wired, *Wireline*, *Wireless*. Conectado. Conectado por fio (line) ou sem fio (wireless ou wi-fi).

Fontes

Smart é uma investigação de campo qualitativa, e não apenas quantitativa, sobre a transição digital em escala internacional. O livro constitui a continuação e o fim de uma pesquisa sobre a globalização da cultura e das mídias iniciada com *Mainstream*. O levantamento foi feito *in loco*, e retornei à maior parte dos países, acrescentando vários territórios.

No total, essa longa investigação foi realizada em cerca de cinquenta países: África do Sul (2012), Alemanha (2015), Arábia Saudita (2009), Argélia (2011), Argentina (2009, 2011, 2014), Bélgica (numerosas viagens), Brasil (2009, 2011, 2012, 2014), Camarões (2008), Canadá (2010, 2011, 2013), Chile (2014), China (2008, 2012), Colômbia (2012, 2014), Coreia do Sul (2009), Cuba (2010, 2014, 2015), Dinamarca (2009), Egito (2008, 2013, 2014, 2015), Emirados Árabes Unidos/ Dubai (2009), Espanha (numerosas viagens), Estados Unidos (mais de uma centena de cidades em 35 estados entre 2001 e 2015), Finlândia (2013), Holanda (numerosas viagens), Hong Kong/China (2008, 2014, 2015), Índia (2008, 2013, 2015), Indonésia (2009), Irã (2010), Israel (2006, 2010, 2012, 2015), Itália (numerosas viagens), Japão (2009, 2012), Jordânia (2010), Quênia (2013), Líbano (2009, 2013), Marrocos (2011, 2012), México (2009, 2010, 2012, 2013, 2014), Palestina/ Faixa de Gaza (2013), Palestina/Cisjordânia (2006, 2010, 2012, 2015), Peru (2014), Peru (2014), Polônia (2012, 2013), Qatar (2009), República Tcheca (2011), Reino Unido (numerosas viagens), Rússia (2012), Cingapura (2009), Suíça (numerosas viagens), Síria (2009), Tailândia (2009), Taiwan (2011), Tunísia (2009, 2010, 2014), Turquia (2008), Venezuela (2009) e Vietnã (2009).

A maioria das informações constantes deste livro é, assim, de primeira mão. No total, vários milhares de entrevistas foram realizadas nos cinco últimos anos nos cinquenta países mencionados. As entrevistas foram criteriosamente feitas pessoalmente (nenhuma entrevista por telefone ou e-mail; tampouco menciono qualquer fonte anônima, exceto nos raros casos cujas razões explicito. Se o digital oferece novas soluções de comunicação (Skype, Viber, WhatsApp, Facebook etc.), o contato in real life pareceu-me indispensável num trabalho como este. Em compensação, as informações colhidas em campo foram atualizadas com os interessados quando necessário, e também procedi a uma minuciosa checagem de informações a posteriori (o leitor pode, contudo, comunicar-me eventuais erros através do meu site ou via Twitter @martelf).

Por uma questão de independência e deontologia, a investigação internacional que constitui a matéria-prima do livro foi basicamente financiada pela editora Stock e pelo autor. Nenhuma empresa, escritório de consultoria ou governo estrangeiro participou desse financiamento, e eu tampouco presto serviços de assessoria a empresas. Mas efetuei na França, em 2013-2014, uma mission d'expertise do Ministério da Cultura e da Comunicação, que contribuiu pontualmente para o capítulo "O regulador" deste livro.

Embora seja uma investigação qualitativa, *Smart* escora-se em fontes quantitativas e numa bibliografia de grande alcance, que não pode ser citada aqui detalhadamente em virtude do formato do livro. Os leitores interessados e os pesquisadores encontrarão essas fontes no site que acompanha o trabalho, especialmente:

- quadros e dados estatísticos de conjunto sobre a economia digital e os grupos de internet em todo o mundo;
- análises, notas metodológicas e estudos complementares (inclusive um longo capítulo sobre jogos de vídeo publicado on-line);
- uma rica bibliografia abrangendo centenas de referências, para cada capítulo e cada tema;
- os agradecimentos.

Todos esses documentos podem ser acessados no site fredericmartel.com; atualizações e informações complementares são regularmente postadas no site smart2014.com; por fim, os leitores podem acompanhar a atualidade deste livro e do seu autor no Twitter: @martelf.

O texto deste livro foi composto em
Sabon LT Std, corpo 11/15.

A impressão se deu sobre papel off-white
pelo Sistema Cameron da Divisão Gráfica
da Distribuidora Record.